utb 4630

Eine Arbeitsgemeinschaft der Verlage

Böhlau Verlag · Wien · Köln · Weimar
Verlag Barbara Budrich · Opladen · Toronto
facultas · Wien
Wilhelm Fink · Paderborn
Narr Francke Attempto Verlag / expert Verlag · Tübingen
Haupt Verlag · Bern
Verlag Julius Klinkhardt · Bad Heilbrunn
Mohr Siebeck · Tübingen
Ernst Reinhardt Verlag · München
Ferdinand Schöningh · Paderborn
transcript Verlag · Bielefeld
Eugen Ulmer Verlag · Stuttgart
UVK Verlag · München
Vandenhoeck & Ruprecht · Göttingen
Waxmann · Münster · New York
wbv Publikation · Bielefeld

Roman Köster

Einführung in die Wirtschaftsgeschichte

Theorien – Methoden – Themen

Ferdinand Schöningh

Der Autor:

Roman Köster ist Wirtschafts- und Umwelthistoriker. Seine Forschungsschwerpunkte sind Wirtschaftskrisen, die Geschichte des Ökonomischen Denkens sowie die menschliche Abfallproduktion. Zur Zeit vertritt er die Professur für die Geschichte der Frühen Neuzeit an der Universität der Bundeswehr in München.

Online-Angebote oder elektronische Ausgaben sind erhältlich unter **www.utb-shop.de**

Bibliografische Information der Deutschen Nationalbibliothek

Die Deutsche Nationalbibliothek verzeichnet diese Publikation in der Deutschen Nationalbibliografie; detaillierte bibliografische Daten sind im Internet über http://dnb.d-nb.de abrufbar.

Internet: www.schoeningh.de

Printed in Germany.
Herstellung: Brill Deutschland GmbH, Paderborn
Einbandgestaltung: Atelier Reichert, Stuttgart

UTB-Band-Nr: 4630
ISBN 978-3-8252-4630-3

Inhalt

Einleitung

Warum Wirtschaftsgeschichte?

Heute braucht man nur eine Zeitung aufzuschlagen, um einen Eindruck von der Bedeutung der Wirtschaft für unser alltägliches Leben zu gewinnen. Die Finanzkrise seit 2008 beispielsweise hat die soziale Lage nicht nur in Griechenland, sondern in vielen anderen von der Krise gebeutelten Staaten drastisch verschlechtert. Allerorten führte sie zu politischen Konflikten, sozialen Verwerfungen und steigender Arbeitslosigkeit, vielleicht bedroht sie sogar das Projekt der europäischen Einigung insgesamt. Ökonomische Entwicklungen beeinflussen politische Entscheidungen, verändern das soziale Gefüge der Gesellschaft, transformieren und belasten die Umwelt. Und das alles ist nicht erst seit gestern der Fall: Wie ließe sich beispielsweise die Relevanz der europäischen Industrialisierung seit der zweiten Hälfte des 18. Jahrhunderts unterschätzen, die zu einem starken Wachstum der Bevölkerung, Urbanisierung, gewaltigem Reichtum und gleichzeitig großer Armut führte, mithin die gesamte soziale Schichtung der Gesellschaft veränderte? Die Machtübernahme der Nationalsozialisten, um einen ganz anderen Fall zu nennen, ist ohne die große Weltwirtschaftskrise und die mit ihr einhergehende Massenarbeitslosigkeit ab 1929 nicht zu erklären. Und das sind nur besonders frappierende Beispiele dafür, warum die Beschäftigung mit Wirtschaftsgeschichte notwendig ist, um historische Vorgänge insgesamt besser zu verstehen.

Die ökonomischen Verhältnisse haben schon immer eine große Bedeutung für den menschlichen Lebensvollzug gehabt. Die historische Betrachtung muss sich allerdings damit auseinandersetzen, dass die Wirtschaft sich im Verlaufe der Geschichte fundamental verändert hat: Das gilt für die Organisation und die Technik der Produktion, die im Mittelalter ganz anders waren, als heute. Es gilt für den Handel, seinen Ausmaß und seine Reichweite, die im Zuge der Globalisierung seit dem 19. Jahrhundert um ein Vielfaches zugenommen haben (so hat man beispielsweise ausgerechnet, dass das jährliche Handelsvolumen des britischen Empires um 1750 heute in zwei mittelgroße Containerschiffe passen würde). Es gilt aber ganz grundsätzlich für die Institutionen und Praktiken, die im Wirtschaftsleben eine Rolle spielen. Und schließlich hat sich auch das Denken über die Wirtschaft und die Sprache, in der wirtschaftliche Zusammenhänge verhandelt werden, in den letzten Jahrhunderten fundamental gewandelt.

Um diesen Wandel zu erfassen, erscheint es sinnvoll, ihn zunächst von seinen materiellen Resultaten her zu betrachten: Kein Weg führt an der Feststellung vorbei, dass die Menschen heute in den westlichen Ländern im Durchschnitt wohlhabender, besser ernährt, besser gekleidet, besser gebildet und gesünder sind als je zuvor in der Geschichte. In vielen Ländern mit einer „nachholenden" Industrialisierung, vor allem in Asien, sind ganz ähnliche Entwicklungen zu beobachten.[1] Dass der Hunger für viele Menschen kein ernsthaftes Problem mehr darstellt, sie über vielfältige Konsumoptionen verfügen, sich anständig kleiden, ein Dach über dem Kopf haben oder durch die Welt reisen können, ist das Resultat einer umfassenden Revolutionierung der materiellen Grundlagen unserer Existenz, die im Wesentlichen in den letzten 250 Jahren stattgefunden hat.

Das hatte allerdings längst nicht nur positive Auswirkungen. Wirtschaftliche Entwicklungen rissen die Menschen aus ihren sozialen Zusammenhängen. Sie schufen neue Formen sozialer Ungleichheit und ungerecht verteilter Lebenschancen.[2] Sie sind wesentlich verantwortlich für eine langfristig die gesamte menschliche Lebensweise bedrohenden Umweltzerstörung. Das betrifft nicht nur CO^2-Emissionen, sondern auch die Transformation von Landschaften, die Ausweitung der Agrarwirtschaft oder die Vervielfachung der Abfallmengen, die in den letzten Jahrzehnten stattgefunden hat. Gleichzeitig haben sich moderne Gesellschaften von ökonomischen Dynamiken abhängig gemacht, die sie nur noch bedingt kontrollieren können. Zuletzt hat die Finanzkrise ab 2008 diese Abhängigkeit in ihrer ganzen Dramatik demonstriert.

Wer die Entstehung und Ambivalenz der modernen Welt begreifen möchte, kommt um die Wirtschaftsgeschichte nicht herum. Das lässt sich exemplarisch an drei großen Themen zeigen, die die wirtschaftshistorische Forschung in den letzten Jahrzehnten beschäftigt haben und die auch für unsere Gegenwart von unmittelbarer Bedeutung sind: Das ist zunächst die Frage der „Great Transformation" (Karl Polanyi) als Bezeichnung für den Übergang von einer kleinräumigen Wirtschaftsweise in der Frühen Neuzeit zum globalen Kapitalismus unserer Tage. Es ist die Frage globaler wirtschaftlicher Ungleichheit, warum manche Länder arm und andere reich sind. Schließlich die Frage nach den Ursachen und den Folgen von Wirtschaftskrisen, die die Wirtschaftsgeschichte seit Langem intensiv beschäftigt.

Der Ausdruck „Great Transformation" stammt von dem Sozialtheoretiker Karl Polanyi, der damit den fundamentale Wandlungsprozess der Wirtschaft seit der Frühen Neuzeit bezeichnen wollte, nämlich den Übergang von einer kleinräumigen, in die jeweiligen lokalen Lebenswelten eingebetteten Wirtschaftsweise, die bis in die Frühe Neuzeit vorherrschte, zu einem nach eigenen Gesetzen funktionierenden, „entbetteten" Kapitalismus heutzutage. Das meint zugleich den Übergang von vergleichsweise statischen ökonomischen Verhältnissen zur Etablierung „dauerhaften Wachstums" (Simon Kuznets) seit dem späten 18. Jahrhundert, ohne das die Welt, in der wir heute leben, grundlegend anders aussehen würde.

---

1 Angus Deaton, The Great Escape. Health, Wealth, and the Origins of Inequality, Princeton 2013.

2 Jan Otmar Hesse, Mark Spoerer, Inequality, Well-Being and Happiness in Historical Perspective, in: Jahrbuch für Wirtschaftsgeschichte (2013/1), S. 9–13.

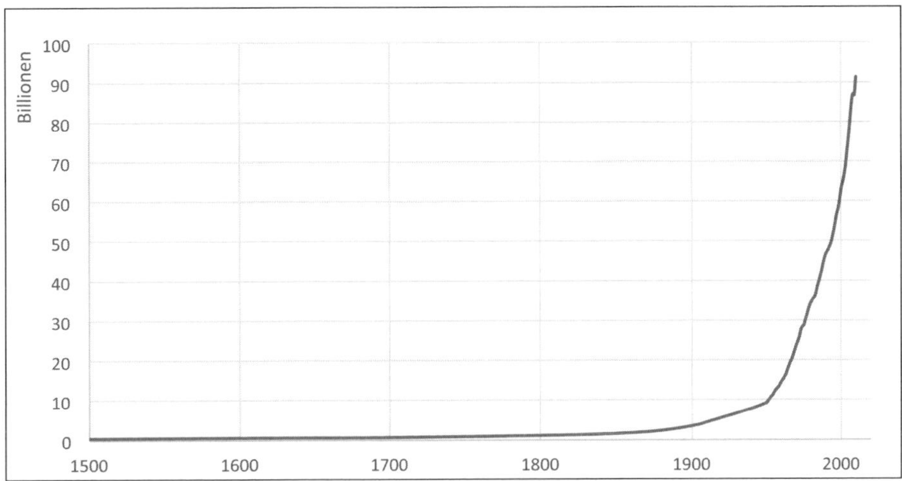

Abb. 1: Entwicklung der weltweiten Wirtschaftsleistung (in 1990 Geary Khamis-Dollar)[3]

Die „Great Transformation“ hat viel mit der Industrialisierung zu tun, also der Durchsetzung einer maschinengestützten, auf Massenproduktion eingestellten Produktionsweise, die in Großbritannien in der zweiten Hälfte des 18. Jahrhunderts ihren Anfang nahm und von dort nach und nach erst auf Europa, dann auf die Welt übergriff. Es geht aber noch um sehr viel mehr, nämlich um die Rekonstruktion eines Veränderungsprozesses, der zu einem umfassenden gesellschaftlichen Wandel, Urbanisierung und Migration führte. Er verursachte die Neugestaltung der Natur und die Zerstörung der Umwelt, aber auch die zunehmende Vernetzung der Welt und materiellen Wohlstand für viele Menschen. Gleichzeitig hatte der sich entfaltende Kapitalismus auch eine nachhaltige Kulturwirkung auf die Gesellschaft: Die Menschen sind in ihren sozialen Rollenmustern, ihren Erwartungen oder ihren Konsumstilen durch die moderne kapitalistische Welt geprägt.

Die ökonomische Dynamik, die im 18. Jahrhundert in Großbritannien begann, markierte zugleich den Ausgangspunkt extrem ungleicher wirtschaftlicher Entwicklungsverläufe. Während Länder wie Frankreich, Deutschland oder die USA den Briten auf ihrem Wachstumspfad bald nachfolgten und ebenfalls wohlhabend wurden, stagnierten Länder wie China und Indien lange Zeit oder büßten sogar an wirtschaftlicher Leistungsfähigkeit ein. Und obgleich gerade die beiden genannten Länder seit den 1970er Jahren in beispielloser Geschwindigkeit aufgeholt

3 https://ourworldindata.org/economic-growth [Letzter Zugriff 9.12.2019]. Der Geary Khamis Dollar ist eine von der Weltbank entwickelte Vergleichswährung auf der Basis des US-Dollars.

haben, sind globale Entwicklungsunterschiede heute weiterhin ein Thema von großer Relevanz. Dabei liegt es auf der Hand, dass die Ursachen globaler Ungleichheit in längerfristigen historischen Entwicklungen zu finden sind. Solche Ursachen wurden beispielsweise in bestimmten Institutionen, kulturellen Voraussetzungen, Innovationskulturen oder der Ausstattung mit natürlichen Ressourcen gesehen, aber auch in imperialer Gewalt und Ausbeutung. Insbesondere die Frage der „Great Divergence" hat die wirtschaftshistorischen Debatten in den letzten Jahren beschäftigt, warum die Industrialisierung in Großbritannien und nicht im chinesischen Yangtse-Delta oder in bestimmten Teilen Indiens begann.

Schließlich verdeckt der Hinweis auf die Bedeutung der wirtschaftlichen Dynamik und die „Great Transformation", dass die Wirtschaft im Zuge der Industrialisierung anfällig für eine neue Art von Krisen wurde. Seit der Mitte des 19. Jahrhunderts kam es zu verschiedenen Weltwirtschaftskrisen (1873, 1929 oder 2008), die die immer weiter fortschreitende ökonomische Verflechtung globaler Wirtschaftsräume anzeigten. Insbesondere der großen Weltwirtschaftskrise ab 1929 konnte sich kaum ein Land der Erde entziehen. Solche Krisen hatten regelmäßig gravierende politische Auswirkungen und sie führten der Gesellschaft schmerzhaft ihre Abhängigkeit von der Wirtschaft vor Augen. Sie markieren aus diesem Grund immer wieder Wendepunkte in der Wirtschaftspolitik und der gesellschaftlichen Einstellung gegenüber der Ökonomie. Trotz aller Kritik und Distanzierungsversprechen erscheint die Abhängigkeit von globalen wirtschaftlichen Entwicklungen heute größer als je zuvor.

Ausgehend von den hier angerissenen Themen lässt sich die Relevanz der Wirtschaftsgeschichte innerhalb der Geschichtswissenschaft genauer umreißen: Sie beschäftigt sich mit einem wesentlichen Aspekt des menschlichen Lebensvollzugs und versucht zu ergründen, wie sich dessen Umstände im historischen Verlauf verändert haben. Dabei erscheint insbesondere die Industrialisierung seit dem 18. Jahrhundert als eine Epochengrenze. Ihr nachfolgend übten ökonomische Entwicklungen einen zunehmenden Anpassungsdruck auf die Gesellschaft aus und wurden dadurch zum wichtigsten Faktor sozialen Wandels. Schließlich betrachtet die Wirtschaftsgeschichte die Ökonomie in ihrem gesellschaftlichen Zusammenhang, d.h. in ihrer Prägung durch soziale und kulturelle Faktoren wie auch umgekehrt die sozialen und kulturellen Prägungen der Gesellschaft durch die Ökonomie.

Die bis in die Gegenwart reichende Relevanz der oben umrissenen Themen und die Intensität, mit der Fragen der Wirtschaft und ihrer gesellschaftlichen Wirkung in der Öffentlichkeit verhandelt werden, verdeutlichen die Relevanz der Wirtschaftsgeschichte. Dabei besteht allerdings durchaus ein Widerspruch zwischen diesem zeitgenössischen Interesse und den Schwierigkeiten, welche die allgemeine Geschichtsschreibung oftmals mit diesem Bereich hat. Gerade in den letzten Jahren ist hier die Tendenz zu beobachten, den ökonomischen Wandel nur in dürren Worten zu referieren, seine Bedeutung herunterzuspielen oder teilweise komplett zu ignorieren. Das öffentliche Interesse an Wirtschaftsthemen speist sich gerade aus dem Verlangen, die komplexen Zusammenhänge zu verstehen, in die Menschen heutzutage eingesponnen sind. In der Geschichtswissenschaft hingegen scheint es gelegentlich so, als habe die kulturalistische Wende seit den 1980er Jahren zu einer erneuten Verengung auf die Politikgeschichte und einer Vernachlässigung der materiellen Grundlagen menschlicher Existenzweisen geführt.

Diese Einführung möchte deutlich machen, dass auf diese Weise ein grundlegender Aspekt der Geschichte beiseitegeschoben wird. Die Wirtschaftsgeschichte ist kein Spezialfach für Eingeweihte, sondern ein integraler Teil der Geschichtswissenschaft, ohne den diese intellektuell um vieles ärmer erscheint. Zugleich soll Studierenden eine häufig zu beobachtende Scheu genommen werden, die die Ökonomie als einen schwer verständlichen, der historischen Methode nur bedingt zugänglichen Bereich ansehen: Es ist kein geheimnisvolles Spezialwissen – Volkswirtschaftliche Theorien, Mathematik etc. – erforderlich, um wirtschaftshistorisch zu arbeiten. Vielmehr handelt es sich um eine spannende Teildisziplin der Geschichtswissenschaft, die einen wesentlichen Beitrag zum Verständnis der modernen Welt leistet.

Fachgeschichte

Die Wirtschaftsgeschichte hat sich als eigenständige Fachdisziplin im Wesentlichen aus der Volkswirtschaftslehre entwickelt – ein Erbe, das das Fach im guten wie im schlechten Sinne bis heute prägt. Die Anfänge wirtschaftshistorischer Forschung fanden im Wesentlichen im Rahmen ökonomischer Theoriebildung statt. Erst im Laufe des 20. Jahrhunderts – durchgängig sogar erst seit den 1960er Jahren – entwickelten die Wirtschaftswissenschaften ihr heutiges Selbstverständnis als eine vorrangig mit mathematischen Methoden arbeitende Naturwissenschaft, die Geschichte nicht mehr benötigt. Das drängte die Wirtschaftsgeschichte zunehmend an den disziplinären Rand und teilweise sogar aus der Volkswirtschaftslehre heraus. Das ermöglichte ihr aber auch, sich zu emanzipieren und als eigenständige Disziplin zu profilieren.[4]

Die Klassiker der ökonomischen Theorie, welche im späten 18. Jahrhundert die Volkswirtschaftslehre als Wissenschaft begründeten – vor allem der Schotte Adam Smith mit seinem 1776 veröffentlichten Werk „Wealth of Nations" – argumentierten keineswegs ahistorisch, hatten allerdings eine klare Vorstellung der wirtschaftlichen Entwicklung, die zu Wohlstand und einer von den „middling ranks of men" (David Hume) dominierten, also letztlich bürgerlichen Gesellschaft führen würde. In ihrer geschichtsphilosophisch fundierten Vorstellung einer historischen Abfol-

4 Vgl. Werner Plumpe, Wirtschaftsgeschichte zwischen Ökonomie und Geschichte. Ein historischer Abriss, in: Ders. (Hg.), Basistexte Wirtschaftsgeschichte, Stuttgart 2008, S. 7–39.

ge von Nomaden-, Weide-, Agrar- und Handelsgesellschaft gingen gesellschaftlicher und ökonomischer Fortschritt Hand in Hand.[5]

Später wurden die Texte der „ökonomischen Klassik" – eine Sammelbezeichnung für die einflussreichen, größtenteils britischen Ökonomen des 18. und frühen 19. Jahrhunderts (neben Smith insbesondere Thomas Malthus, David Ricardo und John Stuart Mill) – als eine Rechtfertigung der gewaltigen strukturellen Veränderungen im Zuge der Industrialisierung seit der Mitte des 18. Jahrhunderts betrachtet. Tatsächlich hatten sie aber vom umfassenden Charakter dieser Veränderungen gar keine rechte Vorstellung und konnten diese auch nicht haben. Ihre Schriften richteten sich in erster Linie gegen die feudale Privilegienwirtschaft und den Merkantilismus. Sie wollten die natürliche Gesetzmäßigkeit der Wirtschaft analysieren, die sich ihrer Ansicht nach aber erst dann entfalten konnte, wenn der Staat oder die Korporationen (Gilden, Zünfte) nicht ständig in das Wirtschaftsleben eingriffen und die ökonomische Freiheit beschnitten.

Einer der ersten Theoretiker, der die Bedeutung der ökonomischen und sozialen Umwälzungen durch die Industrialisierung in ihrer ganzen Tragweite erfasste, war Karl Marx. Sein geschichtsphilosophischer Ansatz, der sog. Historische Materialismus, beruhte auf der Annahme, die Geschichte sei eine Abfolge von Klassenkämpfen, wobei sich „Klassen" durch den Besitz bzw. Nichtbesitz der Produktionsmittel definierten. Seine Zeit zeichnete sich für Marx dadurch aus, dass sie diese Klassengegensätze vereinfacht habe, indem sie mit der „Bourgeoisie" und dem „Proletariat" Antagonisten auf die gesellschaftliche Bühne brachte, die sich offen durch ihre Stellung im Produktionsprozess definierten. Marx blieb dabei letztlich, wie schon die ökonomische Klassik, einem geschichtsphilosophischen Ansatz verpflichtet. Nur implizierte dieser bei ihm nicht die zunehmende Verbesserung der Verhältnisse, sondern die Zuspitzung der Klassengegensätze. Deren Aufhebung im Zuge einer Revolution erschien ihm unausweichlich.[6]

Marx' Denken enthielt verschiedene Aspekte, die bis heute für die wirtschaftsgeschichtliche Forschung zentral geblieben sind. Zwar würden heute nur noch wenige von einem strengen Basis-Überbau-Verhältnis sprechen, also davon ausgehen, dass die politischen Machtverhältnisse oder die Formen politischer und religiöser Kommunikation in letzter Instanz auf ökonomischen Beziehungen beruhen. Die Betonung der Bedeutung des Ökonomischen für die allgemeine historische Entwicklung ist aber ein dauerhaftes Erbe seines Denkens und spielte nicht zuletzt für die Geschichtswissenschaft der 1960er und 1970er Jahre eine wichtige Rolle. Letztere wollte unter „Geschichte" nicht länger vorrangig politische Machtkämpfe und Ränkespiele verstanden wissen, sondern fragte im Rahmen

5 Adam Smith, An Inquiry into the Nature and Causes of the Wealth of Nations, London 1776; David Hume, Politische und ökonomische Essays, Hamburg 1988 (zuerst 1758), S. 201.

6 Karl Marx, Das Kapital. Kritik der politischen Ökonomie. Bd. 1: Der Produktionsprozess des Kapitals, Berlin (Ost) 1972 (1867).

einer Strukturanalyse nach den ökonomischen und sozialen Triebkräften historischer Prozesse.

Ein weiteres wichtiges Erbe von Marx' Denken ist seine Annahme, dass sich im historischen Prozess die Funktionsweise der Wirtschaft verändert habe. Auch wenn aus seiner Sicht die Produktionsverhältnisse letztlich das bestimmende Prinzip historischer Entwicklung waren, so folgte eine feudale Ständegesellschaft doch anderen Regeln als der Kapitalismus des späten 19. Jahrhunderts. Dementsprechend hätte auch die Anwendung der Kategorien der modernen Volkswirtschaftslehre auf das Wirtschaftsleben des Mittelalters für ihn keinen Sinn ergeben. Das ist bis heute ein wichtiges, wenn auch keineswegs unumstrittenes Motiv der Wirtschaftsgeschichte geblieben.

Marx war revolutionärer Sozialist und stand somit im 19. Jahrhundert außerhalb der etablierten Wissenschaft. Mit seiner Kritik an der harmonischen Entwicklungskonzeption der ökonomischen Klassik war er allerdings nicht allein. Es war auch wenig Radikalität notwendig, um zu erkennen, dass eine solche Vorstellung schlecht mit der im 19. Jh. aufkommenden „Sozialen Frage" zusammenpasste, also den gravierenden sozialen Nebenfolgen der Industrialisierung: Armut, Hunger, harter Arbeit, teilweise erbärmlichen Wohnverhältnissen.[7] Die dadurch genährten sozialen Konflikte der jungen Industriegesellschaft passten mit der Vorstellung eines kontinuierlichen gesellschaftlichen Fortschritts schlecht zusammen. Spätere Anstrengungen, das Theoriegebäude der Klassik so anzupassen und zu erweitern, dass es aktuellen Entwicklungen gerecht wurde, führten eher dazu, dass es an Einheitlichkeit und Überzeugungskraft verlor.[8] Die Vorstellung, die Menschen müssten nur ihrem rationalen Eigeninteresse folgen, um eine allgemeine Verbesserung der Lebensumstände zu erreichen, traf die frühindustrielle Realität offensichtlich keineswegs.

Als Reaktion auf diese Probleme entwickelte sich in Deutschland eine zunehmend erstarkende Arbeiterbewegung, die in Marx ihren wichtigsten Theoretiker fand. Aber auch die „bürgerliche" Volkswirtschaftslehre nahm diese Probleme sensibel wahr: Seit den 1860er Jahren entwickelte sich die sog. Jüngere Historische Schule der Nationalökonomie, die sich vor allem mit den Namen Gustav Schmoller, Karl Bücher oder Lujo Brentano verbindet und die bis zum Ersten Weltkrieg die deutsche Volkswirtschaftslehre dominierte. Die Jüngere Historische Schule grenzte sich nicht nur vom Sozialismus ab, sondern auch von der ökonomischen Klassik. Deren Vorstellung eines harmonischen gesellschaftlichen Fortschritts empfand sie als einseitig und historisch unangemessen. Stattdessen galt es zu-

---

7 Karl Pribram, Geschichte des ökonomischen Denkens, 2 Bd., Frankfurt/M. 1998; Erik Grimmer-Solem, The Rise of Historical Economics and Social Reform in Germany, 1864–1894, Oxford 2003.

8 Murray Milgate, Shannon C. Stimson, After Adam Smith. A Century of Transformation in Politics and Political Economy, Princeton 2009, S. 258–268.

nächst, die Veränderungen im Wirtschaftsleben und ihre sozialen Konsequenzen zu analysieren.[9]

Nimmt man heutige Überblicksdarstellungen zur Geschichte des ökonomischen Denkens zur Hand, wird jedoch zumeist kein gutes Haar an der Historischen Schule gelassen. Man wirft ihr vor, sich anstatt für ökonomische Theorie „nur" für Geschichte interessiert und darüber die drängenden wirtschaftlichen Probleme aus den Augen verloren zu haben. Zudem wird ihr angekreidet, ihre Vertreter hätten Handlungsempfehlungen vor allem nach moralischen Gesichtspunkten abgegeben und die ökonomische Logik vernachlässigt. Insgesamt habe es sich bei der Historischen Schule um eine Sackgasse gehandelt, die den disziplinären Fortschritt jahrzehntelang blockiert habe.[10]

Solche Kritiken missverstehen das Forschungsprogramm der „historical economists" (Eric Grimmer-Solem) allerdings zutiefst: Es ging ihnen keineswegs darum, Geschichte um ihrer selbst willen zu betreiben, sondern sie reagierten auf wachsende gesellschaftliche Spannungen und soziale Ungleichheit. Die damit verbundenen sozialen Lagen galt es aber zunächst einmal empirisch zu beschreiben und da das statistische Material hierfür weitgehend fehlte, bot sich die historische Quellenarbeit als Alternative an. Ziel der Historischen Schule war es, durch historische Forschung „empirische Gesetze" des Wirtschaftslebens aufzuweisen, die ein besseres Verständnis aktueller ökonomischer und sozialer Entwicklungen – für ihre Vertreter war das nicht zu trennen – ermöglichen sollte. Insofern wollte die Historische Schule nicht in erster Linie Wirtschaftsgeschichte, sondern Volkswirtschaftslehre betreiben, also zum Verständnis und der Verbesserung zeitgenössischer Problemlagen beitragen.

Ein wesentliches Analyseinstrument dafür waren evolutionäre Stufentheorien. So entwarf der Leipziger Ökonom Karl Bücher ein Schema der Abfolge von der Haus- über die Stadt- hin zur Volkswirtschaft, wobei er die Ausweitung ökonomischer Beziehungen wesentlich an der Verlängerung der Entfernung zwischen Produktion und Konsumption festmachte. Bruno Hildebrand erblickte das entscheidende Kriterium in der Entwicklung der Tauschmedien und identifizierte eine Abfolge von einer Tausch- über die Geld- hin zur Kreditwirtschaft. Gustav Schmoller selbst sah das zentrale Kriterium in der ökonomischen, staatlichen und rechtlichen Durchdringung von Territorien.[11]

Diese Stufentheorien besaßen durchaus einen heuristischen Wert, sie hatten aber auch Nachteile. Einer davon bestand darin, dass diese Schemata eng mit der Idee eines kontinuierlichen Institutionenfortschritts verbunden waren. Wie Gus-

9 Grimmer-Solem, The Rise of Historical Economics, S. 89–126.

10 Heinz D. Kurz, Die deutsche theoretische Nationalökonomie zu Beginn des 20. Jahrhunderts zwischen Klassik und Neoklassik, in: Bertram Schefold (Hg.), Studien zur Entwicklung der ökonomischen Theorie VIII, Berlin 1989, S. 11–68, 14 f.

11 Hans Schachtschabel (Hg,), Wirtschaftsstufen und Wirtschaftsordnungen, Darmstadt 1971.

tav Schmoller es Mitte der 1880er Jahre ausdrückte: „Gewiss werden die Institutionen kommender Jahrhunderte gerechter sein als die heutigen.“[12] Eine solche Vorstellung, nach der es langfristig eigentlich nur immer besser werden konnte, war jedoch mit den Brüchen und Verwerfungen des „Zeitalters der Extreme“ (Eric Hobsbawm), das mit dem Ersten Weltkrieg begann, nicht zu vereinbaren. Hier kam die Historische Schule folglich an ihr Ende und damit auch die Versuche, wirtschaftliche Entwicklung in den Rahmen eines geschichtlichen Fortschrittsprozesses einzuordnen.[13]

Danach hatte Geschichte als theoretisches Argument einen schweren Stand. Trotzdem gab es auch später noch Versuche einer umfassenden Deutung der Entwicklung der Wirtschaft in theoretischer Absicht. Zu nennen ist dabei vor allem das monumentale dreibändige Werk des Soziologen Werner Sombart „Der moderne Kapitalismus“, dessen letzter Band im Jahr 1927 erschien.[14] In diesem Werk versuchte der Autor auf etwa 3.000 Seiten, die Wirtschaftsgeschichte als eine Abfolge verschiedener Wirtschaftssysteme zu fassen, die er durch eine bestimmte Technik, institutionelle Verfassung sowie Wirtschaftsethik gekennzeichnet betrachtete. Zeitgenössisch kontrovers diskutiert markierte der „Moderne Kapitalismus“ einen Wendepunkt in der Wirtschaftsgeschichte: Zumindest in der deutschsprachigen Tradition handelte es sich um den letzten großen Versuch einer wesentlich historisch argumentierenden Wirtschaftstheorie.

Stattdessen setzte sich während der 1920er Jahren in den USA und Großbritannien, in Ansätzen aber auch in Deutschland und Frankreich, eine abstrakte und zugleich anwendungsbezogene Form der ökonomischen Theoriebildung durch. Diese beharrte darauf, dass die Wirtschaft nach universalen, ahistorischen Gesetzmäßigkeiten funktionierte. Verstärkt wurde diese Entwicklung insbesondere durch die Weltwirtschaftskrise ab 1929. Angesichts des schwersten ökonomischen Zusammenbruchs des Industriezeitalters erschien es eindeutig, dass Erkenntnisse über gegenwärtige Zustände nicht länger durch das Studium der Geschichte oder durch philosophische Betrachtungen zu gewinnen waren, denn aus diesen ließen sich keine Handlungsrezepte für gegenwärtige Problemlagen ableiten.[15]

Die langfristige Durchsetzung eines auf Praxisbezug abzielenden Forschungsprogramms in der Volkswirtschaftslehre machte die Wirtschaftsgeschichte in gewisser Weise heimatlos. In ihrer Mutterdisziplin zunehmend an den Rand gedrängt fand sie auch keine Aufnahme in der Geschichtswissenschaft, die sich bis

---

12 Gustav Schmoller, Die Gerechtigkeit in der Volkswirtschaft, in: Ders., Historisch-ethische Nationalökonomie als Kulturwissenschaft. Ausgewählte methodologische Schriften, Marburg 1998, S. 115–151, 148.

13 Roman Köster, Die Wissenschaft der Außenseiter. Die Krise der Nationalökonomie in der Weimarer Republik, Göttingen 2011, S. 38 f.

14 Werner Sombart, Der Moderne Kapitalismus. 3 Bd., Berlin 1918-1927.

15 Marion Fourcade, Economists and Societies. Discipline and Profession in the United States, Britain, and France, 1890s to 1990s, Princeton 2009.

in die Zeit nach dem Zweiten Weltkrieg vor allem auf die klassische Politikgeschichte konzentrierte. Diese Situation eröffnete ihr aber zugleich die Chance, sich zu emanzipieren und entlastet von theoretischen Zwängen ein eigenständiges Forschungsprogramm zu entwickeln. Dafür stehen etwa die Arbeiten von Richard Tawney, Eli Heckscher oder auch Henri Sée.[16] Gleichwohl führte die Wirtschaftsgeschichte bis in die 1960er Jahre eine Nischenexistenz.[17]

Um diese Zeit herum kam es allerdings zu einem „Revival", das vor allem mit dem Bedeutungsgewinn einer anderen historischen Teildisziplin zu tun hatte, nämlich der Sozialgeschichte. Deren Aufschwung wiederum speiste sich aus zwei Quellen: Zunächst gab es eine Reihe von eher konservativen Historikern wie Otto Brunner oder Werner Conze, deren zeitweise ideologische Nähe zum Nationalsozialismus oder, wie im Fall Conzes, die Involvierung in die sog. „Ostforschung"[18] sie nicht daran hinderte, neue Fragen, insbesondere nach langfristigen gesellschaftlichen und wirtschaftlichen Strukturveränderungen, zu stellen und dabei wichtige methodische Innovationen zu entwickeln. Insbesondere Brunner orientierte sich an den Einsichten der modernen Kapitalismusanalyse, wie sie von Weber oder Sombart entwickelt worden war. Er arbeitete dabei historische Zusammenhänge zwischen sozialen Strukturen, Wirtschaftsformen und ihrer historischen „Semantik" heraus, mit welchen Begriffen und Konzepten also ökonomische Verhältnisse sprachlich gefasst wurden.[19]

Programmatisch zeigte sich das insbesondere an der von Brunner diagnostizierten Differenz zwischen einer vormodernen („alteuropäischen") Wirtschaft und dem modernen Kapitalismus. Ihm zufolge ging die Entwicklung der modernen Wirtschaft mit einem Prozess funktionaler Ausdifferenzierung einher, die von der Auflösung alteuropäischer Sozialformen – insbesondere des „Ganzen Hauses", also der erweiterten Familie als Produktions- und Lebensgemeinschaft – begleitet wurde. Zugleich machte er deutlich, dass sich im Zuge dessen die Begriffe und Kategorien änderten, mit denen diese Sozialformen beschrieben wurden. Die moderne Volkswirtschaftslehre war nach Brunner deshalb in letzter Instanz als Resultat des Kapitalismus zu verstehen, während sie unter vormoder-

16 Als Beispiele: Richard H. Tawney, Religion and the Rise of Capitalism. A Historical Study, Harmondsworth 1938; Eli F. Heckscher, Der Merkantilismus, 2 Bd., Jena 1932; Henri E. See, Évolution et Revolutions, Paris 1929.

17 Für den britischen Fall sehr instruktiv: Donald C. Coleman, History and the Economic Past. An Account of the Rise and Decline of Economic History in Britain, Oxford 1987.

18 Michael Burleigh, Germany turns Eastwards. A Study of Ostforschung in the Third Reich, Cambridge 1988; Thomas Etzemüller, Sozialgeschichte als politische Geschichte. Werner Conze und die Neuorientierung der westdeutschen Geschichtswissenschaft nach 1945, München 2001.

19 Besonders anschaulich in dem klassischen Aufsatz über das Ganze Haus: Otto Brunner, Das „ganze Haus" und die alteuropäische „Ökonomik", in: Ders., Neue Wege der Verfassungs- und Sozialgeschichte, Göttingen 1968[2], S. 103–127.

nen Bedingungen schlicht keinen Sinn gemacht hätte. Das war auch eine Grundaussage der wesentlich von ihm und Reinhardt Koselleck entwickelten Begriffsgeschichte: Diese fragte nach dem Bedeutungswandel zentraler politischer und sozialer Begriffe mit der Absicht, daraus Rückschlüsse auf politische und soziale, aber auch wirtschaftliche Strukturveränderungen ziehen zu können.[20]

Die zweite Richtung der erneuerten Wirtschaftsgeschichte hingegen wurde von einer Reihe jüngerer Wissenschaftler begründet. Diese wurden bald als „Bielefelder Schule“ bezeichnet, denn wesentliche Protagonisten dieses Ansatzes wie Hans-Ulrich Wehler, Jürgen Kocka oder Heinz-Gerhard Haupt lehrten an der Ende der 1960er Jahre gegründeten Reformuniversität in Bielefeld.[21] Die Bielefelder Schule beabsichtigte vor allem die Erneuerung der Geschichtswissenschaft im Sinne einer historischen Sozialwissenschaft. Ihr Ziel war es, das empirische Material mit Hilfe eines modernen sozialwissenschaftlichen Theorieapparats aufzuschließen. Dabei ging es weniger darum, kulturelle Unterschiede oder die semantische Konstruktion sozialer Differenzen herauszuarbeiten. Stattdessen zielte man auf eine quantitativ fundierte, historische Sozialstrukturanalyse und die Rekonstruktion „objektiver“ Klassenlagen ab. Die Bielefelder Schule bezog wichtige methodische Anregungen aus den USA, wobei es sich, insbesondere im Fall der Rezeption Max Webers, mitunter auch um Theorie-Reimporte handelte. Zugleich formulierten sie deutlich gesellschaftskritischere Positionen, als das bei Conze und anderen der Fall war. Die Analyse und Rekonstruktion sozialer Ungleichheit blieb ihr ein dauerhaftes Anliegen.[22]

Das entsprach durchaus dem Zeitgeist der 1960er und 1970er Jahre: Die Vorstellung, die empirische Wirklichkeit ließe sich im Wesentlichen mit theoretischen Zangen greifen, war damals allgemein akzeptiert. Eine in diesem Sinne theorieorientierte Geschichtswissenschaft bot hervorragende Bedingungen für die Wirtschaftsgeschichte. Es lag auf der Hand, dass die im skizzierten Sinne „objektiven“ Klassenlagen bzw. sozialen Schichtungen vorrangig Ausdruck ökonomischer Beziehungen waren. Darüber hinaus waren während der 1970er Jahre ohnehin viele Historiker marxistisch orientiert und es aus ihrer Sicht darum die Produktionsverhältnisse, die historische Prozesse vorantrieben. Die Wirtschaftsgeschichte stellte in ihrer Hochphase insofern nicht lediglich eine thematisch

---

20 Reinhardt Koselleck, Begriffsgeschichte und Sozialgeschichte, in: Ders., Vergangene Zukunft. Zur Semantik geschichtlicher Zeiten, Frankfurt/M. 1979, S. 107–129.

21 Frank Becker, Mit dem Fahrstuhl in die Sattelzeit? Koselleck und Wehler in Bielefeld, in: Sonja Asal, Stephan Schlak (Hg.), Was war Bielefeld? Eine ideengeschichtliche Nachfrage, Göttingen 2009, S. 89–110; Thomas Welskopp, Die Sozialgeschichte der Väter. Grenzen und Perspektiven der Historischen Sozialwissenschaft, in: Geschichte und Gesellschaft 24 (1998), S. 173–198.

22 Hans-Ulrich Wehler, Deutsche Gesellschaftsgeschichte. Bd. 1: Vom Feudalismus des Alten Reiches bis zur Defensiven Modernisierung der Reformära 1700–1815, München 1987, S. 6–31.

orientierte Teildisziplin der Geschichtswissenschaft dar, sondern galt als Schlüssel für ein modernes Geschichtsverständnis überhaupt.

Diese Entwicklung blieb keinesfalls auf Westdeutschland begrenzt. Im Ostblock hatte aufgrund der marxistischen Staatsdoktrin die Wirtschaftsgeschichte ohnehin ein hohes Gewicht, was die Forschung allerdings in vielen Fällen ideologisch „kontaminierte". In Großbritannien waren es aber ebenfalls marxistische Historiker wie Eric Hobsbawm, Maurice Dobb, Sidney Pollard oder Edward P. Thompson, die seit den 1960er Jahren eine gesellschaftskritische Wirtschaftsgeschichte mit methodischen Innovationen verbanden. Im Fall Thompsons war das insbesondere die Geschichte der Arbeiterbewegung „von unten", die weniger auf die Analyse objektiver Klassenlagen als auf die Rekonstruktion von Konfliktformen und sozialen Wertvorstellungen der frühen Arbeiterbewegung abzielte. Solche Ansätze erzeugten auch in der Bundesrepublik ein starkes Echo.[23]

Interessanterweise entdeckte aber auch die Volkswirtschaftslehre in den 1960er Jahren die Wirtschaftsgeschichte wieder, die dort bald unter der Bezeichnung „New Economic History" firmierte. Dabei war es insbesondere der US-amerikanische Ökonom Robert Fogel, der auf innovative Weise ökonomische Ansätze zur Erklärung und Interpretation historischer Entwicklungen verwendete. Dabei wurden teilweise sehr kontroverse Positionen entwickelt, etwa, dass die Eisenbahn für die US-amerikanische Industrialisierung nicht zwingend notwendig gewesen sei oder dass sich die Institution der Sklaverei, anders als es bis dahin Konsens in der Forschung war, bei Ausbruch des amerikanischen Bürgerkrieges 1861 keineswegs ökonomisch überlebt hatte.[24]

In der Geschichtswissenschaft, das wurde eingangs bereits erwähnt, endete die Hochphase der Wirtschaftsgeschichte im Wesentlichen mit dem „cultural turn" während der 1980er Jahre. Der Schweizer Historiker Hans-Jörg Siegenthaler hat diesen Vorgang als eine doppelte Subjektivierung beschrieben: Weil die Wirtschafts- und Sozialgeschichte mit ihrer quantifizierenden Sozialstrukturanalyse und den ökonomischen Theorien mittlerer Reichweite als empirisch nicht mehr überzeugend angesehen wurde, stellte die kulturalistische Wende letztlich einen mikrohistorischen Rückzug dar. Ihr ging es um die Rekonstruktion eines subjektiv gemeinten Sinns, der keine makrohistorischen Prozesse mehr im Rücken hatte. In den 1980er Jahren kam es aber auch in der Volkswirtschaftslehre zu einer handlungstheoretischen Wende, die mit einer Abkehr von makroökonomischen Theorieansätzen einherging.[25]

---

23 Vgl. Dieter Groh, Anthropologische Dimensionen der Geschichte, Frankfurt/M. 1992, S. 148–151.

24 Robert W. Fogel, The Slavery Debates 1952–1990. A Retrospective, Baton Rouge 2003.

25 Hans Jörg Siegenthaler, Geschichte und Ökonomie nach der kulturalistischen Wende, in: Werner Plumpe (Hg.), Basistexte Wirtschaftsgeschichte, Stuttgart 2008, S. 243–266, 249 f.

Wie auch immer: Tatsache ist, dass die Wirtschaftsgeschichte heute ein zweigeteiltes Fach ist. So gibt es Wirtschaftshistorikerinnen, die an wirtschaftswissenschaftlichen Fakultäten beschäftigt sind und vor allem historische Datensätze mit ökonometrischen Methoden und Modellen analysieren. Für diese Richtung hat sich die Bezeichnung „Cliometrie“ etabliert, ein Kunstwort, gebildet aus dem Namen der Muse der Geschichte und der Erzählung „Clio“, und „Ökonometrie“, als Bezeichnung für die formal-mathematisch arbeitende Richtung der modernen Volkswirtschaftslehre.[26] Die Richtung der Wirtschaftsgeschichte hingegen, die von der geschichtswissenschaftlichen Seite kommt und deren Vertreter zumeist ausgebildete Historiker sind, versucht, vergangene ökonomische Tatbestände mit den Mitteln der historischen Hermeneutik wissenschaftlich zu rekonstruieren. Sie greift dabei auf volkswirtschaftliches Wissen und ökonomische Theorien zurück, arbeitet aber nicht modellbasiert und viel kleinteiliger als die cliometrische Forschung, die oftmals große Zeitspannen in den Blick nimmt. Sie versucht, ökonomische Praktiken, Institutionen und Semantiken aus dem Kontext ihrer Zeit heraus zu begreifen. Anders formuliert: Sie orientieren sich an den methodischen Standards der Geschichtswissenschaft mit Fokussierung auf die Entwicklung der Wirtschaft, ohne damit notwendigerweise auf die Theorieangebote der Wirtschaftswissenschaften zu verzichten.

Zum Aufbau dieser Einführung

Das vorliegende Buch versteht sich als eine Einführung in die „historische“ Richtung der Wirtschaftsgeschichte. Es gibt einen Überblick über ihre wichtigsten Themen, Methoden und Theorien und verfolgt den Zweck, den Studierenden einen Einblick in den wirtschaftshistorischen Werkzeugkasten zu geben, ohne die Probleme zu stark zu vereinfachen, sie aber auch nicht zu überfordern. Vor allem soll dabei der unnötige Respekt vor der Wirtschaft als historischer Forschungsgegenstand genommen werden. Es soll deutlich werden, dass ökonomische Vorgänge keineswegs nur „Eingeweihten“, also den Ökonomen, zugänglich sind, und dass auch ohne ein tieferes Verständnis von deren Fachsprache und modellbasiertem Zugriff eine historische Betrachtung dieser Vorgänge ertragreich ist. Mehr noch: Der historische Ansatz ermöglicht eine analytische Tiefenschärfe, die der ökonomischen Betrachtungsweise in vielen Fällen fehlt.

---

26 Gerold Ambrosius, Werner Plumpe, Richard Tilly, Wirtschaftsgeschichte als interdisziplinäres Fach, in: Gerold Ambrosius, Dietmar Petzina, Werner Plumpe (Hg.), Moderne Wirtschaftsgeschichte. Eine Einführung für Historiker und Ökonomen, München 2006[2], S. 9–37, 25–29.

Der regionale Fokus liegt dabei auf der europäischen Wirtschaftsgeschichte, wobei jedoch auch immer wieder andere Weltregionen in den Blick genommen werden. Das begründet sich vorrangig dadurch, dass die Wirtschaft in den westeuropäischen Ländern und den Vereinigten Staaten seit dem späten 18. Jahrhundert eine besonders starke Veränderungsdynamik entwickelte. Diese übte einen zunehmenden Anpassungsdruck auf andere Länder aus, und dies in ungleich stärkerem Maße, als das umgekehrt der Fall war. Das wird in seinen Auswirkungen in diesem Buch an verschiedenen Stellen thematisiert. Grundsätzlich erscheint es jedoch sinnvoller, in die Wirtschaftsgeschichte vorrangig aus der Perspektive der Länder einzuführen, die diesen Anpassungsdruck ausübten, als aus der Perspektive derjenigen, die ihm unterlagen.

Gegliedert ist die Einführung in zwei Teile, die sich mit „Themen" sowie „Theorien und Methoden" beschäftigen. Dabei sollen zunächst bestimmte zentrale Themen der Wirtschaftsgeschichte behandelt werden. Die beiden ersten Abschnitte setzen sich zunächst mit Wachstum und Strukturwandel als den zwei zentralen Aspekten wirtschaftlicher Entwicklung auseinander. Dies ist zugleich als Hinführung zu spezielleren Themen gedacht, nämlich Wirtschaftskrisen, Handel, Geld und Konsum. Diese Themen stellen notwendigerweise nur eine Auswahl dar, sollen aber trotzdem einen Eindruck davon vermitteln, womit sich die Wirtschaftsgeschichte inhaltlich beschäftigt. Hinzu kommen Abschnitte über Technik und Umwelt, die als Brückenschläge zu anderen thematisch orientierten Teildisziplinen der Geschichtswissenschaft gedacht sind und eine Erweiterung des traditionellen wirtschaftshistorischen Fokus zumindest andeuten.

Die Behandlung dieser Themen ist dabei vorrangig makroökonomischer Natur, d.h., es geht um übergreifende gesamtwirtschaftliche Entwicklungen, weniger um die Rolle bestimmter Personen oder Organisationen im Wirtschaftsleben. Das ist auch der Grund dafür, warum diese Einführung auf ein eigenes Kapitel zum Thema Unternehmen verzichtet: Die Unternehmensgeschichte war in den letzten 20 Jahren einer der populärsten Teilbereiche der Wirtschaftsgeschichte. Insbesondere in Skandinavien und Großbritannien hat die „business history" der „economic history" sogar den Rang abgelaufen, und konsequenterweise sollte man hier mittlerweile von zwei verschiedenen Disziplinen sprechen. So wichtig Unternehmen als Organisationen und Akteure aber auch sind, würde damit der makroökonomische Fokus dieser Einführung verlassen werden. Wer sich mit der Unternehmensgeschichte genauer beschäftigen möchte, sei deswegen auf die entsprechenden Darstellungen verwiesen.[27]

Der zweite Teil dieser Einführung beschäftigt sich mit Theorien und Methoden, wobei die wichtigsten Theorieangebote der Wirtschaftsgeschichte vorgestellt wer-

---

27 Z.B. Hartmut Berghoff, Moderne Unternehmensgeschichte. Eine themen- und theorieorientierte Einführung, Berlin 2016[2]; Werner Plumpe, Unternehmensgeschichte im 19. und 20. Jahrhundert, München 2018.

den. Den Anfang macht dabei eine knappe Erläuterung, wie „Nicht-Ökonomen“ mit den empirischen Ergebnissen der volkswirtschaftlichen Wirtschaftsgeschichte umgehen und arbeiten können. Danach folgt ein längerer Abschnitt zur sog. Neuen Institutionenökonomik, dem wohl populärsten Theorieangebot in der Wirtschaftsgeschichte der letzten 30 Jahre. Anschließend folgt ein Abschnitt zu Netzwerktheorien, die ebenfalls in der empirischen Forschung ertragreich angewendet worden sind. Den Abschluss bilden ein Überblick über evolutorische Ansätze sowie verschiedene Versuche aus der Soziologie, eine Gesamtdeutung der wirtschaftlichen Entwicklung im gesellschaftlichen Zusammenhang zu entwickeln.

Insgesamt geht es bei den einzelnen Abschnitten weniger darum, möglichst viel empirisches Wissen zu vermitteln oder möglichst tief in die jeweiligen Theorieangebote einzusteigen. Im Rahmen einer solchen Einführung erscheint das auch gar nicht möglich. Vielmehr sollen Forschungsprobleme und -positionen herausgearbeitet und erläutert werden, um damit eine Anleitung zur selbständigen Beschäftigung mit wirtschaftshistorischen Fragestellungen zu geben. Die Darstellung ist somit vor allem problem- und debattenorientiert. Es soll gezeigt werden, worin der Reiz der Auseinandersetzung mit einem thematisch orientierten Teilbereich der Geschichtswissenschaft, der damit aber zugleich die Bearbeitung einer größeren Zeitspanne ermöglicht, besteht. Wenn das gelingt, hat diese Einführung ihren Zweck im Wesentlichen erfüllt.

I. Themen

1. Wirtschaftliches Wachstum

Zu den wichtigsten Themen, mit denen sich die Wirtschaftsgeschichte beschäftigt, gehören langfristige wirtschaftliche Entwicklungsverläufe. Ein gutes Beispiel dafür ist die Industrialisierung Großbritanniens, die in der zweiten Hälfte des 18. Jahrhunderts einsetzte und das Gesichts des Landes – wenn auch regional keineswegs gleichmäßig und auch keineswegs abrupt – umfassend veränderte. Zugleich aber ist Großbritannien auch ein gutes Beispiel dafür, dass die Entwicklung in eine andere Richtung gehen kann: So hatte das Land in den 1890er Jahren noch die größte und produktivste Volkswirtschaft der Erde. Seitdem erlebte es jedoch einen schleichenden Bedeutungsverlust, über den als „British Industrial Decline" in der Forschung viel diskutiert worden ist. Das Land gehört heute zwar immer noch zu den zehn größten Volkswirtschaften der Erde, hat aber während des 20. Jahrhunderts seine ökonomische Weltgeltung weitgehend verloren und sich dabei zunehmend deindustrialisiert.[1]

Einer der wichtigsten Aspekte ökonomischer Entwicklung ist die quantitative Veränderung der Wirtschaftsleistung, die allgemein unter dem Begriff des Wachstums gefasst wird; wenn die Wirtschaftsleistung schrumpft, spricht man – auch wenn das anachronistisch klingt – von „negativem" Wachstum. Über diesen Begriff wird teilweise sehr kontrovers diskutiert, gleichwohl führt kein Weg darum herum, ökonomisches Wachstum als eine entscheidende Kategorie wirtschaftshistorischer Analyse zu verwenden. Wie sonst ließe sich die gewaltige Dynamik der globalen Wirtschaft seit dem 18. Jahrhundert erfassen, wenn man *dauerhaftes* Wachstum nicht als das zentrale Kriterium begreift, das die moderne Wirtschaft von der vormodernen unterscheidet?

Die Kategorie des ökonomischen Wachstums hat teilweise harsche Kritik auf sich gezogen.[2] Gerade in aktuellen Debatten wird oftmals vom „Wachstumsfetisch" gesprochen, wenn bestimmte wirtschaftspolitische Maßnahmen auf Kosten der Umwelt oder bestimmter Personengruppen gehen sollen. Besonders die statistische Kategorie des Bruttoinlandsprodukts (BIP), mit der die Wirtschaftsleistung eines Landes gemessen wird,[3] wurde als irreführend kritisiert. Teilweise ist

1 Jean-Pierre Dormois, Michael Dintenfass (Hg.), The British Industrial Decline, London 2003.

2 Vgl. Jürgen Bossmann, „Arrested Development"? Obsessionen im Wachstumsdenken, in: Michael Jeissmann (Hg.), Obsessionen. Beherrschende Gedanken im Wissenschaftlichen Zeitalter, Frankfurt/M. 1995, S. 26–77.

3 Das Bruttoinlandsprodukt gibt den in Geld ausgedrückten Wert der Summe aller Waren und Dienstleistung an, die (abzüglich aller Vorleistungen) innerhalb eines Jahres innerhalb der Grenzen eines Landes erbracht wurden. Vgl. Philipp Lepenies, Die Macht der einen Zahl. Eine politische Geschichte des Bruttoinlandsprodukts, Berlin 2013, S. 15–22.

diese Kritik berechtigt, weil in das Bruttoinlandsprodukt nur Leistungen einfließen, die monetär erfasst werden können: Wenn man etwa die Hausarbeit selbst erledigt, zählt sie nicht zum BIP, wenn man dafür jemanden anstellt, aber schon. Das führt dazu, dass die Wirtschaftsleistung weniger entwickelter Staaten regelmäßig unterschätzt wird und es nährt den Argwohn, nur monetär verrechenbare Leistungen würden als wertvoll anerkannt, was besonders die Arbeit von Frauen diskriminiere.[4]

Diese Kritik zielt allerdings vor allem auf gegenwärtige Problemlagen, wo es um konkrete wirtschaftspolitische Entscheidungen geht. Historische Betrachtungen erzeugen jedoch keinen Entscheidungsdruck, deshalb geht der Vorwurf der Normativität hier bereits ein Stück weit ins Leere. Zudem stellt sich die Frage nach alternativen Begriffen und statistischen Kategorien, welche die beschriebenen Probleme vermeiden. Das ist aber gar nicht so einfach. Zwar gibt es durchaus bedenkenswerte Alternativen etwa zum Bruttoinlandsprodukt, die freilich auch ihre Probleme haben. Nicht zuletzt lassen sie sich nicht ohne Weiteres quantifizieren und erschweren darum den historischen Vergleich. Zwar müssen Quantifizierungen selbstverständlich mit Vorsicht behandelt werden, das ist aber bei der Benutzung historischer Statistiken ohnehin immer der Fall: Es gilt ihr Zustandekommen zu reflektieren, differenziert mit ihnen zu arbeiten und bei ihrer konkreten Anwendung deutlich zu machen, dass sie keineswegs unbesehen „objektive" Tatbestände widerspiegeln.

Wirtschaftliche Entwicklung vor dem 18. Jahrhundert

Gerade in Darstellungen zur Industrialisierung seit dem 18. Jahrhundert wird die Dynamik der industriellen Entwicklung gerne mit der vorgeblichen Statik des vormodernen Wirtschaftslebens kontrastiert, wo sich sowohl die Produktionstechniken kaum verändert hätten als auch die ökonomischen Institutionen spezifisch wachstumsfeindlich gewesen seien. Gemeint ist damit beispielsweise die feudale Privilegienwirtschaft, die gegen finanzielle Gegenleistungen bestimmte Rechte vergab, die es den betreffenden Personen dann ermöglichten, ein bestimmtes Gut exklusiv auszubeuten, herzustellen oder zu handeln. Ein guter Teil des Geschäfts der Staatsfinanzierung in der Frühen Neuzeit funktionierte auf die Weise, dass etwa den Augsburger Familien Fugger und Welser Bergbaukonzessionen und andere Privilegien als Gegenleistung für Kredite geboten wurden.[5] Daneben standen besonders Zünfte und Gilden im Fokus der Kritik: Indem sie die Zahl derje-

---

4 Andrea Komlosy, Work and Labor Relations, in: Jürgen Kocka, Marcel van der Linden (Hg.), Capitalism. The Reemergence of a Historical Concept, London 2016, S. 33–69, 40–46.

5 Mark Häberlein, Die Fugger. Geschichte einer Augsburger Familie (1367–1650), Stuttgart 2006, S. 40–68.

nigen, die ein Gewerbe legitim ausüben durften, beschränkten sowie Produktionstechniken festschrieben, sollen sie einen funktionierenden ökonomischen Wettbewerb bis zu ihrem Bedeutungsverlust seit dem späten 18. Jahrhundert effektiv behindert haben. Schließlich, auch dieser Gesichtspunkt wird oftmals genannt, gab es eine durch die christlichen Kirchen und ihre Theologie bestimmte Wirtschaftsethik, die das Wirtschaftsleben durch Zinsverbote und die Forderungen nach einem „gerechten Preis" normierte und so angeblich dazu beitrug, dass vormoderne Gesellschaften ihre Wachstumsfesseln nicht abstreifen konnten.[6]

Tatsächlich war – wenn man das Objektiv weit einstellt – die wirtschaftliche Entwicklung bis ins 18. Jahrhundert nicht sehr dynamisch. Selbst optimistische Schätzungen gehen davon aus, dass sich die europäische Wirtschaftsleistung pro Kopf vom 15. bis zum 18. Jahrhundert bestenfalls verdoppelt habe, was im Vergleich zu späteren Zeiten wirklich gering war. Andere Wissenschaftler meinen sogar, die Wirtschaftsleistung pro Kopf sei in diesem Zeitraum überhaupt nicht gestiegen.[7] Zudem wurde die vormoderne Wirtschaft von der Landwirtschaft dominiert, wo bis zum späten 18. Jahrhundert 60 bis 80 Prozent der europäischen Bevölkerung „beschäftigt" waren. Das erscheint allerdings als ein anachronistischer Begriff, wenn man bedenkt, dass die moderne Einteilung in drei Wirtschaftssektoren (Landwirtschaft, Industrie, Dienstleistungen) auf die vormoderne Wirtschaft kaum sinnvoll angewandt werden kann. Es handelte sich hierbei in der Regel nicht, was der Ausdruck „beschäftigt" impliziert, um ein frei ausgehandeltes Vertragsverhältnis, sondern vielmehr um eine Lebensform.[8]

Diese dominante ökonomische Lebensform veränderte sich bis zur Industrialisierung vergleichsweise wenig. Die wichtigsten Anbautechniken entwickelten sich vom 13. bis zum 18. Jahrhundert – mit mannigfachen regionalen Variationen allerdings – nur langsam. Dabei hatte die sog. Dreifelderwirtschaft, bei der ein Drittel der Ackerfläche brach lag, zentrale Bedeutung. Die aufgeklärten Agrarwissenschaften seit dem späten 18. Jahrhundert haben das auf den bäuerlichen Konservativismus geschoben, für den es allerdings gute Gründe gab: Wer ohnehin gerade so sein Überleben sichern konnte, musste sich sehr genau überlegen, neue Techniken des Ackerbaus oder der Viehzucht auszuprobieren.[9] Solche Experimente konnten im Falle eines Fehlschlags schließlich existentielle Konsequenzen haben.

---

6 Vgl. Lionell Robbins, A History of Economic Thought. The LSE Lectures, Princeton 1998, S. 46–54.

7 Paolo Malanima, Europäische Wirtschaftsgeschichte 10–19. Jahrhundert, Wien 2010, S. 324 f.

8 Vgl.Wolfgang Reinhard, Lebensformen Europas. Eine historische Kulturanthropologie, München 2004.

9 Rainer Beck, Unterfinning. Ländliche Welt vor Anbruch der Moderne, München 1993; Zu den Agrarwissenschaften vgl. Susan Richter, Pflug und Steuerruder. Zur Verflechtung von Herrschaft und Landwirtschaft in der Aufklärung, Köln 2015.

Zu solchen Befunden kommt man jedoch, wie gesagt, bei weit eingestelltem Objektiv. Betrachtet man einzelne regionale Entwicklungsverläufe genauer, lässt sich feststellen, dass es auch vor dem 18. Jahrhundert immer wieder zu lange anhaltenden Prosperitätsphasen kam. Ein gutes, heute noch in den „Überresten" zu bewunderndes Beispiel dafür sind die früheren italienischen Stadtstaaten Florenz, Mailand, Genua und besonders Venedig, das vor allem durch den Levantehandel seit dem 11. Jahrhundert wohlhabend und mächtig wurde. Ein anderes Beispiel sind die Niederlande, nach Meinung der Wirtschaftshistoriker Jan de Vries und Ad van der Woude die erste moderne Volkswirtschaft überhaupt, die nach der Erringung der Unabhängigkeit vom habsburgischen Spanien zwischen 1580 und 1650 eine anhaltende Prosperitätsphase, ihr sog. „Goldenes Zeitalter", erlebten.[10]

Das Problem bestand allerdings darin, und das markiert eine wichtige Differenz zur Wirtschaftsentwicklung seit dem späten 18. Jahrhundert, dass diese Entwicklungsverläufe reversibel waren. Wer reich war, musste es nicht bleiben. Portugal und Spanien etwa eigneten sich im Zuge der europäischen Expansion seit dem 16. Jahrhundert große Mengen von Edelmetallen an, die aber gewissermaßen dort lediglich einmal aufschlugen, um danach weiter nach Osten zu wandern.[11] Venedig wurde seit dem 16. Jahrhundert, wie es die Ökonomen Robertson und Acemoglu etwas provokant ausgedrückt haben, von einer reichen Handelsnation zu einem Museum.[12] Auch die holländische Wirtschaft konnte seit dem späten 17. Jahrhundert nicht mehr recht an ihre vorangegangenen Glanzzeiten anknüpfen.

Ein wichtiger Gesichtspunkt, der die vormoderne Wirtschaft insofern von der modernen seit dem späten 18. Jahrhundert unterscheidet, ist das Fehlen dessen, was der US-amerikanische Ökonom Simon Kuznets als „continuous economic growth" bezeichnet hat: ein dauerhaftes, sich selbst tragendes Wirtschaftswachstum. Damit sind nicht nur langfristige Prosperitätsphasen gemeint, wie sie Holland bereits im 16. und 17. Jahrhundert erlebte. Impliziert ist auch, dass die wirtschaftliche Entwicklung ein Niveau erreichte, auf dem sie nicht mehr hinter einen bestimmten Entwicklungsstand zurückfallen konnte. Beides war jedoch in der vormodernen Wirtschaft nicht der Fall: Viele Regionen konnten zeitweise prosperieren, dann aber auch wieder bitterste Armut erleben. Noch das 18. Jahrhundert war in Kontinentaleuropa eine Zeit schwerer Hungerkrisen.[13]

---

10 Jan de Vries, Adrianus M. van der Woude, The first modern economy. Success, Failure, and Perseverance of the Dutch Economy, 1500–1815, Cambridge 1997.

11 Eduardo Galeano, Die offenen Adern Lateinamerikas. Die Geschichte eines Kontinents von der Entdeckung bis zur Gegenwart, Wuppertal 2002, S. 40 f.

12 Daron Acemoglu, James A. Robinson, Warum Nationen scheitern. Die Ursprünge von Macht, Wohlstand und Armut, Frankfurt/M. 2013, S. 196.

13 Massimo Montanari, Der Hunger und der Überfluss. Kulturgeschichte der Ernährung in Europa, München 1999, S. 155–159.

Die Frage, warum das so war, gehört zu den wichtigsten, aber auch kompliziertesten der Wirtschaftsgeschichte überhaupt: Wer danach fragt, warum es in der zweiten Hälfte des 18. Jahrhunderts zu einem Durchbruch der industriellen Entwicklung kam, fragt damit zugleich, warum es vorher nicht passierte. Im Übrigen ist es bereits gar nicht so einfach festzustellen, was es überhaupt zu erklären gilt: Warum erlebten bestimmte Länder Wachstum oder warum taten sie das gerade nicht? Was ist der Normalzustand und was die erklärungsbedürftige Abweichung? Darauf kann an dieser Stelle keine umfassende Antwort gegeben werden. Es sollen lediglich einige Faktoren genannt werden, die immer wieder dazu führten, dass sich Prosperitätsphasen als reversibel erwiesen.

Ein zentraler Faktor waren zunächst Seuchen und Hungersnöte. Die aus China eingeführte große Pestepidemie Mitte des 14. Jahrhunderts brachte rund ein Drittel der europäischen Bevölkerung ums Leben. Das war im Übrigen eine Katastrophe mit langfristigen Auswirkungen: So waren zum Beispiel die Gebiete des nachmaligen Ostpreußens besonders stark von der Pest betroffen. Die daraus resultierenden Wüstungen trugen dazu bei, dass die Güter dort im Schnitt signifikant größer waren und sich dort eine ganz andere Agrarverfassung entwickelte als in den westlichen deutschen Gebieten.[14] Vor allem aber waren vormoderne Gesellschaften in hohem Maße von schwankenden Ernteerträgen abhängig. Mehrere aufeinanderfolgende Missernten konnten ganze Landstriche ins Elend stürzen und einen relativen Wohlstand vernichten.

Ein anderer wichtiger Aspekt, der die Wirtschaftsentwicklung in Mittelalter und Früher Neuzeit nachhaltig stören konnte, war der Krieg. Nun ist die Welt im 20. und 21. Jahrhundert keineswegs friedlicher geworden und die großen europäischen Konflikte in dieser Zeit – insbesondere der Erste und der Zweite Weltkrieg – hatten ebenfalls dramatische ökonomische Konsequenzen. Zugleich ist unsere heutige Welt wirtschaftlich so stark vernetzt und arbeitsteilig organisiert, dass sich zumindest im Grundsatz die Einsicht durchgesetzt hat, dass offene Handelswege das allgemeine Wohlstandsniveau erhöhen. In der Frühen Neuzeit konnten jedoch Kriege Handelswege effektiv blockieren, was teilweise gerade wegen der großen Bedeutung einer „monopolistischen" Wirtschaft der Fall war.[15]

Auch hier ist das holländische Beispiel lehrreich: Seit 1652 wurde Holland in mehrere Seekriege mit den Engländern verwickelt, in denen letztere schließlich obsiegten. Insofern konnten die Holländer noch so erfindungsreich und fleißig sein: Es nützte ihnen wenig, wenn es dem Nachbarn nicht gefiel. Hinzu kam, dass unter den ohnehin engen agrarischen Bedingungen bis in die Frühe Neuzeit die Versorgung der Heere aus dem Land einschneidende Konsequenzen hatte. Der

---

14 Wilhelm Abel, Agrarkrisen und Agrarkonjunktur. Eine Geschichte der Land- und Ernährungswirtschaft Mitteleuropas seit dem hohen Mittelalter, Hamburg 1978, S. 87–98.

15 Ronald Findlay, Kevin H. O'Rourke, Power and Plenty. Trade, War, and the World Economy in the Second Millennium, Princeton 2009, S. 238–245.

Dreißigjährige Krieg (1618–1648) ist dafür ein eindrückliches Beispiel: Ein Großteil der gewaltigen Menschenverluste dieses Konfliktes resultierte nicht aus Kampfhandlungen, sondern aus Plünderungen, Hunger und Seuchen, für die in erster Linie die Heerzüge verantwortlich waren.[16]

Ein dritter für die Wirtschaft der Frühen Neuzeit bedeutsamer Faktor bestand in der geringen Marktintegration. Die mittelalterliche und frühneuzeitliche Wirtschaft war von einem Nebeneinander von Fernhandel und kleinräumigen Austauschbeziehungen geprägt. Beim Fernhandel wurden vor allem Luxusgüter und andere Waren mit einem günstigen Verhältnis von Gewicht und Ertrag getauscht, während bei kleinräumigen Austauschbeziehungen die Selbstversorgung der bäuerlichen Wirtschaften eine wichtige Rolle spielte. Dauerhafte Marktbeziehungen entwickelten sich hier vor allem im Austausch zwischen Stadt und Land, wobei sich regionale Wirtschaftsräume ausbildeten, zwischen denen bis ins 18. Jahrhundert nur ein begrenzter Handel stattfand. Besonders der Warentransport über Land – etwa mit Pferdefuhrwerken über kaum ausgebaute Wege – war mühsam, langsam, gefährlich und teuer. Das schuf starke Anreize für ein risikominimierendes Verhalten, denn ein durch fehlgeschlagene Experimente verringertes lokales Angebot konnte nicht – oder nur zu sehr hohen Preisen – durch Lieferungen von auswärts ausgeglichen werden.

Mit der geringen Marktintegration hing schließlich ein letzter wichtiger Faktor zusammen, nämlich durch Ressourcenmangel erzeugte natürliche Wachstumsgrenzen. Die schwankende Versorgung mit Nahrungsmitteln oder auch Bekleidung erwies sich immer wieder als ein Problem, das Wachstumstendenzen effektiv stoppen konnte. Der Ressourcenmangel betraf aber auch noch andere Bereiche: So besaßen die Holländer im 17. Jahrhundert bereits im Prinzip die technischen Voraussetzungen, um Eisen billig herzustellen, das wiederum eine wichtige Vorbedingung für die maschinelle Produktion darstellte. Ihnen stand als Brennstoff allerdings lediglich Torf zur Verfügung, mit dem die notwendigen Schmelztemperaturen nicht erreicht werden konnten. Hier besaßen die Engländer mit ihren reichen und zunächst relativ einfach zu erschließenden Steinkohlevorkommen im 18. Jahrhundert bessere Voraussetzungen.[17]

Die Institutionen des vormodernen Wirtschaftslebens, auf die in der wirtschaftsliberalen Literatur seit dem späten 18. Jahrhundert so ausdauernd geschimpft wurde, waren letztlich auf die ökonomischen Wechselfälle des Lebens eingestellt. Die Bauern hatten, wie gesagt, gute Gründe, an ihren erprobten Anbaumethoden festzuhalten. Der städtische Zunftzwang schützte zwar eine bestimmte Gruppe von privilegierten Produzenten, er stellte aber auch sicher, dass

---

16 Georg Schmidt, Die Reiter der Apokalypse. Geschichte des Dreißigjährigen Krieges, München 2018, S. 620–623.

17 Manfred Weissenbacher, Sources of Power. How Energy Forges Human History, München 2009, S. 137 f.

ein Angebot an grundlegenden Waren und Dienstleistungen in einer bestimmten Qualität auch in Krisenzeiten erhalten blieb. Diesen Institutionen lag insofern eine statische Vorstellung des Wirtschaftslebens zugrunde, als sie von einer „Begrenztheit der Reichtümer" ausgingen, also der Ansicht, dass die Menge der Güter nicht vermehrt werden könne. Bei allem Wirtschaften handelte sich aus dieser Perspektive letztlich um ein Nullsummenspiel: Was der eine gewann, musste der andere verlieren. Ein solches Denken passte gut zusammen mit einer Weltauffassung, die sich in der christlichen Offenbarung auf eine begrenzte Anzahl von Texten und damit ein begrenztes Wissen über die Welt gründete.[18]

Vor diesem Hintergrund lässt sich besser ermessen, was die europäische Expansion seit dem späten 15. Jahrhundert nicht nur für diese christliche Weltauffassung, die jetzt eine ganz neue Empirie zu verarbeiten hatte, sondern auch für die Vorstellung der Funktionsweise der Ökonomie bedeutete. Die Schiffe aus der „Neuen Welt", die mit für die Zeitgenossen unvorstellbaren Mengen an Silber, Gold und anderen edlen Materialien beladen waren, stellten die Vorstellung einer Begrenztheit der Reichtümer in Frage. Zugleich lehrte das Edelmetall aber noch eine andere Lektion, dass nämlich Reichtum nicht einfach mit dem Besitz von Gold und Silber gleichzusetzen war. Portugal und Spanien wurden zwar reich und mächtig, sie blieben es aber nicht. Die Edelmetallmengen flossen im Tausch gegen Waren zu einem wesentlichen Teil nach Asien und ins übrige Europa ab und verursachten dort ab ca. 1540 eine lang anhaltende Inflation. Die Engländer besiegten 1588 die spanische Armada und zeigten damit, dass sich ökonomische Potenz nicht bruchlos in militärische Macht übersetzen ließ. Mit den Niederlanden wurde ein Land im 16. Jahrhundert wohlhabend, das kaum über natürliche Ressourcen verfügte und dessen Reichtum wesentlich auf dem Handel beruhte.

Die Zünfte verloren erst ab dem späten 18. Jahrhundert im Zuge der Auflösung des „Ancien Regimes" an Bedeutung und auch der Fernhandel beruhte bis zu diesem Zeitpunkt weiterhin zu wichtigen Teilen auf dem Instrument des Privilegs. Allerdings entwickelten sich seit dem 17. Jahrhundert eine neue Dynamik im europäischen Wirtschaftsleben und in Ansätzen bereits moderne Wirtschaftsinstitutionen. Wichtig ist in diesem Zusammenhang die sog. „Protoindustrialisierung", ein Begriff, den der Historiker Franklin Mendels zu Beginn der 1970er Jahre am Beispiel des belgischen Flanderns entwickelt hat.[19] Dabei handelte es sich im Wesentlichen um die ländliche (zumeist Textil-)Produktion, häufig im Nebenerwerb, für überseeische Märkte, besonders die nordamerikanischen Kolonien. Auf dem Land herrschte in vielen Fällen kein Zunftzwang und zugleich konnten innovative Formen der Arbeitsorganisation ausprobiert werden. Das waren besonders das sog. Kaufsystem und das Verlagssystem, bei dem ein „Verleger"

18 Aaron J. Gurjewitsch, Das Weltbild des mittelalterlichen Menschen, München 1997[5].

19 Franklin D. Mendels, Proto-Industrialization. The First Phase of the Industrialization Process, in: Journal of Economic History 32 (1972), S. 241–261.

den Arbeitern die Rohstoffe (und teilweise das Werkzeug) stellte, die dann in Heimarbeit verarbeitet wurden. Auf diese Weise entwickelten sich zahlreiche Gewerberegionen, etwa in Flandern, im Schwarzwald oder in der Eifel.[20]

Über die Protoindustrialisierung hat sich eine lange Forschungsdebatte entwickelt, deren Ergebnis keineswegs untypisch ist: Am Ende muss genau hingesehen werden, allgemeine Entwicklungstrends sind im Zweifelsfall regional zu spezifizieren. Als besonders knifflig erwies sich dabei die Frage nach der Kontinuität zwischen protoindustriellen Gewerberegionen und späteren Industrialisierungs-„Clustern“, also Orten und Regionen, die auf die Herstellung bestimmter Warengruppen spezialisiert waren, wie etwa Solingen auf Messer oder Bielefeld auf Leinen. Aber wie dem auch sei: Hier entwickelte sich bereits regional eine beachtliche wirtschaftliche Dynamik, häufig – jedoch keineswegs durchgehend – außerhalb traditioneller feudaler Institutionen.[21]

Ein weiterer wichtiger dynamisierender Faktor waren neue Konsumformen und eine Vergrößerung der *Angebotselastizität*, d.h. eine zunehmende Menge und ein wachsender Umfang des Angebots an allen möglichen Gebrauchs- und Luxuswaren. Das war vor allem seit dem späten 17. Jahrhundert in den englischen und französischen Städten der Fall, wo solche Waren über den Fernhandel importiert, dann zunehmend aber auch imitiert und selbst hergestellt wurden (wie etwa Porzellan). Vor allem aber blieb der Konsum dieser Waren nicht länger auf die Oberschichten beschränkt, sondern er „sickerte“ in die gesellschaftlichen Mittel- und Unterschichten ein, die nach Meinung von Jan de Vries bereit waren, dafür länger und härter zu arbeiten.[22]

Insofern ist im Hinblick auf die Vormoderne festzustellen, dass ihre ökonomischen Institutionen und ihre Wirtschaftsethik auf ein tendenziell statisches, von unvorhersehbaren Wechselfällen geprägtes Wirtschaftsleben zugeschnitten waren. Gerade unter diesen Voraussetzungen machten sie aber durchaus Sinn. Zu einem Hindernis für die ökonomische Entwicklung – und im Übrigen dann auch so diskutiert – wurden diese Institutionen erst, als in der Wirtschaft zunehmend dynamische Tendenzen wirksam wurden. Das war bereits seit dem 17. Jahrhundert zunehmend der Fall und wurde vor allem in Großbritannien deutlich sichtbar.

---

20 Peter Kriedte, Hans Medick, Jürgen Schlumbohm, Industrialisierung vor der Industrialisierung. Gewerbliche Warenproduktion auf dem Land in der Formationsphase des Kapitalismus, Göttingen 1978.

21 Als Überblick s. Markus Cerman, Sheilagh C. Ogilvie (Hg.), Proto-Industrialisierung in Europa. Industrielle Produktion vor dem Fabrikzeitalter, Wien 1994.

22 Jan de Vries, The Industrious Revolution. Consumer Behavior and the Household Economy, 1650 to the Present, Cambridge 2008.

Industrialisierung

Müsste man in einem Wettbewerb das einflussreichste wirtschaftshistorische Werk des 20. Jahrhunderts küren, so würde als Sieger wahrscheinlich eine Arbeit ausgewählt, die gar nicht unbedingt in wirtschaftshistorischer Absicht verfasst wurde: Walt Rostows 1960 veröffentlichtes Werk „The Stages of Economic Growth“ (Dt.: „Die Stadien des wirtschaftlichen Wachstums“) war vor allem eine Programmschrift des entwicklungsökonomischen Diskurses nach dem Zweiten Weltkrieg.[23] Der Autor, in den 1960er und 1970er Jahren einer der einflussreichsten US-amerikanischen Politikberater, benutzte ein historisches Argument, um eine Zukunftsvision zu entwickeln und eine Politikempfehlung für die Entwicklungsländer abzugeben.[24]

Rostows zentrale Annahme war die einer „Take off“-Phase, die er in England in den Jahren von 1780 bis 1802 verortete. Er entwarf ein Stufenmodell der wirtschaftlichen Entwicklung, demzufolge sich – als Resultat einer politischen, rechtlichen und intellektuellen Liberalisierung – zwangsläufig eine Phase dynamischen industriellen Wachstums ergab, in der sich die Gesellschaft von einer traditionellen zu einer industriellen Gesellschaft transformierte. Daraus entwickelte sich wiederum mit einer gewissen Zwangsläufigkeit eine Massenkonsumgesellschaft, die nach Rostow – darin war er ein Kind seiner Zeit – ihre ursprüngliche Dynamik langsam verlor und gewisse dekadente Züge ausprägte. Das waren aber Probleme, die nach dem Zweiten Weltkrieg die meisten ärmeren Länder der Erde gerne gehabt hätten!

England war für Rostow lediglich das Land, in dem dieser „Take off“ als erstes stattgefunden hatte. 20 Jahre andauernde, intensive Wachstumsphasen mit sprunghaft angestiegenen Investitionsquoten[25] soll es nämlich laut Rostow später in vielen anderen Ländern ebenfalls gegeben haben: in Belgien ab 1820, in Frankreich ab 1830, in Deutschland ab 1850 usw. Die Botschaft war eindeutig: Die zahlreichen Entwicklungsländer besonders in Asien und Afrika, die sich nach dem Zweiten Weltkrieg vor die Wahl zwischen einem kapitalistischen und einem kommunistischen System gestellt sahen, sollten eine liberale Politik verfolgen, um langfristig wohlhabend zu werden. Insofern handelte es sich bei den „Stages of Economic Growth“ in erster Linie um eine entwicklungsökonomische Kampfschrift, die von der Industrialisierungsforschung, die gerade in Großbritannien teilweise sogar eine linke politische Agenda verfolgte, trotzdem aufgegriffen wurde. So veröffentlichten Phyllis Deane und Max Cole 1962 eine wichtige Studie über

---

23 Walt W. Rostow, The Stages of Economic Growth. A Non-Communist Manifesto, Cambridge 1960.

24 Ebd.

25 Mit dem Begriff der Investitionsquote wird der prozentuale Anteil der getätigten Bruttoinvestitionen am Bruttoinlandsprodukt ausgedrückt.

das britische Wirtschaftswachstum, die ebenfalls eine sprunghaft angestiegene Investitionsquote seit etwa 1780 behauptete.[26]

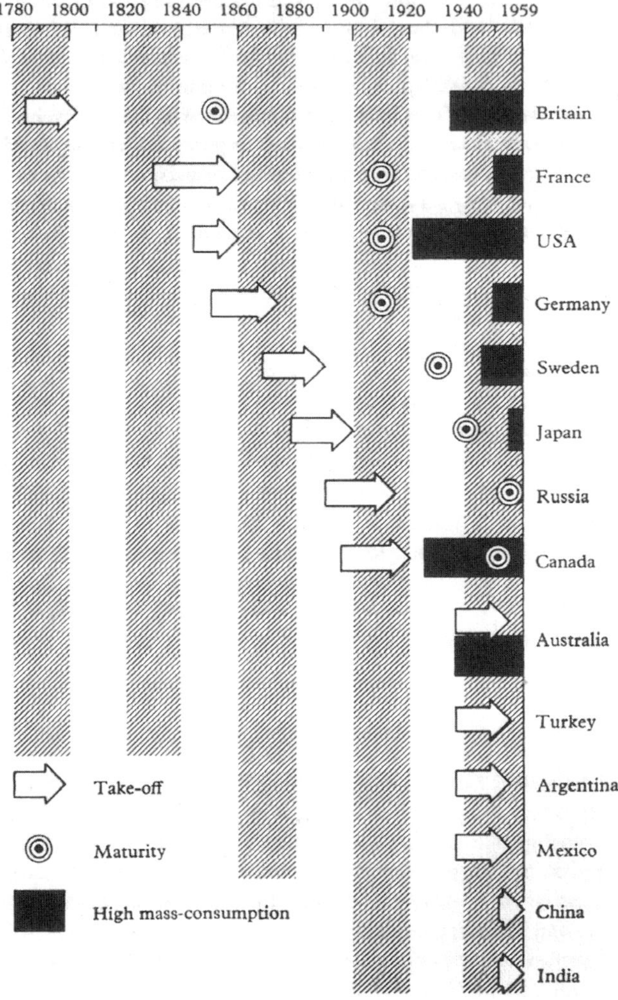

Abb. 2: Stadien des wirtschaftlichen Wachstums in verschiedenen Ländern nach Walt Rostow[27]

26 Phyllis Deane, W.A. Cole, British Economic Growth, 1688–1959. Trends and Structure, Cambridge 1962.

27 Rostow, The Stages of Economic Growth, S. XII.

Der „Take off" war eine wirksame Metapher. Er vermittelte eine bestimmte Vorstellung der industriellen Dynamik, die Großbritannien seit der zweiten Hälfte des 18. Jahrhunderts erfasste und die das Land grundlegend transformierte. Die maschinelle Produktion in Fabriken setzte sich zunehmend durch, die Produktivität der Landwirtschaft stieg ebenfalls deutlich an. Zugleich kam es zu einem rapiden Bevölkerungswachstum und dem Entstehen großer Industriestädte, von denen Manchester das bekannteste Beispiel ist. Das ging zunächst von bestimmten Regionen im Nordwesten (Lancashire) und Mittel-Englands aus und betraf vor allem die Herstellung von Textilien. Durch technische Innovationen wie die „Spinning Jenny" (die allerdings zunächst vor allem die Heimarbeit effizienter machte) oder Samuel Cromptons „Mule" genannte Spinnmaschine konnte die Produktivität stark gesteigert werden. Längerfristig bedeutsam wurde die Weiterentwicklung der Dampfmaschine durch den Schotten James Watt, dem es seit den 1760er Jahren durch technische Verbesserungen gelang, den Wirkungsgrad dieser bereits seit dem frühen 18. Jahrhundert zur Entwässerung von Bergwerken eingesetzten Maschinen entscheidend zu erhöhen.[28]

Der „Take off" wurde zum Inbegriff einer ökonomischen Dynamik, die seit dem 19. Jahrhundert zunächst die britische, dann die (west-)europäische und die US-amerikanische Gesellschaft grundlegend veränderte und die in dem emphatischen Begriff der „Industriellen Revolution" zusammengefasst wurde. Daran knüpften sich zugleich Interpretationen der wirtschaftlichen Entwicklung seit dem späten 18. Jahrhundert, die sich stark auf die industrielle Dynamik als Ausgangspunkt einer grundlegenden Umgestaltung fokussierten. Alles, was sich parallel an wichtigen Veränderungen ereignete – Bevölkerungswachstum, Urbanisierung oder die Ausbildung der bürgerlichen Gesellschaft –, war in letzter Konsequenz auf diesen industriellen Wandel zurückzuführen.[29]

Das Problem ist allerdings, dass es den „Take off" in der von Rostow beschriebenen Form gar nicht gegeben hat. Die britischen Ökonomen Nick Crafts und Knick Harley zeigten in ihren Studien aus den 1980er Jahren, dass sich ein Sprung in den gesamtwirtschaftlichen Wachstumsraten für England statistisch nicht nachweisen lässt, dass Rostow vielmehr das vorindustrielle Wachstum unter- und das frühindustrielle Wachstum überschätzt hatte. Stattdessen beschrieben sie einen sehr viel weniger spektakulären Wachstumsverlauf. Crafts und Harley wiesen darauf hin, dass es sich um einen Prozess zunehmender Kapitalbildung handelte, der erst ab den 1830er Jahren zu deutlich ansteigenden gesamtwirt-

28 Zur Technikgeschichte der Industrialisierung immer noch grundlegend: Akoš Paulinyi, Industrielle Revolution: vom Ursprung der modernen Technik, Reinbeck bei Hamburg 1989.

29 Ulrich Wengenroth, Igel und Füchse. Zu neueren Verständigungsprobleme über die Industrielle Revolution, in: Wolfgang Benad-Wagenhoff (Hg.), Industrialisierung. Begriffe und Prozesse. Festschrift für Akos Paulinyi zum 65. Geburtstag, Stuttgart 1994, S. 9–21.

schaftlichen Wachstumsraten führte. Anstelle eines „Take offs" betonten sie die *kontinuierliche* Dynamik der industriellen Entwicklung.[30]

Die Ergebnisse von Crafts und Harley lieferten den Ausgangspunkt für eine andere Interpretation der wirtschaftlichen Entwicklung seit dem späten 18. Jahrhundert. Es fiel jedenfalls sehr viel schwerer, von einer „Industriellen Revolution" zu sprechen, wenn es sich um einen Veränderungsprozess handelte, dessen Anfangs- und Endpunkt sich kaum eindeutig bestimmen ließ. Die industrielle Dynamik konnte dann auch nur noch schwer als prinzipielle Ursache weiterer Entwicklungen gedeutet werden und es stellte sich die Frage, ob es sich nicht letztlich nur um einen von mehreren Entwicklungssträngen handelte, die insgesamt zur „Verwandlung der Welt" (Jürgen Osterhammel) im 19. Jahrhundert beitrugen.[31]

Von solchen grundsätzlichen Fragen abgesehen haben die Forschungen von Crafts und Harley allerdings vor allem dazu beigetragen, ökonomische Entwicklungsverläufe besser zu verstehen. Der US-amerikanische Wirtschaftshistoriker Joel Mokyr hat in diesem Zusammenhang anhand einer anschaulichen Beispielrechnung deutlich gemacht, warum die Vorstellung eines „Take offs" ohnehin wenig plausibel ist. Er wies darauf hin, dass bei einem Anteil von Gewerbe und Industrie an der gesamtwirtschaftlichen Leistung von etwa zehn Prozent zu Beginn der Industrialisierung ein wiederum zehnprozentiges gewerbliches Wachstum gerade einmal ein gesamtwirtschaftliches Wachstum von etwas über einem Prozent bedeutet hätte. Anders formuliert: Die gewerbliche Produktion war am Ende des 18. Jahrhunderts noch viel zu klein, um einen „Take off" im Sinne Rostows hervorbringen zu können. Das relative volkswirtschaftliche Gewicht der englischen Industrie musste also erst größer werden, um die hohen gesamtwirtschaftlichen Wachstumsraten seit den 1830er Jahren zu ermöglichen.[32]

Auch wenn die Industrialisierung folglich in der Forschung ihren spektakulären Charakter eingebüßt hat, so waren die durch sie ausgelösten Veränderungen trotzdem umfassend: Ein Brite aus dem Jahr 1750 hätte sein eigenes Land hundert Jahre später nicht mehr wiedererkannt. Fabriken, Eisenbahnen, Dampfkraft, Stahlproduktion hatte es zu seiner Zeit in der Form noch nicht gegeben. Die Bevölkerung war von etwas unter 6 auf über 15 Millionen angestiegen. Die Länge

---

30 Nicholas Crafts, British economic growth during the industrial revolution, Oxford 1985; Ders., Crafts, Charles Knickerbocker Harley, Output Growth and the British Industrial Revolution: A Restatement of the Crafts-Harley View, in: The Economic History Review. 45 (1992), S. 703–730.

31 Wengenroth, Igel und Füchse; In Jürgen Osterhammels vielrezipierter Globalgeschichte des 19. Jahrhunderts nimmt die wirtschaftliche Entwicklung allerdings nur einen untergeordneten Stellenwert ein. Jürgen Osterhammel, Die Verwandlung der Welt. Eine Geschichte des 19. Jahrhunderts, München 2009.

32 Joel Mokyr, The Industrial Revolution and the New Economic History, in: Ders. (Hg.), The Economics of the Industrial Revolution, London 1985, S. 1–51, 5.

des Eisenbahnnetzes betrug bereits über 10.000 km.[33] Das war aber eben nicht die Folge einer plötzlichen Wachstumsexplosion, sondern davon, dass das Wachstum nicht mehr stoppte. Zumindest Westeuropa schwenkte auf einen trotz mancher Krisen ziemlich konstanten Entwicklungspfad ein, der im Großbritannien des 18. Jahrhunderts seinen Ausgangspunkt nahm.

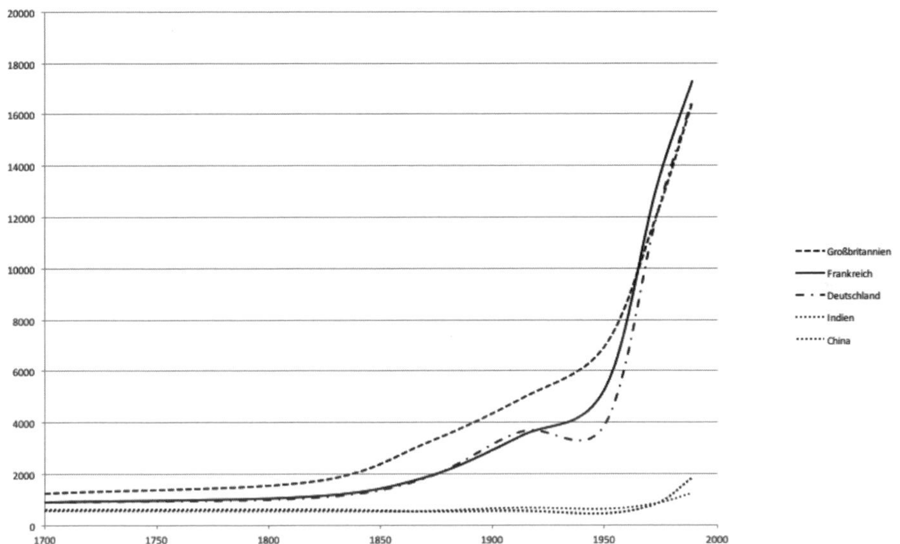

Abb. 3: Entwicklung Bruttoinlandsprodukt pro Kopf 1700–1989 in verschiedenen Ländern (GKD)[34]

Insofern markiert die zweite Hälfte des 18. Jahrhunderts eine wirtschaftshistorische Wasserscheide. Wie aber lässt es sich erklären, dass es in Großbritannien zu dieser Entwicklung kam und die relative Statik des vormodernen Wirtschaftslebens überwunden wurde? Rostow hatte geglaubt, dass Gesellschaften ab einem bestimmten technischen, politischen und intellektuellen Entwicklungsniveau dafür einfach reif seien. Die Industrialisierungsforschung der letzten Jahre macht sich die Sache aber längst nicht mehr so einfach. Auch die populäre Erklärung, es seien im Wesentlichen technische Innovationen gewesen, welche die Industrialisierung ausgelöst hätten, wird heute skeptisch betrachtet. Zumindest wenn damit suggeriert werden soll, man müsse nur eine Spinn- und eine Dampfmaschine erfinden, und die ökonomische Dynamik entwickle sich gewissermaßen von allein.

33 Martin J. Daunton, Progress and Poverty. An Economic and Social History of Britain 1700–1850, Oxford 1995, S. 285–317, 391.

34 Angus Maddison, Contours of the World Economy, 1–2030 AD. Essays in Macro-Economic History, Oxford 2007, S. 382.

Vielleicht handelt es sich dabei um *das* Kardinalproblem der Wirtschaftsgeschichte überhaupt. Deshalb verwundert es auch nicht, dass dazu eine kaum zu überblickende Forschungsliteratur existiert. Wichtiger, als diese in ihren einzelnen Verästelungen darzustellen, erscheint eine Systematisierung der Probleme, die dabei verhandelt werden. Zwei Themen stehen im Vordergrund: Erstens die Frage nach den Ursachen und Umständen des Übergangs von einer vormals kleingewerblichen, zumeist dezentral in Heimarbeit organisierten hin zu einer *in Fabriken zentralisierten, maschinengestützten Produktionsweise*, die mit einer starken *Steigerung der Arbeitsproduktivität* einherging. Zweitens die Frage, wie diese Innovationen wachstumswirksam wurden, warum sie also *langfristig aufnahmefähige Märkte* fanden.

Ein zur Zeit populärer Erklärungsansatz hinsichtlich der ersten Frage wird bereits seit den 1960er Jahren diskutiert,[35] wurde in den letzten Jahren jedoch von dem Oxforder Wirtschaftshistoriker Robert Allen auf der Grundlage einer ausgefeilten Datenbasis neu formuliert. Er argumentiert, dass Großbritannien bereits vor dem Auftakt der Industrialisierung ein vergleichsweise wohlhabendes Land mit für die Zeit hohen Löhnen gewesen sei.[36] Gerade Letztere stellten jedoch ein Problem dar, weil die relativ hohen Arbeitskosten einen gravierenden Wettbewerbsnachteil für das Textilgewerbe in Lancashire vor allem gegenüber den indischen Produzenten bedeuteten. Dort lagen die Löhne um vieles niedriger und mit ihnen befand man sich bereits damals in einem globalen Wettbewerb. Daraus resultierte ein starker Anreiz, zu einer maschinengestützten und energieintensiven Produktionsweise überzugehen. Das war auch deshalb der Fall, weil Energie in Großbritannien durch reichhaltige Kohlevorkommen günstig war. Allen sieht die Ursachen der britischen Industrialisierung mithin in der eingängigen Formel: „Teure Arbeit + billige Energie".

Der Lackmustest bei Industrialisierungshypothesen wie dieser ist stets der internationale Vergleich: Lassen sich in anderen Ländern ähnliche Zusammenhänge ausmachen oder war die britische Situation wirklich besonders? Robert Allen kann jedoch plausibel machen, dass in bestimmten Regionen Großbritanniens die Konstellation „Teure Arbeit + billige Energie" in einer Ausprägung existierte, die sich anderswo – und er vergleicht global – nicht in dieser Weise finden lässt. Die Löhne in Europa und Asien waren um 1750 in der Regel deutlich niedriger und auf das Energieproblem der Holländer wurde oben bereits hingewiesen. Allerdings reicht der Nachweis, dass ein Anpassungsdruck existierte, allein nicht aus. Die Wirtschaftsgeschichte kennt zahlreiche Beispiele von Regionen, die mit einem solchen Anpassungsdruck nicht zurechtkamen und einen relativen ökonomischen Abstieg erlebten. Warum die Anpassung erfolgreich war, ist mit der Formel „Teure Arbeit + billige Energie" also noch keineswegs geklärt.

---

35 John Habakukk, American and British Technology in the Nineteenth Century, Cambridge 1962.

36 Robert C. Allen, The British Industrial Revolution in Global Perspective, Cambridge 2009.

Genau damit beschäftigt sich der Erklärungsansatz, der in den letzten zehn Jahren die Industrialisierungsforschung am stärksten bestimmt hat und der eng mit dem Namen des Chicagoer Wirtschaftshistorikers Joel Mokyr verknüpft ist. Ausgangspunkt seiner Überlegungen ist die Frage, was genau die Voraussetzungen der britischen Produktivitätsfortschritte waren. Dabei stellt er heraus, dass technische Innovationen wie die Dampfmaschine allein nicht genügten. Vielmehr mussten diese in effiziente Produktionsverfahren umgesetzt werden. Es reichte auch nicht aus, zu wissen, wie eine Dampfmaschine theoretisch funktionierte: Man musste sie auch bauen können und sinnvoll in der Produktion einsetzen. Mokyr unterscheidet zu diesem Zweck zwei Formen von Wissen, nämlich „basic knowledge" (Grundlagenwissen) sowie „useful knowledge" (Nützliches Wissen).[37]

Die britischen Produktionsfortschritte resultierten seiner Ansicht nach daraus, dass sich in Großbritannien eine Innovationskultur entwickelte, die der Entwicklung und dem Austausch des „useful knowledge" einen hohen Stellenwert einräumte. Auf diese Weise waren die Briten in der Lage, zahlreiche „micro inventions" zu machen, also kleine Verbesserungen des Produktionsprozesses, die in ihrer Gesamtheit jedoch eine maschinengestützte Produktionsweise überhaupt erst effizient und rentabel machten. Schaut man sich etwa das Beispiel der Textilindustrie an, dann basierte deren Entwicklung eben nicht nur auf der Spinnmaschine und später dem mechanischen Webstuhl, sondern auf zahllosen kleinen Verbesserungen, die Ausdruck dieser Innovationskultur waren.[38]

Die Ursache für das Entstehen dieser Innovationskultur sieht Mokyr zunächst in der britischen Berufsausbildung, die eine mehrjährige Lehrzeit in einem Gewerbe- oder Handwerksbetrieb beinhaltete. Er betrachtet sie aber auch als das Resultat einer spezifisch britischen – insbesondere schottischen – Kultur der Aufklärung, der es, anders als etwa ihrer französischen Spielart, weniger um die Entwicklung von Grundlagenwissen und theoretischer Systeme gegangen sei, als um praktische Welterkenntnis und die Fortentwicklung der bürgerlichen Gesellschaft. Die Franzosen waren den Briten auf naturwissenschaftlichem Gebiet im 18. Jahrhundert nach Mokyr sogar voraus. Letzteren gelang es aber besser, ihr Wissen in praktische Anwendungen zu überführen. Viele aufgeklärte Gesellschaften des 18. Jahrhunderts wie z. B. die berühmte „Lunar-Society" aus Birmingham, in der James Watts Geschäftspartner Matthew Boulton ein führendes Mitglied war, behandelten oftmals praktische, anwendungsorientierte Probleme.[39] Dementsprechend bezeichnet Mokyr die britische Wirtschaft – so der Titel seines Buches

---

37 Joel Mokyr, The Gifts of Athena. Historical Origins of the Knowledge Economy, Princeton 2002, S. 1–27.

38 Ders., The Enlightened Economy. An Economic History of Britain 1700–1850, Princeton 2009.

39 Peter M. Jones, Industrial Enlightenment. Science, Technology and Culture in Birmingham and the West Midlands 1760–1820, Manchester 2009.

aus dem Jahr 2009 – auch als „enlightened economy“: die aufgeklärte Wirtschaft.[40]

„Nachholende“ Industrialisierung

Die Thesen von Allen und Mokyr sind aktuell die meistdiskutierten Ansätze, um das Vorpreschen der britischen Wirtschaft zu erklären.[41] Tatsächlich gelang es letzterer, sich bis in die 1860er Jahre einen signifikanten Produktivitätsvorsprung vor dem Rest Europas zu erarbeiteten. Sie blieb bis dahin, wie William Henderson es genannt hat, der „technologische Lehrmeister der Welt“.[42] Das war allerdings nur eine, wenn auch wichtige Voraussetzung für die Industrialisierung der britischen Wirtschaft, deren Produkte auch aufnahmefähige Märkte finden mussten. Hier profitierte man zunächst vom Bevölkerungswachstum, das bereits während des 18. Jahrhunderts in verschiedenen Regionen signifikante Züge angenommen hatte und im 19. Jahrhundert ein gesamteuropäisches Phänomen wurde. Zugleich waren die industriell hergestellten britischen Waren deutlich billiger als ihre handwerklich hergestellten Konkurrenzprodukte. Deswegen konnten sie trotz eines stark ausgeprägten Zollschutzes und anderer protektionistischer Maßnahmen zunehmend in den europäischen Ländern abgesetzt werden.

Aus diesem Grund ließ die britische Industrialisierung die europäischen Länder keineswegs unberührt. Je weiter sie voranschritt, desto mehr wurden britische Waren zum Problem für die anderen. Die Anreizproblematik, die nach Robert Allen maßgeblich für die Umstellung auf eine maschinelle, energieintensive Produktionsweise in Großbritannien war, stellte sich bald umso dringlicher für die Konkurrenten der britischen Wirtschaft. Die Reaktion bestand mit größerer oder geringerer zeitlicher „Verspätung“ darin, dass diese Länder sich ebenfalls zu industrialisieren begannen. Erst dadurch konnte die Industrialisierung ihre durchgreifende historische Kraft entfalten. Dieser Prozess blieb im Übrigen keineswegs auf das 19. Jahrhundert beschränkt. Wenn man die gegenwärtige weltwirtschaftliche Tektonik mit China, Indien und anderen „neuen“ Akteuren betrachtet, dann ließe sich mit einer gewissen Berechtigung sogar davon sprechen, der eigentliche Höhepunkt der globalen Industrialisierung sei das 20. Jahrhundert gewesen – und für das 21. Jahrhundert steht kaum etwas anderes zu erwarten.[43]

---

40 Mokyr, The Enlightened Economy.

41 Darauf, dass sich diese Ansätze durchaus gut ergänzen, verweist Nicholas Crafts, Explaining the first Industrial Revolution: two views, in: European Review of Economic History 15 (2011), S. 153–168.

42 William O. Henderson, Britain and industrial Europe 1750–1870. Studies in British influence on the industrial revolution in Western Europe, Liverpool 1965², S. 212.

43 Peter N. Stearns, The Industrial Revolution in World History, Cambridge/Mass. 2007³.

Karl Marx schrieb in berühmter Weise davon, dass die entwickelten Länder den anderen das Bild ihrer eigenen Zukunft zeigten.[44] Er traf damit zweifellos einen Punkt, jedoch gestaltete sich die Art und Weise, *wie* die Länder das englische Beispiel adaptierten, sehr unterschiedlich. Tatsächlich gab es nicht den einen Weg hin zur Industrialisierung, sondern viele verschiedene. Das hing zunächst damit zusammen, dass die „rückständigen" Staaten das britische Beispiel beobachteten. Sie konnten den wirtschaftlichen Erfolg, aber auch die sozialen Probleme diskutieren, welche die industrielle Entwicklung mit sich brachte. Sie konnten Vor- und Nachteile der Fabrikproduktion einschätzen, aber auch technologische Innovationen erwerben (oder stehlen) und dabei viele der „Fehler", welche den Pionieren nahezu zwangsläufig unterliefen, vermeiden.[45]

Zugleich bedeutete die fortschreitende industrielle Entwicklung in einigen Ländern, dass der Abstand zu den anderen tendenziell größer wurde: Die ökonomischen Entwicklungsunterschiede wuchsen während des 19. Jahrhunderts rasant. In einem Land wie Russland oder Bulgarien waren in den 1920er Jahren noch über 80 Prozent der Arbeitskräfte in der Landwirtschaft beschäftigt, während dieser Wert in Großbritannien zu diesem Zeitpunkt bereits auf unter 10 Prozent gefallen war. Um diese größer werdende Lücke zu verkleinern war jedoch immer mehr Kapital erforderlich, zumal die Industrialisierung im 19. Jahrhundert zunehmend „schwerer" wurde: Die britische Frühindustrialisierung hatte im Wesentlichen auf der vergleichsweise „leichten" Textilindustrie basiert. Investitionen konnten zumeist mittels familienbasierter Netzwerke finanziert werden. Spätestens seit den 1840er Jahren bildeten jedoch der Eisenbahnbau und die Schwerindustrie die Leitsektoren der ökonomischen Entwicklung. Deren Finanzierung war durch private Netzwerke nicht länger möglich. Auch die Schlüsselbranchen der sog. „Zweiten Industriellen Revolution" seit den 1880er Jahren – Maschinenbau, Chemieindustrie, Elektroindustrie – waren sehr viel kapitalintensiver, als es die Textilindustrie vormals gewesen war.

Aus der Überlegung, dass die relativ rückständigen Länder zwar einen Vorteil hatten, weil sie von den „Pionieren" lernen konnten, der Aufholprozess aber einen wachsenden Kapitalaufwand erforderte, leitete Alexander Gerschenkron, ein russischer Emigrant, der ein Vierteljahrhundert in Harvard lehrte, in den 1960er Jahren ein Modell ab, in dem er drei Stadien der Industrialisierung nach dem Ausmaß *relativer wirtschaftlicher Rückständigkeit* unterschied. Er formulierte die These, es sei wesentlich der Zeitpunkt gewesen, an dem die Industrialisierung

44 Karl Marx, Das Kapital. Der Produktionsprozess des Kapitals, S. 12.

45 Dazu ausführlich William O. Henderson. The Industrial Revolution on the Continent. Germany, France, Russia 1800–1914, London 1962.

eingesetzt habe, der ihren Verlauf, ihren Charakter, ihre entscheidenden Akteure bestimmte.[46]

In einer *ersten Phase* waren es nach Gerschenkron vor allem die Unternehmer, die industrielle Projekte anschoben und diese über ihre persönlichen und familiären Netzwerke finanzierten. In Großbritannien profitierten Erstere davon, dass die Gesellschaft bereits vor der Dynamisierung der industriellen Entwicklung im historischen Vergleich relativ wohlhabend gewesen und darum Investitionskapital vorhanden war. Zugleich konnten die Erträge aus der industriellen Produktion in neue Projekte investiert werden. Tatsächlich waren seit den 1830er Jahren viele Textilfabrikanten am Eisenbahnbau in Großbritannien beteiligt.[47]

In einer *zweiten Phase* wurde der Finanzierungsaufwand größer, weil es im Wesentlichen der Bau von Eisenbahnen war, der der Industrialisierung einen Schub gab und vor allem die Entwicklung der Schwerindustrie sowie des Maschinenbaus anschob. Solche Projekte konnten von Einzelpersonen und ihren Netzwerken praktisch nicht mehr finanziert werden. Deshalb kam den Banken eine besondere Bedeutung zu, die sich in den von Gerschenkron herangezogenen Ländern Deutschland und Frankreich bereits seit den 1850er Jahren verstärkt in der Industriefinanzierung zu engagieren begannen, Zusammenschlüsse von Aktiengesellschaften organisierten und diese teilweise mit dem notwendigen Kapital ausstatteten. Auf diese Weise gelang beiden Ländern ein erfolgreicher Aufholprozess, der bis zur Wende zum 20. Jahrhundert besonders Deutschland zu einem ernsthaften Konkurrenten für die britische Wirtschaft werden ließ.

Schließlich gab es noch die Länder, bei denen der Rückstand gegenüber den industriell entwickelten Ländern so groß geworden war, dass auch Banken die Finanzierung der notwendigen Investitionen nicht mehr leisten konnten. Hier kam nach Gerschenkron in einer *dritten Phase* der Staat ins Spiel, der durch seinen besseren Zugang zu internationalen Kapitalmärkten, vor allem aber durch sein Monopol, Steuern zu erheben, als Finanzier industrieller Investitionen auftreten konnte. Gerschenkron hatte hier speziell Russland im Blick, das seit den 1880er Jahren seinen Großmachtstatus aufgrund der wachsenden industriellen Rückständigkeit in Gefahr sah und wo der Staat tatsächlich eine zentrale Rolle bei der nachholenden Industrialisierung spielte. Diese blieb allerdings bis in die 1930er Jahre auf wenige Zentren beschränkt.

Gerschenkrons stark typisierendes Schema hat sich als Universalschlüssel zur Erklärung nachholender Industrialisierung nicht wirklich bewährt. Das liegt zum einen daran, dass die empirischen Befunde sehr viel komplexer sind, als er es suggerierte. So ist etwa für den französischen und den deutschen Fall gezeigt

---

46 Alexander Gerschenkron, Economic Backwardness in Historical Perspective, Cambridge 1966.

47 Volker Then, Eisenbahnen und Eisenbahnunternehmer in der industriellen Revolution. Ein preußisch/deutsch-englischer Vergleich, Göttingen 1997.

worden, dass die Bedeutung der Banken als Industriefinanziers erst *mit* der Industrialisierung anwuchs, was in Großbritannien nicht grundsätzlich anders war. Zum anderen hat sich auch Gerschenkrons Annahme, die Industrialisierung würde zunehmend „schwerer" und kapitalintensiver, als nicht immer zutreffend erwiesen. Viele asiatische Länder wie Japan, Taiwan oder später China haben in der zweiten Hälfte des 20. Jahrhunderts zunächst einen „leichten" Industrialisierungsweg eingeschlagen, bei dem die Textil- und Bekleidungsindustrie eine wichtige Anschubfunktion übernahm.[48] Ob sich wirklich so allgemeine Schlüsse aus dem russischen Beispiel ziehen lassen, erscheint also zweifelhaft.

Das generelle Problem scheint zu sein, dass Industrialisierungsverläufe zu unterschiedlich und zu komplex sind, um sie so eindeutig zu schematisieren. Die Frage nach der Bedeutung relativer ökonomischer Rückständigkeit für den jeweiligen Entwicklungsverlauf bleibt jedoch von zentraler Bedeutung und damit auch die Relevanz eines anderen empirischen Befundes, den Gerschenkron hervorgehoben hat: Betrachtet man nämlich den zeitlichen Verlauf der Industrialisierung, so fällt auf, dass sich in den europäischen Ländern nacheinander – wie an einer Kette gezogen – von Westen nach Osten eine industrielle Dynamik entwickelte. Gerschenkron hat das als den europäischen „Pfad der Unterentwicklung" bezeichnet. Handelt es sich dabei einfach nur um Zufall oder lassen sich bei aller Diversität der Entwicklungsverläufe nicht doch bestimmte Regelmäßigkeiten ausmachen?

Tatsächlich können verschiedene Faktoren identifiziert werden, die solche Entwicklungsverläufe zu erklären helfen. Ein wichtiger Gesichtspunkt ist dabei die räumliche Nähe. So war der erste industrielle Nachzügler das kleine Land Belgien, das nur kurze Wege zum industriellen Vorbild Großbritannien hatte. Oft spielte eine bereits bestehende gewerbliche Verflechtung für die Verbreitung industrieller Innovationen und den Techniktransfer eine wichtige Rolle. Aber auch die gerade in der ersten Hälfte des 19. Jahrhunderts noch wichtige Industriespionage fiel bei räumlicher Nähe um einiges leichter. In der belgischen Stadt Gent steht heute noch eine Statue von Lieven Bauwens, der 1798 eine „Mule"-Spinnmaschine aus Großbritannien stahl und damit zu Beginn des 19. Jahrhunderts die industrielle Produktion in dieser alten Textilstadt etablierte.[49]

Ein weiterer Faktor bestand in der Wahrnehmung und Rezeption der britischen Entwicklung, die zu unterschiedlichen Leitbildern der Industrialisierung führte. In Deutschland beispielsweise bedeutete die Aufhebung der napoleonischen Kontinentalsperre im Jahr 1815, die bislang britische Waren vom europäischen Festland weitgehend ferngehalten hatte, einen Schock. Die Engländer „überschwemmten"

48 S. Stearns, The Industrial Revolution in World History, S. 207–250.

49 Pieter de Reu, 1801: Lieven Bauwens op de drempel van handelskapitalisme naar industrieel kapitalisme. Vlaams textiel kleurt de hele wereld, in: Wereldgeschiedenis van Vlaanderen, Kalmthout 2018, S. 276–282.

mit preisgünstigen Waren die Märkte, was viele gewerbliche Produzenten in große Schwierigkeiten brachte. Daraufhin entfaltete sich eine intensive Diskussion, die sich auf die Frage zuspitzte, wie und ob man es den Briten gleichtun könne.[50] Das führte langfristig oftmals zu einer Anpassung der politischen und institutionellen Rahmenbedingungen, wobei die Gewerbefreiheit in Preußen bereits 1810/11 im Rahmen der Preußischen Reformen eingeführt worden war. Zunehmend wurden industrielle Projekte gestartet. In Preußen und anderen deutschen Ländern engagierte sich der Staat, indem er industrielle Projekte finanzierte und englische Facharbeiter anwarb. Aber auch hier spielten regionale Nähe und kulturelle Bezüge, etwa dass man sich sprachlich verständigen konnte, eine wichtige Rolle.[51]

Schließlich kam noch ein weiterer Faktor hinzu, ohne den sich der europäische „Pfad der Unterentwicklung" nicht erklären lässt, nämlich dass gerade in vielen osteuropäischen Ländern feudale Institutionen der Entwicklung einer gewerblichen Dynamik entgegenstanden. England war das europäische Land gewesen, in dem sich am frühesten die hier ohnehin schwächer ausgeprägten Feudalbeziehungen auflösten und sich bereits seit dem 16. Jahrhundert im Zuge der sog. „Enclosures"-Bewegung ein ungeteiltes Eigentumsrecht an Land durchsetzte. Gerade in vielen osteuropäischen Ländern war die häufig restriktive feudale Agrarverfassung, die neben Abgaben und Frondiensten – also der Verpflichtung, Arbeit für den Feudalherrn zu leisten – auch noch weitgehende Herrschaftsrechte umfasste, ein Hindernis für die industrielle Entwicklung.

Die Aufzählung möglicher Gesichtspunkte, die ökonomische Entwicklungsunterschiede erklären können, ist damit noch lange nicht zu Ende. So spielten die beiden wesentlichen Aspekte, die im Hinblick auf die britische Industrialisierung hervorgehoben wurden, nämlich die Innovationskultur und die relativen Kosten einer arbeits- bzw. kapitalintensiven Produktionsweise, auch bei der Erklärung unterschiedlicher Industrialisierungsverläufe eine wichtige Rolle. Genauso wird die Bedeutung des Staates, etwa hinsichtlich der Rechtssicherheit, aber auch hinsichtlich der Abwehr von Arbeiterprotesten gegen die industrielle Produktionsweise, diskutiert.[52]

Insofern zeigt sich, dass sich die Industrialisierung nicht durch einen Faktor allein erklären lässt, sondern von ökonomischen Anreizen genauso wie von institutionellen und kulturellen Faktoren abhing. Schematisierungen wie die von Gerschenkron haben die Forschung entscheidend vorangebracht, die konkreten empirischen Entwicklungsverläufe erweisen sich jedoch als um einiges kompli-

50 Rudolf Boch, Grenzenloses Wachstum? Das rheinische Wirtschaftsbürgertum und seine Industrialisierungsdebatte 1814–1857, Göttingen 1991.

51 Henderson, Britain and Industrial Europe, S. 1–9.

52 Jeff Horn, The Path Not Taken. French Industrialization in the Age of Revolution, 1750–1830, Cambridge/Mass. 2006.

zierter. Auch hier ist deshalb der internationale Vergleich von großer Bedeutung: Er kann deutlich machen, warum sich bestimmte Faktoren positiv oder negativ auswirkten. Vor allem aber trägt er der Tatsache Rechnung, dass sich in einer ökonomisch zunehmend verflochtenen Welt langfristig kaum ein Land der durch die Industrialisierung erzeugten Veränderungsdynamik entziehen konnte.

„The Great Divergence": Warum Europa?

Die Industrialisierungsdebatte kreiste lange Zeit vor allem um die Frage „Warum England?", also warum dieses und nicht ein anderes *europäisches* Land zum Pionier der industriellen Entwicklung wurde. Diese Frage ließ sich allerdings räumlich ausweiten und tatsächlich kreist seit vielen Jahren eine der interessantesten wirtschaftshistorischen Debatten um die „Great Divergence". Gemeint ist damit das Problem, warum die (west)-europäischen Länder und die USA seit dem Ende des 18. Jahrhunderts ein starkes ökonomisches Wachstum erlebten, während andere Weltregionen mit möglicherweise ganz ähnlichen Voraussetzungen stagnierten. Dabei wurde diese Debatte zunächst wesentlich von dem britisch-australischen Historiker Eric Jones geprägt, der 1981 ein Buch mit dem Titel „The European Miracle" veröffentlichte und die Frage formulierte, warum das im Mittelalter kulturell und wirtschaftlich noch rückständige Europa seit dem 18. Jahrhundert eine so viel größere industrielle Dynamik entfaltete, als andere Weltregionen.[53]

Die Frage wurde von Jones pointiert formuliert, sie hatte jedoch intellektuell bedeutsame Vorläufer. So versah der deutsche Soziologe Max Weber seine wirkmächtigen Aufsätze zur Wirtschaftsethik der Weltreligionen 1920 mit einer Einleitung, in der er die These einer spezifisch okzidentalen (d. h. abendländischen) Rationalität entwickelte, die sich vor allem durch Systematisierung und Reproduzierbarkeit auszeichnete. Ihm zufolge war das weder im islamischen Kulturkreis, der lange Zeit als Europa weit überlegen galt, noch in den asiatischen Hochkulturen in diesem Maße der Fall gewesen. Weber meinte das in erster Linie analytisch und nicht unbedingt chauvinistisch, trotzdem ließ sich aus seinen religionssoziologischen Arbeiten eine intellektuelle Überlegenheit des Westens gegenüber Asien und dem Nahen Osten ableiten. Mit diesem Text wurde ganz wesentlich eine Interpretation begründet, die man später als „eurozentrisch" bezeichnete: dass Europa in verschiedener Hinsicht bessere Voraussetzungen als anderen Länder und Kontinente für die industrielle Entwicklung hatte.[54]

---

53 Eric Jones, The European Miracle. Environments, Economies, and Geopolitics in the History of Europe and Asia, Cambridge 2003[3].

54 Max Weber, Vorbemerkung, in: Ders., Gesammelte Aufsätze zur Religionssoziologie I, Tübingen 1988[7], S. 1–16.

Weber zielte mit seinen Überlegungen zunächst auf „ideelle" Faktoren, die aber praktisch wirksam wurden, weil sich auf der Grundlage einer solch okzidentalen Rationalität Praktiken und Techniken entwickelt haben sollen, die der kapitalistischen Entwicklung förderlich waren. Das meinte etwa die systematische (doppelte) Buchführung oder auch jene freudlose Sparsamkeit und jenes herzlose Gewinnstreben, die Weber als Ausdruck des „kapitalistischen Geistes" betrachtete.[55] Daran haben verschiedene Autoren angeschlossen, die eine wirtschaftshistorische Erzählung des Aufstiegs Europas lieferten. Eines der letzten Bücher dieser Art, ein Werk des in Harvard lehrenden Historikers Niall Ferguson, hat dann auch den provokantesten Titel: „The West and the Rest"![56] Ein besonders wichtiger Beitrag in diesem Zusammenhang stammt von David Landes. Dessen 1998 erschienenes Werk „The Wealth and the Poverty of Nations" erklärte die europäische Sonderentwicklung in einem globalen Kontext. Nach Landes erklärt eine Mischung aus günstigen natürlichen Voraussetzungen wie Klima und Seeanbindung, geeigneten Institutionen und kulturellen Faktoren das Wachstum der europäischen Wirtschaft seit dem späten 18. Jahrhundert.[57]

All diese „eurozentrischen" Interpretationen behaupten letztlich ein überlegenes Können der Europäer, also bestimmte kulturelle und institutionelle Faktoren, die es ihnen ermöglichten, effizienter zu produzieren. Aber ist das wirklich eine gute Erklärung? Bereits früh gab es Stimmen, den ökonomischen Vorsprung Europas und der USA nicht als das Resultat von Wissen oder Technologie, sondern von kolonialer Ausbeutung zu betrachten. Eric Williams, später Staatspräsident von Trinidad und Tobago, veröffentlichte 1944 ein provokantes Werk, in dem er die These aufstellte, im Wesentlichen seien es die Gewinne aus dem Sklavenhandel seit dem 16. Jahrhundert gewesen, welche die Finanzierung der Industrialisierung ermöglicht hätten.[58] Williams These gilt zwar mittlerweile als widerlegt, weil gezeigt werden konnte, dass die Erträge aus der Kolonialwirtschaft – etwa dem bekannten Dreieckshandel – in der Regel nicht in wirtschaftliche Unternehmungen reinvestiert wurden. Vielmehr dienten sie hauptsächlich zum Bau von Adelssitzen und anderen Prestigeobjekten. Gleichwohl sind seine Überlegungen ein Stachel im Fleisch der Industrialisierungsforschung: Sie rufen die Möglichkeit in Erinnerung, globale Ausbeutungsverhältnisse könnten entscheidend dafür gewesen sein, dass sich die industrielle Dynamik zuerst in Großbritannien und nicht anderswo entwickelte.

---

55 Ders., Die protestantische Ethik und der „Geist" des Kapitalismus, in: Gesammelte Aufsätze zur Religionssoziologie I, S. 17–206, 202–206.

56 Niall Ferguson, Civilization. The West and the Rest, New York 2011.

57 David Landes, Wohlstand und Armut der Nationen. Warum die einen reich und die anderen arm sind, München 1999.

58 Eric Williams, Capitalism & Slavery, Chapell Hill 1944.

Auf einen anderen Gesichtspunkt zielt indes die Frage, ob Großbritannien tatsächlich die besten Voraussetzungen für die industrielle Entwicklung besaß. Damit beschäftigte sich besonders eindringlich der US-amerikanische Historiker Kenneth Pomeranz in seinem Buch „The Great Divergence" aus dem Jahr 2000, das mittlerweile der gesamten Debatte ihren Titel gegeben hat.[59] Laut Pomeranz hatte Großbritannien, was den Lebensstandard, das technische Wissen, die Arbeitsorganisation oder die Buchhaltung betraf, keine entscheidenden Vorteile gegenüber dem im Osten Chinas gelegenen Yangtse-Delta. Wenn das aber der Fall war, warum erlebte Großbritannien ein dauerhaftes ökonomisches Wachstum, während China stagnierte bzw. sich wirtschaftlich sogar teilweise rückentwickelte?

Pomeranz Antwort auf diese Frage lautete zugespitzt: Kohle und Kolonien. So sei die Etablierung dauerhaften Wachstums vor der zweiten Hälfte des 18. Jahrhunderts letztlich immer an Engpässen natürlicher Ressourcen gescheitert: am Fehlen ausreichender Energiequellen wie Kohle oder von Nahrungsmitteln, um eine steigende und in wachsendem Anteil nicht mehr in der Landwirtschaft tätige Bevölkerung zu ernähren. Hier habe Großbritannien durch seine Steinkohlevorkommen, vor allem aber durch sein Empire, entscheidende Vorteile gehabt. Während die chinesische Industrialisierung an Ressourcenengpässen gescheitert sei, habe England die natürlichen Wachstumsgrenzen durch die Erschließung neuer Energievorkommen und den Import von Rohmaterialien (Baumwolle) und Nahrungsmitteln (etwa Zucker) durchbrechen können. Nicht das überlegene „Können" erwies sich nach Pomeranz als entscheidend für die industrielle Entwicklung, sondern die Ausstattung mit natürlichen Ressourcen.

Bahnbrechend an Pomeranz' Arbeit war nicht nur die Fragestellung und die Präsentation neuer empirischer Befunde. Sie bereitete ein Feld, auf dem Wirtschafts- und Globalgeschichte mit ihren unterschiedlichen methodischen Herangehensweisen aufeinandertreffen und sich aneinander „abarbeiten" konnten. Nicht zuletzt der aus der Globalgeschichte erhobene Vorwurf des Eurozentrismus zwang die Wirtschaftsgeschichte dazu, alte Denkmuster und Selbstverständlichkeiten zu hinterfragen. Pomeranz' Studie regte zudem eine Vielzahl von vergleichenden Untersuchungen an, die Europa nicht nur mit China, sondern auch mit Indien oder Lateinamerika verglichen. Sie brachten dabei Fragen nach imperialer Machtausübung und ökonomischer Ungleichheit wieder ins Spiel, die viele Historiker mit der Zurückweisung der Thesen von Eric Williams über den Zusammenhang von Kapitalismus und Sklaverei bereits erledigt zu haben glaubten.

Die Debatte über die „Great Divergence" kann hier nicht im Einzelnen nachgezeichnet werden.[60] An dieser Stelle nur so viel, dass sich in den letzten Jahren die

---

59 Kenneth Pomeranz, The Great Divergence. Europe, China, and the Making of the Modern World Economy, Princeton 2000.

60 Als Überblick s. Peter Kramper, Warum Europa? Konturen einer globalgeschichtlichen Forschungskontroverse, in: Neue Politische Literatur 54 (2009), S. 9–46.

Waage überraschenderweise wieder verstärkt in Richtung von, nun allerdings viel differenzierter vorgetragenen, „eurozentrischen" Ansätzen zu neigen scheint. Der wichtigste Grund dafür ist, dass sich die ressourcenbasierten Argumente als nicht besonders tragfähig erwiesen haben. So wurde besonders für den chinesischen Fall darauf hingewiesen, dass die Ausstattung mit Ressourcen im Yangtse-Delta keineswegs derjenigen in Großbritannien hoffnungslos unterlegen war. Vielmehr wären etwa Kohlevorkommen bei einer kapitalintensiven Produktionsweise durchaus zu erschließen gewesen. Peer Vries hat das Argument formuliert, in China seien stets arbeitsintensiven Produktionsformen der Vorrang vor kapitalintensiven gegeben worden. Seiner Meinung nach bestand der eigentlich strukturelle Nachteil Chinas in einer hohen Bevölkerungszahl und dem daraus resultierenden Arbeitsangebot.[61]

Neben diesem ökonomischen Argument sind verschiedene andere Punkte vorgebracht worden. So hat der US-amerikanische Historiker William Goetzmann kürzlich darauf hingewiesen, dass in China die Geldwirtschaft im 18. Jahrhundert deutlich schwächer entwickelt war als in Westeuropa, die er mit guten Argumenten als wichtige Voraussetzung für die Entstehung komplexer arbeitsteiliger Wirtschaftsformen betrachtet.[62] Andere Autoren haben auf ein möglicherweise bereits seit dem 17. Jahrhundert bestehendes Wohlstandsgefälle hingewiesen und damit die Annahme von Pomeranz in Frage gestellt, Mitte des 18. Jahrhunderts seien die Voraussetzungen in Großbritannien und dem Yangtse-Delta mehr oder weniger gleich gewesen. Auch wurde im Hinblick auf die von Mokyr beschriebene, aufgeklärte Innovationskultur zu zeigen versucht, dass sich Großbritannien hier nicht nur vom übrigen Europa, sondern auch vom Rest der Welt unterschieden habe.

Gleichwohl dürfte damit das letzte Wort in der Debatte noch nicht gesprochen sein. Großfragen wie die nach den Ursachen der „Great Divergence" sind generell schwer eindeutig zu beantworten. Das eröffnet immer wieder Spielräume für stark divergierende Interpretationen. Das ist zumal deshalb der Fall, weil hier ganz unterschiedliche Vorstellungen von wirtschaftlicher Entwicklung verhandelt werden: Während die „klassische" Wirtschaftsgeschichte in erster Linie nach den Ursachen der gestiegenen Produktivität fragt, sehen globalhistorische Ansätze oftmals die Ressourcenausstattung einer Wirtschaft als den entscheidenden Faktor ökonomischer Entwicklung an. Entscheidend ist aber vor allem, dass die Debatte eine Vielzahl von komparativen Einzelforschungen angeregt hat, die das Wissen um die Industrialisierung vertieft und erweitert haben. Für Pomeranz' Überlegungen gilt dasselbe wie für viele andere Großthesen der Industrialisierungsdebatte, welche die Forschung angeregt und befruchtet haben, auch wenn sie sich am Ende wohl als nicht tragfähig herausstellten.

---

61 Peer Vries, Escaping Poverty. The Origins of Modern Economic Growth, Göttingen 2013, S. 189–198.

62 William N. Goetzmann, Money Changes Everything. How Finance made Civilization possible, Princeton 2016, S. 194–202.

2. Strukturwandel

Die Bedeutung der Industrialisierung für die Wirtschaftsgeschichte ist deshalb so groß, weil sie eine Wasserscheide zunächst in der europäischen, längerfristig aber auch in der globalen ökonomischen Entwicklung markiert. Mit ihr entstand eine Wachstumsdynamik, die seitdem nicht mehr stillstand. Allerdings wurde mit der Industrialisierung keine Wirtschaftsstruktur geschaffen, die dann mehr oder weniger dieselbe blieb. Es kam in der Neuzeit nicht nur zu einer Steigerung der produktiven Kapazitäten oder der quantitativ messbaren Veränderung der Wirtschaftsleistung: Mit der Industrialisierung ist wirtschaftliche Entwicklung auch als fortgesetzter *gesamtwirtschaftlicher Strukturwandel* zu begreifen.

Über die Frage, wie sich dieser Strukturwandel analytisch fassen lässt, gibt es eine lange Debatte. Allgemein durchgesetzt hat sich jedoch die Einteilung in drei Wirtschaftssektoren, die vor allem auf den französischen Ökonomen Jean Fourastié zurückgeht: Danach lässt sich die Wirtschaft in Landwirtschaft und Urproduktion (primärer Sektor), Industrie und Gewerbe (sekundärer Sektor) und Dienstleistungen (tertiärer Sektor) unterteilen.[1] Diese Einteilung ermöglicht für die europäische Wirtschaftsgeschichte vergleichsweise bequeme Periodisierungen: So sank in den westlichen Volkswirtschaften im Zuge der Industrialisierung seit dem 18. Jahrhundert das relative volkswirtschaftliche Gewicht des Agrarsektors, was im 20. Jahrhundert mit einem beschleunigten Rückgang der landwirtschaftlichen Beschäftigung einherging. Zugleich stieg während der Industrialisierung das Gewicht von Industrie und Gewerbe an, bevor diese spätestens in den 1970er Jahren in gravierende Strukturkrisen gerieten und es vielerorts zu Prozessen der Deindustrialisierung kam. Im Gegenzug stieg aber spätestens seit dem Zweiten Weltkrieg die Bedeutung von Dienstleistungen, weswegen man seit den späten 1960er Jahren damit anfing, von einer Post-Industriellen- oder auch Dienstleistungs-Gesellschaft zu sprechen.[2]

Diese Periodisierung hat offensichtlich einiges für sich, lässt sich allerding mit guten Gründen problematisieren: Sie funktioniert (leidlich) für die westeuropäischen Länder, wobei sich hier aber bereits Probleme des statistischen Nachweises ergeben. Schon für die USA ist diese Periodisierung problematisch, wo der Industriesektor nie die Mehrzahl der Beschäftigten stellte. Selbst auf seinem Höhepunkt während der 1920er Jahre waren es gerade etwas über 30 Prozent.[3] Global

1 Jean Fourastié, Die große Hoffnung des 20. Jahrhunderts, Köln 1954.

2 Daniel Bell, The Coming of Post-Industrial Society. A Venture in Social Forecasting, London 1974.

3 Vgl. Hartmut Kaelble, Was Prometheus most Unbound in Europe? The Labour Force in Europe During the late XIXth and XXth Centuries, in: Journal of European Economic History 1 (1989), S. 65–104, 72.

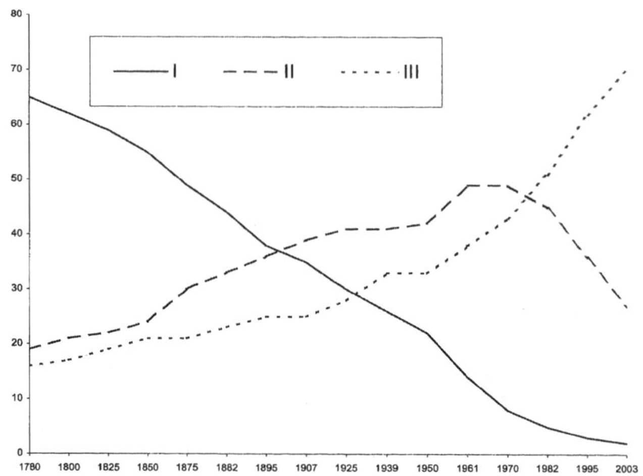

I	=	primärer Sektor:	Land- und Forstwirtschaft, Fischerei
II	=	sekundärer Sektor:	Produzierendes Gewerbe
III	=	tertiärer Sektor:	Dienstleistungsbereiche

Abb. 4: Beschäftigungsanteil der drei Wirtschaftssektoren in Deutschland, 1780–2003:[4]

betrachtet sind solche Beschreibungen erst recht nicht überzeugend. Die Nachfrage nach Eisen und Stahl, Kohle oder Fertigwaren hat nach dem Zweiten Weltkrieg ja keineswegs abgenommen, diese Güter werden nur mittlerweile vermehrt in Ländern mit geringeren Arbeitskosten oder bequemeren Ressourcenzugängen hergestellt. Das macht deutlich, dass sich der Strukturwandel spätestens seit dem Ende des 19. Jahrhunderts nur noch als Phänomen globaler Arbeitsteilung adäquat beschreiben lässt.

Agrarischer Wandel

Wenn es einen vergleichsweise eindeutigen Gesichtspunkt des Strukturwandels in westlichen Industriegesellschaften gibt, dann ist es sowohl der sinkende Anteil der Landwirtschaft an der volkswirtschaftlichen Wertschöpfung als auch der erst relative, dann absolute Rückgang der Zahl der Arbeitskräfte in der Landwirtschaft. Besonders zu betonen ist dabei das Wort „relativ“: Zwar nahm etwa in Deutschland die Zahl der in der Landwirtschaft Beschäftigten während des 19. Jahrhun-

---

4 Gerold Ambrosius, Wirtschaftsstruktur und Strukturwandel, in: Ders. Petzina, Plumpe, Moderne Wirtschaftsgeschichte, S. 213-234, 214.

derts absolut nicht ab, weil die Bevölkerung parallel zur Industrialisierung stark zunahm. Der relative Anteil der in der Landwirtschaft beschäftigten Menschen sank allerdings kontinuierlich.[5] Zugleich aber erweist sich, wie bereits angesprochen, die moderne Einteilung in drei Wirtschaftssektoren bis weit in das 19. Jahrhundert hinein als unzureichend, zumal gerade im agrarischen Bereich der Nebenerwerb eine zentrale Rolle spielte.

Die Ursachen für den landwirtschaftlichen Beschäftigungsrückgang liegen darin, dass bei relativ geringem Anstieg der Nachfrage die landwirtschaftliche Produktivität substantiell gesteigert werden konnte. Das geschah im 19. Jahrhundert zunächst durch neue Anbaumethoden, indem etwa die Dreifelderwirtschaft abgelöst und durch bestimmte Fruchtfolgen die Brache verringert werden konnte. Es wurden neue Pflanzen mit hohem Nährwert angebaut, wobei die in der zweiten Hälfte des 18. Jahrhunderts in Preußen durchgesetzte, aus Amerika überkommene Kartoffel das bekannteste Beispiel sein dürfte. Hinzu kamen vergleichsweise einfache technische Geräte wie die Ersetzung von hölzernen durch eiserne Pflüge oder die verstärkte Nutzung von Pferden als Spanntiere. Schließlich trugen neue Formen der Verbindung von Ackerbau und Viehzucht – wie etwa die Sommerstallfütterung – zu Produktivitätssteigerungen bei.

Das war aber erst das Vorspiel für die im 20. Jahrhundert stattfindende Mechanisierung und Chemisierung der Landwirtschaft. Durch den Einsatz chemischer Düngemittel versuchte man sich von der natürlichen Regenerationsfähigkeit der Böden zunehmend unabhängig zu machen. Der sich seit den 1920er Jahren durchsetzende Traktor stellte eine auf den ersten Blick eher unspektakuläre Zentralinnovation dar, ohne die die umfassenden Produktivitätsfortschritte nach dem Zweiten Weltkrieg aber nicht möglich gewesen wären: In den 1950er Jahren ersetzte er bereits zwölf Pferdefuhrwerke.[6] Der heute so kontrovers diskutierte Einsatz von Schädlingsbekämpfungsmitteln hatte ebenfalls einen enormen arbeitssparenden Effekt, weil dadurch das manuelle Unkrautzupfen größtenteils wegfiel. Dass diese Produktivitätszuwächse mit schweren ökologischen Folgekosten einhergingen, steht freilich auf einem anderen Blatt.[7]

Hinzu kam vor allem seit der zweiten Hälfte des 19. Jahrhunderts der Handel mit Agrarerzeugnissen, die zu den wichtigsten Handelsgütern der ersten Welle der Globalisierung vor dem Ersten Weltkrieg gehörten. Dieser globale Handel fand in der Frühen Neuzeit zunächst mit Gewürzen und Genussmitteln statt, die vormals nur einem privilegierten Personenkreis zugänglich waren (Pfeffer, Tee oder Zucker). Im Zuge der verstärkten Globalisierung seit der zweiten Hälfte des

---

5 Giovanni Federico, Feeding the World. An Economic History of Agriculture, 1800–2000, Princeton 2008, S. 72–82.

6 David E. Nye, In der Technikwelt leben. Vom natürlichen Werkzeug zur Alltagskultur, Heidelberg 2007, S. 101–104.

7 Etwa Frank Uekötter, Die Wahrheit ist auf dem Feld. Eine Wissensgeschichte der deutschen Landwirtschaft, Göttingen 2012, S. 331–389.

19. Jahrhunderts wurde der Handel mit Getreide und Fleisch aber zunehmend wichtig. Seit den 1860er Jahren traten mit den USA und Russland überlegene Getreideproduzenten auf den internationalen Märkten auf. Nach dem Zweiten Weltkrieg verstärkte sich die globale Integration der Agrarmärkte auf breiter Basis, was auch zu einem vermehrten Handel mit Südfrüchten führte. Noch in den 1950er Jahren war es fast undenkbar, dass es heute nur noch wenige Gemüse und Früchte gibt, deren Angebot tatsächlich saisonabhängig ist.[8]

Produktivitätszuwächse und globaler Handel sind aber nur zwei Aspekte des agrarischen Wandels. Diese reichen schon deshalb nicht aus, ihn zu erklären, weil es solche Entwicklungen in noch stärkerem Maße in der Industrie gab, deren Wertschöpfung und Beschäftigungsanteil bis in die Zeit nach dem Zweiten Weltkrieg jedoch kontinuierlich zugenommen hat. Insofern ist ein weiterer wichtiger Grund für den Beschäftigungsrückgang in der *Nachfrageelastizität* zu erblicken, wie stark also die Nachfrage nach bestimmten Gütern auf Veränderungen des Einkommens reagiert bzw. reagieren kann. Bei Agrargütern ist diese Nachfrage vergleichsweise *unelastisch*, d.h., sie sinkt mit fallenden Einkommen relativ wenig, genauso wie sie mit wachsenden Einkommen nur gering ansteigt.[9] Das liegt salopp formuliert daran, dass Menschen einerseits essen müssen, andererseits nicht beliebig viel essen können. Der preußische Statistiker Ernst Engel stellte bereits 1857 fest, dass bei steigenden Realeinkommen ein zunehmend geringer Anteil davon für Nahrungsmittel ausgegeben wird, was üblicherweise als „Engelsches Gesetz" bezeichnet wird.

Die Konsequenz daraus war, dass die Nachfrage nach industriell hergestellten Waren und Dienstleistungen in den industriell entwickelten Ländern seit dem 19. Jahrhundert insgesamt sehr viel schneller anstieg als die für Agrargüter. Wenn der Anteil der in der Landwirtschaft beschäftigten Arbeitskräfte in der Bundesrepublik mittlerweile bei unter zwei Prozent liegt, hat das also in Produktivitätszuwächsen, einem globalen Agrarhandel, aber vor allem auch in der vergleichsweise unelastischen Nachfrage nach Agrarerzeugnissen seine Ursache.

Industrieller Strukturwandel

Wer heute mit dem Zug am Südufer des Lake Michigan entlangfährt, bekommt eindrücklich vorgeführt, was in den Vereinigten Staaten als „rust belt" (Rostgürtel) bezeichnet wird: Über Kilometer ziehen sich stillgelegte Fabrikanlagen hin, die früher tausenden von Menschen Arbeit gaben, heute aber nur noch vor sich hin

---

8 Hansjörg Küster, Am Anfang war das Korn. Eine andere Geschichte der Menschheit, München 2013, S. 244–246.

9 Wilhelm Henrichsmeyer, Heinz Peter Witzke, Agrarpolitik. Bd 1: Agrarökonomische Grundlagen, Stuttgart 1991.

rosten. Hier wird der industriellen Strukturwandel augenfällig, der in vielen Ländern emotional debattiert wird. Die Voraussetzung für den Niedergang der Industrie besteht selbstverständlich darin, dass sie zunächst in eine dominierende Stellung gelangt war. In einer längerfristigen wirtschaftshistorischen Perspektive bedeutete Strukturwandel also zunächst einmal vorrangig das Wachstum des gewerblichen Sektors, dessen Strukturkrisen vergleichsweise junger Natur sind.

Der industrielle Strukturwandel hat mehrere Aspekte: Zunächst lassen sich die Wertschöpfung und die Anzahl der Beschäftigten in industriellen Branchen betrachten. Diese nahmen im Laufe der Industrialisierung lange Zeit absolut und relativ stark zu. Bereits seit der zweiten Hälfte der 1950er Jahren ist die Zahl der Industriebeschäftigten in Westdeutschland jedoch im Sinken begriffen und sank besonders in den 1970er Jahren deutlich ab. Es wurde allerdings bereits darauf hingewiesen, dass eine solche Periodisierung lediglich für die westlichen Industrieländer einigermaßen funktioniert, während sich der Sachverhalt global sehr viel komplizierter darstellt. Für China, das heute allein für ein Viertel der globalen industriellen Wertschöpfung verantwortlich ist, passt eine solche Periodisierung beispielsweise überhaupt nicht. Ein anderer wesentlicher Aspekt des industriellen Strukturwandels sind indes Verschiebungen innerhalb der Branchenstruktur des sekundären Sektors. So war die Textilindustrie der erste Leitsektor der britischen Industrialisierung und ist heute in dem Land kaum noch existent.[10]

Dass es im Zuge der Industrialisierung zu einer fortgesetzten Expansion von Gewerbe und Industrie kam, lässt sich zunächst über die Angebotsseite erklären. Es wurden zahlreiche Produkte industriell hergestellt, die vormals entweder handwerklich produziert wurden oder schlicht nicht existierten. Großbritannien erreichte seinen Status als „Werkstatt der Welt" dabei nicht zuletzt deswegen, weil die Produktivität hier global mit Abstand am höchsten war; in den 1860er Jahren lag diese noch etwa doppelt so hoch wie in Deutschland oder Frankreich.[11] Von der Nachfrageseite her betrachtet spielte es eine wichtige Rolle, dass diese Produkte durch günstige Preise sowie eine wachsende Bevölkerung aufnahmefähige Märkte fanden.

Wie gesagt: Strukturwandel während der Industrialisierung implizierte vorrangig das Wachstum des gewerblichen Sektors, das wiederum mit einer fortgesetzten Vergrößerung der Angebotselastizität einherging. Dazu trugen die Ausweitung, Beschleunigung und Vergünstigung globaler Handelsbeziehungen bei, die in mehreren Schüben seit dem 18. Jahrhundert erfolgten. So führten der Bau von Eisenbahnen seit den 1830er Jahren und die Durchsetzung der Dampfschifffahrt in der

10 John Singleton, Lancashire on the Scrapheap. The Cotton Industry, 1945–1970, Oxford 1991.

11 Stephen N. Broadberry, How Did the United States and Germany Overtake Britain? A Sectoral Analysis of Comparative Productivity Levels, 1870–1990, in: The Journal of Economic History 58 (1998), S. 375–407, 382.

zweiten Hälfte des 19. Jahrhunderts dazu, dass sich Transportkosten und -zeiten deutlich verringerten. Das war eine Voraussetzung für eine zunehmende Marktintegration und auch dafür, dass sich für wichtige Handelsgüter langsam Weltmarktpreise herausbildeten. Diese erste Welle der Globalisierung wurde zwar durch den Ersten Weltkrieg und das mit ihm beginnende „Zeitalter der Extreme“ (Eric Hobsbawm) unterbrochen, nach dem Zweiten Weltkrieg daran jedoch wieder angeknüpft.

Auf diese Weise wurden neue Märkte erschlossen, aber langfristig auch die Grundlagen für eine vertiefte globale Arbeitsteilung gelegt. Damit Arbeitskostendifferenzen jedoch tatsächlich konkurrenzwirksam werden konnten, mussten Länder mit niedrigeren Löhnen in der Lage sein, die entsprechenden Produkte mit angemessener Produktivität und Qualität herzustellen. Dafür war ein bestimmtes Niveau der Industrialisierung unerlässlich. Im Rahmen der durch Europa und die USA dominierten Weltwirtschaft vor dem Ersten Weltkrieg kam es darum nur punktuell vor, dass Länder der Peripherie eine erstzunehmende industrielle Konkurrenz darstellten. Für die Zeit bis 1914 war es wichtiger, dass es innerhalb der bereits industriell entwickelten Länder zu *Spezialisierungen* kam, die ihre Wirtschaftsstrukturen langfristig prägen sollten. In Großbritannien waren das – neben dem Handel und dem Finanzsektor – vor allem die Textilindustrie, der Maschinenbau, der Schiffsbau und weitere metallverarbeitende Branchen. In Deutschland hingegen handelte es sich neben der Schwerindustrie um die zunehmend exportorientierten Branchen der sog. „Zweiten Industriellen Revolution“, wozu vor allem die Elektro- und Chemieindustrie gehörten.[12]

Die heutige Situation eines globalen industriellen Wettbewerbs begann sich auf einer breiten Basis erst nach dem Ersten Weltkrieg herauszubilden. Die Briten machten Ende der 1920er Jahre mit der japanischen Textilindustrie erstmals seit über hundert Jahren wieder die Erfahrung, dass ihnen außerhalb Europas oder der Vereinigten Staaten ein ernstzunehmender Konkurrent in einer ihrer industriellen Kernbranchen erwuchs – entsprechend panisch reagierten ihre Interessensvertretungen.[13] Die eigentlichen Strukturkrisen sollten in den westlichen Ländern jedoch in den 1970er Jahren eintreten, als zahlreiche Branchen in große Schwierigkeiten gerieten. Das hatte wie gesagt mit Arbeitskostendifferenzen zu tun, aber eben auch mit der zunehmenden Leistungsfähigkeit asiatischer und lateinamerikanischer Volkswirtschaften. Japan agierte dabei als Vorreiter und wurde in den 1970er und 1980er Jahren zum „Mekka“ neuer Formen des Managements und der Produktionsorganisation.[14]

---

12 Findlay, O'Rourke, Power and Plenty.

13 Clemens Wurm, Industrielle Interessenpolitik und Staat. Internationale Kartelle in der Britischen Außen- und Wirtschaftspolitik in der Zwischenkriegszeit, Berlin 1988, S. 366–384.

14 Christian Kleinschmidt, Der produktive Blick. Wahrnehmung amerikanischer und japanischer Management- und Produktionsmethoden durch deutsche Unternehmer 1950–1985, Berlin 2002.

Ein instruktives Beispiel für die globale Dimension von Strukturwandlungsprozessen ist die Bekleidungsindustrie: Die Herstellung von Bekleidung lässt sich nur begrenzt mechanisieren, darum spielen Arbeitskosten hier eine besonders wichtige Rolle. Das ist auch der Grund dafür, warum sich die Branche seit Jahrzehnten auf einem „race to the bottom" befindet, also in die Länder mit den geringsten Löhnen weiterzieht. Gleichwohl traten erst in den 1960er Jahren mit Hongkong oder Japan Konkurrenten auf die Bühne, die diese Arbeitskostendifferenzen tatsächlich ausnutzen konnten, weil sie in der Lage waren, Bekleidung in einer bestimmten Qualität flexibel herzustellen. Als sich solche Lernprozesse jedoch einmal als erfolgreich erwiesen, gab es kein Halten mehr: Die globale Bekleidungsproduktion wurde seit den 1970er Jahren zunehmend nach Asien verlagert. Das betraf eine Branche, die in der Bundesrepublik im Jahr 1965 noch etwa 400.000 Menschen – vor allem Frauen – beschäftigte, eine Zahl, die sich heute auf unter 40.000 reduziert hat. Zugleich wurde die Bekleidungsindustrie von einigen asiatischen Ländern in den 1960er Jahren aber auch deswegen so stark gefördert, weil man sich von ihr eine Anschubfunktion für andere Branchen mit einer höheren Wertschöpfung versprach, etwa durch die Heranbildung einer disziplinierten Industriearbeiterschaft.[15] Die Voraussetzungen für eine erfolgreiche Industrialisierung waren eben alles andere als trivial. Zahllose Länder, etwa in Lateinamerika, haben seit den 1920er Jahren eine Industrialisierungspolitik verfolgt, die aber in vielen Fällen weit hinter den Erwartungen zurückblieb.[16]

Die durch globale Handelsbeziehungen und „Können" dynamisierte Konkurrenzsituation schuf in den bereits industrialisierten Ländern einen dauerhaften Anpassungsdruck, auf den wesentlich mit der Adaption und Antizipation des technischen Wandels in Produktion sowie in der Entwicklung und Vermarktung neuer Produkte reagiert wurde. Das konnte gelingen oder auch nicht. In jedem Fall führte es dazu, dass sich mit längeren oder kürzeren zeitlichen Taktungen Produktionsweisen, Unternehmensorganisationen, Arbeitsplätze veränderten. Während einige Branchen große Probleme hatten, in diesem Wettbewerb zu bestehen, konnten andere sich besser behaupten, gerade wenn die Produktion in hohem Maße auf Maschineneinsatz und qualifizierter Facharbeit basierte. Das war aber von Land zu Land und von Branche zu Branche sehr verschieden. Für Großbritannien ist es wie gesagt bis heute ein nationales Trauma, dass die eigene Industrie international so stark an Bedeutung verloren hat bzw. zu einem wichtigen Teil nur noch aus Zuliefererbetrieben für europäische und US-amerikanische Produzenten besteht.

---

15 Dominique Jacomet, Mode, Textile et Mondialisation, Paris 2007. S. 264–274.

16 Victor Bulmer-Thomas, The Economic History of Latin America since Independence, Cambridge 2014[3], S. 442–447.

Dienstleistungen

Bereits seit der zweiten Hälfte des 19. Jahrhunderts, beschleunigt jedoch nach dem Zweiten Weltkrieg, fand in Westeuropa und den USA ein starker Anstieg der Beschäftigung im Bereich der Dienstleistungen statt. Seit dem Ende der 1960er Jahre riefen Wissenschaftler wie der französische Soziologe Alain Touraine oder der US-amerikanische Ökonom Daniel Bell darum die „postindustrielle Gesellschaft“[17] aus und sie sollten scheinbar Recht behalten: Während die Zahl der Industriebeschäftigten bereits seit Ende der 1950er Jahren im Sinken begriffen war und der Agrarsektor gesamtwirtschaftlich rapide an Bedeutung verlor, hat die Zahl der Dienstleistungsberufe – also Arbeit, die nicht direkt der Herstellung von Waren dient – stark zugenommen. In der Bundesrepublik liegt der Beschäftigungsanteil der Dienstleistungsberufe mittlerweile bei über 60 Prozent.

Für diese Entwicklung hat der oben erwähnte französische Ökonom Jean Fourastié kurz nach dem Zweiten Weltkrieg eine Erklärung angeboten, die er zugleich mit einer hoffnungsvollen Zukunftsperspektive verband: Er meinte, die industrielle Produktion könne in hohem Maße rationalisiert werden, Dienstleistungen aber nicht. Zugleich werde bei steigenden Einkommen die Nachfrage nach Letzteren ansteigen, weil Industriewaren relativ zu den Einkommen gesehen immer günstiger würden. Aus diesem Grund werde der Anteil der Beschäftigten im Dienstleistungsbereich stetig wachsen, was er als die „große Hoffnung des 20. Jahrhunderts“ bezeichnete. Auf diese Weise würden die Menschen nämlich von der körperlich aufzehrenden Industriearbeit befreit und könnten stattdessen anderen, weniger entfremdeten Tätigkeiten nachgehen.[18]

Fourastié hat mit seiner Diagnose teilweise Recht behalten, obwohl sich seine Annahme, Dienstleistungen seien kaum rationalisierbar, als falsch erwiesen hat. Auch wenn sich viele Dienstleistungen nicht grundlegend verändert haben (ein Haarschnitt dauert heute immer noch etwa 20 Minuten und auch die Arbeit an einer Kinokasse oder am Steuer eines Busses hat sich nicht grundlegend gewandelt) sind eine Vielzahl an Tätigkeiten in diesem Bereich, etwa in Verwaltungen, durch den verstärkten Einsatz von Computern, rationalisiert worden. Trotzdem hat die Zahl der Dienstleistungsberufe langfristig zugenommen und Verluste in Landwirtschaft und Industrie kompensiert.

Die in Abbildung 4 angeführte Berufsstatistik kann diesen Wandel allerdings deshalb nur unscharf abbilden, weil der statistische Nachweis – gerade im langfristigen historischen Vergleich – sehr kompliziert ist. Das hängt u. a. damit zusammen, dass es für viele Tätigkeiten mittlerweile professionelle Dienstleistungen gibt, die vormals „informell“ verrichtet worden wären (erinnert sei hier an die im

17 Alain Touraine, La Sociéte Postindustrielle, Paris 1969; Daniel Bell, The Coming of the Post-Industrial Society. A Venture in Social Forecasting, London 1974.

18 Fourastié, Die große Hoffnung des 20. Jahrhunderts.

Ersten Kapitel referierte Kritik an der Messung des Bruttoinlandsprodukts). Auch innerhalb von Industriebetrieben wird sehr viel Dienstleistungsarbeit verrichtet, die aber nicht in jedem Fall als solche ausgewiesen wird. Es bleibt beispielsweise unklar, in wie starkem Maße die Zunahme an Dienstleistungsberufen darauf zurückzuführen ist, dass Unternehmen solche Tätigkeiten in den letzten Jahrzehnten ausgelagert haben.[19] Insofern dürfte auch im Hinblick auf den damals noch weitverbreiteten agrarischen Nebenerwerb die Berufsstatistik den Anteil der Dienstleistungen gerade für das 19. Jahrhundert viel zu niedrig angeben.

Davon jedoch abgesehen besteht eine wesentliche Nachfrage nach Dienstleistungen im Handel, der Organisation und Vermittlung international verflochtener Produktionsvorgänge. Hier führten die Globalisierungswellen vor dem Ersten und nach dem Zweiten Weltkrieg zu einem stark zunehmenden Bedarf. Auch dafür ist die Bekleidungsindustrie ein gutes Beispiel: Während Hosen, Pullover, Strümpfe heute hauptsächlich in Asien genäht werden, sind Entwurf, Marketing, Vertrieb – also alles Dienstleistungen – zumeist in den Herkunftsländern der Firmen geblieben. Der Informations- und Koordinationsbedarf einer global organisierten Produktion ist also eine wichtige Quelle von Dienstleistungsarbeit. Das betrifft nicht zuletzt auch die „Finanzialisierung" der ökonomischen Beziehungen, die den Banken- und Finanzsektor seit den 1970er Jahren mehr und mehr in eine ökonomische Schlüsselposition gehievt hat.

Hinzu kommt, dass sich Wertschöpfungsketten langfristig tendenziell vertieft haben. So hat sich ein großer Service- und Dienstleistungsbereich um Tätigkeiten und Produkte entwickelt, die früher im Wesentlichen selbst hergestellt wurden. So gehört etwa das „Sandwich business" heute zu den beschäftigungsintensivsten Tätigkeitsfeldern in London. Auch die Veränderung von Einzelhandelsstrukturen – vom Kleinladen bis zum Versandhandel – spielt für die sog. „Tertiärisierung" eine wichtige Rolle. Wobei hier allerdings auch gegenläufige Entwicklungen zu beobachten sind: Statt auf Dienstleistungen für den Transport wie Bahn oder Bus zurückzugreifen nehmen viele Menschen z. B. eher ihr eigenes Auto in Anspruch, um von einem Ort zum anderen zu kommen. Hier wurde eine Dienstleistung also gerade überflüssig.[20]

Ein weiterer, zentraler Faktor schließlich ist die ökonomische Staatsaktivität, die in den meisten Industriestaaten während des 20. Jahrhunderts stark zugenommen hat. Das lässt sich an der Entwicklung der *Staatsquote* nachvollziehen, die das Verhältnis der Staatsausgaben zum Bruttoinlandsprodukt abbildet. Damit

---

19 André Steiner, Abschied von der Industrie? Wirtschaftlicher Strukturwandel in West- und Ostdeutschland seit den 1960er Jahren, in: Werner Plumpe/Ders (Hg.), Der Mythos von der postindustriellen Welt. Wirtschaftlicher Strukturwandel in Deutschland 1960 bis 1990, Göttingen 2016, S. 15–54; Jan-Otmar Hesse, Ökonomischer Strukturwandel. Zur Wiederbelebung einer wirtschaftshistorischen Leitsemantik, in: Geschichte und Gesellschaft 39 (2013), S. 86–115.

20 Hesse, Ökonomischer Strukturwandel, S. 105 f.

versucht man, die ökonomische Bedeutung der Staatsaktivität im Rahmen einer Volkswirtschaft zu messen: In Deutschland lag die Staatsquote im späten Kaiserreich bei ungefähr 15 Prozent, während sie sich heute um 50 Prozent herum bewegt. Auf diese Weise werden Verwaltungen, Schulen, Universitäten oder Krankenhäuser durch Steuern finanziert, deren Tätigkeitsfelder zum überwiegenden Teil in den Bereich der Dienstleistungen fallen. Die Dienstleistungsgesellschaft ist zu einem wichtigen Teil also ein Produkt des modernen Leistungs- und Sozialstaats.[21]

Die Erklärung, die Fourastié selbst für den Bedeutungsgewinn der Dienstleistungen angeboten hat, war allerdings eine andere: Seiner Ansicht nach machte die Rationalisierung Industrieprodukte nämlich immer günstiger, während der Bedarf nach ihnen begrenzt sei. Bei langfristig steigenden Realeinkommen würde die Nachfrage nach Dienstleistungen deshalb immer mehr zunehmen. Das ist historisch jedoch nicht wirklich eingetroffen: Zwar sind die Realeinkommen besonders nach dem Zweiten Weltkrieg in den westeuropäischen Ländern tatsächlich stark angestiegen, jedoch hat sich die daraus resultierende Nachfrage dann doch vorrangig auf materielle Dinge konzentriert: Vom Haus über das Auto bis hin zum neuen Telefon. Die Nachfrage nach Dienstleistungen ist hingegen, darauf deuten zumindest statistische Erhebungen hin, anteilsmäßig mehr oder weniger konstant geblieben.[22]

Das ist nur einer unter vielen Befunden, die die seit den 1970er Jahren modisch gewordene Rede von der „Postindustriellen Welt“ in Frage stellen. Sie passt für Deutschland nicht, wo immer noch viel produziert wird und dessen Dienstleistungssektor in vielerlei Hinsicht eng mit der globalen Warenproduktion verknüpft ist. Sie passt erst recht nicht mit Blick auf die Weltwirtschaft, in der momentan mehr Waren hergestellt werden als jemals zuvor.

Wertschöpfungsketten

Dass Fourastiés Überlegungen zum sektoralen Strukturwandel so einflussreich werden konnten, hatte mit der plausiblen Erklärung zu tun, die er dafür anbot: Er unterschied zwischen einem Bereich mit durchschnittlichen Produktivitätszuwächsen und geringer Nachfrageelastizität (Landwirtschaft), einem mit hohen Produktivitätszuwächsen und höherer Nachfrageelastizität (Industrie und Gewerbe) und schließlich einem mit geringen Produktivitätszuwächsen und hoher Nachfrageelastizität (Dienstleistungen). Aus diesen Eigenschaften ergaben sich auf längere Sicht zwangsläufig sektorale Verschiebungen, die schließlich in der Dienstleistungsgesellschaft münden mussten. Dass diese Erklärung historisch

21 Ambrosius, Wirtschaftsstruktur und Strukturwandel, S. 222 f.

22 Hesse, Ökonomischer Strukturwandel, S. 103–107.

nicht tragfähig ist, wurde bereits begründet, vor allem, weil Fourastié unzutreffende Annahmen über den sekundären und tertiären Sektor machte. So bleibt eine teilweise passende empirische Diagnose übrig, aber eben keine überzeugende Erklärung.

Wie aber könnte eine solche Erklärung aussehen? Wenn eine komprimierte Theorie der sektoralen Verschiebung heute nicht mehr wirklich überzeugen kann, müsste eine Theorie des Strukturwandels gleichwohl eine weitere Kritik an Fourastiés Ansatz aufnehmen, dass sich sein Begriff der Sektoren nämlich auf nationale Volkswirtschaften bezieht und er diese im Prinzip als feststehende Kategorien fasst.[23] In einer globalisierten Weltwirtschaft wird man sich damit aber kaum mehr zurechtfinden.

Es erscheint darum sinnvoller, Strukturwandlungsprozesse mit der Veränderung von Wertschöpfungsketten zu verknüpfen. Mit diesem Begriff werden die verschiedenen Phasen und Aktivitäten des Prozesses der Herstellung eines Gutes beschrieben.[24] Um dafür ein Beispiel zu geben: In den globalen Beziehungen des späten 19. Jahrhunderts traten die meisten Länder der weltwirtschaftlichen Peripherie in erster Linie als Rohstoffproduzenten auf. Das ist heute aber in vielen Fällen vollkommen anders geworden. Das Beispiel der Bekleidungsproduktion wurde bereits erwähnt, es ist aber nur eines unter vielen. So ist China heute die wichtigste Werkbank US-amerikanischer Konzerne, die ihre Schuhe, Mobiltelefone oder was auch immer dort produzieren lassen. Die Rohstoffe und das Wissen kommen aber oftmals aus ganz anderen Teilen der Erde und gerade in dieser steigenden Komplexität wirtschaftlicher Beziehungen liegt vielleicht das eigentlich qualitativ Neue der Globalisierung, wie wir sie gegenwärtig beobachten.

Dabei handelt es sich, und das gilt unter unterschiedlichen Gesichtspunkten, um ein spannendes, noch viel zu wenig bearbeitetes Forschungsfeld. So ist aus einer ganz anderen Perspektive darauf hingewiesen worden, dass globale Wertschöpfungsketten auch Übersetzungsleistungen darstellen, die kulturwissenschaftliche Anschlussmöglichkeiten ermöglichen.[25] Am Ende legt der Blick auf Wertschöpfungsketten aber auch den Schluss nahe, dass der Strukturwandel seit den 1970er Jahren als Symptom der Behebung einer historischen Anomalie betrachtet werden kann: Das ökonomische Vorpreschen der europäischen Länder seit dem späten 18. Jahrhundert führte zu einer Zusammenballung der industriellen Produktion in einigen wenigen Teilen der Welt. Dieser Zustand ist in den letzten Jahren durch das Aufholen besonders der asiatischen, zunehmend aber auch der lateinamerikanischen Volkswirtschaften korrigiert worden. Die „Great

23 Ebd., S. 107–155.
24 Ebd.
25 Anna Lowenhaupt Tsing, The Mushroom at the End of the World. On the possibility of life in the ruins of Capitalism, Princeton 2015.

Divergence" wird damit, zumindest im bisherigen Debattenkontext, zunehmend Geschichte.[26]

26 Stearns, The Industrial Revolution in World History, S. 207–250.

3. Krisen und Konjunkturen

In den ersten beiden Kapiteln ging es um das Problem der Erklärung langfristiger wirtschaftlicher Entwicklungsverläufe, wobei insbesondere die Frage der Etablierung dauerhaften Wachstums seit dem späten 18. Jahrhundert – zunächst in Europa, dann zunehmend global – im Vordergrund stand. Im Rahmen solch langfristiger Entwicklungsverläufe lassen sich allerdings kürzere oder längere Perioden mit größerer oder geringerer Dynamik beobachten. Das äußerte sich in ausgesprochenen Boomphasen (in Deutschland waren das beispielweise die sog. „Gründerzeit" 1867–1873 oder die 1950er Jahre), es kam aber auch immer wieder zu ökonomischen Krisen. Nicht zuletzt wegen ihrer schweren sozialen Auswirkungen haben diese in der Wirtschaftsgeschichte viel Beachtung gefunden.

Das ökonomische Krisen ein wesentliches Thema der Wirtschaftsgeschichte sind, verwundert nicht: Handelt es sich dabei doch um ein höchst aktuelles Problem und gerade hier konnte das Fach zu drängend aktuellen Debatten beitragen. Die Finanzkrise ab 2008 hat das öffentliche Interesse an der Wirtschaftsgeschichte deutlich verstärkt und die Aufmerksamkeit auf möglicherweise vergleichbare Krisenerfahrungen in der Vergangenheit gelenkt. Insbesondere die Weltwirtschaftskrise (auch als „Große Depression" bezeichnet) in den Jahren ab 1929 wurde immer wieder als zentraler Referenzpunkt genannt.[1] Gerade Letztere ist ein nachdrückliches Beispiel für die mitunter verheerenden Wirkungen, die Krisen auf die Gesellschaft ausüben. In Deutschland führte sie nicht nur zu Arbeitslosigkeit und Massenelend, sondern war eine wesentliche Ursache für die Abschaffung der Demokratie und die Machtübernahme der Nationalsozialisten im Jahr 1933.

Krisen sind unbestreitbar von großer Relevanz, sie sind aber auch sehr kompliziert. Wäre das anders, wäre es wohl deutlich leichter, sie vorherzusagen und etwas gegen sie auszurichten. Zwar gibt es durchaus sich wiederholende Muster, die sich in erster Linie bei Spekulationskrisen beobachten lassen. Das ändert aber nichts daran, dass sie sich in vielen Aspekten auch fundamental unterscheiden. Die schwere Krise ab 1873, welche die euphorischen Jahre der Gründerzeit abrupt beendete, lässt sich nicht ohne Weiteres mit der Weltwirtschaftskrise ab 1929 gleichsetzen, genauso wenig wie diese wiederum mit der Finanzkrise ab 2008.[2] Dafür sind die Strukturänderungen der globalen Wirtschaft in der Zwischenzeit schlicht zu gravierend ausgefallen. Wenn es trotzdem versucht wird, hat das wohl

1 Barry Eichengreen, Hall of Mirrors. The Great Depression, the Great Recession, and the Uses-And Misuses-of History, New York 2015.

2 Jan-Otmar Hesse, Roman Köster, Werner Plumpe, Die Große Depression. Die Weltwirtschaftskrise 1929–1939, München 2014, S. 205–216.

nicht zuletzt damit zu tun, eine bestehende öffentliche Nachfrage nach solchen Analogien zu bedienen.

Ökonomische Konjunkturen folgen nicht einfach einem universalen kapitalistischen Entwicklungsschema. Gerade dieser Tatbestand ermöglicht es aber, das Verhältnis von Krisen zu längerfristigen wirtschaftlichen Entwicklungen genauer zu bestimmen. Erstere sind kürzere oder längere ökonomische Einbrüche, die seit dem Ende des 18. Jahrhunderts Unterbrechungen des Wachstumspfades darstellen. Obwohl sie, aufs Ganze betrachtet, sogar eher selten geblieben sind, zeigt die Reaktion auf Krisen deutlich, wie sehr insbesondere ökonomisch entwickelte Länder auf ein „reibungsloses" Funktionieren der Wirtschaft angewiesen sind. Das wies im 20. Jahrhundert besonders dem Staat die Rolle zu, Garant einer stabilen wirtschaftlichen Entwicklung zu sein.

Krisen des traditionellen Typs

Krisen in ihrer heutigen Form sind ein vergleichsweise junges Phänomen. Erst seit den 1840er Jahren lassen sich etwa in Deutschland Krisen des „modernen Typs" beobachten, die sich durch einen akuten und strukturellen, nicht kurzfristig zu behebenden Angebotsüberhang auszeichnen (dazu weiter unten mehr). Auch vorher gab es zwar selbstverständlich ökonomische Einbrüche, diese blieben aber zumeist regional begrenzt. Eine Weltwirtschaftskrise wäre um 1500, es sei denn infolge einer dramatischen ökologischen Katastrophe,[3] noch undenkbar gewesen. Zugleich hatten diese Krisen, auch das hing mit ihrem begrenzten Charakter zusammen, in der Regel relativ eindeutig zu identifizierende Ursachen. Bei modernen Krisen sind solche Ursachen oftmals sehr viel schwerer zu erkennen. Über die Gründe für die Weltwirtschaftskrise ab 1929 wird z. B. bis heute intensiv diskutiert.

Für die Vormoderne lässt sich allgemein von Krisen des „traditionellen Typs" sprechen, womit zunächst in erster Linie Hungerkrisen gemeint sind. Auslöser dafür waren oftmals Kriege und Seuchen. So führte die große Pestepidemie Mitte des 14. Jahrhunderts gleichzeitig zu einer schweren europäischen Wirtschaftskrise. Militärische Konflikte brachten immer wieder gravierende ökonomische Einbrüche mit sich. Davon abgesehen wurden Hungerkrisen in den meisten Fällen jedoch durch eine oder mehrere aufeinanderfolgende Missernten ausgelöst. Diese hatten zunächst unmittelbare Not für die Landbevölkerung, aber auch für die Stadtbevölkerung zur Folge. Für Letztere wurde Getreide durch die Verknappung des Angebots sehr teuer, woran auch Bevorratung und Preistaxen (also die Festsetzung von Höchstpreisen durch die Obrigkeit) zumeist wenig ändern

---

3 Ein solcher Fall stellte etwa das Jahr 822 dar, als ein Vulkanausbruch des Katla auf Island massive Konsequenzen für das globale Klima hatte.

konnten. Für Gesellschaften, in denen sich der Großteil der Bevölkerung ohnehin am Rand des Überlebens befand, waren Missernten ein existentielles Problem.

Dafür, dass sich Letztere so dramatisch auswirken konnten, spielten mehrere Faktoren eine Rolle: Zunächst hatte dies damit zu tun, dass sich die Anbautechniken bis in das 18. Jahrhundert nur langsam weiterentwickelten. Es kamen wenige Getreide- und Fruchtsorten neu hinzu, der Anteil der Brache blieb hoch und die landwirtschaftliche Produktivität vergleichsweise niedrig. Dafür gab es wie gesagt gute Gründe, da fehlgeschlagene Experimente existentielle Folgen haben konnten. Die Einführung neuer Anbautechniken wurde insofern durch dieselben Ursachen verhindert, aufgrund derer sich Missernten so dramatisch auswirken konnten: Kam es dazu, womit im Schnitt etwa alle zehn Jahre zu rechnen war, erwies es sich aufgrund der geringen Marktintegration als nur schwer möglich, das Angebot durch Lieferungen von außerhalb auszugleichen. Und selbst wenn es möglich war, dann in der Regel nur zu sehr hohen Preisen.[4]

Ein wichtiger Faktor für die konkreten Effekte von Hungerkrisen war der Bevölkerungsdruck. Diesen Zusammenhang hat besonders der englische Pfarrer und Arzt Thomas Malthus am Ende des 18. Jahrhunderts hervorgehoben. Er formulierte in seinem Werk „On Population" (1798) zunächst die Beobachtung, dass bei einer wachsenden Bevölkerung auch der Nahrungsmittelspielraum entsprechend ausgeweitet werden musste. Die überzähligen Menschen würden ansonsten einfach verhungern. Er ging jedoch davon aus, dass die Bevölkerung „geometrisch" wachsen würde, während sich der Nahrungsmittelspielraum lediglich „arithmetisch" steigern ließe: Immer mehr Menschen bekamen immer mehr Kinder, die dann noch mehr Kinder bekamen. Die Zahl der fruchtbaren Böden blieb hingegen begrenzt. Weil außerdem zuerst die fruchtbarsten Böden unter den Pflug genommen wurden, waren die neu bewirtschafteten Böden von tendenziell schlechterer Qualität. Hinzu kam das Problem der abnehmenden Grenzerträge, dass also die Ertragssteigerungen durch zusätzlich in den Boden investierte Arbeit auf die Dauer immer geringer wurden.[5]

Malthus folgerte daraus, dass es immer wieder zu einer gravierenden Lücke zwischen Bevölkerung und Nahrungsmittelspielraum kommen müsse. Das wiederum führte zu sog. „Checks", bei denen die Bevölkerung durch Kriege oder Hungersnöte dezimiert wurde. Seine Schlussfolgerungen aus diesem, seiner Ansicht nach zwingendem Zusammenhang waren allerdings radikal. So forderte er, die Armenhilfe abzuschaffen, welche die Bevölkerung seiner Ansicht nach lediglich dazu animierte, mehr Kinder zu bekommen, die ohnehin dem Tode geweiht waren. Malthus düstere Theorie trug dazu bei, dass die Volkswirtschaftslehre im

---

4 Abel, Agrarkrisen und Agrarkonjunktur, S. 188–195.

5 Thomas Malthus, An Essay on the Principle of Population, or, A view of its past and present Effects on Human Happiness, London 1817[5] (zuerst 1798).

19. Jahrhundert das Prädikat der „dismal science" angehängt bekam: die trübsinnige Wissenschaft.

Aus historischer Sicht ist die Wirksamkeit des von Malthus skizzierten Mechanismus umstritten. In seiner Heimat England etwa führten agrarische Krisen bereits seit der Mitte des 17. Jahrhunderts nicht mehr zu einer signifikant erhöhten Sterblichkeit. Das 18. Jahrhundert war zwar für Europa insgesamt ein Jahrhundert der Hungerkrisen, jedoch lässt sich gleichwohl im Vergleich zu den vorangegangenen Jahrhunderten eine sinkende Sterblichkeit feststellen. Selbst in vielen ärmeren deutschen Regionen stieg die Bevölkerungszahl bereits in der zweiten Hälfte des 18. Jahrhunderts beträchtlich. Als Malthus schrieb, waren seine Überlegungen also ganz offensichtlich von schwindender Relevanz. Im 19. Jahrhundert sollte dann die Zahl der Hungerkrisen stark abnehmen – und das trotz einer insgesamt stark wachsenden Bevölkerung.

Das heißt nicht, dass der Hunger verschwand, aber dramatische Hungersnöte hatten jetzt doch eher exzeptionelle Ursachen. So beispielsweise die „Irish famine" 1845–47, die über eine Million Iren das Leben kostete und noch deutlich mehr in die Emigration (vor allem in die Vereinigten Staaten) trieb. Die zahlreichen irischen Nachnamen in den USA legen davon noch heute Zeugnis ab. In diesem Fall kamen mehrere ungünstige Umstände zusammen: Die sog. Kartoffelfäule (phytophthora infestans) konnte sich deshalb so stark auswirken, weil eine ausgeprägte Kartoffel-Monokultur vorherrschte, die wiederum das Resultat längerfristiger struktureller Probleme der dortigen Landwirtschaft darstellte.[6] Die britischen Behörden erwiesen sich gegenüber dem irischen Leid überdies als erschreckend gleichgültig. Im 20. Jahrhundert sollte sich der exzeptionelle Charakter von Hungerkrisen noch verstärken: Außerhalb Afrikas und Indiens waren diese entweder die mittel- oder unmittelbare Folge kriegerischer Konflikte oder fehlgeschlagener Kollektivierungsversuche kommunistischer Regime wie beim „Großen Sprung" in China 1958–1962, der nach gegenwärtigen Schätzungen wohl etwa 45 Millionen Menschen das Leben kostete.[7]

Die Ursachen dafür, dass die agrarischen Krisen im Laufe des 19. Jahrhunderts abnahmen, waren zunächst die Steigerung der agrarischen Produktivität durch neue Fruchtsorten wie die aus Amerika eingeführte Kartoffel, neue Anbaumethoden und schließlich die Verbesserung der agrarischen Gerätschaften. Eine Rolle spielte aber auch, dass lokale Angebotsverknappungen durch verbesserte Transportmöglichkeiten ausgeglichen werden konnten. Der Ausbau der Verkehrswege im 18. und vor allem im 19. Jahrhundert hatte also eine große Bedeutung für die Erhaltung einer wachsenden Bevölkerung. Vor dem Hintergrund solcher Entwick-

6 Joel Mokyr, Why Ireland starved. A Quantitative and Analytical History of the Irish Economy, 1800–1850, London 1983.

7 Frank Dikötter, Mao's great famine. The history of China's most Devastating Catastrophe, 1958–1962, New York 2010.

lungen hat die dänische Ökonomin Ester Boserup die These vertreten, dass die von Malthus behauptete Auseinanderentwicklung von Bevölkerungszahl und Nahrungsmittelspielraum keinesfalls zwangsläufig sei. Vielmehr würde ein wachsender Bevölkerungsdruck zunächst starke Anreize zu einer intensiveren Bodenkultivierung geben und längerfristig zur Verbesserung der agrarischen Produktionsweise führen. Wenn das zutrifft, passte sich der Nahrungsmittelspielraum der gestiegenen Bevölkerungszahl seit dem 18. Jahrhundert also zunehmend an.[8]

Allerdings lassen sich die vormodernen Krisen nicht allein auf ihre Eigenschaft als Hungerkrisen reduzieren. Hunger war bis weit in das 19. Jahrhundert hinein allgegenwärtig und signifikant erscheint zunächst, dass die mit Hungerkrisen einhergehende Sterblichkeit bereits während des 18. Jahrhunderts zumindest in Westeuropa zurückging. Solche agrarischen Krisen hatten aber auch wirtschaftlich einschneidende Effekte, weil sie zu einem starken Anstieg der Agrarpreise führten. Davon konnten zwar einige agrarische Produzenten mit einer hohen Marktquote profitieren, die also einen Großteil ihrer Erzeugnisse auf dem Markt verkauften. Gerade die landarmen Bevölkerungsschichten, die ohnehin an der Subsistenzgrenze lebten, litten jedoch unter solchen Preissteigerungen. Erst als die gesamtwirtschaftliche Bedeutung der Landwirtschaft zunehmend geringer wurde, ließen auch die Auswirkungen agrarischer Krisen auf die wirtschaftliche Entwicklung nach.[9]

Die letzten Krisen eines solchen „traditionellen" Typs lassen sich für Deutschland in den Jahren 1816 bis 1819 und 1846/47 beobachten. Aber bereits bei der letztgenannten Krise vermischten sich „traditionelle" und „moderne" Elemente. Zwar spielten Missernten hier noch eine wichtige Rolle, jedoch war es hier bereits in höherem Maße möglich, regionale Angebotsverknappungen durch Lieferungen von außerhalb zu kompensieren. Die Krise des Handwerks, die zu der Entladung der revolutionären Energien im Jahr 1848 beitrug, war durch die agrarische Krise allein bereits nicht mehr zu erklären, sondern hatte ihre Ursache mehr in der gewerblichen und industriellen Konkurrenz. Insofern, darauf soll im nächsten Abschnitt genauer eingegangen werden, begannen sich Wirtschaftskrisen um die Mitte des 19. Jahrhunderts zu verändern. Sie verloren zunehmend ihren agrarischen Charakter.[10]

Neben den Agrarkrisen gab es in der Vormoderne noch eine weitere Form von Krisen. Diese waren weniger existentiell, zogen aber aufgrund ihres farbigen Charakters bereits zeitgenössisch viel Aufmerksamkeit auf sich. Die Rede ist von Spekulationskrisen, bei denen üblicherweise auf die starke Wertsteigerung bestimmter spekulativ gehandelter Produkte oder Wertpapiere ein dramatischer

8 Michael Kopsidis, Agrarentwicklung. Historische Agrarrevolutionen und Entwicklungsökonomie, Stuttgart 2006, S. 96–101.

9 Abel, Agrarkrisen und Agrarkonjunktur, S. 272–277.

10 Werner Plumpe, Wirtschaftskrisen. Geschichte und Gegenwart, München 2010, S. 42–45.

Absturz folgte. Seit dem holländischen „Tulpenschwindel" im 17. Jahrhundert haben solche Phänomene immer wieder die literarische Phantasie herausgefordert. Regelmäßig lieferten sie den Anlass für eine fundamentale Kritik an sozialer Hybris und der Versuchung, ohne ehrliche Arbeit reich werden zu wollen.

Der bekannteste Fall, wohl auch deswegen, weil er besonders absurd oder exotisch erscheint, ist wie gesagt der „Tulpenschwindel", der von 1634–1637 in den Niederlanden stattfand. Diese Krise hat auch deshalb solche Wellen geschlagen, weil hier mit einem anscheinend obskuren Gut gehandelt wurde, nämlich Tulpenzwiebeln. Das ließ sich leicht als Metapher dafür verwenden, welche Luftschlösser die Spekulation aufbaute. Dabei war der Markt für Tulpenzwiebeln an sich keineswegs irrational. In Holland entwickelten sich während des „Goldenen Zeitalters" seit etwa 1580 zahlreiche lukrative Märkte für allerlei Luxuswaren und schöne Gebrauchsgegenstände. Dazu gehörten beispielsweise Gemälde, die durch Formatverkleinerung überhaupt erst zu einer echten Handelsware wurden, aber eben auch kunstvoll gezüchtete Tulpenzwiebeln. Für diese hatte sich bereits seit Längerem eine Liebhaberszene etabliert, die bereit war, hohe Preise für besonders gelungene Züchtungen zu bezahlen.[11]

Der Tulpenschwindel war das erste Beispiel für Spekulationskrisen, die scheinbar immer nach demselben Muster abliefen. So kam es 1720 etwa bei der sogenannten „South Sea Bubble" zu einer spekulativen Preissteigerung von Anteilen der britischen Südseegesellschaft. Eine ganz ähnliche Entwicklung war zur selben Zeit in Frankreich mit dem sog. „Mississippi-Schwindel" zu beobachten. Auch hier kam es zu spektakulären Preissteigerungen der gehandelten Wertpapiere, auf die schließlich der Absturz folgte: Nachdem die Preise zu fallen anfingen, stießen die Anleger in Panik ihre Anteile ab, was dann zu einem beschleunigten Preisverfall führte. Solche Spekulationskrisen hat es seitdem noch viele geben – bekanntermaßen bis in unsere heutige Zeit.[12]

Ihre Entstehung historisch zu erklären ist nicht ganz so einfach. Ein traditionelles Deutungsmuster besteht darin, in den spekulativen Preissteigerungen das Resultat einer kollektiven Manie zu erblicken. Der schottische Journalist James Mackay veröffentlichte 1841 ein Buch („Memoirs of extraordinary popular delusions and the madness of crowds"), indem er die Geschichte der Spekulationskrisen auf diese Weise erklärte und sie mit allerhand saftigen Anekdoten anreicherte.[13] Dieses „psychologische" Moment ist – auch wenn vielleicht in etwas avancierterer Fassung – bis heute ein wichtiger Faktor für die Erklärung von Spekulationskrisen

11 Eine Kulturgeschichte des "Tulpenschwindels" bietet: Anne Goldgar, Tulipmania. Money, Honor, and Knowledge in the Dutch Golden Age, Chicago 2007.

12 Charles Kindleberger, Manias, Panics, and Crashes. A History of Financial Crises, New York 1989.

13 Charles Mackay, Memoirs of Extraordinary Popular Delusions and the Madness of Crowds, London 1841.

geblieben. So veröffentlichten die Ökonomen Charles Rogoff und Carmen Reinhart 2011 eine Arbeit mit dem sprechenden Titel „This Time is Different. Eight Centuries of Financial Folly“, in der sie zu begründen versuchen, warum immer wieder Spekulationsblasen entstehen, obwohl die Menschen mittlerweile längst klüger geworden sein müssten.[14]

Gewissermaßen am anderen Ende der psychologischen Krisenerklärung steht die „efficient market“-These. Diese geht, verkürzt gesprochen, davon aus, dass Spekulationsblasen keine ökonomisch irrationalen, nur kollektivpsychologisch zu erklärenden Phänomene sind, sondern einen rationalen Hintergrund haben, der durch psychologische Erklärungen eher verdeckt wird. In Bezug auf den „Tulpenschwindel“ wurde nachvollziehbar dargelegt, dass die Preise für Tulpenzwiebeln in den 1630er Jahren aufgrund der enormen Nachfrage so stark anstiegen.[15] In ähnlicher Manier haben verschiedene Wirtschaftshistoriker zu zeigen versucht, dass die Wertsteigerungen des New Yorker Aktienindexes Dow Jones in der zweiten Hälfte der 1920er Jahre in den „fundamentals“, also tatsächlichen Ertragszuwächsen US-amerikanischer Unternehmen begründet gewesen seien.[16]

Die „efficient market“-Hypothese leidet allerdings darunter, den auf die Wertsteigerungen folgenden Absturz nicht überzeugend erklären zu können bzw. sich hier dann häufig auf das „irrationale“ Verhalten zurückziehen zu müssen, das bei der Erklärung des Aufschwungs gerade ausgeschlossen wurde. So sah der Ökonom Irving Fisher in dem großen Crash vom Oktober 1929 und der nachfolgenden jahrelangen Baisse am New Yorker Aktienmarkt vor allem ein abschreckendes Beispiel von „mob psychology“: Weil im Jahr 1929 so viele Beobachter davor gewarnt hätten, dass der Markt überhitzt sei, wäre es schließlich, gewissermaßen als selbsterfüllende Prophezeiung, zum Absturz gekommen.[17]

Spekulationskrisen sind bis in unsere Zeit wichtig geblieben. Sie liefern überdies starke Sprachbilder: Etwa von den New Yorker Börsenhändlern, die sich nach dem Crash 1929 angeblich scharenweise in den Tod gestürzt hätten. Dabei handelt es sich allerdings um einen populären Mythos, denn anhand der Selbstmordsta-

---

14 Nachwievor bedenkenswert ist die bereits etwas ältere Erklärung Charles Kindlebergers für Spekulationskrisen. Ihm zufolge zeichnen sich Blasen dadurch aus, dass anfängliche Preissteigerungen auf spekulativen Märkten zunehmend „Amateure“ anlocken, die vergleichsweise wenig Wissen und Erfahrung im Aktiengeschäft besitzen, aber als Multiplikatoren wirken. Das trägt zu Preissteigerungen aber auch zu abrupten Fluchtgewegungen im Fall eines Preisfalls bei, was den „Crash“ dann noch verstärkt. Vgl. Kindleberger, Manias, Panics, and Crashes.

15 Peter M. Garber, Famous First Bubbles. The Fundamentals of Early Manias, Cambridge 2000.

16 Etwa Harold Bierman, The Causes of the 1929 Stock Market Crash. A Speculative Orgy or a New Era?, Westport 1998.

17 Walter A. Friedman, Fortune Tellers. The Story of America's first Economic Forecasters, Princeton 2013.

tistik lässt sich das nicht belegen.[18] Für die vormoderne Wirtschaftsgeschichte sind Spekulationskrisen jedoch nicht zuletzt aus dem Grund interessant, weil sie frühe Formen durch Marktentwicklungen induzierter Krisen darstellen. Hinzu kommt, dass die Finanzinstrumente zwar mittlerweile sehr viel komplizierter und die gehandelten Summen unvergleichlich größer geworden sind; dementsprechend sind auch die Rückwirkungen auf die Realwirtschaft immer schwerer zu kalkulieren. Die grundlegenden Mechanismen von „Boom and Bust" haben sich bis in unsere Zeiten jedoch vergleichsweise wenig verändert und auch die aktuellen Motive der Spekulationskritik ähneln denen im Holland des 17. Jahrhunderts auf zum Teil erstaunliche Art und Weise. Auch darin weisen die frühen Spekulationskrisen in unsere Gegenwart voraus.

Konjunkturen, Krisen und Industrialisierung

Es ist allerdings ein populäres Missverständnis, Spekulationskrisen generell als Ursache von Wirtschaftskrisen zu betrachten oder diese sogar gleichzusetzen. Zwar haben Spekulationskrisen verschiedentlich Krisen der Realwirtschaft angestoßen und verstärkt, diese lassen sich durch Erstere jedoch weder vollständig erklären noch in ein eindeutiges Ursache-Wirkungsverhältnis setzen. So hat auch der „Crash" an der Wall Street im Oktober 1929 die Weltwirtschaftskrise nicht im strengen Sinne ausgelöst. Vielmehr handelte es sich lediglich um ein verstärkendes Moment, das sich ohne die bereits existierenden weltwirtschaftlichen Strukturprobleme kaum so verheerend hätte auswirken können.[19]

Was aber macht Wirtschaftskrisen des „modernen Typs" aus? Weiter oben wurde gesagt, dass es sich um einen akuten, strukturell bedingten, nicht kurzfristig zu behebenden *Angebotsüberhang* handelt. Das bedeutet, vereinfacht ausgedrückt, dass die Produzenten mehr hergestellt haben bzw. herstellen, als der Markt aufnehmen kann. Die Folge sind fallende Preise, sinkende Erlöse, die Entlassung von Arbeitern, die dann durch ihre Lohnausfälle wiederum weniger Geld ausgeben können. Als Resultat sinkt die gesellschaftliche Kaufkraft, was die Krisentendenzen weiter verstärkt. Häufig zeichnen sich Krisen vor allem zu Beginn durch eine stark ausgeprägte negative Dynamik aus, die erst nach einiger Zeit gestoppt werden kann.

Eine wesentliche Voraussetzung für die Entstehung von Krisen des modernen Typs waren in hohem Maße integrierte Märkte. Diese bildeten die Voraussetzung dafür, dass Krisen regional weit ausgreifen und mitunter vergleichsweise banale Ereignisse zum Auslöser tiefer ökonomischer Einbrüche werden konnten. Das war schon bei der „Ersten Weltwirtschaftskrise" (Hans Rosenberg) 1857/58 der

---

18 John Kenneth Galbraith, The Great Crash 1929, London 1955.

19 Hesse, Köster, Plumpe, Große Depression, S. 26–30.

Fall, als der Bankrott einer Versicherung in Cincinnati die Börsen und Produzenten in Panik versetzte.[20] Eine weit vorangetriebene gesamtwirtschaftliche Arbeitsteilung schließlich trug ebenfalls dazu bei, dass Störungen des Wirtschaftslebens weitreichende Folgen haben konnten. Wie es der Historiker Werner Plumpe formuliert hat: „Die wirtschaftliche Welt der kapitalistischen Moderne ist [...] gewissermaßen paradox: Sie nutzt Mittel zur Steigerung ihrer Produktivität, die sie selbst krisenanfällig machen."[21]

Zugleich ging die Etablierung der modernen Industriewirtschaft mit der Durchsetzung einer Wirtschaftsweise einher, in der sowohl das Erzielen von Einkommen als auch die Versorgung wesentlich marktvermittelt stattfanden. Marktintegration war insofern auch ein ganz persönliches Schicksal. Ein Rückzug in die Subsistenzwirtschaft – wie in der vormodernen Wirtschaft teilweise noch der Fall – war nach 1850 in industrialisierten Volkswirtschaften immer schwerer möglich. Das wurde besonders in der Weltwirtschaftskrise deutlich: Die Stahlwerke und Fabriken waren schließlich noch da, gaben aber keine Arbeit mehr. Die Menschen hungerten oder standen stundelang an Suppenküchen an, obwohl global Lebensmittel im Überfluss produziert wurden. Für die Landwirtschaft bestand das große Problem darin, dass die Preise viel zu niedrig waren, anstatt zu hoch. Das alles verdeutlicht noch einmal den fundamentalen Unterschied zwischen vormodernen Hunger- und modernen Wirtschaftskrisen.

Die Merkmale von Wirtschaftskrisen lassen sich vergleichsweise einfach beschreiben. Als viel komplizierter erweist sich hingegen die Frage, was sie verursacht. Das grundsätzliche Problem lässt sich dabei mit Bezug auf das sog. „Saysche Theorem" erläutern, benannt nach dem französischen Ökonomen Jean Baptiste Say, der es in seinem Werk „Traité d'économie politique" von 1803 formulierte.[22] Dieses Theorem erklärt auf logisch ziemlich schlüssige Weise, warum es zu längerfristigen Angebotsüberhängen eigentlich nicht kommen kann: Geht man davon aus, dass sich die Preise der Güter an ihren Produktionskosten orientieren, werden mit den Produkten zugleich die Einkommen geschaffen, um sie zu kaufen: Das Geld, das für Rohstoffe und Maschinen ausgegeben wird, der Lohn, der den Arbeitern gezahlt wird, und schließlich der Teil, den die Unternehmer als ihren Profit oder ihr Einkommen einstreichen. Auf diese Weise steht einem bestimmten gesamtwirtschaftlichen Angebot eine Nachfrage in etwa gleichem Wert gegenüber. Nach Say schafft sich dadurch jedes Angebot seine eigene Nachfrage.

---

20 Hans Rosenberg, Große Depression und Bismarckzeit: Wirtschaftsablauf, Gesellschaft und Politik in Mitteleuropa, Berlin 1967.

21 Plumpe, Wirtschaftskrisen, S. 45.

22 Jean-Baptiste Say, Traité d'économie politique. Ou simple exposition de la manière dont se forment, se distribuent et se consomment les richesses, Paris 1841[6] (zuerst 1803).

Say war sich selbstverständlich bewusst, dass Einkommen nur äußerst selten direkt zum Erwerb der so hergestellten Produkte verwendet werden: Der Arbeiter in einer Eisenfabrik gibt sein Geld kaum hauptsächlich für Eisen aus, aber eben für andere Produkte. Say argumentierte mit der Vorstellung eines Wirtschaftskreislaufs, bei dem das Geld in der Wirtschaft zirkulierte. Dann konnte es zwar immer wieder passieren, dass bestimmte Produkte nicht gekauft wurden und deren Produzenten daraufhin vom Markt verschwanden. Langfristig mussten sich aber aus Says Sicht Angebot und Nachfrage in einem Gleichgewicht einpendeln. Kurzfristige Störungen des Wirtschaftslebens waren darum denkbar, ein dauerhafter Angebotsüberhang eigentlich nicht.

Angesichts der logischen Überzeugungskraft des Sayschen Theorems kamen viele liberale Ökonomen zu dem Schluss, dass Krisen aus der Funktionsweise der Verkehrswirtschaft nicht zu erklären seien. Für sie musste vielmehr eine *externe Störung* des Marktmechanismus vorliegen. Sank etwa die Nachfrage, mussten Löhne und Preise sinken. In der Realität taten sie das aber häufig nicht: etwa, weil Produzentenkartelle über Absprachen die Preise künstlich hochhielten oder weil Gewerkschaften Lohnsenkungen verhinderten. Aus dieser Perspektive resultierten Krisen daraus, dass der Staat und diverse Interessensgruppen ständig in den Markt intervenierten. Dadurch wurde aber gerade verhindert, dass sich Angebot und Nachfrage ausglichen und Märkte „geräumt", d.h. die angebotenen Waren abgesetzt wurden. Bis heute ist es in bestimmten Kreisen ein populäres Argument, Wirtschaftskrisen in erster Linie als Resultat staatlicher Eingriffe zu interpretieren.[23]

Doch selbst wer eine optimistische Vorstellung von der Funktionsweise freier Märkte vertritt, sieht sich mit empirischen Befunden konfrontiert, die schlecht mit diesem wirtschaftsliberalen Erklärungsansatz zusammenpassen. So fiel die Krise ab 1873 z. B. in eine Zeit, in der sich der Staat aus dem Wirtschaftsleben noch weitgehend heraushielt. Auch die zahlreichen Spekulationskrisen lassen sich nur unter großen Schwierigkeiten als Resultat staatlicher Eingriffe interpretieren. Schließlich dürfte auch bei der Finanzkrise ab 2008 eher ein „zu wenig" als ein „zu viel" an staatlicher Regulierung krisenverschärfend gewirkt haben. Der Glauben an einen durch freie Märkte garantierten, krisenfreien Kapitalismus lässt sich mit den Ergebnissen der wirtschaftshistorischen Forschung nur schlecht vereinbaren.

Statt Krisen also *exogen* über das „unheilvolle" Eingreifen des Staates zu erklären, wurde bereits seit der zweiten Hälfte des 19. Jahrhunderts verstärkt nach *endogenen* Erklärungen gesucht. Diese erblickten die krisenverursachenden Faktoren im kapitalistischen Prozess selbst und gingen davon aus, dass es positive oder negative konjunkturelle Dynamiken gibt, die die Rückkehr zu einem ökonomischen Gleichgewicht – wie in Says Theorem impliziert – nicht zulassen. Einen

23 Ludwig Mises, Kritik des Interventionismus. Untersuchungen zur Wirtschaftspolitik und Wirtschaftsideologie der Gegenwart, Jena 1929.

wichtigen Ansatzpunkt für solche Überlegungen lieferte der Franzose Clemens Juglar, der in den 1860er Jahren konjunkturelle Schwankungen der wirtschaftlichen Entwicklung mit einer Länge von etwa zehn Jahren beobachtete. Diese später als „Juglar-Zyklen" bezeichneten Schwankungen ließen sich durch staatliche und andere exogene Eingriffe kaum hinreichend erklären. Die Schlussfolgerung lag nahe, dass wirtschaftliche Entwicklungen diese aus sich selbst heraus, also tatsächlich *endogen*, erzeugten.[24]

Hier ist nicht der Platz, die seit dem späten 19. Jahrhundert entwickelten Konjunktur- und Krisentheorien im Detail vorzustellen. Es gibt Überproduktionstheorien, die davon ausgehen, dass aus strukturellen Gründen periodisch zu viele Waren produziert werden, die auf dem Markt nicht mehr abgesetzt werden können, was dann zur Krise führt. *Unterkonsumptions*theorien hingegen beharren darauf, dass die Arbeitskräfte so schlecht bezahlt werden, dass sie das Angebot nicht absorbieren können. Es gibt *geldtheoretische* Konjunkturerklärungen, die im Kreditangebot und der Zinshöhe die Ursache für die Konjunkturschwankungen sehen, oder *psychologische* Theorien, die in erster Linie die Erwartungen an die zukünftige wirtschaftliche Entwicklung als Ursache für das Stattfinden bzw. Ausbleiben von Investitionen und damit einer positiven oder negativen Konjunktur erblicken. Teilweise wurden auch verschiedene Erklärungen miteinander kombiniert, was die Sache – wie sich denken lässt – keineswegs einfacher machte.

Exemplarisch sollen an dieser Stelle die Überlegungen des österreichischen Ökonomen Joseph Schumpeter (1883–1950) knapp vorgestellt werden. Nicht unbedingt deswegen, weil sich sein Konjunkturschema zur Erklärung konkreter historischer Entwicklungsverläufe bewährt hätte (das ist umstritten[25]), sondern weil sich anhand seiner Überlegungen ein vertieftes Verständnis wirtschaftlicher Entwicklungsverläufe gewinnen lässt. Schumpeter unterschied in seinem Hauptwerk, den 1939 erschienenen „Business Cycles", drei Typen von Konjunkturzyklen mit einer Länge von etwa 50 bis 60 Jahren (Kondratieff-Zyklen), 7 bis 11 Jahren (Juglar-Zyklen) und 40 Monaten (Kitchin-Zyklen).[26]

Die sog. Kondratieff-Zyklen, benannt nach dem russischen Statistiker Nikolai Kondratieff, dürften dabei am bekanntesten sein. Diese „Langen Wellen" werden nach Schumpeter durch technische Basisinnovationen verursacht, die zu einer

---

24 Clemens Juglar, Des Crises Commerciales et de leur Retour périodique en France, en Angleterre et aux Etats-Unis, New York 1969 (Repr. der 2. Auflage 1889).

25 Die meisten Ökonomen bestreiten die Existenz langer Wellen. Vgl. Rainer Metz, Do Kondratieff waves exist? How time series techniques can help to solve the problem, in: Cliometrica 5 (2011), S. 205–238. Eine Ausnahme ist: Andrey V. Korotayev, Sergey V. Tsirel, A spectral Analysis of world's GDP dynamics. Kondratieff waves, Kuznets swings, Juglar and Kitchins cycles in global economic development and the 2008–09 economic crisis, in: Structure and Dynamics 4 (2010), S. 3–57.

26 Joseph A. Schumpeter, Business cycles. A Theoretical, Historical, and Statistical Analysis of the Capitalist Process, New York 1939.

grundlegenden Änderung von Produktion und Organisation führen. Bei diesen Basisinnovationen handelte es sich ab ca. 1780 um die Dampfmaschine und die Mechanisierung der Textilindustrie, ab ca. 1830 um die Eisenbahn, ab ca. 1880 um die Chemie- und Elektroindustrie, ab ca. 1930 um die Petrochemie und Automobile. Diese bildeten über Jahrzehnte den am stärksten dynamischen Faktor der wirtschaftlichen Entwicklung.

Die sog. Juglar-Zyklen mit einer Länge von etwa sieben bis elf Jahren – zur genauen Länge gibt es unterschiedliche Ansichten – stellen sog. Investitionszyklen dar. Es wird davon ausgegangen, dass bei der Einführung von neuen Technologien hohe Investitionen erfolgen, die zu einem allgemeinen Aufschwung beitragen. Es dauert dann einige Jahre, bis sich diese Investitionen amortisiert haben, die Maschinen verschlissen sind und ersetzt werden müssen, was dann wieder neue Investitionen erforderlich macht. Die Kitchin-Zyklen mit einer Länge von 40 Monaten schließlich sind Zyklen der Lagerhaltung: Die Produzenten erhöhen im Aufschwung ihre Lagerbestände, um auf eine steigende Nachfrage flexibel reagieren zu können. Dadurch konzentrieren sich aber etwa Rohstoffeinkäufe in bestimmten Zeiten der Hochkonjunktur, während in Abschwungphasen Lagerbestände abgebaut werden.

Schumpeter ging davon aus, dass sich diese Zyklen im Rahmen der wirtschaftlichen Entwicklung überlagern. Das demonstriert das hier abgebildete Schaubild, das in der Volkswirtschaftslehre zu einiger Berühmtheit gelangt ist. Hier kann man gut erkennen, wie sich die Juglar- und Kitchin-Zyklen gewissermaßen um einen Kondratieff-Zyklus „herumschlängeln“.[27]

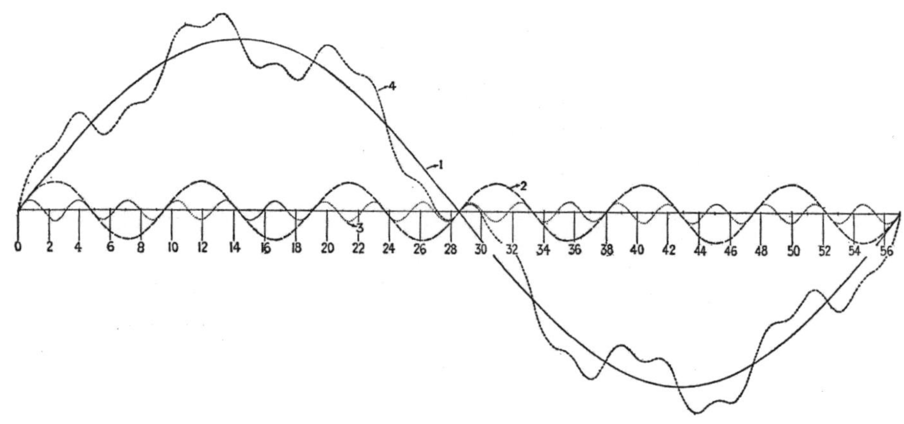

Abb. 5: Konjunkturschema nach Schumpeter:
Kondratieffs (1), Juglars (2), Kitchins (3) und Summe der Kurven (4)

27 Ebd. S. 217.

Was sich mit Schumpeters Überlegungen in der konkreten wirtschaftshistorischen Forschung anfangen lässt, wird bis heute kontrovers diskutiert, wobei besonders die Existenz von Kondratieff-Zyklen umstritten ist. Die Mehrheit der Volkswirtschaftslehre scheint diesbezüglich skeptisch zu sein, was jedoch angesichts der enormen Schwierigkeiten ihres statistischen Nachweises noch nicht das letzte Wort sein muss.[28] Es wird darüber diskutiert, ob nach dem Zweiten Weltkrieg – aufgrund einer beschleunigten technologischen und ökonomischen Entwicklung – möglicherweise eine Verkürzung der Zyklen stattgefunden hat. Schumpeter ging zudem davon aus, dass staatliche Eingriffe in die Wirtschaft die Zyklen verformen würden, so dass spätestens seit den 1930er Jahren ohnehin nicht mehr von regelmäßigen Zyklen gesprochen werden könne. Allerdings lassen sich für die westeuropäischen Volkswirtschaften in der Zeit von 1870 bis 1914 tatsächlich Konjunkturschwankungen mit einer Länge von etwa acht bis elf Jahren Länge statistisch zeigen.[29] Das unterstützt zumindest die Vermutung, die wirtschaftliche Entwicklung in einer freien Verkehrswirtschaft unterliege bei geringen politischen Eingriffen einigermaßen regelmäßigen Schwankungen.

Wichtiger als solche, teilweise mit sehr technischen Argumenten geführte Debatten sind jedoch einige grundsätzliche Schlussfolgerungen, die aus Schumpeters Überlegungen gezogen werden können: Dazu gehört zunächst, dass ökonomische Abschwünge keineswegs ein Beleg dafür sind, dass die freie Verkehrswirtschaft grundsätzlich dysfunktional ist. Karl Marx hatte das behauptet und den Zusammenbruch des Kapitalismus in der Zukunft prognostiziert. Schumpeter war jedoch der Ansicht, dass Depressionsphasen eine notwendige Funktion innerhalb der wirtschaftlichen Entwicklungen besitzen: Im Aufschwung aufgenommene Kredite werden zurückbezahlt, neu geschaffene Unternehmen in den volkswirtschaftlichen Prozess eingegliedert, die unrentablen aussortiert. Noch auf dem Höhepunkt der Großen Depression in den USA meinte Schumpeter zu seinen Studenten in Harvard, sie sollten sich keine Sorgen machen: Die Krise sei eine gelegentlich notwendige „kalte Dusche“ für den Kapitalismus![30]

Zugleich unterschied er aber auch sensibel zwischen Krisen und Depressionen. Während letztere für Schumpeter notwendige und normale Phasen der wirtschaftlichen Entwicklung darstellten, sah er Krisen als ökonomische Einbrüche, die sich aus der Logik der konjunkturellen Entwicklung heraus nicht vollständig erklären ließen. Schwere Krisen, wie die Weltwirtschaftskrise ab 1929, lassen sich demzufolge nicht einfach als Teil einer kapitalistischen „Normalentwicklung“ interpre-

---

28 Metz, Do Kondratieff waves exist?

29 Martin Uebele, Die Identifikation internationaler Konjunkturzyklen in disaggregierten Daten: Deutschland, Frankreich und Großbritannien, 1862–1913, in: Jahrbuch für Wirtschaftsgeschichte (2011), S. 19–44.

30 Anette Schäfer, Die Kraft der schöpferischen Zerstörung. Joseph A. Schumpeter. Die Biografie, Frankfurt/M. 2008, S. 38.

tieren, sondern nur mit Verweis auf die besonderen historischen Umstände ihres Zustandekommens. Die ökonomische Theorie allein hilft hier nicht weiter.

Moderne Wirtschaftskrisen

Wie bereits gesagt: Im Gegensatz zum oftmals behaupteten, latent krisenhaften Charakter des Kapitalismus gab es zwar immer wieder Phasen ökonomischer Depressionen, wirklich schwere Wirtschaftskrisen sind aufs Ganze gesehen jedoch eher selten geblieben. Rechnet man einmal die ökonomischen Einbrüche in Folge der beiden Weltkriege im 20. Jahrhundert heraus, die sich – Marxisten mögen dem widersprechen – kaum aus der Logik des Kapitalismus erklären lassen, dann gab es zwar etliche Krisen, die einzelne Länder oder Regionen betrafen. Hingegen lassen sich seit Anbeginn der Industrialisierung nur drei wirklich schwere Krisen identifizieren, die sowohl einen starken ökonomischen Einbruch zur Folge hatten, regional weit ausgriffen, mehrere Jahre anhielten und zudem tiefe gesellschaftliche Auswirkungen hatten: Die sog. „Gründerkrise" ab 1873, die Weltwirtschaftskrise ab 1929 und – mit Abstrichen – die Finanzkrise ab 2008.

Dabei gebührt die Bezeichnung „erste Weltwirtschaftskrise" allerdings der Krise 1857/58. Diese unterschied sich von vorangegangenen Krisen nicht zuletzt durch ihren Verlauf: Ausgelöst wurde sie zunächst durch den Zusammenbruch einer Versicherungsgesellschaft in Cincinnati, wobei diese Initialzündung eine Kettenreaktion in Bankenwelt, Industrie und Eisenbahnbau verursachte, bis in New York eine Börsenpanik ausbrach. Von dort erfasste die Krise die Londoner City, die als hochsensibles Finanzzentrum der Welt fungierte, und griff via Hamburg und das dort betriebene internationale Geld- und Handelsgeschäft schließlich auch auf Deutschland über. Marx jubilierte in seinem Londoner Exil und sah den Zusammenbruch des Industriesystems gekommen. Doch dauerte die Krise tatsächlich vergleichsweise kurz und war 1859 bereits weitgehend überwunden.[31]

Einen deutlich tieferen Einschnitt stellte die Gründerkrise dar. Konkreter Anlass war wiederum eine Finanzkrise, die zunächst von der Wiener Börse ausging. Dort hatte sich seit 1867 eine starke Immobilienspekulation entwickelt, die mit der Gründung zahlreicher Boden- und Hypothekenbanken einherging. Es handelte sich um eine klassische „Finanzblase", die schließlich im Mai 1873 platzte. Bemerkenswert war dabei nicht zuletzt, dass der Auslöser die eher rückständige Wirtschaft der Habsburgermonarchie war. Es erscheint indes als durchaus typisch für moderne Wirtschaftskrisen, dass vergleichsweise kleine Ursachen große Wirkun-

---

31 Hans Rosenberg, Die Weltwirtschaftskrise 1857–1859. Mit einem Vorbericht, Göttingen 1974; Hans-Ulrich Wehler, Deutsche Gesellschaftsgeschichte, Bd. 3: Von der „Deutschen Doppelrevolution" bis zum Beginn des Ersten Weltkrieges 1849–1914, München 1996, S. 94 f.

gen haben können. Es ist allerdings davon auszugehen, dass solche Ereignisse in erster Linie bereits bestehende Strukturprobleme offenlegen.

Im Fall der Gründerkrise bestanden diese Strukturprobleme in einer „überhitzten" Konjunktur, die in Deutschland durch die französischen Reparationszahlungen von 5 Mrd. Goldfranc nach dem Krieg von 1870/71 noch zusätzlich verstärkt wurde. Es kam zu zahlreichen Unternehmensgründungen bzw. Schaffung von Aktiengesellschaften, wobei nicht zuletzt viele Banken ins Leben gerufen wurden (so etwa die Deutsche Bank im Jahr 1870). Das Wachstum der deutschen Städte führte zu einer starken Immobilienspekulation, vor allem auf den Agrarmärkten kam es zu einem drastischen Preisanstieg. Zugleich bauten sich im gewerblichen und industriellen Sektor signifikante Überkapazitäten auf.

Die euphorische Stimmung der Gründerzeit wurde durch die Krise abrupt beendet. Es kam nicht nur zu einer europäischen Börsenkrise, sondern zu einem tiefen gesamtwirtschaftlichen Einbruch einhergehend mit zahlreichen Bankzusammenbrüchen und Unternehmenspleiten. Bald griff die Krise auch auf andere europäische Länder und die USA über, wo ebenfalls viele Firmen in große Schwierigkeiten gerieten. Es kam nicht zuletzt zu einem starken Preisverfall auf den Agrarmärkten, was zu einem wachsenden bäuerlichen Protestverhalten und einer nachdrücklichen Politisierung der Landwirtschaft führte. Mit einiger zeitlicher Verzögerung wirkte sich die Krise besonders auch auf viele lateinamerikanische Länder negativ aus.

Die akute Phase der Gründerkrise dauerte bis ungefähr Ende der 1870er Jahre. Aber war die Krise tatsächlich zu Ende? Der Historiker Hans Rosenberg diagnostizierte in einer wichtigen Arbeit von 1967 eine Phase verlangsamten Wachstums und gleichzeitiger deflationärer Preisentwicklung, die bis Mitte der 1890er Jahre gedauert habe und die er als „Große Depression" bezeichnete. Daran knüpfte Rosenberg zugleich die Diagnose eines durch die latenten Krisentendenzen bewirkten Legitimationsverlustes des politischen Liberalismus.[32] Mittlerweile wird in der Forschung allerdings zumeist von einer „Großen Deflation" gesprochen. Damit soll ausgedrückt werden, dass eine zumindest in Deutschland prinzipiell positive wirtschaftliche Entwicklung mit einem anhaltenden Druck auf die Preise einhergegangen sei. Das ist eigentlich untypisch, weil in guten konjunkturellen Phasen die Preise normalerweise ansteigen. In diesem Fall lässt sich das als Resultat eines fortgesetzten Strukturwandels und der Mechanisierung der gewerblichen Produktion erklären. Es war aber auch ein Effekt des sich seit den 1860er Jahren international durchsetzenden, auf dem Goldstandard beruhenden Währungssystems.[33]

Die *Weltwirtschaftskrise* wiederum hatte ihren *sichtbaren* Auftakt mit an mehreren Tagen aufeinander folgen Kursstürzen an der New Yorker Wall Street, beginnend mit dem 24. Oktober 1929. Dieser Tag wird oftmals irreführend als „Schwar-

---

32 Rosenberg, Große Depression und Bismarckzeit.

33 Carsten Burhop, Wirtschaftsgeschichte des Kaiserreichs 1871–1918, Göttingen 2011, S. 79 f.

zer Freitag“ bezeichnet, obwohl es sich tatsächlich um einen Donnerstag handelte und die Kursstürze an den nachfolgenden Handelstagen teilweise noch um einiges schwerer ausfielen. Allerdings stellte der Börsencrash lediglich das verstärkende Moment einer Krise dar, die zu diesem Zeitpunkt bereits im Gange war. Das äußerte sich vornehmlich darin, dass die Preise auf den Weltagrarmärkten bereits seit dem Sommer 1929 signifikant gefallen waren.[34]

Seit dem Spätherbst kam es in den USA und Deutschland zu einem starken konjunkturellen Abschwung, während andere große Industrienationen wie England und Frankreich zunächst von der Krise noch wenig berührt wurden. Aber auch sie sollten seit dem Ende des Jahres 1930 zunehmend von ihr erfasst werden. Zu einem ökonomischen Desaster wurde die Krise schließlich im Juli 1931, als eine Bankenkrise in Österreich und Deutschland zum faktischen Zusammenbruch des europäischen Kapitalmarkts führte. Mit Großbritanniens Abgang vom Goldstandard im September 1931 zerbrach die bestehende Weltwirtschaftsordnung und die Welt begann, sich in verschiedene Währungs- und Handelsblöcke aufzuspalten. Der Tiefpunkt der Krise wurde im Jahr 1932 erreicht, als zahllose Länder mit Massenarbeitslosigkeit und politischen Unruhen zu kämpfen hatten. Erst ab dem Sommer dieses Jahres zeichneten sich vorsichtig Tendenzen ab, die auf eine Besserung der Lage hindeuteten. Allerdings sollte sich die ökonomische Erholung in vielen Ländern noch über Jahre hinziehen. Die USA, neben Deutschland das Industrieland, das am härtesten von der Krise getroffen wurde, überwanden die Krise sogar erst mit dem Zweiten Weltkrieg.

Die Rekonstruktion des genauen Verlaufs und die Debatten über die Ursachen der Weltwirtschaftskrise, die im angelsächsischen Raum allgemein als „Great Depression“ bezeichnet wird, beschäftigt die Forschung seit vielen Jahrzehnten. Einigkeit scheint darüber zu bestehen, dass diese Krise in vielerlei Hinsicht mit Strukturproblemen der Weltwirtschaft zu tun hatte, die zu großen Teilen als eine Folge des Ersten Weltkrieges anzusehen sind. Dazu gehörte eine starke Überproduktion in der Landwirtschaft, aber auch in vielen Industriebranchen. Viele Länder hatten überdies mit den finanziellen Spätfolgen des Weltkrieges zu kämpfen: Während Großbritannien und Frankreich mit gewaltigen Summen in den USA verschuldet waren, mussten die Deutschen hohe Reparationen bezahlen, die in den 1920er Jahren zu einem großen Anteil wiederum mit amerikanischen Krediten finanziert wurden. Das daraus resultierende „Schulden-Karussell“ war ein wichtiger Grund für die Schwere des ökonomischen Einbruchs ab 1929.[35]

Zugleich erwiesen sich viele Maßnahmen, die die einzelnen Länder gegen die Krise anwandten, als untauglich oder teilweise sogar schädlich. Besonders der Versuch, durch Zollerhöhungen die eigene Lage auf Kosten anderer Länder zu

34 Hesse, Köster, Plumpe, Große Depression, S. 205–216.

35 Charles Kindleberger, The World in Depression, 1929–1939, Berkeley 1986 S. 23–26.

verbessern, erwies sich als Fehlschlag.[36] Der US-amerikanische Wirtschaftshistoriker Barry Eichengreen hat zu Beginn der 1990er Jahre zudem dafür argumentiert, dass das damals vorherrschende internationale Währungssystem des Goldstandards nicht nur an der weltweiten Ausbreitung der Krise großen Anteil hatte, sondern auch mögliche Maßnahmen, etwas gegen die Krise zu unternehmen, stark einschränkte.[37] Wenn auch während der Krise zweifellos zahlreiche Fehler begangen wurden, so erwiesen sich die Strukturprobleme der globalen Ökonomie doch als gewaltig. Die Aufgabe für die Wirtschaftspolitik war zudem deswegen kompliziert, weil es eine solche Krise bislang schlicht noch nicht gegeben hatte. Es existierten keine Vorbilder, von denen man hätte lernen können.

Die Weltwirtschaftskrise war das wirkmächtigste wirtschaftshistorische Ereignis des 20. Jahrhunderts. Erstens begründet sich diese Sonderstellung daraus, wie schwer sie sich auswirkte und wie lange sie andauerte. Die USA beispielsweise, damals bereits mit Abstand die größte Volkswirtschaft der Welt, überwanden die Krise erst über zehn Jahre nachdem die Kurse an der Wall Street abgestürzt waren. In Deutschland sank die Wirtschaftsleistung zwischen 1929 und 1932 um ca. ein Drittel, was mit einer dramatisch steigenden Arbeitslosigkeit und dem Zusammenbruch der sozialen Sicherungssysteme einherging. Auch wenn die offizielle Arbeitslosenzahl mit etwa sechs Millionen 1932 bereits dramatisch genug klingt, vermittelt sie doch bestenfalls eine Ahnung der tatsächlichen Verhältnisse. Die Forschung geht davon aus, dass etwa die Hälfte der Erwerbsbevölkerung in der einen oder anderen Weise mit Arbeitslosigkeit konfrontiert war. Die Machtübernahme der Nationalsozialisten lässt sich aus der Weltwirtschaftskrise allein nicht erklären, ohne sie allerdings erst recht nicht.

Zweitens stellte die Krise ein globales Phänomen dar; nach Ansicht von Jürgen Osterhammel handelte es sich sogar um das erste wirklich globale Ereignis überhaupt.[38] Tatsächlich konnte sich kein Land dieser Krise entziehen und auch die Sowjetunion, die sich in dieser Zeit bei vielen westlichen Beobachtern als erfolgreiches Gegenmodell zu kapitalistischen Marktwirtschaften profilieren konnte, erlebte von der Weltöffentlichkeit weitgehend unbemerkt eine fürchterliche Parallelkrise, die in der Ukraine und anderswo Millionen Hungertote kostete.[39] Weil die Weltmarktpreise für agrarische Exportgüter in den Keller fielen, litt Indonesien unter dem Sinken der Zuckerpreise genauso wie Brasilien unter dem Verfall der Kaffeepreise. In zahllosen Ländern kam es infolge der Krise zu politischen Umwälzungen. Im Jahr 1930 wurden bis auf zwei Ausnahmen – Venezuela und

36 Douglas A. Irwin, Trade Policy Disaster. Lessons from the 1930s, Cambridge/Mass. 2011.

37 Barry Eichengreen, Golden Fetters. The Gold Standard and the Great Depression, 1919–1939, New York 1992.

38 Osterhammel, Die Verwandlung der Welt, S. 96. Der Autor schreibt zwar, die Weltwirtschaftskrise sei das erste „ökonomische Datum" mit globalem Charakter, gibt aber kein anderes früheres Ereignis an, auf das die Kriterien eines globalen Ereignisses zutreffen.

39 Anne Appelbaum, Red Famine. Stalins' War on Ukraine, New York 2017.

Mexiko – sämtliche Regierungen in Lateinamerika gestürzt, wobei hier oftmals autokratische Regime an die Macht kamen.

Drittens bedeutete die Krise in wirtschaftspolitischer Hinsicht einen Wendepunkt. Vor dem Ersten Weltkrieg hatte sich der Staat aus dem Wirtschaftsleben noch weitgehend herausgehalten. Die ökonomische Staatsaktivität war vergleichsweise gering und die Gründerkrise hatte man mehr oder weniger aussitzen können. Das änderte sich mit dem Ersten Weltkrieg, der zu einer starken Erhöhung der Staatsquote führte, also dem Verhältnis der Staatsausgaben zum Bruttoinlandsprodukt. Der Staat insbesondere in den industriell entwickelten Ländern beanspruchte, nicht zuletzt vor dem Hintergrund einer breiten Demokratisierungswelle nach 1918, zunehmend die Verantwortung für den sozialen Ausgleich in der Gesellschaft für sich. Gerade darum bedeutete die Weltwirtschaftskrise jedoch eine fundamentale Herausforderung seiner Handlungsfähigkeit.

Damit war allerdings noch keineswegs begründet, welche Maßnahmen ergriffen werden konnten, um Krisen effektiv zu bekämpfen. In Deutschland und den USA begann sich der Staat zwar ab 1933 mit großem propagandistischen Aufwand als Überwinder der Krise zu inszenieren und die machtstaatliche Bezwingbarkeit von Marktlogiken zu behaupten.[40] Gerade im Fall der Vereinigten Staaten erwies sich das jedoch als wenig erfolgreich. Das war der Hintergrund dafür, warum das 1936 erschienene Werk des britischen Ökonomen John Maynard Keynes „General Theory of Employment, Interest, and Money“ eine solch starke Wirkung entfalten konnte: Aus Sicht vieler Zeitgenossen lieferte erst dieses Werk eine überzeugende theoretische Begründung staatlicher Maßnahmen, mit denen Krisen bekämpft werden konnten.[41]

Keynes zentrales Argument lautete wie folgt: Liberale Ökonomen hatten darauf beharrt, dass Krisen durch sinkende Löhne, Preise und Zinsen die Voraussetzungen dafür schufen, dass es anschließend wieder besser wurde. Keynes zufolge konnte es jedoch unter bestimmten Umständen zu stabilen Ungleichgewichten kommen, so dass die Wirtschaft in einem krisenhaften Zustand verharrte und die Selbstheilungskräfte nicht ausreichten, um diesen zu überwinden. Deshalb sollte der Staat in Krisenzeiten durch ein sog. „deficit spending“, also schuldenfinanzierte Ausgabenprogramme, die Wirtschaft stimulieren, in konjunkturell günstigen Zeiten die Staatsausgaben dann aber wieder zurückfahren.

Der „Keynesianismus“ war in verschiedenen Spielarten von den 1940er bis in die 1970er Jahre das dominierende wirtschaftspolitische Paradigma der westlichen Welt. In den 1960er Jahren ging das teilweise so weit, dass man glaubte, die Wirtschaft „feinsteuern“, also durch gezielte staatliche Ausgaben wirtschaftspolitische Zielsetzungen exakt verwirklichen zu können. Von diesem Glauben musste man sich zwar angesichts zahlreicher ökonomischer Einbrüche seit der Mitte der

---

40 Wolfgang Schivelbusch, Three New Deals. Reflections on Roosevelt's America, Mussolini's Italy, Hitler's Germany, 1933–1939, New York 2006.

41 John Maynard Keynes, General Theory of Employment, Interest, and Money, London 1936.

1960er Jahre nach und nach verabschieden. Das hat jedoch bis heute nichts daran geändert, dass es als Aufgabe des Staates angesehen wird, Krisen zu bekämpfen. Mehr noch: Eine demokratische Wirtschaftspolitik legitimiert sich darüber, die Wirtschaft durch gezielte Maßnahmen beschützen zu können.[42]

Das sollte man im Hinterkopf behalten, um die Finanzkrise seit 2008 besser einordnen zu können.[43] Diese Krise wurde zunächst durch Probleme auf dem US-amerikanischen Immobilienmarkt ausgelöst, die wiederum verschiedene Finanzinstitute in große Schwierigkeiten brachten. Die meisten davon wurden durch die jeweiligen Staaten gerettet, wobei allerdings zwei große US-amerikanische Investmentbanken (Bear Stearns und Lehman Brothers) insolvent wurden. Diese Gemengelage aus Problemen führte nach einiger Zeit zu einem schweren Einbruch der Konjunktur, der wiederum in vielen Fällen durch staatliche Ausgabenprogramme bekämpft wurde. Ab hier unterscheidet sich allerdings die Finanzkrise signifikant von vorausgegangenen Wirtschaftskrisen: Die Maßnahmen, die Krise zu bekämpfen, führten zu einem starken Anstieg der Staatsverschuldung, was viele Länder an den Rand des Staatsbankrotts brachte. Gerade der Anspruch an den Staat, einigermaßen stabile ökonomische Verhältnisse zu garantieren, führte zu seiner finanziellen Überforderung. Bis heute ist man auf der Suche nach stabilen institutionellen Arrangements, um diese Lage in den Griff zu bekommen.

Angesichts der zeitlichen Nähe fällt es schwer, über die Finanzkrise gesicherte Aussagen zu tätigen. Wichtig ist allerdings der Hinweis, dass immer wieder der Vergleich zwischen der Finanzkrise und der Weltwirtschaftskrise angestellt worden ist. Ob das sinnvoll ist, kann durchaus bezweifelt werden. Wie eingangs erwähnt, sind die Strukturveränderungen der globalen Ökonomie in der Zwischenzeit so stark ausgefallen, dass einfache Analogiebildungen nicht mehr gut funktionieren. Die Betonung von Ähnlichkeiten verdeckt darum oftmals viel bedeutsamere Unterschiede. Möglicherweise ist es aus historischer Sicht darum sogar sinnvoller, die Frage umzudrehen und sich stärker darauf zu konzentrieren, welche Rückschlüsse die Finanzkrise auf die Weltwirtschaftskrise ab 1929 zulässt. In vielerlei Hinsicht lässt sich das Eingreifen des Staates in die Wirtschaft während der Finanzkrise, die bezeichnenderweise in nur geringem Maße mit handelspolitischen Maßnahmen – also etwa Zollerhöhungen – einherging, nur vor dem Hintergrund der Erfahrung der Weltwirtschaftskrise verstehen. Insofern kann sie als praktischer Beleg dafür dienen, wie tief die Weltwirtschaftskrise das wirtschaftstheoretische Denken und das wirtschaftspolitische Handeln geprägt hat. Es ist jedoch möglicherweise das Signum historischer Erfahrung, dass die Prämissen dieses Denkens und Handelns ab einem bestimmten Zeitpunkt an ihre Grenzen kommen.

---

42 Alexander Nützenadel, Stunde der Ökonomen: Wissenschaft, Politik und Expertenkultur in der Bundesrepublik 1949–1974, Göttingen 2005.

43 Eine gute Darstellung aus keynesianischer Sicht: Adam Tooze, Crashed. How a Decade of Financial Crisis changed the World, London 2018.

4. Geld und Handel

Der Handel vermittelt Angebot und Nachfrage. Er bringt Menschen und Waren zusammen, die das sonst nicht oder nicht ohne Weiteres tun würden. Abgesehen vom Transport gilt es dabei grundlegende Fragen zu klären: Welche Güter werden angeboten und vom wem, zu welchem Preis, in welcher Qualität? Welchem Anbieter kann man vertrauen? Wer versichert die Ware? Hier wird bereits die Komplexität der Anbahnung und Aufrechterhaltung von Handelsbeziehungen deutlich, die sie zu einem wichtigen Gegenstand wirtschaftshistorischer Forschung machen.

Das ist aber noch nicht alles: Handelsbeziehungen haben große Auswirkungen darauf, was von wem an welchem Ort produziert wird. Sie ermöglichen spezifische Formen von Arbeitsteilung und bilden somit die entscheidende Voraussetzung dafür, dass Produzenten sich spezialisieren können. Ohne Handel wäre es schwerlich zur Etablierung regionaler „Cluster“ gekommen, an denen sich verschiedene Hersteller desselben Produkts ansiedelten und voneinander lernen konnten. Zugleich wurden durch den Handel aber auch immer wieder neue Konkurrenzlagen geschaffen, was ihn zu einem wichtigen Faktor von Strukturwandlungsprozessen machte. Handel ist schließlich ein wesentlicher Bestandteil der zahlreichen miteinander verschränkten Entwicklungen, die heute als ökonomische Globalisierung beschrieben werden.[1]

Das Schlagwort der Globalisierung deutet bereits an, dass sich Art und Weise der Handelsbeziehungen historisch grundlegend gewandelt haben. Ein wesentlicher Bruch in der Entwicklung stellte dabei vor allem das 19. Jahrhundert dar und zwar in mehrfacher Hinsicht: Durch den Bau von Eisenbahnlinien und die Etablierung der Dampfschifffahrt veränderten sich die infrastrukturellen Voraussetzungen. Indem sich Transportzeiten verkürzten und die relativen Kosten des Warentransports fielen, wurden Formen globaler Handelsverflechtungen möglich, die unter vormodernen Bedingungen undenkbar gewesen wären. Darüber hinaus setzte sich seit dem 18. Jahrhundert, trotz zahlreicher Anfechtungen bis in die Gegenwart, die Vorstellung durch, dass sich aus dieser Arbeitsteilung Vorteile für alle ergäben und dass der Schutz der eigenen Märkte durch Schutzzölle am Ende mehr Schaden als Nutzen stiftete.

Schließlich spielen beim Handel auch Geld und Finanzen eine wichtige Rolle. Sie erleichterten die Abwicklung von Handelsgeschäften, wobei ihre Rolle aber eben nicht darauf beschränkt blieb. Bereits im Mittelalter entwickelten sie ein „Eigenleben“, was sich beispielsweise in ausgefeilten Finanzinstrumenten und der Etablierung des „bargeldlosen“ Zahlungsverkehrs äußerte. Das verstärkte sich

1 Als Überblick s. Findlay, O’Rourke, Power and Plenty, S. 411–414.

schließlich seit dem 18. Jahrhundert mit der Schaffung zahlreicher neuer Finanzinstitutionen, aber auch von internationalen Währungssystemen wie dem Goldstandard, um die Abwicklung internationaler Handelsbeziehungen zu erleichtern. Geld und Finanzen spielten insofern eine zentrale Rolle für den Aufbau komplexer, arbeitsteiliger Verbindungen. Das macht sie zu einem wichtigen Aspekt der Erklärung ungleicher wirtschaftlicher Entwicklungsverläufe.[2]

Handel in der Vormoderne

Vormoderne Handelsbeziehungen waren vorrangig durch die Schwierigkeiten bestimmt, den Raum zu überwinden. Der Transport der Waren über Land war langsam und mühevoll, zumal es nur wenige gepflasterte Straßen gab. Bei Regen konnte ein Fuhrwerk schnell im Morast versinken, hinzu kamen Gefahren durch Räuber und Wegelagerer. Beim Transport über die noch unregulierten Flüsse musste mit Stromschnellen und andere Unwägbarkeiten gerechnet werden. Auf See warteten die Gefahren der Witterung und der Stürme, aber auch von Piraten, die ihre Hochzeit zwischen der Mitte des 17. Jahrhunderts und dem frühen 18. Jahrhundert erlebten. Wenn sich insgesamt die Frage, ob Handel stattfand, als Relation von Zeit, Kosten und Mühe fassen lässt,[3] zeigt sich schnell, vor welch großen Schwierigkeiten großräumige Handelsbeziehungen noch bis weit in das 19. Jahrhundert standen.

Dessen ungeachtet konnten über Wasser prinzipiell mehr Waren rasch transportiert werden, es waren dafür allerdings teilweise erheblich längere Wege in Kauf zu nehmen. Noch im 19. Jahrhundert benötigte ein Segelschiff von der Westküste Lateinamerikas nach London gute drei Monate und auch Nord- und Ostsee stellten für die im Vergleich zu heute kleinen, ungesicherten Boote eine große Herausforderung dar. Insofern bestimmten die geographischen Bedingungen bereits zu einem guten Teil, ob sich der Handel über weite Strecken lohnte. Die Anbindung an das Meer oder an schiffbare Flüsse erwies sich zumeist als entscheidend und es war von jeher ein großer Vorteil Großbritanniens, dass hier kein Ort weiter als 100 km von einer Küste entfernt ist und schiffbare Wasserwege oftmals noch deutlich näher lagen.[4]

Aus den natürlichen Voraussetzungen des Handels leitet sich eine für vormoderne Handelsbeziehungen charakteristische Dichotomie ab: das Nebeneinander von Austauschbeziehungen zwischen Stadt und Land einerseits sowie dem Fernhandel andererseits. Nicht immer lassen sich diese eindeutig voneinander abgren-

2 Goetzmann, Money Changes Everything, S. 519–521.

3 Jörg Vögele, Getreidemärkte am Bodensee im 19. Jahrhundert. Strukturen und Entwicklungen, St. Katharinen 1989, S. 56.

4 Daunton, Progress and Poverty, S. 287 f.

zen, etwa wenn das Handelsgut, wie beim Viehhandel, selbst mobil war. In der Regel lässt sich mit der Unterscheidung analytisch aber gut arbeiten. Wichtig ist dabei, dass der Fernhandel vor allem mit Gütern stattfand, die vergleichsweise wenig Platz beanspruchten und für die eine signifikante Differenz zwischen Ankaufs- und Verkaufspreis zu erwarten stand. Händler hätten kaum über Jahrhunderte den entbehrungsreichen Weg durch die Sahara auf sich genommen, wäre ihr primäres Handelsgut nicht Gold gewesen.[5]

Die europäischen und globalen Handelsbeziehungen erlebten bis in die Frühe Neuzeit verschiedene Konjunkturen und Rückschläge. Besonders das 13. Jahrhundert war durch eine „Handelsrevolution" gekennzeichnet. Der Handel erlebte in dieser Zeit eine dynamische Zunahme, die erst im 18. Jahrhundert wieder übertroffen werden sollte.[6] Das im welthistorischen Maßstab vergleichsweise kurzlebige mongolische Weltreich (etwa 1190–1260) ermöglichte zudem die räumliche Ausweitung von Handelsbeziehungen und einen intensivierten Austausch zwischen Europa und Asien.[7] Überhaupt war Asien bis in das 15. und 16. Jahrhundert noch das Zentrum der Weltwirtschaft und China die größte Handelsmacht. Erst danach sollten sich die Gewichte verschieben und Europa zunehmend an Bedeutung gewinnen.

Innerhalb Europas lassen sich für das ausgehende Mittelalter zwei übergreifende Handelsräume ausmachen: zum einen Nordwesteuropa einschließlich des Handels über Nord- und Ostsee, mit Zentren von Brügge über London bis nach Nowgorod. Zum anderen gab es einen südosteuropäischen Handelsraum, der das Mittelmeer einschloss und von den italienischen Stadtstaaten Genua und Venedig dominiert wurde.[8] Die Vermittlung zwischen diesen beiden Wirtschaftsräumen begründete im 13. Jahrhundert den Aufschwung der Messen der Champagne und schließlich von Brügge, das über dieser Vermittlungsfunktion im 14. Jahrhundert zum ersten tatsächlichen kommerziellen Zentrum Westeuropas wurde. Zwar wurde mit den asiatischen Wirtschaftsräumen über die Seidenstraße und andere Handelsrouten durchaus Handel getrieben, es gab aber keinen Wirtschaftsraum, der die anderen in irgendeiner Form beherrscht hätte: Die europäische Dominanz, durch die sich die Weltwirtschaft im späten 19. Jahrhundert auszeichnen sollte, war im Mittelalter und in der Frühen Neuzeit noch nicht denkbar.

Wie gesagt: Waren, die über weite Entfernungen gehandelt wurden, durften nicht zu viel Platz einnehmen und mussten gute Preisspannen versprechen: Gewürze, Farben, Edelmetalle, Glas, Schmuck oder Textilien. Gerade auf mariti-

5 Ralph A. Austen, Sahara. Tausend Jahre Austausch von Ideen und Waren, Berlin 2012.

6 Robert Sabatino Lopez, The Commercial Revolution of the Middle Ages, 950–1350, Cambridge 1976.

7 Findlay, O'Rourke, Power and Plenty, S. 87–142.

8 Peter Spufford, Handel. Macht und Reichtum. Kaufleute im Mittelalter, Darmstadt 2004, S. 282–306.

men Handelswegen gab es jedoch auch Handelsgüter, die bereits Massenwaren darstellten: etwa Heringe im Nordostseehandel, die als Fastenspeise begehrt waren, oder auch Salz. Textilien aus Wolle oder Leinen, vor allem verwebte Tuche, spielten ebenfalls eine wichtige Rolle.

Weil der Transport kompliziert und Informationen über Waren, Preise oder Mengen schwer verfügbar waren, bedurfte der Handel der Vermittlung. Ein zentraler Ort dafür waren Märkte, die im Mittelalter und der Frühen Neuzeit konkrete Zusammentreffen, Orte lebhafter Aushandlung darstellten. Das konnten der Wochenmarkt in einer kleineren Stadt sein, aber auch Handelsstädte und bedeutsame Messen. Wichtige Handelsplätze waren im 13. Jahrhundert noch vor allem die Messen der Champagne, während im 14. Jahrhundert die belgische Stadt Brügge in den Vordergrund rückte, die als zentraler Vermittlungspunkt zwischen den europäischen Wirtschaftsräumen fungierte.[9] Aber auch Messestädte wie Frankfurt gewannen in dieser Zeit an Bedeutung. Messen dienten bis ins frühe 16. Jahrhundert vorrangig dem Austausch von Waren, von da an spielte dort jedoch auch der Handel mit Finanzwechseln und anderen finanziellen Forderungen eine immer wichtigere Rolle.[10]

Für die Vermittlung des Handels waren Kaufleute unverzichtbar, die Informationen austauschten, Preise kommunizierten und aushandelten, vor allem aber den Transport und den Absatz der Waren organisierten. Ohne diese Vermittlung wäre der Fernhandel unter vormodernen Bedingungen unmöglich gewesen. Aus diesem Grund waren die Netzwerke der Kaufleute von entscheidender Bedeutung: Letztere brauchten stets Partner und Intermediäre vor Ort, was häufig zur Einrichtung von ständigen Präsenzen – etwa der Einrichtung von Kontoren – führte. Trotzdem waren die Risiken bei Fernhandelsgeschäften beträchtlich, vor allem weil Schiffe und ihre Ladungen leicht verlorengehen konnten. Dementsprechend war das mittelalterliche Konzept des „Gerechten Preises“ in diesem Punkt flexibel: Wer hohe Risiken einging, durfte auch entsprechende Preise für seine Waren verlangen.[11]

Nicht zuletzt um solche Risiken zu minimieren, entwickelten sich Handelsverbünde. Am bekanntesten war dabei im Nord- und Ostseeraum die *Hanse*. Sie hatte ihre Hochphase vom 14. bis zum 16. Jahrhundert und definierte sich zunächst über die Partizipation an Privilegien an den vier großen Kontoren Brügge, London, Bergen und Nowgorod. Um den Handel abzusichern, musste sie jedoch im 14. Jahrhundert zu einem Städtebund und damit einem politischen Machtfak-

9 James R. Murray, Bruges. Cradle of Capitalism, 1280–1390, Cambridge 2005.

10 Markus A. Denzel, Das System des bargeldlosen Zahlungsverkehrs europäischer Prägung vom Mittelalter bis 1914, Stuttgart 2008, S. 172–174.

11 Jacques LeGoff, Wucherzins und Höllenqualen. Ökonomie und Religion im Mittelalter, München 2008², S. 103 f.

tor von Gewicht werden.[12] Überhaupt scheint der Zusammenhang von ökonomischer und politischer Macht für das Mittelalter und die Frühe Neuzeit evident zu sein: Jedenfalls hing es auch mit der Absicherung des Handels und der Beherrschung seiner zahlreichen Unwägbarkeiten zusammen, dass Handelsmächte wie Genua oder Venedig zugleich wichtige politische Mächte darstellten.[13]

Seit dem 16. Jahrhundert lassen sich überdies Anzeichen dafür erblicken, dass es zu einer punktuellen Verbindung von Handel und Produktion kam. Das war etwa der Fall bei den in Augsburg ansässigen Handelshäusern der Fugger und der Welser. Diese handelten mit allen möglichen Waren, bekamen im Rahmen des von ihnen betriebenen und risikoreichen Geschäfts der Staatsfinanzierung – Jacob Fugger finanzierte etwa wesentlich die Wahl Karl V. zum Kaiser im Jahr 1519 – bestimmte Bergbauprivilegien zugesichert. Die Häuser der Fugger und der Welser beschränkten sich also keineswegs auf ihre Rolle als Händler und Finanziers, sondern wurden auf diese Weise bereits zu großen Bergbauunternehmen.[14]

Die Handelsbeziehungen im Mittelalter und Früher Neuzeit waren keineswegs statisch, sondern immer wieder großen Veränderungen unterworfen, die in vielen Fällen auch mit machtpolitischen Verschiebungen einhergingen. Eine besonders starke Veränderungsdynamik bedeutete jedoch die imperiale Expansion der europäischen Staaten, die im späten 15. Jahrhundert einsetzte und sukzessive an Dynamik gewann. Diese beruhte auf politischer Herrschaft und Ausbeutung, aber eben auch auf der Anbahnung von neuen Handelsbeziehungen mit Völkern, die man nicht einfach unterwerfen konnte. So waren die Portugiesen im 16. Jahrhundert führend im Handel mit den südostasiatischen Ländern, denen sie außer Edelmetallen aber wenig anzubieten hatten. Das stimulierte zunächst den Bergbau in Europa, wurde dann aber vor allem durch die Edelmetallzufuhren aus der sog. „Neuen Welt" befriedigt.[15]

Dass die Amerikas aufgrund ihres Reichtums an Rohstoffen ausgebeutet wurden, ist jedoch nur ein Aspekt der europäischen Expansion. Zugleich wurden die entstehenden Kolonien auch zu bedeutenden Absatzmärkten: Das betraf etwa afrikanische Sklaven, wobei der sog. „Dreieckshandel" bekannt ist, der am Ende des 16. Jahrhunderts einsetzte und bei dem Fertigwaren nach Afrika, Sklaven in die Amerikas und Rohstoffe, Edelmetalle, Kolonialwaren und schließlich vorrangig Baumwolle zurück nach Großbritannien gebracht wurden. Im Laufe des 18. Jahrhunderts wurde allerdings der direkte Handel zwischen Großbritannien

---

12 Philipp Dollinger, Volker Henn, Die Hanse, Stuttgart 2012[6].

13 Ulrich Menzel, Die Ordnung der Welt. Imperium oder Hegemonie in der Hierarchie der Staatenwelt, Frankfurt/M. 2015, S. 149–191.

14 Häberlein, Die Fugger, S. 40–48.

15 Ders., Aufbruch ins globale Zeitalter. Die Handelswelt der Fugger und Welser, Darmstadt 2016, S. 132–151.

und den amerikanische Kolonien immer wichtiger, die schließlich zum bedeutendsten Absatzmarkt für britische Produkte wurden.[16]

Zudem waren auch der indische Subkontinent und das Malaiische Archipel wichtig für die europäische Handelsexpansion. 1600 bzw. 1602 gründeten Briten und Niederländer ostindische Handelskompagnien, denen weitere europäische Gründungen folgten, die aber nicht an die *Vereenigde Oostindische Compagnie* und die *East India Company* heranreichten.[17] Diese Gesellschaften bauten zunächst Handelsstützpunkte auf, wurden aber mit der Zeit auch in der im 18. Jahrhundert verstärkt betriebenen Plantagenwirtschaft aktiv, bei der Handelsgüter vorrangig auf Sklavenarbeit basierend hergestellt wurden. Beispiele dafür sind der von Briten und Franzosen betriebene Anbau von Zuckerrohr in der Karibik oder der holländisch dominierte Anbau von Pfeffer in Indonesien.[18]

Um die Mitte des 18. Jahrhundert stellten britische Beobachter bereits fest, dass der Handel das Leben der Menschen grundlegend verändert habe. Das äußerte sich nicht nur in einem breiter werdenden Güterangebot, sondern in der wachsenden Rolle, welche die „Kommerzien“ im Alltagsleben und der gesellschaftlichen Kommunikation spielten. Das betraf längst nicht nur die Handelsverbindungen in den Räumen europäischer imperialer Expansion. Vielmehr lässt sich bereits seit dem 17. Jahrhundert eine Ausweitung ökonomischer Beziehungen und das Aufbrechen der traditionellen Austauschbeziehung zwischen Stadt und Umland beobachten. Zusammen mit der sich durchsetzenden Monetarisierung ökonomischer Beziehungen, dass also Geldtransaktionen an die Stelle des Naturaltausches traten, lässt sich hier von einer „Kommerzialisierung“ des Wirtschaftslebens sprechen.[19]

Wolf-Hagen Krauth hat für den deutschsprachigen Raum dabei den semantischen Wandel nachvollzogen, den diese Entwicklung zur Folge hatte. Während im 16. Jahrhundert zunächst noch der Austausch zwischen Stadt und Land im Vordergrund ökonomischer Texte stand, wurde etwa im 17. Jahrhundert die Bezeichnung „Lands-Würthschafft“ als Bezeichnung für die ökonomischen Beziehungen zwischen verschiedenen Marktplätzen und Höfen immer wichtiger.[20]

---

16 Vgl William J. Ashworth, The Impact of Transatlantic Trade on the Commercialisation of England, 1660–1700, in: Sandra Richter, Guillaume Garnier (Hg.), "Eigennutz" und "Gute Ordnung". Ökonomisierungen der Welt im 17. Jahrhundert, Wiesbaden 2016, S. 33–48.

17 Jürgen G. Nagel, Abenteuer Fernhandel. Die Ostindienkompanien, Darmstadt 2007, S. 127–143.

18 Wolfgang Reinhard, Die Unterwerfung der Welt. Globalgeschichte der europäischen Expansion, München 2016, S. 233–254.

19 Das scheint jedenfalls ein angemessener Terminus als der eher anachronistische Begriff der „Ökonomisierung“ in Bezug auf das 17. Jahrhundert. Richter, Garnier, „Eigennutz“ und „gute Ordnung“.

20 Wolf-Hagen Krauth, Wirtschaftsstruktur und Semantik. Wissenssoziologische Studien zum wirtschaftlichen Denken in Deutschland zwischen dem 13. und 17. Jahrhundert, Berlin 1984.

Anhand solcher und ähnlicher Verflechtungsbegriffe wird nochmals deutlich, dass die Industrialisierung keineswegs aus dem Nichts kam, sondern durch verschiedene Entwicklungen vorbereitet wurde.

Freihandel als Idee und Wirklichkeit

Der im 17. und 18. Jahrhundert in den europäischen Staaten vorherrschende wirtschaftspolitische Ansatz wird gemeinhin als Merkantilismus bezeichnet.[21] Dieser stellte nicht zuletzt eine Reaktion auf das wachsende Finanzierungsbedürfnis der frühneuzeitlichen Herrschaften dar: Die Ausbildung des *fiscal-military state* (John Brewer) im 17. Jahrhundert, der darauf angewiesen war, seine gestiegenen Militärausgaben durch Steuern zu finanzieren, provozierte eine aktive Gewerbe- und Handelspolitik. Beim Merkantilismus handelte es sich allerdings nicht um eine theoretische Doktrin, sondern vielmehr um ein loses Bündel praktischer Maßnahmen und Wirtschaftsmaximen, welche die Wirtschaft wesentlich vom Staat her dachten. Mit der sinnvollen Ordnung ökonomischer Verhältnisse sollte zugleich das Steueraufkommen abgesichert und gesteigert werden.[22]

Charakteristisch für das merkantilistische Wirtschaftsdenken war zunächst die Unterscheidung zwischen Binnen- und Außenhandel. Der Binnenhandel wurde in der Regel als ein Nullsummenspiel betrachtet, bei dem vorrangig die Abwehr monopolistischer Praktiken zu gewährleisten war, damit die Versorgung der Bevölkerung und der Handelsfluss nicht behindert wurden. Im Außenhandel wurde hingegen weniger auf die Konkurrenz vertraut. Vielmehr sollten einige Produzenten und Händler mit Privilegien ausgestattet werden, um den Handel mit bestimmten Gütern und Regionen zu monopolisieren. Unter den Bedingungen des 17. und 18. Jahrhunderts war das durchaus sinnvoll, denn Händler wurden dadurch in die Lage versetzt, höhere Risiken einzugehen und – wie weiter oben bereits mit Blick auf die Kaufleute angemerkt – die Risiken des Fernhandels waren in der Frühen Neuzeit hoch.

Zu den wichtigen Zielen gehörte dabei eine aktive Handelsbilanz, also die Erzielung von Exportüberschüssen. Das implizierte umgekehrt, dass Importe mit Zöllen belastet wurden, die ebenfalls eine wichtige Einnahmequelle frühneuzeitlicher Staaten darstellten. Das lag durchaus in der Logik merkantilistischer Wirtschaftspolitik, denn wer ein Privileg vergab sollte schließlich nach Möglichkeit auch sicherstellen, dass die auswärtige Konkurrenz ausgeschaltet blieb. Darüber hinaus engagierte sich der Staat selbst im Gewerbe, etwa indem er Manufakturen betrieb, die im staatlichen Besitz vor allem Waffen und Luxuswaren herstellten.

---

21 Heckscher, Mercantilism.

22 Vgl. Moritz Isenmann (Hg.), Merkantilismus: Wiederaufnahme einer Debatte, Stuttgart 2014.

Besonders ausgeprägt fand dies unter der Ägide von Jean Baptiste Colbert statt. Er war Finanzminister Ludwig XIV. und organisierte in den 1660er Jahren das französische Manufakturwesen und den Außenhandel neu. Damit half er, dem enormen Finanzbedarf der Krone im Zeitalter des Absolutismus wenigstens halbwegs zu entsprechen.[23]

Der britische Ideenhistoriker Keith Tribe hat das Wesen des Merkantilismus einmal dahingehend zusammengefasst, dass die politischen Maßnahmen der Obrigkeit das System der Ökonomie konstituierten: Aus merkantilistischer Sicht schuf in letzter Instanz erst der Staat die wirtschaftlichen Zusammenhänge.[24] Allerdings waren sich viele merkantilistische Denker bereits seit der Mitte des 18. Jahrhunderts ihrer Sache nicht mehr so sicher. Der Schotte James Steuart erkannte 1767 an, dass die „political economy" zwar durch den Staat garantiert und darum überhaupt nur existieren könne. Einmal ins Werk gesetzt entwickle diese jedoch sukzessive eine Eigendynamik, mit welcher der Herrscher zu rechnen hatte, wollte er kluge Entscheidungen treffen.[25] Auch die sich im 18. Jahrhundert durchsetzende Legitimierung des eigeninteressierten Wirtschaftshandelns, das im Mittelalter und Früher Neuzeit noch als sündig angesehen worden wäre, antwortete nicht zuletzt auf das Problem, wie in einer zunehmend komplizierten und eigendynamischen Wirtschaft die Menschen zweckmäßig regiert werden konnten. Institutionen sollten so gestaltet werden, dass die Menschen die von der Obrigkeit erwünschten Handlungen aus ihrem Selbstinteresse vollzogen.[26]

Die Vorstellung der Ökonomie als einer natürlichen, selbstregulierten Ordnung setzte sich gegen Ende des 18. Jahrhunderts zunehmend durch. Der Gedanke, dass die Vorteile der Arbeitsteilung auch räumlich ausgeweitet werden konnten, lag nahe und damit geriet auch die merkantilistische Handelspolitik in die Defensive. Die Plädoyers für die Liberalisierung des Handels und die Polemiken gegen den Protektionismus nahmen zu. So schrieb David Hume 1752 pointiert, die Importzölle auf französischen Wein hätten lediglich dazu geführt, dass die Briten den schlechten portugiesischen hätten trinken müssen. Er war der Meinung, der Handel würde zu einer zunehmenden Angleichung des Wohlstands der Länder beitragen.[27] Beinahe im selben Atemzug wurde auch das Argument einer zivili-

---

23 Klaus Malettke, Jean Baptiste Colbert. Aufstieg im Dienste des Königs, Göttingen 1977, S. 52–81.

24 Keith Tribe, Natürliche Ordnung und Ökonomie, in: Aufklärung. Interdisziplinäres Jahrbuch zur Erforschung des 18. Jahrhunderts und seiner Wirkungsgeschichte 13 (2001), S. 283–300, 295 f.

25 James Steuart, An Inquiry into the Principles of Political Economy, London 1767.

26 Werner Plumpe, Die Geburt des „Homo oeconomicus". Historische Überlegungen zur Entstehung und Bedeutung des Handlungsmodells der modernen Wirtschaft, in: Wolfgang Reinhard, Justin Stagl (Hg.), Märkte und Menschen. Studien zur historischen Wirtschaftsanthropologie, Wien 2007, S.319–352.

27 Hume, Politische und ökonomische Essays, S. 239.

sierenden Wirkung des Handels formuliert: Nicht allein, dass es wenig Sinn machte, auf die eigene Kundschaft zu schießen. Vielmehr musste der Handelnde seine Waren gut präsentieren und sich zivilisiert verhalten, wollte er Geschäfte machen. Der französische Philosoph Montesquieu prägte in seinem Hauptwerk, dem „Esprit de lois“ von 1748, den Ausdruck des „doux commerce“: des sanften Handels.[28]

Das alles war keineswegs reine Theorie: In Frankreich waren die Auswirkungen des Freihandels im 18. Jahrhundert bereits anhand des Abbaus der Zollschranken im Landesinneren zu beobachten gewesen. In Preußen schuf das Zollgesetz von 1818 das Land im Grunde erst als einen Binnenwirtschaftsraum. Der Deutsche Zollverein, 1834 ins Leben gerufen, stellte einen wichtigen Schritt hin zur 1870/71 vollzogenen staatlichen Einigung dar. Auch wenn der Abbau von Zollschranken für viele regionale Gewerbe eine große Herausforderung darstellte: Im Zeitalter eines wachsenden Nationalismus ließen sich solche Maßnahmen vergleichsweise einfach rechtfertigen.[29]

Anders sah es jedoch mit dem Abbau der zwischenstaatlichen Zölle aus. Bestand hier nicht stets die Gefahr, dass man das eigene Gewerbe einer überlegenen ausländischen Konkurrenz aussetzte und damit am Ende mehr Schaden als Nutzen stiftete? Gegen solche praktischen Überlegungen mussten ökonomische Gründe in Stellung gebracht werden, die die Vorteile internationaler Arbeitsteilung betonten, selbst wenn sich die heimischen Produzenten durch die auswärtige Konkurrenz bedroht sahen. Wer seit dem späten 18. Jahrhundert für den Freihandel agitierte, brauchte gute Argumente gegen diejenigen, die der Meinung waren, dass die auswärtige Konkurrenz eine Gefahr für die heimischen Gewerbe darstellte.

Zwei Überlegungen waren für die theoretische Begründung des Freihandels besonders wichtig. Das war zunächst das Theorem der *absoluten Kostenvorteile*, das Adam Smith im „Wealth of Nations“ 1776 vortrug und das unmittelbar einsichtig erschien: Wenn Arbeitsteilung ökonomische Vorteile brachte, dann sollte sich jedes Land auf die Güter konzentrieren, die es billiger und besser als andere herstellen konnte. Arbeitsteilung und Spezialisierung, die Smith als Grundlage der modernen Wirtschaft betrachtete, waren auch für den Handel zwischen verschiedenen Ländern und Regionen bedeutsam. Wenn ihm zufolge das Ausmaß der Arbeitsteilung durch die Größe des Marktes bestimmt wurde, lag der Schluss nahe, dass Märkte umso besser funktionierten, je weiter sie räumlich ausgriffen.[30]

---

28 Charles L. Montesquieu, Vom Geist der Gesetze, Tübingen 1951 (zuerst 1748), II, 2.
29 Hans-Werner Hahn, Geschichte des deutschen Zollvereins, Göttingen 1984, S. 27–32.
30 Smith, Wealth of Nations.

Deutlich abstrakter hingegen argumentierte David Ricardo, der 1817 in seinen „Principles of Political Economy“ das Theorem der *komparativen Kostenvorteile* formulierte – ein Werk, das die moderne Volkswirtschaftslehre im Übrigen stärker geprägt haben dürfte, als Smiths „Wealth of Nations“, der gegenüber den „Principles“ plötzlich beinahe trivial wirkte.[31] Obwohl Ricardos Begründung durchaus nicht unmittelbar einsichtig ist, wurde sein Hinweis auf die Bedeutung der komparativen Kostenvorteile zum vielleicht wichtigsten Argument für den Freihandel überhaupt. Seine Überlegungen beruhen auf einem abstrakten Zwei-Länder-Modell: England und Portugal handeln miteinander mit Tuch und Wein, wobei das eine Land beide Güter billiger herstellen kann als das andere. Ginge es allein nach den absoluten Kostenvorteilen, würde kein Austausch stattfinden. Ricardo stellte jedoch in Rechnung, dass die produktiven Kapazitäten einer Gesellschaft begrenzt und die Erträge dann am höchsten sind, wenn sich beide Länder auf die Güter konzentrierten, die sie *relativ günstiger* als das jeweils andere herstellen konnten. Nach Ricardo war die internationale Arbeitsteilung also auch für die Länder vorteilhaft, die alle Güter billiger herstellen konnten als die anderen.

Auch wenn die Argumente von Smith und Ricardo zeitgenössisch eine starke Überzeugungskraft entfalteten, blieb der Abbau von Zöllen zwischen den europäischen Ländern während des 19. Jahrhunderts ein beträchtliches Risiko und dementsprechend ein Politikum. Man setzte die einheimischen Produzenten einer verstärkten Konkurrenz aus in der Hoffnung, dafür mehr exportieren zu können. Ob das aber wirklich so sein würde, blieb ungewiss. Das zeigte sich sehr deutlich an dem wohl wichtigsten Markstein der europäischen Handelsliberalisierung im 19. Jahrhundert, dem 1860 zwischen Großbritannien und Frankreich abgeschlossenen Cobden-Chevalier-Handelsvertrag. Für Frankreich war es eine schwierige Entscheidung, ob es sich der in vielerlei Hinsicht überlegenen britischen Konkurrenz stellen wollte. Das Kalkül von französischer Seite lautete, dass etwa die eigene Textilindustrie leiden mochte, dafür aber besonders Luxuswaren besser auf dem britischen Markt abgesetzt werden konnten. Man beobachtete zudem, dass durch den bis dahin praktizierten Protektionismus die französische Wirtschaft zunehmend an Wettbewerbsfähigkeit verloren hatte.[32]

---

31 David Ricardo, Grundsätze der politischen Ökonomie und der Besteuerung, Frankfurt/M. 1980 (zuerst 1817), S. 107–123.

32 John V. Nye, War, Wine, and Taxes. The Political Economy of Anglo-French trade, 1689–1900, Princeton 2007, S. 105–109.

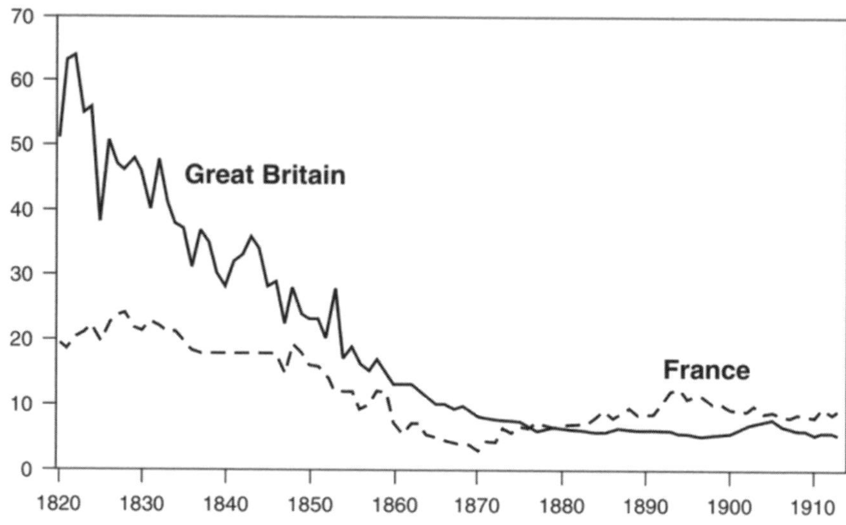

Abb. 6: Durchschnittlicher Anteil der Zölle (Prozent) am gesamten Importwert[33]

Im Anschluss an den Cobden-Chevalier-Handelsvertrag sanken in Europa die Zölle beträchtlich. Die 1860er und 1870er Jahre stellten die erste Ära einer konsequenten Handelsliberalisierung dar, in der nicht nur zwischenstaatliche Zollschranken abgebaut wurden, sondern der ökonomische Liberalismus auch die intellektuelle Deutungshoheit für sich beanspruchen konnte. Diese Phase erscheint in der Rückschau jedoch als vergleichsweise kurz. Seit dem Ende der 1870er Jahre kehrten viele europäische Länder zu einem verstärkten Protektionismus zurück, nachdem die Gründerkrise den ökonomischen Liberalismus in die Defensive gedrängt hatte. Dieser Rückzug war jedoch vor allem eine Reaktion auf eine neue globale Konkurrenzsituation besonders auf den Agrarmärkten, die durch Schutzzölle zu moderieren versucht wurde.

Ob der Freihandel wirklich Vorteile für alle brachte, war allerdings bereits vor der Gründerkrise umstritten. Es gab die Verteidiger der alten Ordnung und der Idee der „Nahrung", die forderten, die Institutionen des Wirtschaftslebens seien so zu gestalten, dass alle Produzenten ein Auskommen haben. Der deutsche Nationalökonom Friedrich List entwickelte in den 1840er Jahren sein Konzept der Erziehungszölle: Er behauptete, ein gewerblich kaum entwickeltes Land würde von einem industriellen Giganten wie Großbritannien einfach niederkonkurriert. Deshalb könne sich dort eine Industrie gar nicht erst entwickeln und darum sei es notwendig, in der Frühphase der industriellen Entwicklung den Markt durch

33 Ebd., S. 4.

Zölle zu schützen. Erst wenn sich die heimische Industrie entwickelt habe, ließe sich der Handel nach und nach liberalisieren.[34]

Bestehende Gewerbe zu behüten, Strukturwandel zu moderieren, eine Schutzzone für junge Industrien zu schaffen: Das sind bis heute die wesentlichen Argumente für den Protektionismus geblieben. Gleichwohl befinden sich die „Schutzzöllner" intellektuell zumeist in der Defensive, was vor allem daran liegt, dass protektionistische Maßnahmen insbesondere in den 1920er und 1930er Jahren überall auf der Welt geradezu exzessiv angewandt wurden und das Resultat alles andere als ermutigend war. Das Problem besteht vor allem darin, dass solche Schutzmaßnahmen zwangsläufig andere Länder dazu bringen, ihre Zölle ebenfalls zu erhöhen. Der kurzfristige Vorteil des einen führt am Ende zu Nachteilen für alle.[35]

Eine andere Frage, die während des 20. Jahrhunderts intensiv diskutiert wurde, lautet allerdings, welche Konsequenzen sich aus globalen Entwicklungsunterschieden ergeben. Profitieren die Länder, die vor allem Rohstoffe oder Agrarerzeugnisse exportieren, genauso vom Welthandel wie diejenigen, die vorrangig mit Kapitalgütern oder Fertigwaren handeln? Hier ist immer wieder Skepsis angemeldet worden, ob das in der Theorie harmonische System freier Handelsströme in der Realität der globalen Wirtschaftsordnung nicht ganz im Gegenteil zu asymmetrischen Beziehungen führe, bei denen der ökonomisch Stärkere den Schwächeren seine Regeln und Bedingungen aufzwingen kann.

Diese Debatten spielten für die Länder eine wichtige Rolle, die sich an der „Peripherie" der globalen Wirtschaft befanden und für die sich insbesondere nach dem Ersten Weltkrieg die Frage stellte, ob sie weiterhin vor allem auf den Export von Agrargütern – wie Brasilien mit Kaffee oder Argentinien mit Getreide und Rindfleisch – setzen oder stattdessen besser selbst eine industrielle Produktion entwickeln sollten. Der wichtigste theoretische Stichwortgeber hierfür war der argentinische Ökonom Raul Prebisch, der 1949 die These formulierte, dass die Handelsbedingungen für Agrarexportländer sich sukzessive verschlechtern würden.[36] Das begründete er vor allem damit, dass sich die Agrarproduktion nur quantitativ steigern ließe, anders als bei Maschinen und Fertigwaren aber kaum qualitativ. Das führe zu ungünstigen Preisverschiebungen, zudem würden bei steigenden Einkommen relativ geringere Anteile davon für Agrargüter ausgegeben (vgl. das im nächsten Kapitel genauer erläuterte „Engelsche Gesetz"), was ebenfalls nachteilige Auswirkungen auf den Agrarexport hätte.

---

34 Friedrich List, Das nationale System der politischen Ökonomie, Stuttgart, Tübingen 1841. Als Beispiel für die zeitgenössischen Debatten siehe Thomas Schuetz, Die Leinenwarenherstellung im Königreich Württemberg: Technologietransfer und technisches Expertenwissen im 19. Jahrhundert, Oberhausen 2018.

35 Vgl Irwin, Trade policy disaster.

36 Raul Prebisch, El desarrollo económico de la América Latina y algunos de sus principales problemas, Buenos Aires 1949.

Der globale Handel steht bis heute im Fokus öffentlicher Debatten. Über geplante oder bereits umgesetzte Handelsabkommen wird intensiv und emotional öffentlich diskutiert. Diese Debatte nimmt auch neue Aspekte auf, etwa hinsichtlich der Frage, inwiefern Unternehmen globale Konkurrenzlagen ausnutzen, um nationale Regelungen zum Arbeits- oder Umweltschutz zu unterlaufen. Davon abgesehen überrascht es aus historischer Sicht keineswegs, dass nach einer langen Zeit liberaler Marktbeziehungen die Kritik am Freihandel wächst: Er befördert eine Veränderungsdynamik, die immer wieder mit großen sozialen Folgekosten einhergeht. Die Erfahrung zeigt allerdings auch, dass sich diese Folgekosten nicht vermeiden lassen, indem sich ein Land aus den globalen ökonomischen Beziehungen herauszieht.

Globalisierung

Die hier grob skizzierten Debatten über Freihandel und Protektionismus fanden vor dem Hintergrund einer dynamischen Entwicklung des Welthandels statt. Bis zum Ersten Weltkrieg nahm der globale Handel so stark zu, dass sich für die Zeit zwischen 1880 und 1914 von einer ersten Welle der ökonomischen Globalisierung sprechen lässt.[37] Das Zeitalter der Weltkriege führte dann zu einer Zerrüttung der Handelsbeziehungen und während der 1930er Jahre zu einer gelegentlich als Deglobalisierung bezeichneten Entwicklung. Nach dem Zweiten Weltkrieg kehrten insbesondere die westlichen Industrieländer jedoch zu einer Politik der Handelsliberalisierung zurück. Das relative Ausmaß weltwirtschaftlicher Verflechtung vor 1914 wurde allerdings erst in den 1980er Jahren wieder erreicht.[38]

Dafür, dass der Handel seit dem Ende des 18. Jahrhunderts so stark zunahm, war die Handelsliberalisierung eine wichtige Voraussetzung. Darüber hinaus spielte die Verbesserung der Kommunikationsmöglichkeiten durch Postverkehr und Telegrafen eine wichtige Rolle. Vor allem aber kam es zu einem starken Ausbau von Infrastrukturen und der Einführung neuer Transportmittel, besonders Eisenbahn und Dampfschifffahrt. Den Anfang machte dabei in Großbritannien und vielen anderen europäischen Ländern allerdings zunächst die Regulierung und Begradigung der Flüsse. David Blackbourn behandelt in seiner vielbeachteten Umweltgeschichte „Die Eroberung der Natur“ ausführlich die Rheinbegradigung unter der Ägide von Johann Gottfried Tulla zu Beginn des 19. Jahrhunderts, die dessen Schiffbarkeit verbesserte und damit eine Ausweitung des Handels ermög-

37 Der Globalisierungsbegriff ist in seiner Bedeutung umstritten. Hier wird der Begriff auf die zunehmende und sich etablierende globale Handels- und Finanzverflechtung beschränkt. Zu konkurrierenden Globalisierungsdefinitionen in der Wirtschaftsgeschichte s. Alexander Engel, Farben der Globalisierung. Die Entstehung moderner Märkte für Farbstoffe 1500–1900, Frankfurt/M. 2009, S. 10–15.

38 Findlay, O'Rourke, Power and Plenty, S. 496–501.

lichte.[39] Während des 18. Jahrhunderts wurde in Großbritannien zudem mit der Errichtung befestigter, kostenpflichtiger Straßen (sog. „Turnpike Roads“) begonnen. Der preußische Staat ließ in der ersten Hälfte des 19. Jahrhunderts zahlreiche Chausseen anlegen, deren Benutzung ebenfalls mit einem Mautsystem verbunden war. Gegen Ende des 18. Jahrhunderts wurde in Großbritannien der Bau von Kanälen intensiviert, um Flüsse miteinander zu verbinden und dadurch die Transportwege zu verkürzen. Diese stellten große Bauprojekte dar und erforderten enorme Kapitalsummen, die oftmals nicht mehr durch familiäre Netzwerke und Privatkredite aufgebracht werden konnten.[40]

Tab. 1: Eisenbahnstrecken in Betrieb (km)[41]

	1840	1850	1860	1870	1880	1890	1900	1910
Argentinien	–	–	39	732	2313	9254	16767	27713
Australien	–	–	–	1529	5845	15327	21293	28049
Brasilien	–	–	223	745	3398	9973	15316	21326
Deutschland	469	5856	11089	18876	33838	42869	51678	61209
Frankreich	410	2915	9167	15544	23089	33280	38109	40484
Großbritannien	2390	9797	14603	21558	25060	27827	30079	32184
Indien	–	–	–	7678	14478	26400	39834	51658
Japan	–	–	–	–	158	2349	6300	8661
Kanada	25	106	3323	4211	11036	21164	28475	39799
Österreich-Ungarn	144	1357	2927	6112	11429	15273	19229	22642
Russland	27	501	1626	10731	22865	30596	53234	66581
USA	4535	14518	49288	85170	150091	263284	311160	386714

Die beiden entscheidenden Innovationen waren allerdings der Bau von Eisenbahnnetzen und die Dampfschifffahrt, die im 19. Jahrhundert zu einer Transportrevolution führten. Die Dampfschifffahrt machte seit dem frühen 19. Jahrhundert große Fortschritte, was sowohl zu einer Verkürzung der Transportzeiten als auch zu einer Erhöhung der Bruttoregistertonnen und damit der Ladekapazität beitrug.

39 David Blackbourn, The Conquest of Nature. Water, Landscape, and the Making of Modern Germany, London 2006.

40 Daunton, Progress and Poverty, S. 247–260.

41 Cornelius Torp, Die Herausforderung der Globalisierung. Wirtschaft und Politik in Deutschland 1860–1914, Göttingen 2005, S. 33.

Tatsächlich wirksam wurde das allerdings erst nach 1850, weil vorher der exorbitant hohe Kohleverbrauch den Einsatz von Dampfschiffen nur auf Binnenstrecken zuließ.[42] Bei der Eisenbahn war ebenfalls Großbritannien der Vorreiter, wo schon in den 1830er Jahren kommerziell bedeutsame Strecken fertiggestellt wurden, die den Warentransport deutlich schneller und günstiger machten. Deutschland und Frankreich erlebten ihren ersten Eisenbahnboom in den 1840er Jahren, während für die Vereinigten Staaten die Schienenverbindung von der Ost- an die Westküste in den 1860er Jahren nicht nur für den Handel von großer Bedeutung war, sondern auch einen wichtigen Beitrag zur Staatsbildung leistete.[43]

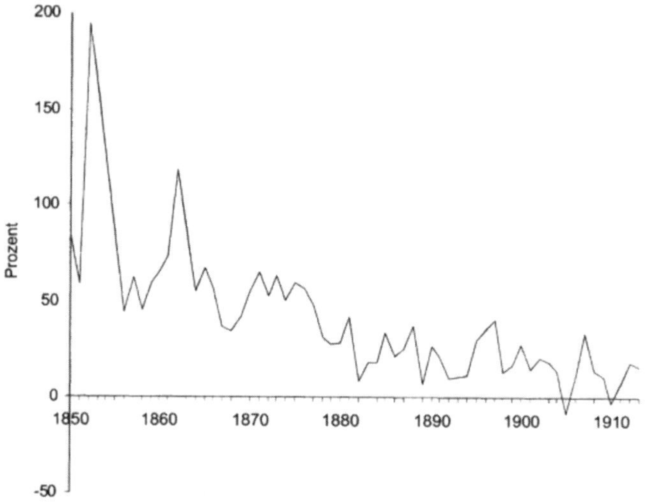

Abb. 7: Weizenpreisdifferenz Liverpool Chicago 1850–1910[44]

Die Auswirkungen von Eisenbahn und Dampfschifffahrt auf die internationalen Handelsbeziehungen lassen sich eindrucksvoll an dem Diagramm in Abbildung 7 ablesen. Die Angleichung der Preise zweier wichtiger Handelsbörsen für Getreide, die etwa 6000 km voneinander entfernt lagen, verdeutlicht die Herausbildung von

42 Daniel R. Hedrick, Power over Peoples. Technology, Environments, and Western Imperialism, 1400 to the Present, Princeton 2010.

43 Richard White, Railroaded. The Transcontinentals and the Making of Modern America, New York 2010; Xavier Duran, The First U.S. Transcontinental Railroad: Expected Profits and Government Intervention, in: Journal of Economic History 73 (2013), S. 177–200.

44 Torp, Die Herausforderung der Globalisierung, S. 35.

Weltmarktpreisen. Zugleich begannen die meisten europäischen Länder seit den späten 1870er Jahren verstärkt damit, ihre Märkte erneut durch Schutzzölle abzuschotten, während die Vereinigten Staaten im 19. Jahrhundert ohnehin für einen starken Protektionismus bekannt waren. Gerade für den deutschen Fall ist das lange Zeit als Reaktion auf den Rückzug des ökonomischen Liberalismus im Zuge der Gründerkrise bzw. Ausdruck einer konservativen Politikwende unter der Führung feudaler Eliten interpretiert worden.[45]

In den letzten Jahren wurde jedoch eine überzeugende alternative Erklärung angeboten: Nach Ansicht von Cornelius Torp stellten die Agrarzölle, die Deutschland seit Bismarcks „konservativer Wende" 1879 erhob, viel eher den Versuch dar, einen durch die zunehmende weltwirtschaftliche Verflechtung ausgelösten Strukturwandel zu moderieren. So waren in Deutschland in den 1880er Jahren noch über 30 Prozent der Arbeitskräfte in der Landwirtschaft beschäftigt. Diese sahen sich jetzt mit einer Konkurrenz konfrontiert, die insbesondere Getreide aufgrund besserer Böden, eines intensiven Kapitaleinsatzes (USA) oder extrem niedriger Löhne (Russland) sehr viel günstiger anbieten konnte. Darum lag es nahe, die eigene Landwirtschaft durch Zölle zu schützen, zumal es viele andere europäische Länder nicht anders machten. Was sich nach Torp durchsetzte, war ein international akzeptierter und informell abgestimmter Protektionismus, der aber nicht ins Extrem getrieben werden durfte.[46]

Die Wirtschaftshistoriker Kevin O'Rourke und Ronald Findlay haben in ihrer wichtigen Arbeit über die Geschichte des Welthandels die Zeit vor dem Ersten Weltkrieg im Anschluss an Dennis Robertson als „Große Spezialisierung" bezeichnet.[47] In gewisser Weise, so könnte man denken, wurde hier die Vision der ökonomischen Klassik Wirklichkeit: Die einzelnen Länder produzierten das, was sie am besten konnten, und handelten friedlich miteinander, so dass am Ende alle von dieser Form der globalen Arbeitsteilung profitierten. Auch ein Blick auf die finanzielle Vernetzung der Welt legt einen solchen Schluss nahe. Moritz Schularick hat in einer bemerkenswerten Studie gezeigt, dass die Auslandsinvestitionen vor dem Ersten Weltkrieg deutlich gleichmäßiger verteilt waren, als das nach 1945 der Fall war. Während heutzutage entwickelte Länder hauptsächlich in ebenfalls entwickelten Ländern investieren, waren besonders die britischen Investitionen damals nahezu über den gesamten Globus verteilt.[48]

Das war Ausdruck eines bemerkenswerten Optimismus, der vor allem darauf beruhte, dass die europäische Industrialisierungserfahrung als wiederholbar erschien. Warum sollten die Länder Lateinamerikas oder Asiens nicht ebenfalls eine

45 Wehler, Deutsche Gesellschaftsgeschichte Bd. 3, S. 637–661.

46 Torp, Die Herausforderung der Globalisierung, S. 355–370.

47 Findlay, O'Rourke, Power and Plenty, S. 411–414.

48 Moritz Schularick, Finanzielle Globalisierung in historischer Perspektive. Kapitalflüsse von Reich nach Arm, Investitionsrisiken und globale öffentliche Güter, Tübingen 2006.

nachholende Industrialisierung erleben, wenn nur die Kapitalausstattung und die infrastrukturellen Voraussetzungen verbessert wurden? Zugleich war der Imperialismus aber auch eine politische Herrschaftsform, die diese frühe Form der Globalisierung schützte. Die machtpolitische Stellung der großen imperialen Reiche stellte eine Absicherung globaler Handelsgeschäfte dar, die damals wie heute durch Verstaatlichungen oder Zahlungsausfälle bedroht wurden. Mit dem Empire im Rücken fiel es britischen Investoren deutlich leichter, riskante Investitionen zu tätigen. London war zudem vor 1914 unbestritten das wichtigste Finanzzentrum der Welt. Hier wurde am Ende über die Kreditwürdigkeit einzelner Länder entschieden.[49]

Die „Große Spezialisierung“ brachte allerdings viele Länder in eine Position, mit der sie langfristig nicht zufrieden sein konnten. Das betraf die Länder Lateinamerikas, die sich auf das sog. Import-Export-System einließen: Sie exportierten vorrangig Agrarerzeugnisse und Rohstoffe in die industrialisierten Länder und importierten mit den dabei erzielten Erlösen Fertigwaren. Zwar war das Import-Export-System für viele Länder lange Zeit durchaus vorteilhaft, es hatte aber auch gravierende Nachteile. Insbesondere hatte die Konzentration auf vergleichsweise wenige „cash crops“ mit starken Preisschwankungen zu kämpfen. Für Brasilien stellte die extreme Volatilität des Kaffeepreises vor dem Ersten Weltkrieg ein existentielles Problem dar: Fielen die Preise in den Keller, stand der soziale Frieden auf dem Spiel.[50]

Hinzu kam aber noch etwas anderes: Gerade in vielen lateinamerikanischen Ländern ging mit der Produktion von Agrargütern für den Export – insbesondere in Form der Plantagenwirtschaft – bestimmte politische Herrschaftsformen und eine gravierende ökonomische Ungleichheit einher. Diese wurden bereits lange vor dem Ersten Weltkrieg zu einer Ursache sozialer Spannungen und politisch einflussreicher Gerechtigkeitsdiskurse. Mit der sog. Importsubstitution, also der eigenen Industrieproduktion als Ersatz für den Import von Kapitalgütern und Fertigwaren, verband sich deshalb auch die Hoffnung auf einen stärkeren sozialen Ausgleich in der Gesellschaft. Vor diesem Hintergrund war es aber nicht erst der 1914 ausbrechende Weltkrieg, sondern eigentlich bereits die mexikanische Revolution ab 1910, die der beschriebenen ersten Welle der Globalisierung ein Ende setzte: Hier gingen in großem Maße ausländische Investitionen verloren, ohne dass imperiale Intervention daran etwas ändern konnte.

Das soll allerdings keineswegs die epochale Bedeutung des Ersten Weltkriegs für den Welthandel herunterspielen. Dieser zerriss bestehende Handelsbeziehungen bereits deswegen, weil viele kriegsführenden Staaten als Produzenten für den Weltmarkt über mehrere Jahre weitgehend ausfielen und die alliierte Blockade das Deutsche Reich vom globalen Handel abschnitt. Diese Handelsbeziehungen

---

49 Peter J. Cain, Antony Hopkins, British Imperialism 1688–2015, London, New York 2016.
50 Steven Topik, The Political Economy of the Brazilian State, 1889–1930, Austin 1987.

mussten nach dem Ende des Krieges mühsam rekonstruiert werden; eine Herkulesaufgabe nicht nur aufgrund der überall vergifteten politischen Beziehungen. Großbritannien hatte besonders in Lateinamerika viele Märkte an die US-Amerikaner verloren, während die Länder an der weltwirtschaftlichen Peripherie, die unter den Bedingungen des Krieges besonders ihre landwirtschaftliche Produktion ausgeweitet hatten, nicht bereit waren, sich ohne Weiteres auf ihre alten Handelspositionen zurückzuziehen.[51]

Die Zwischenkriegszeit war insgesamt eine Phase komplizierter Handelsbeziehungen, was sich im Verlauf der Weltwirtschaftskrise zu einer ökonomischen Desintegration steigerte. Ab 1931 zerfiel die Welt in verschiedene Währungs- und Handelsblöcke und das relativ freie System eines arbeitsteiligen Welthandels wurde in zunehmendem Maße durch bilaterale Handelsabkommen ersetzt. Während der ersten Hälfte der 1930er Jahre kam es zu einer starken Schrumpfung des Welthandels und dazu parallel einem Bedeutungsverlust Europas. Aus dem handels- und währungspolitischen Desaster der Zwischenkriegszeit wurden jedoch nach dem Zweiten Weltkrieg Lehren gezogen. Eine davon lautete, dass offene Handelswege die bessere Alternative waren. Im Rahmen und in Folge der GATT-Abkommen (General Agreement of Tariffs and Trade) ab 1946 und beschleunigt in den 1960er Jahren fand eine erneute Liberalisierung des Welthandels statt. Im Kontext des „Kalten Krieges" schotteten sich die Staaten des Warschauer Paktes zwar davon ab und bildeten einen eigenen Wirtschaftsraum. Dieser pflegte gleichwohl auf mannigfache Weise ökonomische Beziehungen zur westlichen Welt.

Auch nach dem Zweiten Weltkrieg spielten technische Veränderungen für die Ausweitung der globalen Arbeitsteilung eine zentrale Rolle. Das wichtigste Transportmittel blieb weiterhin das Schiff, wobei neben der Steigerung der Größe und Leistungsfähigkeit die Bedeutung der Durchsetzung des Standardcontainers seit den 1960er Jahren kaum überschätzt werden kann. Er ermöglichte eine Rationalisierung des Verladens und des Verstauens der Ware und spielte zugleich eine wesentliche Rolle für den Schiffsbau. Seit den 1970er Jahren wurden immer größere Containerschiffe konstruiert, die zugleich mit einem Bruchteil früherer Besatzungsstärken auskamen – was zum sukzessiven Verschwinden des Berufs des Seemanns führte. Beinahe noch wichtiger war jedoch, dass der Container die Verbindung zwischen See- und Landtransport einfacher machte. Er wurde damit zur Basis einer effizienten Logistik, die es ermöglichte, in globalem Maßstab Arbeitskostendifferenzen auszunutzen. Die fortgesetzte Verringerung von Transportzeiten- und -kosten war die Voraussetzung für eine weitere Vertiefung der weltwirtschaftlichen Arbeitsteilung.[52]

51 Derek Aldcroft, Die zwanziger Jahre. Von Versailles zur Wall Street 1919–1929, München 1978, S. 117–146.

52 Frank Broeze, The Globalisation of the Oceans. Containerisation from the 1950s to the Present, St. Johns 2002.

Die Ausweitung von Handelsbeziehungen und die verschiedenen Wellen der Globalisierung haben sich historisch als stärkste Triebkraft des Strukturwandels erwiesen. Möglich wurde so ein globales System von Arbeitsteilung, das in vielen entwickelten Ländern zu einer Auslagerung der Industrieproduktion führte. Neue Wertschöpfungsketten wurden etabliert und so gestaltet, dass sie schnell an geänderte Rahmenbedingungen angepasst werden konnten. Das hatte allerdings große soziale Folgekosten. Seit dem Ersten Weltkrieg ist es dabei langfristig betrachtet zu einer relativen „Enteuropäisierung" des Welthandels gekommen. Gerade mit dem wirtschaftlichen Aufstieg asiatischer Länder, vor allem Chinas seit den späten 1970er Jahren, wurde Letzterer nach und nach multipolar.

Geld und Finanzen

Geld hat in ökonomischer Perspektive drei Funktionen: Es dient als *Zahlungsmittel*, als *Wertaufbewahrungsmittel* und als *Recheneinheit*. An diese abstrakte Definition schließen sich allerdings stark divergierende Wertungen an: Für die einen ist Geld ein notwendiges Mittel, um komplexe arbeitsteilige Wirtschaftsbeziehungen zu ermöglichen. Für die anderen handelt es sich um ein mit einer seltsamen Verführungskraft ausgestattetes Machtinstrument. Während die einen im Geld eine Voraussetzung der Entstehung differenzierter Gesellschaftsformen erblicken, betonen andere dessen sozial desintegrierende Wirkung. Das äußert sich immer wieder in Erzählungen davon, wie das Eindringen des Geldes die natürlichen Sitten und Kultur ursprünglicher Gemeinschaften zerstört habe.[53]

Solche Divergenzen schlugen sich in einer bis heute andauernden, zugleich aber auch spekulativen Debatte um den Ursprung des Geldes nieder. Die zwei wichtigsten Positionen wurden dabei bereits um die Wende zum 20. Jahrhundert formuliert. 1905 veröffentlichte der deutsche Ökonom Georg Friedrich Knapp seine „Staatliche Theorie des Geldes", in der er eine positiv-rechtliche Begründung der Zahlungsmittel formulierte, die seines Erachtens allein durch die staatliche Rechtsordnung Geltung beanspruchen konnten.[54] Die Gegenposition formulierten vor allem Ökonomen der Österreichischen Schule wie Carl Menger oder Ludwig Mises: Ihnen zufolge entwickelte sich das Geld evolutionär aus menschlichen Tauschgeschäften, die durch das Geld einfacher und berechenbarer wurden, was wiederum komplexe Handelsbeziehungen möglich machte.[55] Der dahinter stehende Gegensatz scheint prinzipieller Natur zu sein: Während für Knapp

53 Z.B. Hans Christoph Binswanger, Wo Geldwirtschaft entsteht, verändert sich der Mensch – ein Beispiel aus Sibirien, in: Ders., Die Glaubensgemeinschaft der Ökonomen. Essays zur Kultur der Wirtschaft, München 1998, S. 107–118.

54 Georg Friedrich Knapp, Staatliche Theorie des Geldes, Leipzig 1905.

55 Carl Menger, Grundsätze der Volkswirthschaftslehre, Wien 1871, S. 250–271; Ludwig Mises, Theorie des Geldes und der Umlaufsmittel, München 1912, S. 3–14.

das Geld ein künstliches Produkt der staatlichen Rechtsordnung darstellte, entstand es nach Menger und Mises gewissermaßen „organisch“ aus den Bedürfnissen miteinander Handel treibender Menschen.

Geldzeichen gehören zu den ältesten archäologischen Funden überhaupt, aber es ist nicht so leicht, daraus Rückschlüsse auf ihre Einführung und Funktion zu ziehen. Gleichwohl kann plausibel gemacht werden, worin der grundlegende Nutzen von Geld jenseits möglicher ritueller oder magischer Funktionen bestand:[56] Zunächst erleichtert es den Ausdruck und die Verhandlung von Wertverhältnissen. Die Frage, wieviel Hämmer man für eine Kuh bekommt, ist schwierig zu beantworten. Vor allem müsste das Wertverhältnis zwischen Hämmern und Kühen im Zweifelsfall immer wieder neu ausgehandelt werden; ein Problem, das sich noch verschärft, wenn man seine Handelspartner nicht kennt. Mit Geld, der mit Preisen verbundenen Rechenhaftigkeit und der dadurch ermöglichten Bezugnahme auf vorangegangene Geschäfte fällt das deutlich leichter. Zudem ist Geld in der Regel sehr viel praktischer zu handhaben als sein Wertäquivalent. Ohne diese Funktionalität erscheint seine langfristige Bewährung kaum wahrscheinlich. Schließlich erleichtert Geld die Besteuerung der Untertanen, was die frühe Staatsbildung beförderte.[57]

Zugleich hat Geld eine besondere Eigenschaft, die der Soziologe Georg Simmel in seiner „Philosophie des Geldes“ aus dem Jahr 1900 herausgestellt hat: Es hat keinen echten Grenznutzen. Mit Grenznutzen ist gemeint, dass ein Gut pro Einheit weniger wert wird oder weniger Nutzen bringt, je mehr davon vorhanden ist: Für einen Schluck Wasser würde man in der Wüste sein ganzes Vermögen hingeben. Kommt es hingegen aus dem Wasserhahn, ist sein Wert kaum spürbar. Genau das ist mit Geld nicht der Fall, denn es wird nicht weniger wert, je mehr man davon besitzt. Dadurch kann es seine Funktion so gut erfüllen, es führt aber eben auch dazu, dass manche Menschen nie genug davon bekommen.[58]

Damit Geld seine Funktion erfüllen kann, muss es in seiner Geldfunktion anerkannt werden, und dazu sollte es einigermaßen wertstabil sein. Die Antwort auf dieses Problem wurde jahrhundertelang darin gesucht, dass der Tauschwert des Geldes seinem Materialwert entsprach: Eine Münze sollte prinzipiell so viel wert sein, wie das Gold, Silber oder Kupfer, aus denen sie bestand. Zu den ältesten Formen der Währungsmanipulation gehörte darum, unedle Metalle zu verwenden oder die Ränder der Münzen zu beschneiden. In der sog. „Kipper und Wipper“-Zeit 1620–23 während des Dreißigjährigen Krieges wurde der Münzwert auf diese Weise so stark manipuliert, dass es zu einer regelrechten Inflation kam.

---

56 Dazu sehr ausführlich (und vollständig einseitig): Axel T. Paul, Theorie des Geldes zur Einführung, Hamburg 2017.

57 Ian Morris, Wer regiert die Welt? Warum Zivilisationen herrschen oder beherrscht werden, Frankfurt/M. 2011, S. 243–251.

58 Georg Simmel, Philosophie des Geldes, Frankfurt/M. 1989 (zuerst 1900).

Mit der angestrebten Identität von Material- und Tauschwert des Zahlungsmittels war die Geldmenge an die verfügbaren Edelmetalle gekoppelt, die lange Zeit aber sehr knapp waren. Das gibt im Übrigen einen Hinweis darauf, dass Geld zwar im Fernhandel unerlässlich war, aber die Wirtschaftsbeziehungen gerade auf dem Land oftmals noch gar nicht monetarisiert sein konnten. Erst die europäische Expansion seit dem 16. Jahrhundert führte zu einer deutlichen Erweiterung des Bestands an Edelmetallen, sowohl durch die Mengen an Gold und besonders Silber, die aus der „Neuen Welt" nach Europa gebracht wurden, wie auch durch einen verstärkten europäischen Silber- und Kupferbergbau. Die Metalle brauchte man für den Asienhandel, sie waren aber auch eine wesentliche Ursache für die lang anhaltenden Inflation, die Europa seit den 1540er Jahren erlebte.[59]

Langfristig – zumal angesichts eines seit dem 18. Jahrhundert zunehmend dynamisch wachsenden Güterangebots und einer nicht zuletzt durch die Protoindustrialisierung vorangetriebenen Monetarisierung ländlicher Räume – erwies es sich aber als schwierig, den Handelsverkehr allein mit Münzen zu gestalten. Für weiträumige Handelsgeschäfte gab es bereits seit dem Mittelalter verschiedene Formen eines bargeldlosen Zahlungsverkehrs, wobei in diesem Zusammenhang besonders die sog. Wechsel wichtig waren.[60] Dabei handelte es sich um Wertpapiere, mit dem sich der Bezieher verpflichtete, zu einem festgelegten Zeitpunkt die Geldsumme, über die der Wechsel lief, an den Aussteller des Wechsels zu zahlen. Der Wechsel war also ein Zahlungsversprechen in der Zukunft, das sowohl den Zahlungsverkehr erleichterte als auch als Kredit dienen konnte. Es lag aber auch nahe, dafür *Geldzeichen* zu verwenden, die also einen bestimmten Geldwert unabhängig von ihrem Materialwert repräsentierten. Dahingehende Versuche erwiesen sich in Europa jedoch zumeist als wenig erfolgreich und endeten oft genug in Inflationen – so etwa in Frankreich im Fall des John Law-Scheme 1720 oder der Assignaten-Inflation 1793 während der Revolution.

Die Antwort auf das Problem, wie den gesteigerter Anforderungen an den Zahlungsverkehr genügt und gleichzeitig die Stabilität des Geldwertes gesichert werden konnte, wurde im 19. Jahrhundert in der Etablierung internationaler Währungssysteme gesehen. Sie sollten das Papiergeld durch Edelmetall – zumeist Gold und Silber, in selteneren Fällen auch Kupfer – decken. Das hieß, dass der Summe auf einem Geldschein ein bestimmter Gegenwert in Edelmetall entsprach, der auf Verlangen bei den Notenbanken eines Landes eingelöst werden konnte. Das wichtigste und bekannteste Währungssystem ist dabei der Goldstandard, der – 1816 zunächst in Großbritannien eingeführt – sich seit den 1860er Jahren, nicht zuletzt durch Goldfunde in Kalifornien, Australien oder Südafrika

---

59 Anthony Edo, Jacques Melitz, The Primary Cause of European Inflation in 1500–1700. Precious Metals or Population? The English Evidence. CREST-Papers Nr. 2019–14.

60 Denzel, Bargeldloser Zahlungsverkehr, S. 47–62.

ermöglicht, zunehmend global durchsetzte.[61] Bei diesem System musste die Zentralbank eines Landes stets 40 Prozent der umlaufenden Geldmenge in Gold vorrätig haben, um die Deckung der Währung zu garantieren.[62]

Die Vor- und Nachteile dieses Systems sind sehr instruktiv: Der Goldstandard erleichterte die Abwicklung globaler Handelsgeschäfte durch die Garantie der Akzeptanz und Wertsicherheit der Zahlungen. Länder, die an ihm teilnahmen, erhöhten zudem ihre Kreditwürdigkeit auf den internationalen Finanzmärkten. Der Goldstandard trug also im 19. Jahrhundert sowohl zum wachsenden Warenhandel als auch zur zunehmenden finanziellen Verflechtung bei. Abgesehen davon, dass dieses System eine latent deflationäre Wirkung hatte, war es jedoch an bestimmte Voraussetzungen gebunden, etwa dass die globalen Goldbestände einigermaßen gleichmäßig verteilt waren und eine oder mehrere Zentralbanken – vor 1914 war das hauptsächlich die Bank of England – eine koordinierende Funktion für die internationale Geldpolitik übernahmen.[63] Nach dem Ersten Weltkrieg waren diese Voraussetzungen zunehmend nicht mehr gegeben und im Laufe der 1930er Jahre brach das System schließlich zusammen.

Das Problem der Geldwertstabilität verschwand damit keineswegs von der Tagesordnung, zumal zahlreiche Länder nach dem Ersten Weltkrieg bittere Erfahrungen mit Inflationen gemacht hatten. Besonders Deutschland konnte davon ein Lied singen, wo die Kriegsinflation im Jahr 1923 in einer totalen Zerrüttung der Währung endete. Das machte es schwer, auf „Fiatgeld" zu vertrauen, dessen Tauschwert also allein auf öffentlicher Akzeptanz beruhte und das keinen relevanten Materialwert oder eine Metalldeckung aufwies. 1944 wurde auf einer Konferenz im US-amerikanischen Bretton Woods darum ein neues System entworfen, das den Dollar an Gold und die übrigen Währungen an den Dollar band. Dieses System, nach dem Zweiten Weltkrieg eingeführt, hielt immerhin fast 30 Jahre. In den Jahren 1971/73 brachen die USA jedoch gezwungenermaßen mit Bretton Woods und seitdem dominiert global tatsächlich das Fiatgeld. Dabei werden die Währungen durch die Notenbanken allerdings zumeist „gemanagt", also der Geldwert etwa durch Devisenan- und -zukäufe zu kontrollieren versucht.[64]

Geld wird für die Abwicklung alltäglicher Transaktionen benötigt, jedoch geht seine Funktion noch deutlich darüber hinaus. Insbesondere besteht dabei die Nachfrage nach Krediten, dass also Geld im Blick auf zukünftige Einnahmen vorgestreckt wird. Das spielte für den Handel bereits im Mittelalter eine wichtige Rolle und dafür wurden in Italien im 14. Jahrhundert auch die ersten Banken

---

61 Barry Eichengreen, Ian W. McLean, The Supply of Gold under the Pre-1914 Gold Standard, in: The Economic History Review 47 (1994), S. 288–309,

62 Barry Eichengreen, Vom Goldstandard zum Euro. Die Geschichte des internationalen Währungssystems, Berlin 2000, S. 45–50.

63 Ebd., S. 66–68.

64 Harold James, International Monetary Cooperation since Bretton Woods, Washington D.C. 1996.

gegründet. Die ersten dauerhaft erfolgreichen Bankgründungen erfolgten allerdings erst zu Beginn des 16. Jahrhunderts. Dabei beeinflusste die europäische Expansion auch die Entwicklung des europäischen Kreditverkehrs in entscheidender Weise. Nicht zuletzt, weil die Schiffsfahrten im Atlantik- oder Indienhandel sehr lange dauerten, etwa beim indischen Gewürzhandel im 16. Jahrhundert pro Fahrt bis zu neun Monate, mussten Kredite für deutlich längere Zeiträume bewilligt werden. Das wies der Finanzwirtschaft eine wichtige Rolle zu.[65]

Die Finanzierung von Industriegründungen war aber in der Regel zunächst nicht das Geschäft der Banken. Dafür wurde noch bis weit in das 19. Jahrhundert vor allem auf familiale und persönliche Netzwerke, also Privatkredite, zurückgegriffen. Um in diesem Rahmen Kredit zu erhalten, musste man einen guten Leumund besitzen. Der britische Historiker Craig Muldrew hat gezeigt, dass sich der Ausdruck „Credit“ im 17. Jahrhundert in Großbritannien wesentlich auf persönliches Vertrauen bezog, das in den finanziellen Beziehungen der Frühen Neuzeit eine zentrale Rolle spielte:[66] Was machte man, wenn sich jemand seiner Schuld durch Flucht entzog? Im Zuge der Industrialisierung wurden Banken jedoch auch für die Industriefinanzierung zunehmend wichtig. Eine Pionierrolle spielte die 1822 gegründete belgische „Société Générale“, die sich stark in der Finanzierung von Eisenbahnstrecken engagierte, oder auch die 1852 geschaffene Pariser Bank „Crédit Mobilier“, die als eine der ersten Banken Industrieprojekte unterstützte, ohne dafür abschreckend hohe Sicherheiten zu verlangen.[67]

Die Bedeutung von Banken, Kreditbeziehungen und internationalen Finanzverflechtungen ist seit der zweiten Hälfte des 19. Jahrhunderts kontinuierlich angestiegen. Besonders in der Gründerzeit seit den 1850er Jahren kam es zu einer verstärkten Gründung von Aktienbanken, also Banken, die als Aktiengesellschaften organisiert waren, und welche die Privatbanken mehr und mehr verdrängten. Im Rahmen der ersten Globalisierungswelle vor dem Ersten Weltkrieg wurden Banken zu unverzichtbaren ökonomischen Akteuren, die die Ausweitung von Handelsbeziehungen finanzierten, organisierten und insgesamt eine Wirtschaftsweise ermöglichten, die sich auf gegenwärtige Ausgaben zur Erzielung zukünftiger Erträge eingestellt hatte.[68]

Das lässt sich mit gutem Recht als unvermeidliche Begleiterscheinung von Industrialisierung und Globalisierung betrachten, und es zeigt, dass die Geldwirtschaft eine wesentliche Voraussetzung für komplexe arbeitsteilige Wirtschaftsbeziehungen ist. Wie der US-amerikanische Historiker William Goetzmann es

---

65 Goetzmann, Money Changes Everything, S. 305–319.

66 Craig Muldrew, The Economy of Obligation. The Culture of Credit and Social Relations in Early Modern England, Basingstoke 1998.

67 Guy Fargette, Émile et Isaac Pereire. L’esprit d’entreprise au XIXème siècle, Paris 2001.

68 Findlay, O’Rourke, Power and Plenty.

jüngst in einem Buchtitel zusammengefasst hat: Geld ändert alles.[69] Das hat allerdings Folgekosten, die nicht zuletzt daraus resultieren, dass auf die Finanzwirtschaft eine alte Annahme der Volkswirtschaftslehre nicht zutrifft: Dass Märkte nämlich immer rationaler werden, je mehr Akteure an ihnen teilnehmen. Während das für Gütermärkte in gewissem Maße zutrifft, lässt sich das für Finanzmärkte nicht behaupten. Hier scheint es eher so zu sein, dass sie mit zunehmender Größe immer komplexer, undurchschaubarer und volatiler werden, was in letzter Konsequenz die Krisenanfälligkeit des Gesamtsystems erhöht. Ob sich allerdings das eine ohne das andere haben lässt, ist eine ganz andere Frage.

69 Goetzmann, Money Changes Everything.

5. Konsum

Zu einem der populärsten wirtschaftshistorischen Themen gehört der Konsum, womit zugleich eine wichtige Perspektivverschiebung deutlich wird. Die Forschung zur Industrialisierung ist lange Zeit auf die Produktion fixiert geblieben, d.h., ihre Ursachen wurden in erster Linie in neuen Technologien oder in neuen Formen der Arbeitsorganisation (Fabriken) als Grundlagen der Massenproduktion erblickt. Konsum tauchte hier bestenfalls in Form einer, im Wesentlichen durch das Bevölkerungswachstum erzeugten, verstärkten Nachfrage nach bestimmten *staple goods* auf, wobei es sich vorrangig um Textilien handelte. Was üblicherweise hingegen unter Konsum verstanden wird, nämlich die Wahl zwischen verschiedenen Gütern, wo es um persönliche Entscheidungen geht, die Menschen für sich treffen: Das spielte in einer solchen Vorstellung von Industrialisierung kaum eine Rolle.

Das hat sich in den letzten 20 Jahren gründlich geändert. Seitdem sind sowohl aus der Wirtschafts- wie der allgemeinen Geschichte zahlreiche Arbeiten zur Konsumgeschichte veröffentlicht worden. Letztere ist auch deshalb solch ein attraktives Feld, weil sie bequem Anschluss an kulturalistische Fragestellungen ermöglicht und somit die Wirtschaftsgeschichte für die allgemeine Geschichtswissenschaft stärker anschlussfähig macht. Menschen konsumieren schließlich nicht allein, um ihr Dasein zu fristen. Vielmehr befriedigen sie ihre Bedürfnisse, werten ihren sozialen Status auf, grenzen sich ab, gestalten ihre Lebenswelt mittels Konsum. Letzterer ist zwar selbstverständlich „budgetrestringiert", also dadurch begrenzt, wieviel Geld jemandem zur Verfügung steht. Er findet aber zugleich in einem Spannungsfeld aus individueller Erwartung und sozialen Normen statt, welches das Feld der Konsumgeschichte besonders interessant macht.

Dieses Spannungsfeld berührt vor allem die Frage nach dem Verhältnis von Konsum und sozialer Ordnung. Dabei wurde häufig betont, Ersterer diene im Wesentlichen dazu, die bestehende Ordnung zu bestätigen. Dieses Motiv tritt zum einen in der polemischen Variante auf, durch Konsum sollten die Massen ruhig gestellt und vom politischen Protest abgelenkt werden. Es wurden aber auch subtilere Ansätze vertreten: So hat der französische Soziologe Pierre Bourdieu in seinem Hauptwerk „Die feinen Unterschiede" von 1979 die These vertreten, dass die Menschen in ihren Konsumentscheidungen keineswegs frei seien. Vielmehr reproduzierten sie soziale Statusdifferenzen und Machtverhältnisse, und gerade etwas scheinbar so Individuelles, wie der eigene Geschmack, ist nach Bourdieu in hohem Maße gesellschaftlich bestimmt.[1]

1 Pierre Bourdieu, Die feinen Unterschiede: Kritik der gesellschaftlichen Urteilskraft, Frankfurt/M. 1982.

Historisch lässt sich allerdings oft genug auch das Gegenteil beobachten: Dass nämlich Konsum die Status- und Schichtendifferenzen innerhalb einer Gesellschaft in Frage stellt und durchlässig macht. Konsumieren kann in der Moderne nämlich jeder, der Geld hat, und moderne Märkte differenzieren nicht zwischen Adligen, Künstlern oder Arbeitern, solange sie nur zahlungskräftig sind.[2] Das war im Übrigen die große Sorge, die bereits in der zweiten Hälfte des 18. Jahrhunderts gegenüber der sich entwickelnden modernen Konsumkultur geäußert wurde: Dass diese eine soziale Sprengkraft entfaltete, die das bereits rissige Gebäude der feudalen Ständegesellschaft endgültig einstürzen zu lassen drohte.[3]

Ein Faktor historischer Dynamik ist der Konsum aber auch deswegen, weil Produktion und Konsumption eng miteinander zusammenhängen. Die industrielle Produktion und das Angebot an Dienstleistungen müssen sich an einer bestehenden Nachfrage orientieren. Sie können Letztere zwar durch Werbung und andere Absatzstrategien zu beeinflussen versuchen, tatsächlich steuern lässt sie sich aber nur sehr begrenzt. Auch wenn verschiedentlich in kapitalismuskritischer Absicht das Gegenteil behauptet worden ist: Gegen die Annahme einer wirksamen Steuerung der Nachfrage durch alle möglichen Formen der Manipulation spricht allein schon die Vielzahl – de facto die übergroße Mehrheit – von Firmen, die im ökonomischen Wettbewerb scheitern. Insofern üben sich wandelnde Konsumformen auch auf Industrie und Dienstleistungen einen großen Anpassungsdruck aus, und Letztere können sich dem „nur um den Preis des eigenen Untergangs" verweigern.[4]

Motive und Funktionen des Konsums

Warum konsumieren Menschen? Eine einfache Antwort darauf lautet, weil sie Bedürfnisse haben und es sich leisten können. Was sich die Menschen leisten können, ist allerdings sehr verschieden, denn es gibt arme und weniger arme, gut situierte und wirklich reiche Menschen, die dementsprechend in unterschiedlichem Maße Konsumchancen wahrnehmen können. Das ist ein trivialer Tatbestand, der aber für die Konsumgeschichte eine wichtige Rolle spielt: Denn mit unterschiedlichen Budgets ändert sich nicht einfach nur die Menge des Konsums, sondern auch das, was konsumiert wird, ob große Teile davon für Lebensmittel, Wohnungen, Kleidung oder teure Autos ausgegeben werden.

---

2 Werner Plumpe, Konsum, in: Merkur. Deutsche Zeitschrift für europäisches Denken, 67. Jahrgang (Juli 2013), Heft 770, S. 619–627.

3 Ders., Das kalte Herz. Kapitalismus: Die Geschichte einer andauernden Revolution, Hamburg 2019, S. 160 f.

4 Ders., Die Unwahrscheinlichkeit des Jubiläums. Oder: warum Unternehmen nur historisch erklärt werden können, in: Jahrbuch für Wirtschaftsgeschichte (2003), S. 143–156.

Eine wichtige – und naheliegende – Einsicht in den Zusammenhang von Einkommen und Konsum formulierte dabei der preußische Statistiker Ernst Engel bereits im Jahr 1857.[5] Das sog. „Engelsche Gesetz" besagt, dass je höher das verfügbare Einkommen ist, umso geringere Teile davon zur Deckung der Grundbedürfnisse – vor allem Essen und Kleidung – verausgabt werden. Der Grund dafür besteht darin, dass diese Ausgaben vergleichsweise *unelastisch* sind: Der Mensch isst in der Regel so viel, bis er satt ist. Danach machen weitere Aufwendungen für Essen wenig Sinn. In dem Maße wie besonders nach dem Zweiten Weltkrieg die realen Einkommen in den entwickelten Volkswirtschaften anstiegen, wuchsen darum auch deren frei verfügbaren Anteile, die gespart, für schöne und sinnvolle Dinge, aber eben auch für kompletten Unfug ausgegeben werden konnten.

Ein deutlich weitergehender Versuch, zu systematisieren, wie der Konsum mit den verfügbaren Budgets zusammenhängt, stammt von dem US-amerikanischen Wirtschaftspsychologen Abraham Maslow. Dieser ging in seinem erstmals 1943 in einem Aufsatz ausgearbeiteten Schema der sog. „Bedürfnispyramide" davon aus, dass die Menschen ihre Bedürfnisse, abhängig von dem zur Verfügung stehenden Budget, tendenziell in einer bestimmten Reihenfolge befriedigen. Dabei standen am Anfang zunächst die Grund- und Existenzbedürfnisse wie Wohnen und Essen. Es folgten Ausgaben für Sicherheit, Sozialbedürfnisse und soziale Anerkennung sowie schließlich, als Spitze der Pyramide, Ausgaben für die individuelle Selbstverwirklichung.[6]

Maslows Überlegungen wurden auch deshalb prominent, weil sie in den 1970er Jahren eine zentrale Rolle in den soziologischen Debatten über den „Wertewandel" spielten, also der Einstellungsveränderung großer Teile der Bevölkerung zu Themen wie Politik, Familie oder Umwelt. So stützte sich der US-amerikanische Soziologe Robert Inglehart auf Maslow, als er in seinem 1977 erschienenen Werk „The Silent Revolution" den Wertewandel durch eine „Postmaterialistische Wertorientierung" erklären wollte. Der Bedeutungsgewinn von Themen wie dem Umweltschutz hatte Inglehart zufolge als wesentliche Voraussetzung, dass sich die Menschen um die Befriedigung ihrer Grundbedürfnisse keine ernsthaften Gedanken mehr zu machen brauchten. Eine Annahme im Übrigen, die immer wieder polemische Anschlüsse provozierte[7]

Sowohl an der „Maslowschen Bedürfnispyramide" als auch an der Erklärung des Wertewandels durch Inglehart hat es viel Kritik gegeben. Diese lässt sich da-

5 Michael C. Schneider, Wissensproduktion im Staat. Das königlich preußische statistische Bureau 1860–1914, Frankfurt am Main 2013, S. 63 f.

6 Abraham Maslow, A Theory of Human Motivation, in: Psychological Review 50 (1943), S. 370–396; Ders., Motivation and Personality, New York 1954.

7 Robert Inglehart, The Silent Revolution. Changing Values and Political Styles among Western Publics, Princeton 1977.

hingehend zusammenfassen, dass sich Konsumentscheidungen nicht einfach als ökonomisches Funktionsmodell beschreiben lassen, sondern auch von kulturellen Faktoren abhängig sind. Genauso sei der Wertewandel, der nach Inglehart bestimmte Konsumentscheidungen motivierte, weniger als Resultat wirtschaftlicher Saturiertheit, sondern vor allem eines steigenden durchschnittlichen Bildungsgrads der Bevölkerung zu verstehen.[8] Dennoch kommt den Überlegungen Maslows das Verdienst zu, einen zentralen Aspekt der Konsumgeschichte theoretisch systematisiert zu haben. Er machte deutlich, dass das zur Verfügung stehende Budget nicht nur die Menge des Konsums bestimmt, sondern ihn auch bis zu einem gewissen Grade strukturiert.

Maslows Überlegungen bieten ein hilfreiches Modell zur Analyse des Konsums. Dennoch lassen sich damit keineswegs alle Konsumentscheidungen erklären oder systematisieren. So können Ausgaben für soziale Anerkennung oder Selbstverwirklichung mit ganz unterschiedlichen Konsumakten verbunden sein. Darüber hinaus gibt es zahlreiche Konsumentscheidungen, die sich mit Maslows Modell explizit *nicht* erklären lassen: Von den armen westfälischen Familien im 19. Jahrhundert, die kaum zu essen hatten, sich aber trotzdem eine Kuckucksuhr leisteten (damals ein wichtiges Statussymbol), über die Teenager in der Nachkriegszeit, die ihr erstes verdientes Geld für ein Motorrad ausgaben, bis hin zu angeblich überdimensionierten Flachbildfernsehern von Hartz IV-Empfängern.[9] Das bedeutet keineswegs, dass Konsumentscheidungen nicht auch durch das zur Verfügung stehende Budget bestimmt würden – wie könnte es auch anders sein. Jedoch spielen persönliche Präferenzen, sozialer Status, gesellschaftliche Normen offensichtlich ebenfalls eine wichtige Rolle.

Um das soziale Spannungsfeld des Konsums präziser zu beschreiben, erscheint es zunächst sinnvoll, sich klarzumachen, was Menschen mit bestimmten Konsumakten eigentlich leisten und wie diese miteinander zusammenhängen. Ein trivialer Faktor ist dabei zunächst die Befriedigung von Bedürfnissen: Wer Hunger hat, kauft sich etwas zu essen, wer gerne Fußball schaut, einen Fernseher. Darüber hinaus geschieht aber noch sehr viel mehr. So hat die ethnologische Forschung gezeigt, dass Menschen mittels der Dinge, die sie besitzen, Erwartungssicherheit schaffen, ihr soziales Umfeld ordnen und berechenbar machen.[10] Das impliziert im Übrigen nicht nur, sich Dinge anzueignen, sondern sie später auch wegzuwerfen. Wer sich dem verweigert, landet rasch im pathologisch wahrgenommenen Bereich, und bezeichnenderweise gilt das sog. „Messi-Syndrom", bei dem Men-

8 Helmut Klages, Die gegenwärtige Situation der Wert- und Wertewandelsforschung – Probleme und Perspektiven, in: Ders., Hans-Jürgen Hippler, Willi Herbert (Hg.), Werte und Wandel. Ergebnisse und Methoden einer Forschungstradition, Frankfurt/M., New York 1992, S. 5–39.

9 Frank Trentmann, Empire of Things. How we Became a World of Consumers, from the Fifteenth Century to the Twenty-first, London 2016.

10 Aida Bosch, Konsum und Exklusion. Eine Kultursoziologie der Dinge, Bielefeld 2010.

schen Probleme damit haben, Dinge wegzuwerfen, weniger als hygienisches Problem denn als eines sozialer Desorganisation.[11]

Zugleich sind die Menschen nicht allein mit sich und ihren Dingen. Vielmehr wird ihr Konsum ständig beobachtet: vom Partner, von den Eltern, den Kindern, den Freunden, im Klassenzimmer, im Sportclub – aber eben auch von wildfremden Menschen, die auf Autos, Kleidung oder die Lackierung der Fingernägel achten und sich daraus ein Bild der entsprechenden Person formen. Der bereits erwähnte Pierre Bourdieu hat pointiert – womöglich überpointiert – herausgestellt, dass wir in unserem Geschmack und unseren Konsumentscheidungen keineswegs frei sind und auch nicht besonders individuell, sondern in hohem Maße das Produkt von Erziehung und Herkunftsmilieu. Auf eine bestimmte Art und Weise lackierte Fingernägel sagen darum oftmals mehr über einen Menschen aus, als diesem wahrscheinlich selbst bewusst ist: Sie öffnen ein Fenster in seine gesamte soziale Existenz.[12] Insofern ist Konsum, ob bewusst oder unbewusst, in vielen Fällen eng mit sozialem Status und Schichtzugehörigkeit verknüpft.

Doch auch wenn sich der Konsum unbestreitbar nach sozialen Schichten und Milieus unterscheidet, so wohnt ihm doch ein dynamisches Element inne, das gesellschaftliche Differenzen tendenziell transzendiert. Das hat zunächst ganz wesentlich mit Geld zu tun: Geld kann nämlich im Prinzip für alles Mögliche ausgegeben werden und moderne Märkte differenzieren wie gesagt nicht, ob eine Adlige oder ein Müllmann im Laden erscheint, solange sie nur zahlungskräftig sind. Die universale Verfügungsmacht des Geldes ermöglicht es, die Konsumentscheidungen anderer Leute nicht nur zu beobachten, sondern sie auch nachzuahmen oder sich bewusst von ihnen abzugrenzen. Sie schafft Potenziale, sich in der sozialen Welt nach eigenen Vorstellungen zu präsentieren.

Ein anderes dynamisches Element besteht darin, dass das Angebot an Konsumgütern keineswegs gleich geblieben ist, sondern sich besonders seit der zweiten Hälfte des 18. Jahrhunderts kontinuierlich verändert hat. Technische Innovationen oder neue Importwege brachten neue Güter auf den Markt. Andererseits wurden vormals rare Luxuswaren (wie etwa Pfeffer oder Zucker) im Laufe der Zeit alltäglich. Die Möglichkeiten der industriellen Massenproduktion sowie die globale Integration von Märkten trugen zu einer Erhöhung der Angebotselastizität entscheidend bei.[13]

Das hatte nicht zuletzt deswegen weitreichende Folgen, weil sich mit steigender Kaufkraft und wachsender Angebotselastizität neue soziale Spielräume eröffneten. Im 18. Jahrhundert wurde es in Westeuropa beispielsweise für breite Bevölkerungsschichten überhaupt erst möglich, sich am Konsum der Oberschichten

---

11 Scott Herring, Collyer Curiosa. A Brief History of Hoarding, in: Criticism 53 (2011), S. 159–188.

12 Bourdieu, Die feinen Unterschiede, S. 729–740.

13 Maxine Berg, Luxury and Pleasure in Eighteenth-century Britain, Cambridge 2007.

zu orientieren. Die sich seit dem 16. Jahrhundert besonders in Frankreich entfaltende höfische Konsumkultur war für die meisten Menschen, die keine Adligen waren, nicht nur materiell unerreichbar: An ihr teilzunehmen wäre für sie auch in sozialer Hinsicht absolut unangemessen gewesen. Ende des 18. Jahrhunderts sah die Situation in englischen und französischen Städten – speziell London und Paris – aber bereits anders aus: Viele Konsumgüter wie Kleidung oder Gemälde zirkulierten auch in den Mittelschichten, und sei es über den Gebrauchtwarenhandel. Getränke, wie der Tee, oder Gewürze, wie der Pfeffer, „sickerten" in die Gesellschaft ein. Damit war nicht nur der angestrebte Genuss, sondern auch der Versuch der Aufwertung und Gestaltung der eigenen sozialen Existenz verbunden.

Folgt man Bourdieu, dann kamen die Menschen mit solchen Versuchen allerdings nicht weit: Der Aspirant kann sich zwar einen teuren Mercedes anschaffen, den gesellschaftlichen Aufstieg schafft er dadurch aber noch lange nicht: Sein „Habitus", d.h. die in seinen Leib eingeschriebenen sozialen und kulturellen Prägungen, lassen das nicht zu. Diejenigen, die in der Oberschicht sozialisiert wurden, erkennen den Emporkömmling sofort. Etwa, weil er kleine Fehler bei seiner Garderobe begeht, oder weil er nicht in der Lage ist, beim Galadinner den Hummer fachgerecht zu zerlegen. Angesichts dieser sozialen Geschlossenheit ist es dann auch nur konsequent, wenn die unteren Schichten nach Bourdieu mit einer *amor fati* (Dt.: Liebe zum Schicksal) reagieren: Die eigene, unterprivilegierte Situation wird als Teil der sozialen Identität stolz akzeptiert.[14]

Das hier vermittelte Bild ist aus historischer Sicht jedoch viel zu statisch: Die Forschung hat gezeigt, dass die Orientierung am Oberschichtenkonsum nicht als bloße Imitation, sondern eher als mitunter äußerst kreative Aneignung und Neugestaltung der sozialen Existenz beschrieben werden sollte – zumal es in den meisten Fällen weniger um ein „Dazugehören" zur Oberschicht als um eine Abgrenzung gegenüber dem Herkunftsmilieu ging. In dem Moment, wo die Angebotselastizität stieg, also den Menschen größere Mengen und vor allem neue Güter zur Verfügung standen, für die es „habitualisierte" Konsumformen noch gar nicht geben konnte, entwickelte sich eine soziale Dynamik, die zu einem wesentlichen Faktor historischer Veränderung seit dem 18. Jahrhundert wurde.[15] Das stellt im Übrigen eine mögliche Erklärung dafür dar, dass viele autoritäre Regime während des 20. Jahrhunderts einerseits darauf angewiesen waren, ein angemessenes Konsumniveau zu garantieren, um die Bevölkerung zufriedenzustellen. Zugleich versuchten sie aber, Konsum zu normieren, „richtigen" und

14 Bourdieu, Die feinen Unterschiede, S. 286.

15 Trentmann, Empire of Things.

„falschen“ Konsum zu bestimmen.[16] Die Individualität der Konsumakte erschien offensichtlich als äußerst suspekt.

Die Verbreitung von Konsumgütern erzeugte gleichzeitig aber auch ein Problem für die oberen Schichten einer Gesellschaft: Denn wie konnten sie sich weiterhin von der breiten Masse abgrenzen, wenn Luxuswaren alltäglich wurden? Indem sie exklusive Güter in profane Massenwaren verwandelte, erwies sich die industrielle (Massen-)Produktion als steter Feind sozialer Distinktion. Kein Wunder also, dass sich „Luxus“ oftmals mit Gütern verbindet, die sich der industriellen Produktion verweigern, deren Angebot künstlich verknappt wird oder wo das „Image“ einer Marke Preise rechtfertigt, die mit den Produktionskosten wenig zu tun haben. Auch hier stellt man fest, dass „Bedürfnis“ oder „Genuss“ keine objektiven Kategorien sind, sondern sich im Zweifelsfall erst in Abgrenzung zum Konsum der anderen ausbilden. Das prägt in feineren oder gröberen Nuancierungen unseren Alltag, kann aber auch durchaus extreme Formen annehmen, etwa im Kauf einer Yacht oder eines luxuriösen Hauses.

Kein Autor hat den Aspekt, dass es beim Konsum mitunter auf Distinktion um jeden Preis ankommt, so zugespitzt wie der US-amerikanische Soziologe Thorstein Veblen, der im Jahr 1899 seine „Theory of the Leisure Class“ (Dt.: Die Theorie der feinen Leute) veröffentlichte.[17] Veblen beobachtete bei sehr reichen Menschen eine Form des *demonstrativen Konsums*, bei dem der Nutzwert eines Gutes höchstens noch in negativer Hinsicht eine Rolle spielte. Vielmehr wurde die herausfordernde Nutzlosigkeit eines Konsumgutes zu einem Statusmerkmal. Wichtig war vor allem, wieviel etwas gekostet hatte, und dass alle wussten, wieviel es gekostet hatte. Verschwendung wurde zum Signum einer neuen Klasse von Menschen, die es „sich leisten“ konnten. Der Statusaspekt des Konsums löste sich vom Gebrauchswert ab. Ins Extrem getrieben spielte er eigentlich nur noch für die Außenwahrnehmung des Konsumenten und die Demonstration eines beinahe unbegrenzten Vermögens eine Rolle.

Trotz des ironischen Einschlags des Buches verband Veblen mit ihm eine ernst gemeinte Kritik: Das Skandalöse des „nutzlosen“ Konsum bestand für ihn nicht in erster Linie darin, dass – übertragen gesprochen – jemand einen Rolls-Royce fuhr, wenn er auch mit einem VW-Polo zum Ziel kommen konnte. Er kritisierte vielmehr, dass die Produktionskapazitäten der Gesellschaft letztlich für nutzlose Güter in Anspruch genommen wurden. Insofern dachte Veblen von der Produktionsseite her: Er ging davon aus, dass verschiedene Hersteller und Marken nur deswegen existierten, weil sich die Tendenz zur Rationalisierung und Konzentration noch nicht voll durchgesetzt hatte. Das aus seiner Perspektive lächerliche

16 Vgl. S. Jonathan Wiesen, Creating the Nazi marketplace. Commerce and Consumption in the Third Reich, Cambridge 2011.

17 Thorstein Veblen, The Theory of the Leisure Class. An Economic Study of Institutions, New York 1953 (zuerst 1899).

Bedürfnis nach sozialer Distinktion verhinderte die effiziente Nutzung der produktiven Kapazitäten einer Gesellschaft.[18]

Aber ist dieses Bedürfnis tatsächlich so lächerlich? Schließlich hat sich der Konsum gerade deshalb als historisch wirkmächtig erwiesen, weil er sich der technischen und ökonomischen Effizienz nicht einfach beugt. Sicher würden unsere Kleider auch dann sauber werden, wenn eine große Fabrik alles benötigte Waschmittel herstellte. Gleichwohl sind den Menschen offensichtlich verschiedene Arten von Waschmitteln wichtig und eben auch der Genuss von Gütern, die für unser Überleben nicht unbedingt notwendig sind: Smartphones beispielsweise. Insofern ist Veblens in der Folgezeit oft wiederholtes Argument eines Konflikts von nutzlosem Konsum und ökonomischer Effizienz nicht frei von einem gewissen Paternalismus. Es impliziert letztlich, dass die Menschen für ihre Konsumakte im Zweifelsfall einen guten Grund angeben sollten. Vorausgesetzt wird, dass man modische Kleidung, teure Uhren, elektronisches Spielzeug zur Befriedigung „echter" Bedürfnisse gar nicht braucht. Im Zweifelsfall sollten Luft, Liebe und ein gutes Buch völlig ausreichen.

Hierzu lassen sich sicherlich die unterschiedlichsten Standpunkte einnehmen. Historisch gesehen ist jedoch wichtig, dass Menschen Konsumchancen suchen. Die Empirie muss extrem selektiv interpretiert werden, um hierin bloß das Resultat von Zwang und Verführung zu erblicken. Dazu passt im Übrigen, dass sich kaum jemals etwas als so erfolglos erwiesen hat, wie die Versuche, durch moralisierende Kritik Konsum zu regulieren oder gar zu lenken.[19] Zudem haben sich Konsumdynamiken als ein wesentlicher Faktor ökonomischen und sozialen Wandels herausgestellt und darauf muss die Produktion reagieren. Aus diesem Grund besitzt Konsum auch für eine sich eher traditionell verstehende Wirtschaftsgeschichte große Relevanz.

Traditioneller Konsum und die „Konsumrevolution" des 18. Jahrhunderts

Ausgangspunkt der modernen Konsumgeschichte ist die stratifizierte Gesellschaft der Vormoderne, und erst vor ihrem Hintergrund wird die soziale Dynamik des Konsums deutlich. Mit „stratifiziert" ist gemeint, dass es sich um eine hierarchisch gegliederte – nicht funktional differenzierte – Gesellschaft handelte, in der angemessener Konsum wesentlich davon abhing, welchem gesellschaftlichen Stand jemand angehörte. Betrat im Mittelalter ein Edelmann das Gasthaus, war vollkommen klar und musste nicht eigens thematisiert werden, dass er das beste

18 William E. Akin, Technocracy and the American Dream. The Technocrat Movement, 1900-1941, Berkeley 1977.

19 Plumpe, Konsum, S. 626 f.

Stück Fleisch bekam. Auch bei den Vorschriften und Normen, die das Wirtschaftsleben betrafen, war das stets mitgedacht. Das lässt sich etwa am Beispiel des „Gerechten Preis" (iustum pretium) veranschaulichen, einer der ökonomischen Zentralnormen Europas seit dem Mittelalter. Dieser Gerechte Preis, der sowohl Wucher vermeiden als auch das Auskommen der Produzenten sichern sollte, war vorrangig ein sozial angemessener Preis. Dementsprechend war er für Adlige und Bauern nicht derselbe, sondern stets im Hinblick auf eine standesgemäße Lebensführung zu bemessen.[20]

Die Normierung des gesellschaftlichen Zusammenlebens ließ oftmals nur geringe Spielräume für individuellen Ausdruck und Geschmack. So waren „bunte" Kleidung sowie diverse Accessoires weitgehend dem Adel vorbehalten. Ansonsten galt in der Regel einfarbige Tracht als angemessen, die Hinweise auf den gesellschaftlichen Status und den Beruf gab. Mitunter legten Kleiderordnungen noch bis in die zweite Hälfte des 18. Jahrhunderts hinein fest, wer gemäß seiner gesellschaftlichen Stellung was anziehen durfte. Bereits hier zeigt sich allerdings eines der zentralen Probleme bei der Auseinandersetzung mit alteuropäischen Konsumformen: Kleiderordnungen können genauso als Beleg für eine allgemein übliche Praxis interpretiert werden, wie als Hinweis darauf, dass sich die Menschen gerade nicht daran hielten – warum hätte man sie sonst darauf hinweisen müssen? Zumindest gibt die schriftliche Normierung einen Hinweis darauf, dass die Praktiken des Konsums vielfältiger gewesen dürften, als es anhand der Quellen mitunter den Anschein hat.[21]

Inwiefern abweichendes Verhalten möglich und sozial durchsetzbar war, hing nicht zuletzt davon ab, welche Güter überhaupt verfügbar waren. Der sozial stratifizierte Konsum konservierte die Gesellschaftsstruktur deshalb zumindest solange erfolgreich, wie die Menge und Bandbreite der erreichbaren Waren begrenzt blieb. Seit dem 16. Jahrhundert kam es jedoch zunächst langsam, im 18. Jahrhundert dann beschleunigt zu einer Vergrößerung und Verbreiterung des Angebots. Darauf wurde bereits im ersten Kapitel hingewiesen: Die sichtbare Vermehrung der Güter im Zuge der europäischen Expansion eröffnete neue Konsumchancen. Das wiederum gab dem Konsum als sozial dynamischem Faktor eine wachsende historische Bedeutung.

Ein wichtiger Schrittmacher war dabei zunächst die sich ab dem 16. Jahrhundert in Frankreich entfaltende höfische Kultur. Die Vergrößerung der adligen Hofhal-

---

20 George W. Wilson, The Economics of Just Price, in: History of Political Economy 7 (1975), S. 56–74, 62, 68.

21 Zur Auseinandersetzung um Kleiderordnungen vgl. Anne Kathrin Reich, Kleidung als Spiegelbild sozialer Differenzierung: städtische Kleiderordnungen vom 14. bis zum 17. Jahrhundert am Beispiel der Altstadt Hannover, Hannover 2014; Jutta Zander-Seidel, Kleidergesetzgebung und städtische Ordnung. Inhalte, Überwachung und Akzeptanz frühneuzeitlicher Kleiderordnungen, in: Anzeiger des Germanischen Nationalmuseums 1993, S. 176–188.

tung im Zuge des sich durchsetzenden Absolutismus brachte neue Formen des Luxuskonsums und der Freizeitgestaltung hervor. Werner Sombart leitete daraus in einem schönen, wenngleich etwas schlüpfrigen Buch sogar eine Erklärung für die Entstehung des Kapitalismus ab: Um den „Weibchen“ (Sombart) bei Hofe zu gefallen und sie angemessen zu beschenken, entstand besonders in Frankreich ein Luxusgewerbe, das moderne und bereits arbeitsteilige Produktionsformen hervorbrachte.[22] Zugleich dienten Luxuswaren als wesentliches Distinktionsmerkmal: Wer im 17. Jahrhundert ein edles Besteck oder gar chinesisches Porzellan besaß, zeichnete sich damit gegenüber seinen Standesgenossen aus. Darum wurden französische Luxuswaren auch gerne zur Bestechung benutzt. Manche der damaligen Luxusgüter erscheinen heute allerdings als eher profan: Sei es der Pfeffer, der als edles Gewürz galt, oder auch Farben, die zum Teil hohe Preise erzielten.[23]

Die neue Konsumkultur seit dem 16. Jahrhundert war allerdings eine Oberschichtenkultur und blieb somit auf einen vergleichsweise kleinen Personenkreis beschränkt. Zwar wurde dieser Oberschichtenkonsum auch von anderen sozialen Schichten wahrgenommen und teilweise bereits zu imitieren versucht. Aber dafür waren die Grenzen eng gezogen. Eine Konsumgesellschaft im eigentlichen Sinne konnte sich erst dann entwickeln, als sich die Angebotselastizität erhöhte, womit – wie im ersten Kapitel bereits erwähnt – zugleich die Breite des Warenangebots, sein Umfang und die Verfügbarkeit für verschiedene soziale Schichten gemeint ist. Das war allerdings durchgehend erst im 18. Jahrhundert der Fall und besonders englische und französische Städte stachen hier heraus. Es entstanden die ersten Keimzellen einer neuen Konsumkultur, die eine wichtige Voraussetzung für die Industrialisierung darstellte.

Dabei stellt sich zunächst die Frage, wo die neuen Güter herkamen. Traditionell erreichten sie die europäischen Märkte über den Fernhandel, wofür Großbritannien mit seinem entstehenden Empire gute Voraussetzungen besaß. Das lag aber auch schlicht in der ökonomischen Rationalität des Seehandels begründet, der voller Risiken war. Schiffe mussten darum, sollte sich die Reise lohnen, eine möglichst wertvolle Fracht transportieren. Doch auch wenn gerade die Herkunft aus fernen Ländern ein Ausweis der Exklusivität eines Gutes war, so wurden die Luxuswaren doch auch zunehmend imitiert und selbst hergestellt. Ein gutes Beispiel dafür ist Porzellan: Chinesisches Porzellan galt in der Frühen Neuzeit als äußerst wertvolles Luxusgut, das im frühen 18. Jahrhundert aber, nach vielen fehlgeschlagenen Experimenten, auch in Europa hergestellt werden konnte. Das

22 Werner Sombart, Liebe, Luxus und Kapitalismus. Über die Entstehung der modernen Welt aus dem Geist der Verschwendung, Berlin 1986 (zuerst 1913).

23 Engel, Farben der Globalisierung, S. 51–61.

führte zur Gründung zahlreicher Produktionsstätten – etwa im sächsischen Meißen 1710 – und dementsprechend zu einer Ausweitung des Angebots.[24]

Zugleich veränderten sich auch die Produktions- und Handelsbedingungen für Güter, die vor allem aus klimatischen Gründen in Europa nicht angebaut werden konnten. So wurde Pfeffer seit der zweiten Hälfte des 17. Jahrhunderts zunehmend in Form der Plantagenwirtschaft produziert. Tee kam traditionell aus China nach Europa, das seine Marktposition aber im Laufe des 19. Jahrhunderts sukzessive gegenüber Indien einbüßte, das aufgrund der dort praktizierten Plantagenwirtschaft und der kürzeren Handelswege Vorteile hatte.[25] Eine globale, marktorientierte Landwirtschaft trug zur Vergrößerung des Angebots also wesentlich bei. Man sollte allerdings keinesfalls zu erwähnen vergessen, in wie vielen Fällen das mit Sklavenwirtschaft und kolonialer Ausbeutung einherging.

Ähnlich wichtig wie der Blick auf die Entwicklung des Angebots ist jedoch die Frage, wie und warum breitere Bevölkerungsschichten die neuen Konsumoptionen wahrnehmen konnten. Wann begann sich die soziale Normierung des Konsums zu lockern und wie konnten es sich die Menschen überhaupt leisten, neue Güter zu konsumieren? Gerade auf dem Land – und der Anteil der Bevölkerung, der in Städten lebte, war in Europa vor 1800 im Vergleich zu heute gering – gab es kaum Spielräume für den Erwerb nicht unbedingt notwendiger Güter. Worum es vorrangig ging, war schlicht das Überleben.[26]

Tatsächlich entwickelten sich neue Konsumformen zumeist nicht auf dem Land, sondern in den Städten.[27] Diesbezüglich hat Jan de Vries für den englischen Fall eine These formuliert, die in den letzten 15 Jahren intensiv diskutiert worden ist. Ausgangspunkt seiner Überlegungen ist die Beobachtung, dass das Angebot neuer Güter in England seit dem späten 17. Jahrhundert mit einer tendenziellen Senkung der Löhne im städtischen Gewerbe zusammengetroffen sei. Wer an der neuen Konsumwelt teilhaben wollte, musste folglich länger und härter arbeiten. Darin sieht de Vries den Ursprung einer „Industrious Revolution", einer Fleißrevolution, in deren Verlauf die Menschen durch Konsumanreize für den Kapitalismus gewissermaßen erzogen worden seien. Wie nahezu alle Theorien der Industrialisierung wird auch diese kontrovers diskutiert: Hier geht es dann um grundsätzliche Fragen, etwa darum, wie bedeutsam Kategorien wie Fleiß und Arbeitsaufwand überhaupt sind, um ökonomisches Wachstum zu erklären. Hart gearbeitet wurde anderswo und zu anderen Zeiten, etwa in China, schließlich auch. Trotzdem hat de Vries einen wichtigen Denkanstoß gegeben, sich genauer

---

24 Mark Häberlein, Artikel: Porzellan, in: Enzyklopädie der Neuzeit Bd. 10, Stuttgart 2009, Sp. 229–231.

25 Peer Vries, Zur politischen Ökonomie des Tees. Was uns Tee über die englische und chinesische Wirtschaft der Frühen Neuzeit sagen kann, Wien 2009, S. 91–126.

26 Beck, Unterfinning.

27 Trentmann, Empire of Things, S. 78–118.

mit den ökonomischen Anreizen zu beschäftigen, die von einem vermehrten Güterangebot ausgingen.[28]

Damit, wie die neuen Waren in der Gesellschaft zirkulierten, hat sich wiederum besonders die französische Historikerin Laurence Fontaine beschäftigt, und ist hier zu erstaunlichen Ergebnissen gekommen. Am Beispiel von Pariser Flohmärkten seit der Mitte des 18. Jahrhunderts konnte sie zeigen, dass es etwa beim Handel mit Altkleidern längst nicht nur darum ging, Grundbedürfnisse zu befriedigen. Vielmehr ergaben sich auf diese Weise neue Möglichkeiten, sich abwechslungsreich und modisch zu kleiden. Gebrauchte Kleidung zirkulierte erstaunlich schnell und wurde, vermittelt über Pfandhäuser, zu einem wichtigen Zahlungsmittel einer Mikro-Kreditökonomie unterständischer Schichten. Diese Geschichte erscheint deswegen so faszinierend, weil sie deutlich macht, dass neue Konsumformen komplexer waren, als oftmals gemutmaßt wurde, und sie sich nicht auf die Imitation von Oberschichtenkonsum reduzieren lassen. Vielmehr bildeten sie ihre eigenen Institutionen und systemischen Zusammenhänge aus. Die unteren gesellschaftlichen Schichten, zumindest in Paris, blieben von den neuen Konsummöglichkeiten keineswegs ausgeschlossen.[29]

Der Konsum wurde während des 18. Jahrhunderts zu einem dynamischen Faktor des Wirtschaftslebens. Gewerbe und junge Industrien mussten sich auf eine veränderte Nachfrage einstellen. Während der traditionelle Konsum an hierarchische Sozialformen wie das „Ganze Haus“ gebunden war, überschritt der marktvermittelte Konsum die dadurch gezogenen Grenzen und erwies sich in höherem Maße als allgemein zugänglich, nicht mehr von vornherein durch Standesunterschiede limitiert. Neue Konsumpraktiken wurden damit zu einer Triebkraft sozialen Wandels. Die obrigkeitliche Normierung des Konsums hingegen ließ sich seit dem späten 18. Jahrhundert immer weniger durchsetzen und verlor zunehmend ihren Sinn.

Konsum und Industrialisierung

Dass London und Paris Keimzellen der modernen Konsumkultur waren, verwundert nicht: Schließlich handelte es sich um die Hauptstädte der beiden mächtigsten und wohlhabendsten europäischen Länder. Die Entstehung des britischen Empire ging mit der Anbahnung neuer Wirtschaftsbeziehungen einher, die das Güterangebot bereits seit dem Ende des 17. Jahrhunderts deutlich erhöhten. Damit

---

28 De Vries, Industrious Revolution, S. 238–273. Eine sehr sorgfältige empirische Untersuchung dazu bietet Craig Muldrew, Food, Energy, and the Creation of Industriousness. Work and Material Culture in Agrarian England 1550–1780, Cambridge 2011.

29 Lorence Fontaine, The Moral Economy. Poverty, Credit, and Trust in Early Modern Europe, New York 2014.

wurden Spielräume für neue soziale Praktiken des Konsumierens geschaffen, die wiederum neue Variationen und Distinktionsmöglichkeiten boten. Anschaulich demonstrieren lässt sich das am Begriff der Mode (bzw. engl. *fashion*), der zwar im 16. Jahrhundert gebräuchlich wurde, aber erst im späten 18. Jahrhundert seine allgemein verständliche Bedeutung für den vorherrschenden Kleidungsgeschmack bekam. Erst dann konnte er positiv besetzt werden.[30]

Für die Geschichte der Industrialisierung ergibt sich daraus aber ein Problem: Auf der einen Seite stand am Beginn der industriellen Dynamik eine vielfältige, vor allem urbane Konsumkultur. Auf der anderen Seite verbindet man die Industrialisierung jedoch vor allem mit der Massenfertigung vergleichsweise weniger Güter, für die rationelle Produktionsverfahren entwickelt wurden, etwa Textilien oder Eisen und Stahl. Angesichts eines besonders in Westeuropa während des 19. Jahrhunderts starken Bevölkerungswachstums mussten zunächst die Grundbedürfnisse einer rasch zunehmenden Bevölkerung befriedigt werden. Zudem sank in vielen Fällen der durchschnittliche Lebensstandard während der Frühindustrialisierung (darauf gibt zumindest im britischen Fall die Abnahme der durchschnittlichen Körpergröße zwischen ca. 1830 und 1860 Hinweise). War die erste Hälfte des 19. Jahrhunderts in Westeuropa also durch eine Einschränkung der Angebotselastizität gekennzeichnet?

Um auf diese Frage eine sinnvolle Antwort zu geben, ist zunächst darauf hinzuweisen, dass die industrielle Produktionsweise das Handwerk keineswegs sofort und keineswegs auf ganzer Linie verdrängte. Erstere etablierte sich vielmehr zuerst in bestimmten Bereichen, wie der Textilproduktion, und dort bekam dann auch die handwerkliche Konkurrenz die größten Probleme. Das Leid der schlesischen Weber in den 1840er Jahren, später von Gerhart Hauptmann in Dramenform gebracht, legt davon Zeugnis ab. Aber selbst dort, wo sich eine industrielle Produktionsweise etablierte, wirkte sie mitunter an einer Ausweitung des Angebots dadurch mit, dass sie Güter breiteren Bevölkerungsschichten zugänglich machte. Das klassische Beispiel dafür ist die Firma Wedgwood aus dem englischen Staffordshire, die seit den 1760er Jahren als Hersteller von „Creamware", also porzellanähnlichem Steingutgeschirr, vormalige Luxusgüter auch in die britischen Mittelschichtshaushalte brachte, und dabei zugleich das industrielle Rechnungswesen und das Marketing revolutionierte.[31]

Tatsächlich kamen während des 19. Jahrhunderts zahlreiche neue Gebrauchsgegenstände auf den Markt. Die „Musterbücher", die der preußische Staat in den 1820er Jahren herausbrachte und die dazu dienten, die einheimischen Produzenten über die neuen, vor allem britischen Produkte zu informieren, zeigen das eindrücklich. Die Variation der Kleidung nahm besonders in den Städten zu. In-

30 Ulinka Rublack, Art. „Mode", in: Enzyklopädie der Neuzeit Bd. 8, S. 644–646.

31 Neil McKendrick, Josiah Wedgwood and Cost Accounting in the Industrial Revolution, in: The Economic History Review 23 (1970), S. 45–67.

sofern trifft das Bild einer standardisierten Massenproduktion vergleichsweise weniger Güter die Realität des europäischen Wirtschaftslebens im 19. Jahrhunderts keineswegs. Das Nebeneinander von industrieller Produktion und Handwerk, das trotz zahlreicher, in vielen Bereichen existentieller Krisen keineswegs von Ersterer vollständig verdrängt wurde, gibt hier deutliche Hinweise.

Wie es bereits mit Hinweis auf die Arbeiten von Laurence Fontaine festgestellt wurde, war für die Zunahme der Angebotselastizität auch die Frage, wie Güter räumlich und sozial zirkulierten, von großer Bedeutung. Dazu trug die steigende Marktintegration bei, für die besonders der Ausbau der Verkehrswege entscheidend war: Befestigte Straßen, Kanäle und schließlich die Eisenbahn machten es möglich, Güter über große Entfernungen zu transportieren und auch in Ortschaften zu bringen, die bislang wenig Zugang dazu hatten. Dabei handelte es sich um eine graduelle Entwicklung, denn kaum ein Dorf war im 18. Jahrhundert tatsächlich von der Außenwelt abgeschlossen. Aber viele Waren wurden leichter zugänglich und erweiterten die Konsumoptionen auch dort, wo vormals die soziale Ordnung sich in klar abgegrenzten Formen des erlaubten Konsums manifestiert hatte.

Wie sich das konkret auswirkte, hat Susan Strasser am Beispiel der Vereinigten Staaten gezeigt: Um 1850 spielten hier besonders in den Kleinstädten noch fahrende Händler eine wichtige Rolle, die hauptsächlich gebrauchte Waren auch in Dörfern und Kleinstädten anboten. Der Gebrauchtwarenhandel blieb also weiterhin wichtig, um die Konsumoptionen breiter Bevölkerungsschichten zu erweitern.[32] Solche Sekundärmärkte veränderten sich jedoch in der zweiten Hälfte des 19. Jahrhunderts grundlegend: Dieselben Güter, die früher gebraucht erworben wurden, konnten die Menschen bald zunehmend neu und zu vergleichsweise günstigen Preisen erwerben. Die Qualitätsunterschiede zwischen der handwerklichen und der industriellen Produktion, lange Zeit ein starkes Argument für das Handwerk, wurden geringer. Auf dem Feld des „Recyclings" wurden jetzt Materialien zunehmend stofflich *wiederverwertet* und immer weniger Güter *wiederverwendet*. Schrotthandel oder landwirtschaftliche Verwertungsindustrien verdrängten den alten Gebrauchtwarenhandel, der im Fall der Kleidung in der zweiten Hälfte des 19. Jahrhunderts zudem vermehrt als unhygienisch angesehen wurde.[33]

Es war ein generelles Merkmal sich industrialisierender Gesellschaften, dass die Versorgung über den Markt die Selbstversorgung zurückdrängte. Wiederum war es vor allem in den Städten, wo immer weniger Güter im Haus selbst hergestellt wurden. Auch dafür ist Bekleidung ein gutes Beispiel: Die Textilindustrie war zwar einer der ersten Leitsektoren der Industrialisierung, gleichwohl wurden die Stoffe lange Zeit noch selbst zu Kleidung vernäht. Das änderte sich in der

32 Susan Strasser, Waste and Want. A Social History of Trash, New York 2000, S. 106–109.

33 Georg Stöger, Reinhold Reith, Western European Recycling in a long-term Perspective. Reconsidering Caesuras and Continuities, in: Jahrbuch für Wirtschaftsgeschichte (2015), S. 267–290.

zweiten Hälfte des 19. Jahrhunderts nach und nach, als sich – was nicht zuletzt durch die Etablierung der Nähmaschine möglich wurde – ein Bekleidungsgewerbe entwickelte. Anziehsachen wurden dann zunehmend nicht mehr selbst genäht, sondern im Geschäft gekauft.[34]

Gerade die Versorgung über den Markt führte im Rahmen der ersten Welle ökonomischer Globalisierung seit den 1880er Jahren noch einmal zu einer weiteren Steigerung der Angebotselastizität. Ausgelöst durch schnelleren Warentransport und sinkende Transportkosten, im Wesentlichen eine Folge von Eisenbahn und Dampfschifffahrt, wurden globale Märkte stärker integriert. Die internationale Arbeitsteilung vertiefte sich und damit wurden zahlreiche neue Waren zu erschwinglichen Preisen erhältlich. Wenn der britische Ökonom John Maynard Keynes im Jahr 1919 angesichts der Verheerungen des Weltkrieges die „glorious epoch of mankind" beschwor, die 1914 zu Ende gegangen sei, so benutzte er dafür das Bild eines englischen Gentleman, der noch im Bett seinen Morgentee schlürfend, potentiell alle Waren dieser Erde bestellen konnte. Auch wenn sich der Konsum eines wohlhabenden Londoner Bürgers von dem einer Arbeiterfamilie stark unterschied, so verdeutlichte Keynes' Beschreibung doch die Veränderungen, zu der die Epoche der Industrialisierung geführt hatte.[35]

Die obrigkeitliche Normierung des Konsums war im Zeitalter der Industrialisierung nicht länger möglich. Darum konnten englische Feldarbeiter im frühen 19. Jahrhundert unter den Perücken schwitzen, die sie vorher nicht tragen durften. Das bedeutete aber nicht zwangsläufig, dass sich nun individualisierte Konsumstile durchsetzten und diese nicht länger sozial normiert gewesen wären. Mit der Auflösung der Ständegesellschaft bildeten sich vielmehr neue soziale Formationen, also Klassen, Schichten, Milieus, die spezifische Konsumpraktiken entwickelten. So lassen sich z. B. „bürgerliche" und „proletarische" Konsumformen unterscheiden, die sich darin äußerten, was man anzog, was man aß und trank, welche Bücher und Zeitungen gelesen wurden – wenn denn gelesen wurde. Kollektive soziale Identitäten, die sich auch darin manifestierten, mit wem man sich abgab, in welchem Viertel man wohnte oder wen man heiratete, bildeten und bestärkten sich über Konsum.

Wie sich solche Unterschiede allerdings konkret auswirkten, lässt sich kaum auf einen einheitlichen Nenner bringen. So gab es auf der einen Seite „Extremfälle" wie die britische Klassengesellschaft, in denen bestimmte Konsumformen stark normiert waren und Verletzungen zu Sanktionen führten, die von Tratsch bis hin zu sozialer Isolation reichen konnten – während interessanterweise zu-

---

34 Andre Steiner, Von der Eigenfertigung zum Markterwerb der Kleidung. Ein Beitrag zur Kommerzialisierung des Wirtschaftens privater Haushalte in Deutschland im langen 19. Jahrhundert, in: Michael Prinz (Hg.), Der lange Weg in den Überfluss. Anfänge und Entwicklung einer Konsumgesellschaft seit der Vormoderne, Paderborn 2003, S. 255–271.

35 John Maynard Keynes, Economic Consequences of the Peace, London 1919, S. 6.

gleich, etwa in Form gesellschaftlich akzeptierter „Spleens", Spielräume für ausgeprägte Individualitätsformen existierten. Auf der anderen Seite betont Victoria De Grazia für den US-amerikanischen Fall, dass dort, im Gegensatz zu Westeuropa, schichten- und klassendifferenzierte Konsumformen sehr viel schwächer ausgeprägt gewesen seien.[36] Das wurde von europäischen Beobachtern vor dem Ersten Weltkrieg im Übrigen durchaus kritisch kommentiert, welche die, vom alltäglichen Rassismus abgesehen, vergleichsweise egalitäre amerikanische Gesellschaft als Resultat einer fortgeschrittenen Kommerzialisierung betrachteten.[37]

Es war indes nicht zuletzt die Beobachtung solch schichten- und milieudifferenzierter Konsumformen, die Bourdieu zu der These führte, dass sich über Konsumpraktiken Klassen- und Statusdifferenzen einer Gesellschaft reproduzieren. Das lässt sich nicht grundsätzlich verneinen, aber es wird damit eben – darauf wurde bereits hingewiesen – ein viel zu statisches Bild vermittelt: Aus einer solchen Perspektive wird die Vielfältigkeit historisch beobachtbarer Konsumformen auf mehr oder weniger gleichbleibende Strukturen sozialer Ungleichheit zurückgeführt, was dem mit der Industrialisierung einhergehenden sozialen Wandlungsprozessen nicht ausreichend Rechnung trägt. Ein Industrieproletariat etwa gab es im 18. Jahrhundert in der Form schlicht noch nicht und deshalb auch keine entsprechenden Konsumformen.

Hinzu kommt, dass Bourdieus Ansatz weder eine Sensibilität für gelingende soziale Mobilität noch für Devianz besitzt: Keineswegs wurden alle Kinder aus unteren Schichten, die den gesellschaftlichen Aufstieg geschafft hatten, kontinuierlich am weiteren Fortkommen gehindert. Milieuspezifische Konsumpraktiken boten zudem immer auch Anlass für Variation und Abgrenzung: vielleicht gezwungenermaßen, weil die Standards bürgerlicher Lebensführung nicht erreicht wurden, was erstaunlich oft der Fall war, vielleicht freiwillig, um einen gewissen gesellschaftlichen Aufstieg zu demonstrieren. Es ist diesbezüglich eine Vielzahl an Motiven denkbar und es erscheint wenig plausibel, dass solche Variationen und Abgrenzungen aufs Ganze gesehen, sowohl für die Konsumpraktiken wie auch für die soziale Schichtung einer Gesellschaft, keine nachhaltigen Folgen gehabt haben sollen. Gerade das Vordringen marktvermittelter Konsumformen schuf individuelle Spielräume von Variation und Abgrenzung, die weiterhin und verstärkt ein Faktor sozialen Wandels waren.

---

36 Victoria De Grazia, Irresistible Empire, America's Advance through Twentieth-Century Europe, Cambridge/Mass. 2005.

37 Z.B. Werner Sombart, Warum gibt es in den Vereinigten Staaten keinen Sozialismus?, Tübingen 1906, S. 18 f.

Moderne Konsumgesellschaften

So sehr insgesamt seit der zweiten Hälfte des 18. Jahrhunderts Breite und Umfang des Konsums in Westeuropa zugenommen haben: Es besteht offensichtlich ein Unterschied zwischen der Art und Weise, wie um 1900 konsumiert wurde, und der Gegenwart mit ihren lichtdurchfluteten Einkaufsstraßen, der allgegenwärtigen Werbung, den rasch wechselnden Moden und Produktinnovationen. Dieser Unterschied lässt sich einerseits über die quantitative Zunahme des Konsums fassen, denn in den westlichen Industriegesellschaften nahmen die Reallöhne besonders nach dem Zweiten Weltkrieg stark zu und seit den 1980er Jahren haben gerade viele asiatische Gesellschaften diesbezüglich rapide aufgeholt. Aber zugleich hat sich die Art und Weise, wie konsumiert wird, auch qualitativ grundlegend geändert. Üblicherweise gebraucht man den Begriff der *Konsumgesellschaft*, um sowohl die quantitativen wie qualitativen Veränderungen des Konsums im 20. Jahrhundert und besonders nach dem Zweiten Weltkrieg begrifflich zu fassen.[38]

Bei dem Ausdruck „Konsumgesellschaft" (engl. *consumer society*) handelt es sich um eine Wortprägung aus den späten 1950er Jahren, die zunächst in der US-amerikanischen Debatte dazu diente, den etwas anrüchigen Kapitalismusbegriff zu vermeiden.[39] In gewisser Weise handelte es sich bei dem Terminus also um eine Propagandaformel. Sie sollte verdeutlichen, dass die freie Marktwirtschaft kein System der Ausbeutung der Vielen durch die Wenigen darstellte, sondern breite Bevölkerungsschichten am gesellschaftlichen Wohlstand teilhaben ließ. Das machte den Begriff auch als Legitimationsformel für eine demokratische Wirtschaftspolitik attraktiv.

Trotz dieser ideologischen „Kontamination" wurde der Begriff der Konsumgesellschaft bald auch in den wissenschaftlichen Diskurs übernommen. Er war nützlich, um den Unterschied zwischen den krisengeschüttelten 1930er Jahren und dem steigenden Wohlstand der 1950er und 1960er Jahre zu betonen, der in den westlichen Industriegesellschaften neue Konsumchancen eröffnete und den Erwerb von Gütern ermöglichte, die lange Zeit unerreichbar schienen. Zudem war mit dem Begriff an sich noch keineswegs beschlossen, wie er genau zu verstehen war: Von Konsumgesellschaft ließ sich schließlich auch in negativer Absicht sprechen, etwa um eine oberflächlich-materialistische Lebensweise zu kritisieren.[40]

Es ist allerdings gar nicht so einfach, zu bestimmen, was genau eine Konsumgesellschaft ausmacht und wie über diesen Begriff der Konsum in den westlichen

38 Zu dem Begriff s. George Katona, Die Macht des Verbrauchers, Düsseldorf 1962, S. 332; Ders., The Mass Consumption Society, New York 1964.

39 Steven G. Marks, The Information Nexus. Global Capitalism from the Renaissance to the Present, Cambridge 2016.

40 Herbert Marcuse, Der eindimensionale Mensch. Studien zur Ideologie der fortgeschrittenen Industriegesellschaft, Neuwied 1967.

Industriegesellschaften heutzutage von dem des späten 18. Jahrhunderts abgegrenzt werden kann. Eine einflussreiche Definition der Konsumgesellschaft bezieht sich zunächst auf die Zunahme bzw. ein dauerhaft hohes Niveau disponibler Einkommensteile. Das auf Seite 106 beschriebene „Engelsche Gesetz" besagt ja, dass mit zunehmenden Realeinkommen der Anteil der Ausgaben für die Grundbedürfnisse – Nahrung, Wohnen, Kleidung – geringer wird. So gab beispielsweise ein vierköpfiger Haushalt in der Bundesrepublik 1950 noch 46 Prozent seines Budgets für Nahrungsmittel aus, während dieser Anteil im Jahr 1990 lediglich 16 Prozent betrug.[41] Die Zunahme der Realeinkommen insbesondere nach dem Zweiten Weltkrieg führte also dazu, dass breite Bevölkerungskreise über größere Einkommensteile relativ frei verfügen konnten. Zugleich wird damit in Rechnung gestellt, dass mit dieser Entwicklung grundlegende gesellschaftliche Veränderungen einhergingen: Die Gesellschaft war zunehmend nicht mehr von Mangel, sondern von Überfluss geprägt. Neue Produkte (Kraftwagen, Elektrogeräte etc.) wurden für immer mehr Menschen erschwinglich.

Eine solche Bestimmung erscheint plausibel, wirft jedoch Abgrenzungsprobleme auf. Zum einen stieg das allgemeine Lebensniveau bereits im Verlauf der Industrialisierung erkennbar an, was dann die Frage provoziert, an welchem Punkt die Zunahme der Realeinkommen es erlaubt, tatsächlich von einer Konsumgesellschaft im eigentlichen Sinn zu sprechen. Um dieser Verlegenheit zu entkommen hat der Sozialhistoriker Heinz-Gerhard Haupt zwischen einer Konsumgesellschaft (19. Jahrhundert) und einer Massenkonsumgesellschaft (nach dem Zweiten Weltkrieg) unterschieden.[42]

Ein anderer Einwand ist grundsätzlicherer Natur: Reicht es tatsächlich aus, Konsumgesellschaften über Einkommenszuwächse und das materielle Konsumniveau zu bestimmen, oder müsste nicht stärker beachtet werden, in welchen Formen Konsum stattfindet? Um dafür ein Beispiel zu geben: In den 1920er Jahren hatte Deutschland unter den Nachwirkungen des Ersten Weltkrieges zu leiden. Der Lebensstandard war lange Zeit signifikant niedriger als im späten Kaiserreich. Zugleich gewannen Warenhäuser jedoch an Bedeutung für den Einkauf, womit sich neue Formen der „Vergemeinschaftung" beim Konsumieren entwickelten. Neue Produkte wie Autos und Elektrogeräte kamen auf den Markt, auch wenn nur wenige sie sich leisten konnten. Dabei spielte die Werbung in Zeitungen und im öffentlichen Raum eine zunehmend wichtige Rolle und begann, eine eigenständige Sprache und Ästhetik zu entwickeln. Bestimmte, für

41 Alfred Reckendrees, Konsummuster im Wandel. Haushaltsbudgets und Privater Verbrauch in der Bundesrepublik 1952–1998, in: Jahrbuch für Wirtschaftsgeschichte 30 (2007), S. 29–61, 41.

42 Heinz-Gerhard Haupt, Konsum und Handel. Europa im 19. und 20. Jahrhundert, Göttingen 2003, S. 26 f.

eine Konsumgesellschaft typische Merkmale rückten also in einer Zeit in den Vordergrund, die insgesamt eher vom Mangel geprägt war.[43]

Ein Verständnis der Konsumgesellschaft, das sowohl auf die mengenmäßige Zunahme des Konsums wie auf Veränderungen der Konsum*formen* rekurriert, hat folglich Probleme, zu einer eindeutigen Periodisierung zu gelangen. Während in quantitativer Hinsicht die 1950er Jahre für Westeuropa die Startrampe zum Massenkonsum darstellten, (für die USA lässt sich das bereits für die 1920er Jahre feststellen) entwickelten sich Ansätze moderner Konsum*formen* bereits deutlich früher.

Einen Ausweg aus diesem Periodisierungsdilemma ermöglichen Überlegungen des Sozialhistorikers Thomas Welskopp. Für ihn zeichnet sich eine Konsumgesellschaft dadurch aus, dass immer mehr Lebensbereiche im Modus des Konsums geregelt werden können, den er als systemspezifische Regelung der Versorgung unter kapitalistischen Bedingungen begreift.[44] Das bedeutet, dass nicht nur die alltägliche Güterversorgung über vergleichsweise anonyme Marktbeziehungen gewährleistet wird, sondern auch für andere Bereiche des alltäglichen Lebens auf marktvermittelte Dienstleistungen zurückgegriffen werden kann. Zwar handelte es sich auch dabei um eine graduelle Entwicklung und das macht es, wie gesehen, nicht einfach, deutliche Zäsuren zu setzen. Welskopps Begriffsbestimmung ermöglicht es jedoch, einen anderen Aspekt stärker zu betonen: Dass es nämlich gerade hinsichtlich der Art und Weise, wie die systemspezifische Regelung der Versorgung unter kapitalistischen Bedingungen stattfand, im 20. Jahrhundert zu grundlegenden Veränderungen kam, die den eigentlichen Kern der Konsumgesellschaft im modernen Sinne ausmachen.

Das lässt sich anhand von Veränderungen deutlich machen, die auf den ersten Blick wenig spektakulär erscheinen. Der Übergang zur Selbstbedienung im Einzelhandel in Westeuropa nach dem Zweiten Weltkrieg (eine Entwicklung, bei der ebenfalls die Vereinigten Staaten Vorreiter waren[45]) ging mit einer durchgreifenden Rationalisierung des Einkaufens einher. Das war wiederum eine wichtige Voraussetzung für die Entstehung großer Supermarktketten und einer grundlegend veränderten Warenlogistik, die eine überregionale Nachfrage nach Lebensmitteln und anderen Verbrauchsgütern schuf. Das hatte tiefgreifende Auswirkungen darauf, wie Nahrungsmitteln produziert wurden. So haben Andrew Godley und Bridget Williams in einem wichtigen Aufsatz für den britischen Fall gezeigt,

---

43 Trentmann, Empire of Things, S. 318–322; Claudius Torp, Konsum und Politik in der Weimarer Republik, Göttingen 2011; Martina Heßler, Mrs. Modern Woman. Zur Sozial- und Kulturgeschichte der Haushaltstechnisierung, Frankfurt/M. 2001.

44 Thomas Welskopp, Einleitung und begriffliche Klärungen: Vom Kapitalismus reden, über den Kapitalismus forschen, in: Ders., Unternehmen Praxisgeschichte. Historische Perspektiven auf Kapitalismus, Arbeit und Klassengesellschaft. Tübingen 2014, 1–23, 18–23.

45 Susan Strasser, Satisfaction guaranteed. The Making of the American Mass Market, New York 1989.

wie eng die Durchsetzung der Massentierhaltung seit den 1950er Jahren mit der Ausbildung großer Supermarktketten zusammenhing.[46]

Die Selbstbedienung trug darüber hinaus zu weitreichenden Veränderungen der Produktkommunikation bei. Die zeitintensive Beratung des Verkaufspersonals und damit hergebrachte Formen der Vergemeinschaftung beim Konsumieren fielen weg, während Werbung – nicht zuletzt über die Verpackung – und Markenbildung wichtiger wurden. Das betraf im Übrigen auch das Design der Waren, das sich nicht mehr ausschließlich an deren Funktion orientieren durfte. Für die Produktwerbung eröffneten sich damit neue Spielräume und sie entwickelte zunehmend ihre eigene Ästhetik und Formensprache. Deswegen war es auch nur konsequent, wenn ihre Vertreter seit den 1950er Jahren nicht mehr den Anspruch erhoben, die Verbraucher „informieren" zu wollen. Vielmehr ging es ihnen durchaus selbstbewusst darum, eine genuine Sprache und Ästhetik zur Anpreisung von Produkten zu entwickeln.[47]

Bereits in den 1950er Jahren empfahl und rechtfertigte die Werbung den Konsum, der vormals als Verschwendung denunziert worden wäre. Damit erwies sie sich aber gerade in den westlichen Industriegesellschaften als Teil einer neuen gesellschaftlichen Verständigung über Konsum, die sich nicht zuletzt dadurch auszeichnete, dass viele Güter zunehmend als komplementär angesehen wurden. Das war teils aus „funktionalen" Gründen der Fall; wer zuhause Fußball im Fernsehen schauen wollte, benötigte einen Kühlschrank für das Bier. Zugleich knüpften sich aber an bestimmte Konsumniveaus, etwa die Vollausstattung mit Haushaltsgeräten oder den Besitz eines Autos, soziale Erwartungen. Es ging um spezifische Vorstellungen des erreichbaren guten Lebens, das vor den Nachbarn oder den Freunden kommuniziert und präsentiert werden konnte. Das war zumindest der Fall, bevor man sich in den 1970er Jahren, nach Inglehart nun ausgestattet mit einer „postmaterialistischen Wertorientierung", davon wieder abgrenzen wollte.[48]

Schließlich äußerte sich die Ausprägung der Konsumgesellschaft in tendenziell kürzer werdenden Innovations- und Produktzyklen. Das hatte starke Rückwirkungen auf die industrielle Produktion, die sich mit einer entsprechenden Konkurrenzdynamik konfrontiert sah. Der daraus resultierende Zwang zu einer technisierten, gleichzeitig aber flexiblen Produktionsweise trug allerdings auch dazu bei, Luxusprodukte immer schneller zu profanisieren. Hierin liegt möglicherweise eine Erklärung für die mitunter grotesk erscheinenden Preiskonkurrenzen um

---

46 Andrew Godley, Bridget Williams, The Chicken, the Factory Farm, and the Supermarket. The Emergence of the modern Poultry Industry, in: Roger Horowitz, Warren Belasco (Hg.), Food Chains. From Farmyard to Shopping Cart, Philadelphia 2009, S. 47–61.

47 Zur Werbung und Produktdesign vgl. Rainer Gries, Produkte als Medien. Kulturgeschichte der Produktkommunikation in der Bundesrepublik und der DDR, Leipzig 2003.

48 Jan Otmar Hesse, Komplementarität in der Konsumgesellschaft. Zur Geschichte eines wirtschaftstheoretischen Konzeptes, in: Jahrbuch für Wirtschaftsgeschichte 30 (2007), S. 147–167; Ingo Braun, Technik-Spiralen. Vergleichende Untersuchungen zur Technik im Alltag, Berlin 1993.

Güter, die tatsächlich knapp sind und sich darum diesen Mechanismen komplett verweigern: „Alte Meister“ sind dafür ein gutes Beispiel.[49]

Am Ende rechtfertigt die Orientierung an den Überlegungen Welskopps eine recht konventionelle Periodisierung der Konsumgesellschaft, die sie im Fall der USA in den 1920er Jahren, in den meisten westeuropäischen Ländern hingegen in den 1950er Jahren beginnen lässt. Welskopp macht deutlich, dass Konsum erst als eingeführte soziale Praxis das Spiel von gegenseitiger Beobachtung, Imitation und Abgrenzung und daran anschließende öffentliche Diskurse in Gang setzt. Dadurch gelingt ihm, woran die eingangs behandelten Bestimmungen der Konsumgesellschaft noch gescheitert sind, nämlich die quantitative Zunahme und qualitative Veränderung des Konsums sinnvoll miteinander zu verknüpfen.

Zugleich liefert die Betonung der systemspezifischen Versorgung unter kapitalistischen Bedingungen Versatzstücke für die historische Erklärung eines weiteren wichtigen Merkmals der modernen Konsumgesellschaft. Die US-amerikanische Historikerin Victoria De Grazia stellte in ihrem breit rezipierten Buch „Irresistible Empire“ heraus, dass nach dem Zweiten Weltkrieg das amerikanische Konsummodell zunehmend auch in Europa adaptiert worden sei. Im Zuge dessen hätten sich schichtspezifische Konsumformen und traditionelle Formen der Vergemeinschaftung beim Konsumieren – etwa der Dorfladen als sozialer Treffpunkt – aufgelöst.[50] Tatsächlich fällt es mittlerweile schwer, spezifisch bürgerliche oder proletarische Konsumformen zu identifizieren. Stattdessen lassen sich eher fluktuierende Mischformen beobachten, die sich keineswegs selbstverständlich zu längerfristig stabilen Konsumstilen bestimmter sozialer Schichten stabilisieren.[51]

De Grazia schildert ausführlich die Bemühungen von Politikern, Bildungsgesellschaften und Firmen, das US-amerikanische Konsummodell anzupreisen und durchzusetzen. Aber möglicherweise spielte es eine viel größere Rolle, dass die heute beobachtbaren Konsumformen in der Logik des marktvermittelten Konsums bereits angelegt sind. Denn dieser differenziert eben nicht nach sozialen Kriterien, sondern nach Zahlungsfähigkeit. Gerade die dem marktvermittelten Konsum inhärente Veränderungsdynamik entfaltet soziale Fliehkräfte, die relativ statische, kleinräumige, familienbasierte soziale Milieus sukzessive auflösen.[52] Auch wenn man das mit guten Gründen bedauern kann, verdeutlicht es abschließend noch einmal die Bedeutung des Konsums als dynamischer Faktor historischer Entwicklung.

---

49 Vgl. Lambert Wiesing, Luxus, Berlin 2015. Die französischen Soziologen Luc Boltanski und Arnaud Esquerre haben jüngst argumentiert, dass die Anreicherung von Waren mit Geschichte und Tradition, die sie als Merkmal des Kapitalismus seit den 1980er Jahren betrachten, als Individualisierungsstrategie ein Gegenmittel gegen die Nivellierung durch Massenproduktion darstellt. Luc Boltanski, Arnaud Esquerre, Bereicherung. Eine Kritik der Ware, Frankfurt/M. 2019.

50 De Grazia, Irresistible Empire.

51 Vgl. Jörg Rössel, Simone Pape, Lebensstile und Konsum, in: Jens Beckert, Christoph Deutschmann (Hg.), Wirtschaftssoziologie, Wiesbaden 2010, S. 344–365, 359–361.

52 Don Slater, Consumer Culture and Modernity, Cambridge 1997, S. 25–32.

6. Technik

Ökonomische und technische Entwicklungen lassen sich in vielerlei Hinsicht kaum vernünftig voneinander trennen. Ohne technische Innovationen wären Steigerungen der Produktivität in den seltensten Fällen möglich gewesen. Es gilt aber auch der umgekehrte Zusammenhang, dass durch ökonomische Dynamiken Anreize für technische Weiterentwicklungen geschaffen wurden. So ist die Systemkonkurrenz zwischen marktwirtschaftlichen und planwirtschaftlichen Systemen nach dem Zweiten Weltkrieg nicht zuletzt durch die wachsende Technologielücke entschieden worden: Am Ende ließ sich schlecht bestreiten, dass die verkehrswirtschaftliche Konkurrenz stärkere Anreize für technologische Innovationen schuf, als das bei einer planwirtschaftlichen Steuerung ökonomischer Prozesse der Fall war.[1]

Dementsprechend stand das Zusammenspiel von ökonomischer und technischer Entwicklung lange Zeit im Vordergrund der technikgeschichtlichen Forschung, wobei es im Wesentlichen um technische Fortschritte als Basis wirtschaftlichen Erfolgs ging. Nicht selten war das Resultat am Ende jedoch eher fragwürdig und mündete in der Darstellung der Leistung großer Männer, die – zumeist nach langem Ringen und mancherlei Rückschlägen – eine Lösung fanden, auf die ihre Konkurrenten nicht gekommen waren. Es konnte nicht ausbleiben, dass sich gegen eine so unterkomplexe Vorstellung technischer Entwicklung bald Widerstand erhob. Zumal die Industrialisierung auf diese Weise auf bestimmte Schlüsselinnovationen reduziert wurde – Dampfmaschine, Cromptons „Mule" oder mechanische Webstühle –, was aber bestenfalls ein unvollständiges Bild der Implementierung technischer Innovationen vermittelte.

Mit gutem Recht hat sich die Technikgeschichte gegen eine Verherrlichung der Ingenieursleistung gewandt, die Technikentwicklung als steten, von talentierten Männern getriebenen Fortschritt betrachtete. Die Kritik an solchen simplifizierenden Ansätzen führte jedoch teilweise dazu, das Kind mit dem Bade auszuschütten: Die aktuelle Forschung in der Technikgeschichte kümmert sich um ökonomische Aspekte jedenfalls vergleichsweise wenig, sondern richtet ihre Aufmerksamkeit vermehrt auf die Anwendung und die gesellschaftlichen Auswirkungen der Implementation von Technik, was besonders unter dem Schlagwort der „user concepts" diskutiert wird. Die Forschung aus diesem Bereich weicht zudem der Frage nach dem Funktionieren von Technik eher aus, und das teilweise ganz bewusst.[2]

---

1 Ulrich Wengenroth, Technik der Moderne – Ein Vorschlag zu ihrem Verständnis. Version 1.0. München, 06.11.2015, S. 254 f. [https://www.fggt.edu.tum.de/personen/ulrich-wengenroth/forschung/technik-der-moderne] Letzter Zugriff 5.9.2019].

2 Siehe z.B. Martina Heßler, Kulturgeschichte der Technik, Frankfurt/M. 2012.

An dieser Stelle genügt der Hinweis, dass es wichtig ist, nicht künstlich falsche Frontstellungen zu kreieren. Auch ein kulturalistisches Verständnis von Technik oder neuere Forschungsansätze aus den STS („Science and Technology Studies") sind mit wirtschaftsgeschichtlichen Fragestellungen ohne Schwierigkeiten kombinierbar.[3] Im Folgenden werden drei Themenbereiche behandelt, die eine Verbindung von technik- und wirtschaftsgeschichtlichen Fragestellungen veranschaulichen können. Dabei geht es um die Beziehung zwischen technischen Innovationen und wirtschaftlicher Entwicklung sowie zwischen Technik und der Organisation der Produktion. Abschließend soll noch auf das Verhältnis von Technik und Arbeit eingegangen werden.

Technische Innovation und wirtschaftliche Entwicklung

Die Industrialisierung wäre ohne technische Innovationen und die durch sie ermöglichten Produktivitätszuwächse nicht denkbar gewesen. Das verleitet allerdings leicht zu der Ansicht, technische Innovationen mit ökonomischem Wachstum gleichzusetzen und in der Entwicklung der Dampfmaschine, der Spinning Jenny oder von Cromptons „Mule" die Ursache der Industrialisierung zu erblicken. Aus mehreren Gründen kommt man allerdings mit einer einfachen Identifikation von technischer Innovation und ökonomischem Wachstum nicht besonders weit.

Das liegt zunächst daran, dass viele der technischen Innovationen bereits vorhanden oder von so einfacher Art waren, dass sie problemlos auch zu einem früheren Zeitpunkt hätten entwickelt werden können. Die Spinning Jenny, die seit ihrer Einführung 1764 den Spinnprozess deutlich effizienter machte, war alles andere als eine komplizierte Apparatur. Das China der Song-Zeit besaß im 13. Jahrhundert die technischen Voraussetzung für die Industrialisierung und sogar Dampfmaschinen wurden dort bereits im 16. Jahrhundert entwickelt, jedoch vorrangig zum Betrieb von Wasserspielen verwendet. Die Technik der italienischen Renaissance war ebenfalls bereits auf einem hohen Stand und handwerkliche Fertigkeiten stimulierten die wissenschaftliche Revolution. Es fällt aber doch auf, dass die elaborierten Maschinen und Instrumente eher darauf ausgerichtet waren, die Produktion genauer zu machen, nicht effizienter.[4]

Eine technologische Innovation war darum nicht gleichbedeutend damit, sie produktiv anzuwenden. Hinzu kam, dass Produktionsprozesse oftmals aus einer Vielzahl miteinander verknüpfter Arbeitsschritte bestanden; eine Verbesserung

3 Susanne Bauer, Torsten Heinemann, Thomas Lemke (Hg.), Science and Technology Studies. Klassische Positionen und aktuelle Perspektiven, Berlin 2017.

4 Pamela O. Long, Artisan/Practitioners and the Rise of the New Sciences, 1400–1600, Corvallis 2011, S. 137–141.

allein nutzte häufig also nicht so viel. Das Vorhandensein des theoretischen Wissens, wie eine Maschine funktionierte, bedeutete außerdem noch lange nicht, diese auch so bauen zu können, dass sie effizient und zuverlässig funktionierte; zur Konstruktion einer Dampfmaschine waren etwa hochentwickelte Fertigkeiten im Eisenguss notwendig. Gerade im 18. Jahrhundert stellte die praktische Umsetzung technischer Innovationen eine hohe Hürde dar.

Um diese Probleme analytisch greifen zu können, hat Joel Mokyr die wichtige Unterscheidung zwischen *basic knowledge* („Grundlagenwissen") und *useful knowledge* („Nützliches Wissen") eingeführt.[5] Dabei geht es insbesondere um die Differenz zwischen dem theoretischen Verständnis eines Sachverhalts und der Fähigkeit, dieses Wissen anwenden, es also in funktionierende Produktionsverfahren übersetzen zu können. Mokyr machte das anhand der Gegenüberstellung der französischen und der britischen Innovationskultur in der zweiten Hälfte des 18. Jahrhunderts deutlich: Während die Franzosen, was das Grundlagenwissen über natürliche und technische Vorgänge anging, laut Mokyr den Briten voraus gewesen seien, hätten letztere Vorteile bei der konkreten Anwendung technischer Innovationen in der Produktion gehabt.

An der Textilindustrie lässt sich das gut zeigen: Die Mechanisierung des Spinnvorgangs war sicherlich von großer Bedeutung. Darüber hinaus brauchte es aber noch eine ganze Reihe weiterer Verbesserungen, um eine effiziente Textilproduktion zu organisieren, das Kämmen der Wolle oder das „Krempeln".[6] Großbritannien hätte außerdem kaum genug Flächen zur Verfügung gehabt, um die traditionelle Rasenbleiche durchzuführen. Abhilfe schuf hier die am Ende des 18. Jahrhunderts entwickelte Chlorbleiche.[7] Und die Mechanisierung des Webvorgangs war erst in den 1830er Jahren erfolgreich. Nach Mokyr waren die großen Erfindungen aber am Ende oftmals gar nicht so entscheidend. Wichtiger waren ihm zufolge die zahllosen „micro inventions", also kleine Verbesserungen, die insgesamt den Produktionsprozess erst effizient machten.

Bis hierhin liefert Mokyr allerdings lediglich eine differenziertere Version einer Erklärung, die vorrangig technische Innovationen als Ursache der Durchsetzung der industriellen Produktionsweise behauptet. Eine andere Sichtweise ergibt sich jedoch dann, wenn es darum geht, warum sich in Großbritannien eine bestimmte Innovationskultur entwickeln konnte. Mokyr sieht deren Ursachen in einer besonderen britischen Spielart der Aufklärung, der es in erster Linie um praktische Weltaneignung und die Entfaltung der bürgerlichen Gesellschaft zu tun war, weniger um die theoretische Durchdringung der Natur oder der Bedingungen menschlicher Existenz. Anders als die Deutschen und die Franzosen, deren auf-

5 Mokyr, The Gifts of Athena, S. 1–27.

6 Paulinyi, Industrielle Revolution, S. 71–76.

7 Udo Schlicht, Textilbleichen in Deutschland. Die Internationalisierung einer unterschätzten Branche, Bielefeld 2010.

klärerische Bemühungen am Ende in theoretischen Systementwürfen kulminierten, hatte die schottische Aufklärung einen praxisorientierten und kommunikativen Charakter, der sich in der Gründung von Zeitschriften, Clubs und aufgeklärten Gesellschaften zeigte.[8]

Der Wissensaustausch als Grundlage einer aufgeklärten Kultur der „middling ranks of men"[9] (David Hume) spielte eine wichtige Rolle. Zugleich konnte sich jedoch eine solch aufgeklärte Innovationskultur erst dann entfalten, wenn sie im Wirtschaftsleben der Zeit anschaulich nachvollzogen werden konnte. Hier profitierte Großbritannien von vergleichsweise liberalen ökonomischen Institutionen und einem Klima, in dem Neuerungen aufgenommen und weiterentwickelt, nicht skeptisch zurückgewiesen wurden. Zwar hat Ulrich Wengenroth sicher Recht mit seinem Hinweis, eine Innovationskultur zeichne sich nicht dadurch aus, dass die Klugen sie den Dummen erklären.[10] Zugleich braucht es Orte, Vereinigungen, Zeitschriften, wo frei diskutiert werden konnte. Das Besondere an der britischen Situation war ein öffentlicher Raum, der Plattformen bot, sich neugierig und pragmatisch mit Neuem auseinanderzusetzen.

Die britische Innovationskultur war für die frühe Industrialisierung passend, deren Entwicklungen vorrangig durch das Zusammenspiel von empirischer Forschung und praktischem Ausprobieren entstanden. Es wird mittlerweile allerdings als eine wichtige Ursache für den später stattfindenden relativen industriellen Abstieg Großbritanniens gesehen, dass dieses Zusammenspiel seit der zweiten Hälfte des 19. Jahrhunderts nicht mehr so gut funktionierte. Die britische Innovationskultur passte dann nicht mehr so recht zu einer sich verändernden industriellen Struktur, in der seit den 1880er Jahren die Branchen der sog. „Zweiten Industriellen Revolution" immer wichtiger wurden. Das waren speziell die Elektroindustrie, die Chemieindustrie und der Maschinenbau. Mokyr hat zwar gezeigt, dass Produktionsprozesse immer schon wissensbasiert waren und darum auch gelegentlich vorgetragene Befunde einer sich angeblich erst im 20. Jahrhundert herausbildenden „Wissensgesellschaft" verfehlt sind.[11] Allerdings wurde zunehmend ein wissenschaftlicher Hintergrund dafür erforderlich, um innovationsfähig zu sein. Das Labor und die professionelle Werkstatt wurden zu den zentralen Orten der systematischen Produktion von Wissen.

Was schon für die „enlightened economy" zutraf, wurde in der zweiten Hälfte des 19. Jahrhunderts zunehmend deutlich: Erfindungen und Neuentwicklungen gingen immer weniger auf die Leistung einzelner Personen zurück, als auf die

8 Mokyr, The Enlightened Economy; Margaret C. Jacob, The First Knowledge Economy. Human capital and the European economy, 1750–1850, Cambridge 2014.

9 Hume, Politische und ökonomische Essays, S. 201.

10 Wengenroth, Technik der Moderne, S. 59.

11 Anders: Nico Stehr, Wissen und Wirtschaften. Die gesellschaftlichen Grundlagen der modernen Ökonomie, Frankfurt/M. 2001.

Forschung im Verbund. Das stellte ab einem gewissen Punkt sogar das Patentsystem in Frage. Während der britischen Industrialisierung hatte es zahllose – und kostspielige – Patentstreitigkeiten gegeben, die sich teilweise über Jahre hinzogen und dazu beitrugen, dass sich während des 19. Jahrhunderts zunehmend ein modernes Patentrecht entwickelte.[12] Jetzt aber wurde es immer schwieriger, bestimmte Erfindungen konkreten Personen zuzuschreiben. Der Direktor der Farbenfabriken Bayer Leverkusen, Carl Duisberg, wies um 1900 darauf hin, die meisten Entwicklungen in der Chemieindustrie seien mittlerweile „Etablissementerfindungen".[13]

Eine wichtige Folge davon war, dass dem Staat und den von ihm eingerichteten und finanzierten Bildungseinrichtungen eine wichtige Rolle zukam. So hatten die deutschen Staaten vor allem in der zweiten Hälfte des 19. Jahrhunderts zahlreiche Technische Hochschulen gegründet, die zu einem Rekrutierungsbecken für die Unternehmen der Elektro- und Chemieindustrie wurden. Damit veränderte sich tendenziell aber auch die Beziehung zwischen „basic knowledge" und „useful knowledge": Das nützliche Wissen ließ sich in vielen Bereichen ohne Grundlagenwissen gar nicht mehr erwerben.[14] Die britische Facharbeiterkultur stieß immer häufiger an ihre Grenzen – und unter den zahlreichen Erklärungen für den „British Industrial Decline" ist der Hinweis auf Probleme des Schul- und Hochschulwesens vielleicht sogar am überzeugendsten.[15]

Der Zug zur „Etablissementerfindung" warf allerdings bereits seit den 1920er Jahren eine ganz andere Frage auf, nämlich welche Rolle individuelle Kreativität überhaupt noch spielte, wenn Innovationen nur noch im Verbund entwickelt werden konnten. Joseph Schumpeter behauptete 1942 in seinem Klassiker „Kapitalismus, Sozialismus und Demokratie", die Herrschaft der Großunternehmen würde nicht nur zu einem Niedergang der Unternehmer führen, vielmehr würden Labore und Werkstätten zunehmend die individuelle Kreativität ersetzen.[16] Das schien auch deswegen unausweichlich, weil für komplexe Produkte so viel spezialisiertes Wissen erforderlich war, dass darüber keine Einzelperson mehr verfügen konnte. Paradigmatisch dafür ist das Flugzeug, das aus einer solchen Menge an Komponenten besteht und dessen Entwicklung und Produktion ein solch hohes Maß an

---

12 Sean Bottomley, The British Patent System during the Industrial Revolution. From Privilege to Property, Cambridge 2014.

13 Werner Plumpe, Carl Duisberg 1861–1935. Anatomie eines Industriellen, München 2016, S. 169.

14 Damit soll allerdings keineswegs gesagt sein, dass Nützliches und Grundlagenwissen nicht auch schon im 18. Jahrhundert eng miteinander zusammenhingen. Vgl. Ursula Klein, Nützliches Wissen. Die Erfindung der Technikwissenschaften, Göttingen 2016.

15 Michael Dintenfass, The Decline of Industrial Britain, 1870–1980, London 1992.

16 Joseph A. Schumpeter, Kapitalismus, Sozialismus und Demokratie, Tübingen 2018[9] (zuerst 1942), S. 121–147.

Expertise erfordert, dass dies alles nur noch im Großverbund geleistet werden kann.

Am Ende haben sich Innovationskulturen jedoch als nicht vollständig planbar oder ausrechenbar erwiesen. So kamen wichtige Entwicklungen im Computerbereich in den 1970er Jahren nicht aus den Laboren großer Konzerne, sondern aus US-amerikanischen Garagen, die dann wiederum zu den fast mythischen Keimzellen heutiger Tech-Riesen wurden. Die Frage, warum bestimmte Länder und Regionen innovativer als andere sind, beschäftigt die Forschung seit Langem.[17] Es geht um Universitätssysteme, soziale Strukturen, etwa die Bedeutung von Altershierarchien, oder Firmenkulturen. Gelegentlich spielen dabei aber auch Faktoren eine Rolle, die sich nicht immer rational fassen lassen. So schickt etwa der chinesische Computerhersteller Lenovo seine Entwickler regelmäßig nach Kalifornien, weil sie dort offenbar auf bessere Ideen kommen als zuhause.

Kleintechnik, Großtechnik

Mokyrs Unterscheidung von Grundlagenwissen und nützlichem Wissen verweist noch auf einen weiteren wichtigen Zusammenhang von ökonomischer und technischer Entwicklung: Es kommt bei der Anwendung von Technik nicht zuletzt darauf an, den Technikeinsatz zu organisieren, ihn auf sinnvolle Art und Weise mit menschlicher Arbeit zusammenzubringen. Dieses Verhältnis von Mensch und Technik bzw. menschlicher Arbeit und Technik hat sich seit dem 18. Jahrhundert grundlegend gewandelt.

Um diese Veränderung auf den Begriff zu bringen hat Werner Sombart bereits 1911 zwischen „organischer" und „anorganischer" Technik unterschieden: Durch den Einsatz von Maschinen und die Organisation der Produktion in Fabriken war ihm zufolge Technik nicht länger als die Verlängerung menschlicher Extremitäten anzusehen. Bei der organischen Technik nützt ein Hammer nichts, ohne den Arm, der ihn führt. Die sich mit der Industrialisierung durchsetzende anorganische Maschinentechnik zeichnete sich hingegen dadurch aus, dass sie von der physischen Arbeit zunehmend unabhängig wurde, am Ende vielleicht sogar ganz ohne menschliche Eingriffe auskam.[18] Der Technikhistoriker Akoš Paulinyi hat diesen Gegensatz später präziser als Übergang von der Hand-Werkzeug-Technik zur Maschinen-Werkzeug-Technik beschrieben.[19] Damit entgeht er einer Schwierigkeit der Definition Sombarts, nämlich einen Determinismus hin zu einer im-

17 Mark Zachory Taylor, The Politics of Innovation. Why some Countries are better than others at Science and Technology, Oxford 2016, S. 159–172.

18 Werner Sombart, Technik und Kultur, in: Archiv für Sozialwissenschaft und Sozialpolitik 33 (1911), S. 305–347.

19 Akoš Paulinyi, Revolution und Technik, in: Siegfried Buchhaupt (Hg.), Gibt es Revolutionen in der Geschichte der Technik?, Darmstadt 1999, S. 9–49.

mer stärkeren Automatisierung und Autonomisierung von Technik zu implizieren. Das war historisch nämlich keineswegs durchgängig der Fall.

Als Inbegriff des Übergangs von der dominierenden Hand-Werkzeug-Technik zur Maschinen-Werkzeug-Technik gilt seit dem späten 18. Jahrhundert die Fabrik als Ort einer zentralisierten und arbeitsteiligen Form der Produktion. Dabei ist es allerdings keineswegs trivial, die Fabrik gegenüber älteren Formen zentralisierter Produktion abzugrenzen, besonders den seit dem 16. Jahrhundert betriebenen Manufakturen. Lange Zeit wurde vor allem darauf verwiesen, dass Fabriken sich durch den Einsatz von Maschinen auszeichneten. Diese Unterscheidung wird allerdings mittlerweile als problematisch angesehen, weil auch in Manufakturen mitunter arbeitssparende Apparaturen zum Einsatz kamen und bereits arbeitsteilig produziert wurde. Jedoch blieb der Maschineneinsatz vereinzelt und er war nicht, wie in den Fabriken seit dem späten 18. Jahrhundert, im Arbeitsvorgang aufeinander bezogen.[20]

Die frühen Fabriken, die in Großbritannien im letzten Viertel des 18. Jahrhunderts entstanden, waren vergleichsweise klein. In der Regel arbeiteten dort nicht mehr als 150 Menschen und dementsprechend war auch die eingesetzte Technik zumeist wenig eindrucksvoll. Es war indes die Schwerindustrie seit der Mitte des 19. Jahrhunderts, deren technische Anforderungen tatsächlich großbetriebliche Formen der Produktion erzwangen. Mit ihr gingen grundlegende qualitative und quantitative Veränderungen des Technikeinsatzes einher, bedingt vor allem durch neue Massenstahlverfahren, die sich seit den 1860er Jahren durchsetzten. Zentral dafür waren das Bessemer-Verfahren (patentiert 1855), das Thomas-Gilchrist-Verfahren (patentiert 1879) sowie das Siemens-Martin-Verfahren (in einer frühen Fassung erstmals 1856 patentiert), die zur Keimzelle großer integrierter Hüttenwerke wurden, die vom Hochofen bis zum Walzprozess verschiedene Stufen der Stahlproduktion und –verarbeitung umfassten.[21]

Die „Industriefürstentümer", die in Deutschland seit den 1860er Jahren vor allem im Ruhrgebiet entstanden und in denen oftmals viele tausend Menschen arbeiteten, wurden zum Inbegriff eines großtechnischen Kapitalismus. Was vor allem seit den 1920er Jahren unter dem Schlagwort der Rationalisierung verhandelt wurde, implizierte nicht zuletzt, dass die produktivere Lösung am Ende auch die größere sei. Rational geplante Riesenwerke, wie sie nicht nur in der Schwerindustrie, sondern seit den 1880er Jahren etwa auch im Maschinenbau, in der Chemie- und Elektroindustrie entstanden, schienen die kapitalistische Zukunft

---

20 Ulrich Pfister, Artikel „Manufaktur", in: Enzyklopädie der Neuzeit Bd. 8, Stuttgart 2008, Sp. 1–8, 1.

21 Der Zeitpunkt der Patentierung sagt allerdings wenig darüber aus, wann diese Verfahren sich in der großtechnischen Anwendung durchsetzten: Das Siemens-Martin Verfahren wurde beispielsweise 1856 patentiert, setzte sich aber erst in den 1890er Jahren wirklich durch. Vgl. Ulrich Wengenroth, Unternehmensstrategien und technischer Fortschritt. Die deutsche und die britische Stahlindustrie 1865–1895, Göttingen 1986, S. 37–43.

darzustellen. Dabei ging es vorrangig um die „economies of scale“, dass also die durchschnittlichen Stückkosten tendenziell sinken, je mehr von einem Gut hergestellt wird. Eine Rolle spielten aber auch die innerbetrieblichen Transportwege oder eine rationelle Wärmewirtschaft, dass also beispielsweise die Abwärme der Eisenherstellung im Produktionsprozess weiter genutzt wurde, was signifikante Kosteneinsparungen ermöglichte. Technische Anforderungen schienen insofern immer größere Betriebsformen zu erzwingen.[22]

Sinnbildlich für diese Entwicklung standen seit der zweiten Hälfte des 19. Jahrhunderts besonders US-amerikanische Unternehmen. Hier entstanden seit den 1890er Jahren riesige „Trusts“, gewaltige Firmenkonglomerate, welche demonstrierten, dass die großbetriebliche technische Rationalisierung mit einer verstärkten Unternehmenskonzentration Hand in Hand ging. Eines der bekanntesten Beispiele dafür war das Unternehmen US-Steel, das um 1900 etwa zwei Drittel des US-amerikanischen Stahls produzierte. Zugleich wurde in den Vereinigten Staaten aber auch die technische Rationalisierung auf vielen Feldern entscheidend vorangebracht. Ein bekanntes Beispiel dafür sind die „interchangeable parts“, also Einzelteile, die für verschiedene Typen eines Produkts verwendet werden konnten. Das vereinfachte Herstellung und Reparatur und wurde erstmals in der Gewehrproduktion bei der britischen Firma Colt angewendet.[23] Ein anderes Beispiel ist die Logistik des Warentransports und der Lagerhaltung. So gehörten die „grain elevators“, eine 1843 erstmals gebaute, effiziente Einrichtung zur Lagerung und Abwicklung des Transports von Getreide, zu den wichtigsten, weithin unterschätzten technischen Innovationen des Industriezeitalters.[24]

Ein Meilenstein der technischen Rationalisierung stellte schließlich die Einführung der sog. Fließfertigung (Assembly Line) in den Ford Werken am River Rouge ab dem Jahr 1913 dar. Welche Rolle dabei das Vorbild der „Dissassembly lines“, die mechanisierte Zerlegung von Tierkörpern in den Chicagoer Schlachthöfen, gespielt hat, ist schwierig zu entscheiden. Jedoch erscheint der Hinweis wichtig, dass es sich auch hier keineswegs um eine Erfindung im luftleeren Raum handelte. Zum einen waren verschiedene Vorläufer der Assembly Line bei anderen Automobilunternehmen bereits vorhanden, zum anderen ergab sie sich aber auch mit einer gewissen Zwangsläufigkeit aus einer Kultur der Massenproduktion. Die „economies of scale“ wurden seit den 1860er Jahren nirgendwo so konsequent ausgenutzt wie in den USA.[25]

---

22 Christian Kleinschmidt, Rationalisierung als Unternehmensstrategie. Die Eisen- und Stahlindustrie des Ruhrgebiets zwischen Jahrhundertwende und Weltwirtschaftskrise, Essen 1993.

23 David A. Hounshell, From the American System to Mass Production, 1800–1932. The Development of Manufacturing Technology in the United States, Baltimore 1985, S. 23 f.

24 David E. Nye, America's Assembly Line, Cambridge/Mass. 2013.

25 Hounshell, From the American System to Mass Production.

Abb. 8: Cargill Pool Grain Elevator, Buffalo USA (errichtet 1925)

Die Automobilherstellung wurde in den 1920er Jahren zum Inbegriff der industriellen Massenproduktion, in der jeder Arbeiter am Ende angeblich nur noch einen spezialisierten Handgriff zu machen hatte. Das war der großtechnische Kapitalismus, in dem die Menschen noch bis in die 1970er Jahre zu leben meinten: Sein finaler Endpunkt stellte in letzter Konsequenz die eine große Fabrik dar, die alle benötigten Güter produzierte. Technischer Fortschritt und Unternehmenskonzentration schienen dabei zwei Seiten derselben Medaille zu sein, wobei einer solch großtechnischen Idee die Vorstellung eines variablen, diversifizierten Konsums eher fremd war: Die eine große Fabrik sollte am Ende idealerweise auch nur ein einziges Waschmittel herstellen, denn das schien am effizientesten.

Allerdings hatte es wiederum mit Technik zu tun, dass die Entwicklung in eine andere Richtung ging. Nicht zuletzt die Computertechnik brachte es mit sich, dass in den 1970er Jahren flexiblere und kleinere Produktionseinheiten erneut an Bedeutung gewannen, während sich gleichzeitig auch Großunternehmen durch Ausgliederung von Abteilungen oder Holdingstrukturen flexibler zu organisieren versuchten. Klassische „fordistische" Branchen wie die Schwerindustrie wanderten in die Schwellenländer ab, wohingegen der Bedeutungsgewinn der Dienstleistungsberufe auch Spielräume für dezentralisierte Arbeitsformen schuf. Michael Piore und Charles Sabel beschworen dementsprechend 1984 das „Ende der Massenproduktion“ und die Rückkehr flexibler und kleinbetrieblicher Produktionsformen.[26]

Das trifft jedenfalls insofern zu, als die Ablösung von Kleintechnik durch Großtechnik, welche die Industrialisierung wesentlich geprägt hat und die den meisten Beobachtern bis in die 1970er Jahre zwangsläufig erschien, auf manchen Gebieten wieder rückgängig gemacht wurde. Und sei es nur, weil die Industrie aus den Städten in die Gewerbeparks umzog, verlor der Kapitalismus mit diesen Veränderungen vielerorts seinen „Sensationscharakter“:[27] Im Ruhrgebiet wurden im Zuge der Deindustrialisierung seit den 1960er Jahren die meisten gigantischen technischen Aufbauten sukzessive demontiert. Das betraf aber nicht alle: Einige wurden aus Gründen der Musealisierung bewahrt, andere entstanden an anderen Orten wieder neu. So wurde die Dortmunder Westfalenhütte, ein großes Stahlwerk der Firma Hoesch, nach der Jahrtausendwende verkauft, nahezu vollständig demontiert und in China wieder aufgebaut. Das demonstriert noch einmal, dass „Strukturwandel“ nur als globales Phänomen sinnvoll beschrieben werden kann.

Technik und Arbeit

Wir leben seit Langem in einer „Technikwelt“ (David Nye): Technische Innovationen haben unser Leben in den letzten 200 Jahren grundlegend verändert.[28] Wie wir Autos produzieren, Felder pflügen, Tiere schlachten, Kriege führen: All das ist infolge des Technikeinsatzes grundlegend anders geworden. Nimmt man eine Darstellung zum „alten Handwerk“ zur Hand, dann finden sich darin zahllose Berufe, die heute kaum noch jemand kennt. Knopfmacher, Schleifer, Schwertfeger oder Zinngießer braucht es nicht mehr, weil die entsprechenden Produkte heute industriell, in großen Serien und – im Vergleich zum Ausstoß – von viel weniger Menschen hergestellt werden.[29]

Das hat immer wieder zu intensiven Debatten darüber geführt, wie der Technikeinsatz menschliche Arbeit verändert. Aktuell wieder besonders stark diskutiert wird dabei die Frage der „Technologischen Arbeitslosigkeit“, ob also durch technische Entwicklungen mehr Arbeitskräfte freigesetzt werden, als sich durch neu entstehende Arbeitsplätze kompensieren lassen.[30] Diese Debatten gibt es allerdings schon über 200 Jahre und im Grunde stand sie bereits bei den englischen „Ludditen“ bzw. Maschinenstürmern zu Beginn des 19. Jahrhunderts im

26 Michael J. Piore, Charles F. Sabel, The Second Industrial Divide. Possibilities for Prosperity, New York 1984.

27 Henning Ritter, Notizhefte, Berlin 2010, S. 175.

28 Nye. In der Technikwelt leben.

29 Reinhold Reith (Hg.), Das alte Handwerk. Von Bader bis Zinngießer, München 2008.

30 Carl Benedikt Frey, The Technology Trap. Capital, Labor, and Power in the Age of Automation, Princeton 2019.

Hintergrund, die durch Sabotage versuchten, die Durchsetzung neuer Produktionstechniken im Textilgewerbe zu verhindern. In den 1950er und 1960er Jahren wurde intensiv über die vermuteten Effekte von Automatisierungsprozessen gestritten, die nach damals weitverbreiteten Vorstellungen über ein Drittel der bislang vorhandenen Arbeitsplätze ersetzen sollten.[31]

Historisch ist allerdings fast immer das Gegenteil eingetroffen und der Verlust von Arbeitsplätzen durch Technikeinsatz ließ sich kompensieren. So ist z. B. nach dem Zweiten Weltkrieg in Westdeutschland, trotz gravierender Strukturwandlungsprozesse, die Zahl der Arbeitsstellen stärker angestiegen als die Bevölkerung. Das heißt keineswegs, dass es nicht grundsätzlich zu Phänomenen technologischer Arbeitslosigkeit kommen kann, dazu müsste es allerdings zu einem Versagen der bisherigen Kompensationsmechanismen kommen. Diese bestehen etwa darin, dass durch neue Produkte eine Ausweitung des Angebots stattfindet, was die technische Rationalisierung teilweise ausgleicht. Auch der Bedeutungsgewinn der Dienstleistungen hat geholfen, die sinkende Zahl industrieller Arbeitsplätze nach dem Zweiten Weltkrieg zu kompensieren.

Ein grundsätzliches Problem der Debatte um Technologische Arbeitslosigkeit ist allerdings, dass oftmals explizit oder implizit davon ausgegangen wird, Arbeit und Technik würden in einem einfachen Substitutionszusammenhang stehen: Es gebe also einen festen Bestand menschlicher Tätigkeiten, der durch Technikeinsatz ersetzt werden könne – der Roboter, der den Krankenpfleger ablöst beispielsweise. Und das ist ja auch nicht ganz falsch: In vielen Fällen hat der Technikeinsatz tatsächlich einen *substitutiven* Charakter gehabt, wenn die Nähmaschine seit der zweiten Hälfte des 19. Jahrhunderts sukzessive das Handnähen ersetzte, Tonanlagen in den 1930er Jahren an die Stelle von Kinoorchestern traten, Telefonverbindungen nicht mehr von Hand gesteckt, Karosserieteile vollautomatisch gestanzt wurden. Zugleich hat der Technikeinsatz aber auch einen *komplementären* Charakter: Kein Mensch der Welt könnte gewaltige Betonquader durch die Luft hieven oder Nachrichten in Sekundenbruchteilen um die halbe Erde schicken.[32] Zudem schafft auch der substitutive Technikeinsatz in vielen Fällen neue Formen von Arbeit: Das war etwa bei der Nähmaschine der Fall, die zwar das Handnähen ersetzte, aber bis heute von Hand bedient werden muss. Arbeit wird gewissermaßen durch den Technikeinsatz strukturiert.

Das zeigt nochmals, worin die Problematik von Sombarts Unterscheidung von organischer und anorganischer Technik besteht und in welchem Maße sie aus dem Geist der weiter oben skizzierten großtechnischen Kapitalismusidee geboren ist: Mit dem Begriff der anorganischen Technik wird nämlich implizit vorausge-

31 Anne Sue Bix, Inventing ourselves out of Jobs? America's Debate over Technological Unemployment, 1929–1981, Baltimore 2000.

32 Günter Ropohl, Technologische Aufklärung. Beiträge zur Technikphilosophie, Frankfurt/M. 1991, S. 125 f.

setzt, dass Letztere sich von menschlicher Arbeit mehr und mehr ablöst, sie am Ende gar nicht mehr benötigt. Es war lange Zeit auch ein wichtiges Motiv der Kapitalismuskritik, dass großtechnische Produktionsweisen zu einer Dequalifizierung und Entseelung menschlicher Arbeit führen würden. Karl Marx meinte, der Arbeiter würde „geistig und leiblich zur Maschine herabgedrückt" und sei am Ende lediglich mehr eine „abstrakte Tätigkeit und ein Bauch".[33] Nach einer fortlaufenden Zerteilung und Spezialisierung von Arbeitsprozessen hätte aus dieser Perspektive jeder am Ende nichts anderes mehr zu tun, als den immer gleichen Handgriff zu verrichten.

Dass Automatisierung notwendigerweise mit einer Autonomisierung der Technik einhergeht, ist allerdings bestenfalls eine unzulässige Vereinfachung. Versuche, in der Produktion ganz ohne Menschen auszukommen, haben bislang jedenfalls hauptsächlich Fehlschläge erzeugt. Die „Halle 54" in Wolfsburg ist dafür ein gutes Beispiel, wo Volkswagen in den frühen 1980er Jahren eine vollautomatische Karosseriefertigung zu etablieren versuchte. Diese verursachte jedoch so viele Probleme, dass die zuständigen Ingenieure bald nur noch von der „Hölle 54" sprachen. Die Produktion erwies sich nicht zuletzt deswegen als ineffizient, weil sie auf das in menschlicher Arbeit enthaltene „tacit knowledge" verzichten musste, also jene in Arbeit enthaltenen, erfahrungsbasierten und oftmals unbewussten Wissensbestände, die maschinell nur äußerst schwer simuliert werden können.[34]

Zwei Beispiele können das veranschaulichen: So hat Thomas Welskopp vor einigen Jahren Industriefilme aus der Stahlindustrie aus den 1950er Jahren unter sozialhistorischen Gesichtspunkten analysiert und dabei besonderes Augenmerk auf den Audiokommentar eines Vorarbeiters gelegt. Dieser ohne jegliche didaktische Absicht gesprochene Text war ohne ein tiefes Wissen über die Produktionsabläufe eines Stahlwerkes nicht verständlich. Vielmehr zeigte er einen durch jahrelange Praxis vertrauten Umgang mit Technik, der mit den Klischees entseelter Industriearbeit kaum in Einklang zu bringen war. Stattdessen forderte er einen geradezu ethnologischen Blick auf das Verhältnis von Mensch und Technik, die in Produktionsprozessen eine besondere Beziehung eingingen. Auch großindustrielle Formen der Produktion emanzipieren sich nicht von humaner Arbeit, sondern schreiben das Zusammenwirken von Technik und Mensch fort – und in die leibliche Konstitution des Letzteren ein.[35]

Das andere Beispiel stammt aus der industriesoziologischen Forschung der 1980er Jahre: Die Arbeit in der Bekleidungsindustrie galt lange Zeit als Inbegriff

---

33 Zitiert in Philipp Sarasin, Geschichtswissenschaft und Diskursanalyse, Frankfurt/M. 2003, S. 105.

34 Martina Heßler, Die Halle 54 bei Volkswagen und die Grenzen der Automatisierung. Überlegungen zum Mensch-Maschine-Verhältnis in der industriellen Produktion der 1980er-Jahre, in: Zeithistorische Forschung 11/1 (2014), S. 56–76.

35 Thomas Welskopp, Sprache und Kommunikation in praxistheoretischen Geschichtsansätzen, in: Ders., Unternehmen Praxisgeschichte, S. 105–131, 123–126.

einer entfremdeten Tätigkeit, weil die Näherinnen im Wesentlichen (oftmals im Akkord) dieselben Stücke zunähen mussten. Bei genauerem Hinsehen erwies sich die Geschichte jedoch als um einiges komplizierter: So wehrten sich viele Arbeiterinnen gegen einen zu häufigen Wechsel der Schnittmuster. Nicht nur, dass die Lernphasen zu einem verzögerten Arbeitstempo und damit weniger Lohn führten. Eine Rolle spielte auch, dass gerade der repetitive und eintönige Charakter der Arbeit es ermöglichte, dabei an ganz andere Dinge zu denken, etwa an die Familie zuhause. Das machte die Arbeit am Ende erträglicher, als es bei einer größeren Abwechslung vielleicht der Fall gewesen wäre.[36]

Diese Fälle sollen verdeutlichen, dass Arbeit durch Technik strukturiert wird und sich dabei jeweils spezifische soziale Formen und Interaktionszusammenhänge ausbilden. Gerade aus diesem Grund liegt die eigentliche Gefahr des technischen Wandels weniger darin, der Menschheit könne die Arbeit ausgehen, als dass spezifische Qualifikationen, die nicht nur in der Ausbildung, sondern in der alltäglichen Praxis des Umgangs mit Technik erworben werden, dadurch verlorengehen. Das ist historisch betrachtet allerdings nichts, was erst durch aktuelle Entwicklungen von „Big Data" und „Industrie 4.0" ausgelöst worden wäre.

36 Joachim Fischer, Heiner Minssen, Neue Leistungspolitik in der Bekleidungsindustrie: Arbeitsstrukturierung und Produktionsflexibilisierung, Frankfurt/M. 1986.

7. Umwelt

Die Umweltgeschichte gehört zu den vergleichsweise jungen Teilbereichen der Geschichtswissenschaft. Erst seit den 1960er Jahren wird sie verstärkt betrieben, wobei ihr Aufkommen keineswegs zufällig mit der Entstehung der modernen Umweltbewegung zusammenfiel: Sie wurde anfangs hauptsächlich von Umweltaktivisten dominiert, die auf diese Weise den langfristigen Ursachen von Störungen im Mensch-Natur-Verhältnis nachspüren und anhand von Lebensformen der Vergangenheiten Möglichkeiten aufzeigen wollten, um zu einer naturgerechteren Form des gesellschaftlichen Zusammenlebens zu gelangen.[1] Das führte aus nachvollziehbaren Gründen zu einem gewissen „Bias" in der Forschung: Es ging vor allem darum, die Gefährdung der natürlichen Umwelt durch den Menschen herauszustellen – und verantwortlich dafür war vorrangig der moderne Kapitalismus.

Dass die industrielle Entwicklung eine wesentliche Ursache der Umweltzerstörung darstellt, lässt sich nicht sinnvoll bestreiten. Allerdings hat die oben genannte Perspektive in vielen Fällen dazu geführt, sich gerade bei der Betrachtung neuerer Entwicklungen mit den ökonomischen Hintergründen der Interaktion von Mensch und Umwelt nicht genauer zu beschäftigen. Deutlich wird das etwa daran, dass umweltschädliches Verhalten von Regierungen oder Unternehmen häufig unbesehen auf deren skrupellose Profitgier zurückgeführt wird, ohne sich die konkreten Entscheidungsprozesse genauer anzusehen. Denn diese lassen sich in vielen Fällen nicht einseitig auf solche dämonischen Motive reduzieren. Oftmals wird der Kapitalismus aber auch als anonymes System portraitiert, dessen Wirkungsweise aus diesem Grund nicht eingehender analysiert wird.

Gerade weil die moderne industrielle Entwicklung eine kaum zu überschätzende umweltprägende Wirkung hat, erscheint es unbefriedigend, dass die Zusammenarbeit von Umwelt- und Wirtschaftsgeschichte bislang noch unterentwickelt ist. Dabei gibt es zahlreiche, teilweise auf der Hand liegende Verknüpfungspunkte zwischen diesen beiden Disziplinen. Ein solcher wäre etwa der Zusammenhang zwischen wirtschaftlicher Entwicklung, Geographie und Klima. Die hier relevanten Verbindungslinien sind jedoch zumeist so umfassend, dass sich daraus nur schwer greifbare Fragestellungen für die historische Arbeit entwickeln lassen. Konkreter ist hingegen die Frage nach der Ausstattung mit natürlichen Ressourcen, die etwa bei der Debatte um die „Great Divergence" eine große Rolle spielt. Aber auch die natur- und landschaftsprägende Kraft wirtschaftlicher und industrieller Entwicklungen ist ein wichtiges Thema genauso wie das Problem der Umweltzerstörung.

1 Vgl. Joachim Radkau, Die Ära der Ökologie. Eine Weltgeschichte, München 2011, S. 26–32.

Der Historiker Uwe Lübken hat in einem Forschungsüberblick die Umweltgeschichte vor einigen Jahren als „undiszipliniert“ bezeichnet. Damit wollte er zum Ausdruck bringen, dass es sich um eine junge Disziplin handelt, die noch vergleichsweise wenige stabile Paradigmen ausgebildet hat und zugleich eine enorme Bandbreite an Themen behandelt – in gewisser Weise ist das schlicht bedingt durch den Umfang dessen, was als „Umwelt“ gefasst werden kann.[2] Gerade diese beiden Merkmale der Umweltgeschichte eröffnen aber auch zahlreiche Möglichkeiten, mit neuen Ansätzen und Fragestellungen zu experimentieren und bislang noch wenig beachtete Verbindungslinien zwischen Wirtschafts- und Umweltgeschichte aufzuzeigen.

Geographie, Klima und Wirtschaft

Die Frage, ob ein Zusammenhang zwischen wirtschaftlicher Entwicklung, geographischen Gegebenheiten und klimatischen Bedingungen existiert, hat die Wirtschaftsgeschichte immer wieder umgetrieben. Dabei geht es jedoch um mehr als um Feststellungen von der Art, dass England als Handelsnation einen Vorteil hatte, weil die Wasserwege so günstig lagen. So diskutierte etwa Karl August Wittfogel nach dem Zweiten Weltkrieg die bereits von Max Weber gestellte Frage, inwiefern durch klimatische und geographische Umstände notwendige Bewässerungssysteme ein hohes Maß an Planung, Steuerung und administrativem Aufwand erforderlich machten, was zur Entstehung zentralisierter, autokratischer Herrschaftssysteme vor allem im China beigetragen haben kann.[3]

Bereits seit Langem werden außerdem mögliche Einflüsse klimatischer Bedingungen auf die wirtschaftliche Entwicklung diskutiert. So war schon Montesquieu zusammen mit anderen aufgeklärten Denkern im 18. Jahrhundert der Meinung, in Ländern mit einem heißen Klima würden die Menschen schneller erschöpft, worunter die Arbeitsethik leide.[4] Obwohl es mittlerweile zahlreiche Gegenbeispiele gibt, werden ähnliche Meinungen selbst heute noch von manchen Autoren vertreten. David Landes war zumindest der Ansicht, für die wirtschaftliche Entwicklung sei eher ein kaltes als ein warmes Klima von Vorteil.[5] Dabei scheint es sich jedoch in der Regel um eher lose Beobachtungen zu handeln, die kaum systematischen Wert für sich beanspruchen können. Deutlich sinnvoller erscheint hingegen die Untersuchung des Zusammenhangs von mittel- und langfristigen

---

2 Uwe Lübken, Undiszipliniert: Ein Forschungsbericht zur Umweltgeschichte. H-Soz-Kult, 14.07.2010 [Letzter Zugriff 5.9.2019].

3 Karl August Wittfogel, Oriental Despotism. A Comparative Study of Total Power, New Haven 1957.

4 Nathaniel Wolloch, Nature in the History of Economic Thought. How Natural Resources became an Economic Concept, Milton Park, New York 2017, S. 48.

5 Landes, Armut und Wohlstand der Nationen, S. 19–32.

klimatischen Trends mit Agrarkonjunkturen, Anbautechniken und Erträgen, wie das insbesondere Christian Pfister für die Schweiz oder Jan de Vries für Holland in der Frühen Neuzeit unternommen haben.[6]

Am konsequentesten hat der US-amerikanische Biologe und Geograph Jared Diamond den Zusammenhang von natürlichen Bedingungen und wirtschaftlicher Entwicklung zugespitzt. Ausgehend von der Annahme, dass die Ursachen wirtschaftlicher und politischer Ungleichheit weit in die Geschichte zurückverfolgt werden müssen, setzte er sich in verschiedenen, sehr erfolgreichen Büchern mit der Frage auseinander, warum Eurasier und Nordafrikaner andere Teile der Erde kolonialisieren konnten und nicht umgekehrt. In strikter Ablehnung rassistischer Argumente unternahm er den Versuch, aus den natürlich-geographischen Voraussetzungen langfristige Entwicklungstrends zu rekonstruieren, die am Ende die globale ökonomische Ungleichheit erklären sollen. Sein wesentliches Argument lautet dabei, die eurasische Zivilisation sei vor allem eine Reaktion auf teilweise günstige, teilweise aber auch herausfordernde geographische und klimatische Gegebenheiten gewesen.[7]

Zu diesen Gegebenheiten gehörte, dass bereits im antiken Mesopotamien klimatische Bedingungen vorherrschten, welche die Erzielung agrarischer Überschüsse sowie die Kultivierung von Wildpflanzen ermöglichten, die auch im Winter gelagert werden konnten. Zudem boten die geographischen Bedingungen in Eurasien günstige Voraussetzungen für die Domestizierung von Nutztieren. Das zusammengenommen führte zu der Entstehung von Städten, zentralisierten Herrschaftsstrukturen und einer Kriegerkaste, die ihre Nahrungsmittel nicht selbst erzeugen musste und sich darum auf ihr „Handwerk" spezialisieren konnte. Hier ließ sich also bereits früh eine Ausdifferenzierung gesellschaftlicher Aufgaben beobachten. Die damit einhergehende Spezialisierung und Arbeitsteilung war Diamonds Ansicht nach die Grundlage zivilisatorischer Fortentwicklung.

Diese wurde jedoch nicht nur durch günstige, sondern auch durch herausfordernde geographische Gegebenheiten vorangetrieben. So trug die fragmentierte Geographie Europas dazu bei, dass sich anders als in China kein Großreich entwickeln und dauerhaft behaupten konnte. Stattdessen entstand eine Vielzahl politischer Einheiten, die untereinander in Konkurrenz standen. Das wiederum schuf Anreize für die Entwicklung von Kriegstaktik und Waffentechnik, was den europäischen Staaten einen Vorteil verschaffte, als sie seit dem späten 15. Jahrhun-

6 Christian Pfister, Agrarkonjunktur und Witterungsverlauf im westlichen Schweizer Mittelland zur Zeit der Ökonomischen Patrioten 1755–1797. Ein Beitrag zur Umwelt- und Wirtschaftsgeschichte des 18. Jahrhunderts, Bern 1975; Jan de Vries, Measuring the Impact of Climate on History: The Search for Appropriate Methodologies, in: Robert I. Rotberg, Theodore K. Rabb (Hg.), Climate and History. Studies in Interdisciplinary History, Princeton 1981, S. 19–50.

7 Jared Diamond, Guns, Germs, and Steel. The Fates of Human Societies, New York 1997.

dert damit begannen, andere Teile der Erde zu kolonialisieren. Zu der militärischen Überlegenheit kam aber noch hinzu, dass die Bewohner Eurasiens durch die sesshafte Lebensweise über hunderte und tausende von Jahren Resistenzen gegen von Tieren auf den Menschen übertragene Krankheiten entwickelten, was bei nomadischen Gesellschaftsformen, wie sie etwa in Nordamerika vorherrschten, nicht der Fall war. Die europäische Expansion in Amerika in der Frühen Neuzeit wäre kaum möglich gewesen, hätten die durch Europäer eingeschleppten Krankheiten nicht bis zu 90 Prozent der indigenen Bevölkerung das Leben gekostet.[8]

Die Überlegungen Diamonds zu den langfristigen Ursachen ökonomischer Ungleichheit sind eingängig, haben jedoch harte Kritik erfahren. Im Fokus stand dabei jenseits geographischer Fachfragen besonders das Problem, ob sich die Ursachen von Armut und Reichtum tatsächlich durch langfristig wirksame Umweltfaktoren erklären lassen, wie Diamond das versucht. Dabei blieb kaum ein Baustein seines Erklärungsansatzes unhinterfragt: Etwa, ob es überzeugend ist, Eurasien als geographische Einheit zu behandeln, wo doch offensichtlich große Unterschiede zwischen einzelnen Regionen vorhanden sind. Auch wurde auf afrikanische oder indische Beispiele verwiesen, die nach Diamond eigentlich ungünstige Voraussetzungen aufwiesen, aber trotzdem urbane Zivilisationen hervorbrachten.[9]

Grundsätzlicher hingegen ist der Einwand, dass bei einer solch umfassenden Gesamtschau menschlicher Entwicklung das Handeln der Akteure letztlich keine Rolle mehr spiele: Die Offenheit historischer Prozesse würde einem geographischen und virologischen Determinismus geopfert. Diamond selbst hat das im Übrigen gar nicht konsequent zurückgewiesen und dafür argumentiert, vorteilhafte institutionelle Rahmenbedingungen als das Resultat bestimmter Umweltvoraussetzungen anzusehen. Ohne diese ließe sich langfristig nicht erklären, welche Variationen und kulturellen Ausformungen die Menschen im Rahmen der durch diese Bedingungen vorgegebenen Möglichkeiten sonst noch hervorbringen mögen.[10]

Man muss Diamonds Ansichten nicht immer teilen, um die Frage, welche Einflüsse geographische und im weiten Sinne ökologische Faktoren auf die wirtschaftliche Entwicklung haben können, spannend zu finden. Zugleich sind diese Zusammenhänge jedoch von so umfassender Natur, dass es schwer fällt, in der konkreten historischen Arbeit daran anzuschließen. Sinnvoller erscheint es deswegen, sich bestimmte Aspekte herauszugreifen, um konkretere Fragestellungen

---

8 Diamond, Guns, Germs, and Steel.

9 Z. B. James M. Blaut, Environmentalism and Eurocentrism, in: The Geographical Review 89 (1999), S. 391–408.

10 Oliver Burkeman, Jared Diamond: "Humans, 150,000 years ago, wouldn't figure on a list of the five most interesting species on Earth", in: The Guardian (24.10.2014).

zu entwickeln. Ein gutes Beispiel dafür ist die Bedeutung der Ausstattung mit natürlichen Ressourcen für die wirtschaftliche Entwicklung, um daran anschließend die Veränderungen des Umgangs mit diesen Ressourcen besser erklären zu können. Diese Frage hat sowohl in der Wirtschafts- wie in der Umweltgeschichte viel Aufmerksamkeit erfahren und erscheint gut geeignet, Verknüpfungspunkte wie auch Differenzen zwischen diesen beiden Disziplinen aufzuzeigen.

Ressourcen

Viele Annahmen der frühen Umweltgeschichte, das ist in der Forschung heute gar nicht mehr umstritten, sind bei genauerem Hinsehen schwer zu halten. Das betrifft speziell die Existenz einer unberührten Natur, in die der Mensch auf prekäre Art und Weise eingreift. So konnte nicht nur gezeigt werden, dass Vorstellungen einer idyllischen, harmonisch organisierten Natur überhaupt erst vor dem Hintergrund der britischen Frühindustrialisierung entwickelt wurden.[11] Auch wurde mit Recht darauf hingewiesen, dass Menschen bereits seit Jahrtausenden in ihre natürliche Umwelt eingegriffen und diese gestaltet haben. Die Lüneburger Heide etwa, für viele der Inbegriff einer naturbelassenen Landschaft, ist erst durch Brandrodungen und Ackerbau auf kargen Böden entstanden. Die Eifel, um ein anderes Beispiel zu nennen, war nach 1800 aufgrund der dort bedeutsamen Eisenverhüttung und der Napoleonischen Kriege zu großen Teilen abgeholzt. Dass es heute dort wieder einen reichen Waldbestand gibt, erklärt sich aus dem Niedergang der protoindustriellen Eisenverhüttung, war aber vor allem staatlichen Aufforstungsprogrammen während des 19. Jahrhunderts geschuldet.[12]

Menschen haben also bereits seit langer Zeit und oftmals auf schwerwiegende Weise in die Natur eingegriffen. Diese Eingriffe waren jedoch solange einigermaßen unproblematisch, als die Menschen auf nachwachsende Ressourcen angewiesen waren, für deren Erhaltung sie zu sorgen hatten. Taten sie das nicht, bekamen sie ein Problem. Das Ende der Eisenverhüttung in der Eifel ist dafür wiederum ein gutes Beispiel. Hier stand der wichtigste frühneuzeitliche Rohstoff im Mittelpunkt, nämlich das Holz, das als Baumaterial, für alltägliche Gegenstände oder als Energieträger verwendet wurde. Es ist deshalb auch keineswegs zufällig, dass der heute populäre Begriff der Nachhaltigkeit in der Forstwirtschaft geprägt wurde.[13] Besonders die ländliche Bevölkerung war auf die Nutzung nahegelegener

---

11 Donald Worster, Nature's Economy. A History of Ecological Ideas, Cambridge 1994[2].

12 Sabine Doering-Manteuffel, Die Eifel. Geschichte einer Landschaft, Frankfurt/M. 1995, S. 63–67; Christoph Ernst, Den Wald entwickeln. Ein Politik- und Konfliktfeld in Hunsrück und Eifel im 18. Jahrhundert, München 2000, S. 24 f.

13 Dazu Paul Warde, The Invention of Sustainability. Nature and Destiny, c. 1500–1870, Cambridge 2018, S. 5–12.

Waldstücke angewiesen, was in der Frühen Neuzeit immer wieder Konflikte mit der Obrigkeit provozierte.[14]

Diese Konflikte verschärften sich im deutschen Fall während des 18. Jahrhunderts, was sich an den zunehmenden Klagen über die Knappheit der Holzbestände ablesen lässt. Joachim Radkau, der Pionier der deutschen Umweltgeschichte, hat in den frühen 1980er Jahren jedoch die These aufgestellt, die „Holznot" des 18. Jahrhunderts sei in den meisten Fällen gar nicht vorhanden gewesen. Vielmehr habe es sich dabei vorrangig um ein rhetorisches Kampfmittel gehandelt, um einheitliche Verfügungsrechte durchzusetzen, die „einfache" Bevölkerung von der Nutzung auszuschließen und den Wald zu kapitalisieren.[15] Diese These wird bis heute kontrovers diskutiert, wobei sie sich anscheinend weder eindeutig bestätigen noch zurückweisen lässt: Es gab immer wieder tatsächlich auftretende Holzknappheiten und Übernutzungen des Waldes, während sich zugleich überzeugende Beispiele anführen lassen, bei denen die Holznot rhetorisch dramatisiert wurde. Radkau selbst vertritt seine These mittlerweile in einer differenzierten Fassung.[16]

Gleichzeitig ist die Frage umstritten, welche Auswirkungen die Durchsetzung einheitlicher Verfügungsrechte auf das Ausmaß der Ressourcennutzung hatte. Ein wichtiger Stichwortgeber war hier der amerikanische Ökologe Garrett Hardin, der 1968 einen Aufsatz mit dem Titel „Tragedy of the Commons" veröffentlichte, ursprünglich der Titel eines Pamphlets des Briten William Forster Lloyd aus den 1830er Jahren. Hardins These lautete, gemeinsame Nutzungsrechte (Commons = Allmende) an einer Ressource würden regelmäßig zu deren Übernutzung führen. Den Grund dafür sah er darin, dass bei Gemeineigentum keine individuellen Anreize für die Bestandserhaltung bestehen: Wer mit der Nutzung der Allmende wartet, um sie zu schonen, bekommt am Ende gar nichts.[17] Das war insofern provokant, weil dadurch die Vorstellung, vorkapitalistische Gesellschaften hätten generell einen naturverbundeneren, nachhaltigeren Umgang mit natürlichen Ressourcen gepflegt, in Frage gestellt wurde. Vielleicht liegt hier der Grund, warum seitdem intensiv – auch mit historischen Bezügen – zu der Frage geforscht wird, wie sich eine gemeinsame Ressourcennutzung so organisieren lässt, dass eine Übernutzung vermieden werden kann.[18]

---

14 Ders., Ecology, Economy and State Formation in Early Modern Germany, Cambridge 2006.

15 Joachim Radkau, Zur angeblichen Energiekrise des 18. Jahrhunderts. Revisionistische Betrachtungen zur „Holznot". In: Vierteljahrschrift für Sozial- und Wirtschaftsgeschichte 73 (1986), S. 1–37.

16 Ders., Holz. Wie ein Naturstoff Geschichte schreibt, München 2007.

17 Garrett Hardin, The Tragedy of the Commons, in: Science 162 (1968), S. 1243–1248.

18 Elinor Ostrom, Governing the Commons. The Evolution of Institutions for Collective Action, Cambridge 1990; Tine de Moor, The Dilemma of the Commoners. Understanding the Use of Common-pool Resources in Long-term Perspective, New York 2015; Robert Mc

Provokant war der Essay von Hardin aber auch deswegen, weil ungeteilte Verfügungsrechte, besonders an Land, als eine wesentliche Vorbedingung für die Entstehung des Kapitalismus angesehen wurden. Dieser galt aber aus umwelthistorischer Perspektive als Inbegriff eines gerade nicht nachhaltigen, sondern verschwenderischen Ressourcenregimes. Die übliche wirtschaftshistorische Einschätzung, die Industrialisierung sei mit einer enormen Zunahme der Arbeitsproduktivität einhergegangen, wurde auf diese Weise konterkariert: Bei Betrachtung des gesamten Verhältnisses des Verbrauchs von Rohstoffen und Land, von Energie- und Arbeitseinsatz, erscheint die Industrialisierung viel eher als Beginn einer großen Verschwendung: Ein – gezwungenermaßen – nachhaltiges und sparsames Ressourcenregime wurde durch ein extraktives ersetzt.[19]

Dieses Argument hat der damals noch marxistisch orientierte Historiker Rolf Peter Sieferle in den 1980er Jahren in eine systematische Form gebracht.[20] Ihm zufolge herrschte bis zur Industrialisierung ein „solares“ Energieregime vor, d.h., die Menschen waren für ihre Energieversorgung hauptsächlich auf natürlich nachwachsende Rohstoffe angewiesen. Verschiedene Formen der Waldnutzung, der Brandrodung etc. orientierten sich daran, zumal alternative Energieträger im 18. Jahrhundert noch kaum verfügbar waren oder ihre Verwendung nicht so einfach war; Steinkohle beispielsweise verursachte aufgrund des hohen Schwefelgehalts bei der Verbrennung noch lange Zeit große Probleme. Nachhaltigkeit war also nicht unbedingt das Resultat einer moralischen Überlegenheit vormoderner Gesellschaften oder ihrer größeren Naturverbundenheit, sondern eher ihres wohlverstandenen Eigeninteresses.

Das änderte sich jedoch ab dem späten 18. Jahrhundert, als sich mit der Erschließung und Nutzung großer Steinkohlevorkommen in Verbindung mit der maschinellen Produktionsweise ein neues, extraktives Energieregime durchzusetzen begann. An die Stelle des solaren Energieregimes trat jetzt die Hebung eines über Jahrmillionen akkumulierten „Energieschatzes“, nämlich der fossilen Energieträger Kohle und Erdöl. Zugleich sah Sieferle darin die Voraussetzung wie den Effekt der Entstehung des modernen Kapitalismus, der zunehmend eine systemische Eigenlogik entwickelte und sich dabei von den natürlichen Voraussetzungen des Wirtschaftens emanzipierte. Das hatte aber eine dramatische Kehrseite: Endliche Ressourcenvorkommen sowie die Umweltzerstörung bedrohten nicht nur den Fortbestand des Kapitalismus, sondern den der Menschheit insgesamt. Damit

---

Netting, Balancing on an Alp. Ecological Change and Continuity in a Swiss Mountain Community, Cambridge 1981.

19 Fridolin Krausmann, Heinz Schandl, Marina Fischer-Kowalski, From the Frying Pan into the Fire. Industrialization as a Socio-ecological Transition Process, in: John R. McNeill, José Augusto Pádua, Mahesh Rangarjan (Hg.), Environmental History. As if Nature Existed, Oxford 2010, S. 26–47.

20 Rolf Peter Sieferle, Der unterirdische Wald. Energiekrise und Industrielle Revolution, München 1982.

knüpfte Sieferle zu Beginn der 1980er Jahre nicht zuletzt an die Debatte über die „Limits to Growth" (Dt.: „Die Grenzen des Wachstums") an, die der Bericht des Club of Rome 1973 in die Diskussion gebracht hatte.[21]

Wie in der Wirtschaftsgeschichte hat sich die Industrialisierung auch in der Umweltgeschichte als eine Epochengrenze etabliert – allerdings unter negativen Vorzeichen. Es werden jedoch auch andere Periodisierungen des Übergangs von einem nachhaltigen zu einem extraktiven Ressourcenregime vorgeschlagen. Viel diskutiert wurde dabei die These des „1950er Syndroms" des Schweizer Umwelthistorikers Christian Pfister. Ihm zufolge war auch der Bergbau insofern noch Teil eines mehr oder weniger nachhaltigen Ressourcenregimes, weil die Verfügbarkeit von Energie hauptsächlich von der eingesetzten menschlichen Arbeit abhing und deswegen nicht schlagartig gesteigert werden konnte. Das änderte sich jedoch mit der kapitalintensiven Erschließung großer Erdölvorkommen vor allem im Nahen Osten, was in den 1950er und 1960er Jahren zu einem sehr niedrigen Energiepreis führte.[22]

Pfisters Überlegung lautet nun, dass der niedrige Energiepreis nicht nur – was naheliegt – zu einem stark ansteigenden Energieverbrauch geführt habe, sondern dass damit bestimmte Produktions- und Transportweisen, Wohnformen und Lebensstile möglich wurden, die sich die Menschen bei höheren Energiepreisen nicht hätten leisten können. Dazu gehörten die Massenmotorisierung, die Zersiedelung oder auch die nach 1945 stark anwachsenden Abfallmengen. Hier konnte Pfister tatsächlich zeigen, dass diesbezüglich seit den 1950er Jahren ein starker Anstieg stattgefunden hat. Ausgehend von diesem empirischen Befund spricht er darum von einer grundlegenden Veränderung des Mensch-Natur-Verhältnisses nach dem Zweiten Weltkrieg und der Ersetzung einer immer noch weitgehend nachhaltigen Produktionsweise mit teilweise, besonders auf dem Land noch vorhandener, Selbstversorgung durch einen marktgetriebenen Ressourcenverbrauch mit immensen ökologischen Folgekosten.[23]

Solche Periodisierungen sind auch für wirtschaftshistorische Fragestellungen interessant, denn ganz offensichtlich waren es vorrangig ökonomische Prozesse, die zu dem veränderten Ressourcenregime geführt haben. Gleichzeitig sind diese Überlegungen aber auch ein gutes Beispiel dafür, dass Wirtschafts- und Umweltgeschichte mit unterschiedlichen Begriffen und methodischen Annahmen operieren, die reflektiert werden müssen, damit es zu einem fruchtbaren Austausch kommen kann.

---

21 Ebd.

22 Christian Pfister, Das „1950er Syndrom" – die umweltgeschichtliche Epochenschwelle zwischen Industriegesellschaft und Konsumgesellschaft, in: Ders. (Hg.), Das „1950er Syndrom". Der Weg in die Konsumgesellschaft, Bern u.a. 1995, S. 51–95.

23 Ebd.

Wenn von „Verschwendung" oder einem „extraktiven" Energieregime gesprochen, wenn sogar der moderne Kapitalismus insgesamt als „waste economy" bezeichnet wird,[24] liegt dem die Annahme zugrunde, dass bei der Betrachtung wirtschaftlicher Ergebnisse der Ressourceneinsatz insgesamt zu betrachten sei. Arbeit fällt dabei mehr oder weniger heraus, weil der Mensch sich zwar ernähren muss, am nächsten Tag aber weiterarbeiten kann. Er wird im Produktionsprozess, von Extremfällen abgesehen, nicht unmittelbar „verbraucht". Was dann noch übrig bleibt, ist das Verhältnis von eingesetzten Rohstoffen und anderen natürlichen Ressourcen sowie verbrauchter Energie einerseits und dem materiellen Resultat andererseits. Hier ist tatsächlich festzustellen, dass in vormodernen Produktionsformen viel sparsamer gewirtschaftet wurde, das materielle Ergebnis aber eben auch sehr viel geringer war.

Die wirtschaftshistorische Betrachtungsweise versteht Produktivität zumeist anders. Einerseits geht es dabei um die Entwicklung der *Arbeitsproduktivität,* d.h. das Verhältnis von eingesetzter Arbeit und Resultat. Das hat den Vorteil, Menge und Qualität der eingesetzten Arbeitsleistung stärker zu gewichten. Andererseits wird Produktivität generell als Verhältnis der eingesetzten „Produktionsfaktoren" – Arbeit, Boden, Kapital – zum Resultat in *Geldwerten* betrachtet. Umweltzerstörung oder Landschaftsverbrauch tauchen in einer solchen Rechnung aber nicht auf, solange sie keine Kosten produzieren; die Volkswirtschaftslehre spricht hier von *externen Effekten.* Insofern handelt es sich hier letztlich um zwei unterschiedliche Perspektiven, die sich durchaus produktiv ergänzen und helfen können, ein differenzierteres Verständnis des Verhältnisses von Wirtschaft und der natürlichen Umwelt des Menschen zu entwickeln – wie gesagt, je nachdem, was man betrachtet.

Aus wirtschaftshistorischer Sicht sollte jedoch darauf Wert gelegt werden, dass sich die Leistungsfähigkeit der modernen Wirtschaft nicht darauf reduzieren lässt, mit enormen ökologischen Folgekosten große Mengen an Ressourcen zu verbrauchen. Sieferle und Pfister laufen Gefahr, die Ökonomie als eine Art Maschine zu betrachten, die mit zusätzlichem Ressourceneinsatz automatisch ihre Leistungsfähigkeit steigert. Der Gebrauch einer solchen Metapher liegt zwar angesichts der Rede vom „systemischen" Charakter des modernen Kapitalismus nahe, und auch Max Weber waren solche Vorstellungen nicht fremd, wenn er vom „Hexensabbat" des modernen Kapitalismus sprach, den erst ein Versiegen der Rohstoffe beenden könne.[25] Das darf aber trotzdem nicht dazu führen, die moderne Wirtschaft als eine Art „black box" zu behandeln, die vorrangig auszeichnet, dass ihr Output proportional zu ihrem Input wächst. Vielmehr hat die Debatte über die „Great Divergence"

24 Manfred Prisching, Trash Economy. Abfallproduktion als Wirtschaftsprinzip, in: Anselm Wagner (Hg.), Abfallmoderne. Zu den Schmutzrändern der Kultur, Berlin 2012², S. 31–43.

25 Zitiert in Werner Sombart, Der Moderne Kapitalismus. Bd. 3: Das Wirtschaftsleben im Zeitalter des Hochkapitalismus, Berlin 1927, S. 1010.

gezeigt, dass es auch bei prinzipiell ähnlichen Voraussetzungen schwer ist, der Ressourcenversorgung eine alleinentscheidende Rolle zuzuschreiben. Wichtiger erscheinen die relativen Faktorkosten insgesamt sowie die Möglichkeit, durch bestimmte technische und organisatorische Innovationen die Arbeitsproduktivität zu steigern. Das soll nicht heißen, dass Fragen der Ressourcenversorgung nicht wichtig gewesen wären. Jedoch sollte man vorsichtig sein, etwa in billigen Energiepreisen den Generalschlüssel zur Erklärung ökonomischer Entwicklung zu erblicken.

Besonders wichtig ist dabei, dass sich die Frage der Rohstoffversorgung im Verlauf der wirtschaftlichen Entwicklung verändert hat: So fiel es in vorindustriellen Zeiten noch sehr viel schwerer, Ressourcenengpässe zu kompensieren. Zwar ist der Ressourcenbedarf der Wirtschaft seit dem 18. Jahrhundert dauerhaft angestiegen, zugleich schuf die Industrialisierung aber andere Voraussetzungen dafür, auftretende Engpässe durch Handel, technische Innovationen aber auch koloniale Expansion auszugleichen. Gerade Letztere hatte im Übrigen häufig schwerwiegende Auswirkungen auf lokale Umwelten, sei es im Falle der Durchsetzung der Zuckerrohr-Plantagenwirtschaft in der Karibik oder des Bergbaus in Lateinamerika seit der Frühen Neuzeit, um nur zwei besonders dramatische Beispiele zu nennen.[26] Da sich solche Interventionen im Verlauf von Industrialisierung und Globalisierung im 19. Jahrhundert noch einmal verstärkten, erscheint auch aus dieser Perspektive die Industrialisierung – unter negativen Vorzeichen – als eine umwelthistorische Epochengrenze.

Industrialisierung und Umwelt

Diese Aussage wird noch dadurch unterstützt, dass die Industrialisierung auch in ihren Kernzonen eine drastische umweltprägende Wirkung hatte. Anschaulich zeigen lässt sich das anhand des Ruhrgebiets: Dieses war um 1840 herum noch eine landwirtschaftlich dominierte Region mit einigen Ackerbürgerstädten entlang des Hellwegs, einer alten Handelsstraße. Bis zum Ersten Weltkrieg wuchs es jedoch auf der Basis von Kohle und Stahl zu Europas größtem Industrierevier heran. Damit verbanden sich große Migrationsströme und eine weitgehend ungeplante Urbanisierung. Die „Industriefürstentümer" – Stahlunternehmen wie Krupp oder Thyssen – entwickelten einen gewaltigen Flächenbedarf. Durch den intensiven Steinkohlebergbau wurde die ganze Region einige Meter tiefergelegt, was schwere wasserwirtschaftliche Konsequenzen hatte. Zusammen mit der Wasserverschmutzung durch die Industrie führte das unter anderem dazu, dass nach der Wende zum 20. Jahrhundert der Fluss Emscher kanalisiert und gewisserma-

26 Bernd Stefan Grewe, Gold. Eine Weltgeschichte, München 2019, S. 41–46.

ßen zum „Abwasserkanal“ deklariert wurde, um die schwerindustriellen Brauchwässer in den Rhein zu überführen.

Vor allem aber verursachte die Industrie eine schwere Belastung der Luft. Der Himmel im Ruhrgebiet war ständig verhangen, draußen trocknende Wäsche wurde nach wenigen Stunden grau. Für seine Bewohner war darum die Besetzung des Ruhrgebietes durch französische Truppen im Jahr 1923, um ausstehende Reparationszahlungen aus dem Versailler Vertrag einzutreiben, auch in anderer Hinsicht ein besonderes Erlebnis: Durch den passiven Widerstand verschwand für ein paar Wochen der allgegenwärtige Rauch und sie sahen tatsächlich einen blauen Himmel. Erst seit den 1960er Jahren konnte die Luftbelastung im Industrierevier deutlich gemildert werden, wobei die Deindustrialisierung des Ruhrgebietes nach dem Zweiten Weltkrieg jedoch mehr dazu beigetragen hat, als alle Maßnahmen zum Schutz der Umwelt.[27]

Im Ruhrgebiet waren die Transformation und die Belastung der natürlichen Umwelt durch die Industrie besonders offensichtlich. Ganz ähnlich war das der Fall bei anderen „shock cities“ der Industrialisierung wie Manchester oder Chicago: Deren „urban environment“ zeichnete sich in vielen Teilen durch erbärmliche Wohnsituationen und schockierende hygienische Zustände, aber auch durch gravierende Umweltbelastungen aus.[28] In Elberfeld konnte man in den 1880er Jahren an der Färbung der Wupper erkennen, welche Farbstoffe die Farbenfabrik Friedrich Bayer gerade produzierte. Bei solchen Städten handelte es sich im 19. Jahrhundert allerdings um „Verschmutzungsinseln“, während viele andere Regionen sehr viel weniger durch industrielle Dynamiken geprägt wurden, traditionelle Lebensformen länger bewahrt werden konnten.

Dass die umwelttransformierenden Folgen von Industrialisierung und Urbanisierung jedoch auch räumlich sehr weitreichend sein konnten, hat besonders eine Arbeit demonstriert, die zu den umwelthistorischen Klassikern gehört, in weiten Teilen jedoch eigentlich eine Wirtschaftsgeschichte ist. William Cronons 1991 veröffentlichtes Werk „Nature’s Metropolis“ beschreibt für die Zeit zwischen 1860 und 1900 den Einfluss Chicagos auf seine natürliche Umwelt. Diese Wirkung reichte weit über das eigentliche Territorium der Stadt hinaus. Das Wachstum der Metropole transformierte weiträumig deren Umland, das nach einiger Zeit kaum mehr wiederzuerkennen war.[29]

Ausgangspunkt ist dabei zunächst die Beobachtung, dass das Wachstum Chicagos Mitte des 19. Jahrhunderts kaum vorauszusehen war: Als die Stadt mit den besten Entwicklungsperspektiven galt eigentlich das südwestlich gelegene St.

27 Franz-Josef Brüggemeier, Grubengold. Das Zeitalter der Kohle von 1750 bis heute, München 2018.

28 Harold L. Platt, Shock Cities. The Environmental Transformation and Reform of Manchester and Chicago, Chicago 2005.

29 William Cronon, Nature’s Metropolis. Chicago and the Great West, New York 1991.

Louis, weil sich dort mit dem Mississippi und dem Missouri zwei bedeutende Wasserwege trafen, während flussaufwärts auch noch der Ohio in den Mississippi mündete. Was die Lage jedoch grundlegend veränderte, war die Eisenbahn. Diese ermöglichte die Anbindung Chicagos an die großen Städte an der US-amerikanischen Ostküste und bildete die Voraussetzung für einen sich dynamisch entwickelnden Handel, der zum Wachstum der Stadt entscheidend beitrug.

Zu den wichtigsten Handelsgütern, die von Chicago nach Osten gebracht wurden, gehörten Holz, Fleisch und Getreide. Diese Rohmaterialien bezog die Stadt jedoch aus ihrem riesigen Umland. Das Wachstum Chicagos ging insofern mit einer rigorosen „Kommodifizierung" natürlicher Ressourcen einher, die in Handelsgüter verwandelt wurden. Es kam zur Abholzung riesiger Waldgebiete, der Ausweitung von Getreideanbau und Viehwirtschaft. Der Bison wurde nahezu vollständig ausgerottet und durch Rinder verdrängt, die unter dem Gesichtspunkt der Fleischproduktion effizienter waren. In der Stadt selbst wurde die anspruchsvolle Logistik entwickelt, um diesen Handel zu organisieren. Neue Techniken der Lagerung und der Massenabfertigung, wie etwa die im letzten Kapitel erwähnten „Grain elevators", wurden eingeführt. Die „Disassembly Lines" der Chicagoer Schlachthöfe waren später eine Inspiration für die Einführung der Fließbandproduktion bei Ford im Jahr 1913. Neue Kühltechniken verbesserten den Fleischtransport an die Ostküste.

Abb. 9: Gefällte Pinien um 1900, Deward (Michigan)

Indem Cronon diese Vorgänge sehr genau analysiert, schafft er es, die systemdynamische Wirkung der industriellen Produktionsweise detailliert zu zeigen. Gerade weil hier wie kaum irgendwo sonst die ökonomischen Möglichkeiten und Vorteile der Massenproduktion genutzt wurden, durfte es in der Wertschöpfungskette keine Engpässe geben. Als die Eisenbahnlinien einmal gebaut waren, mussten sich der Warentransport rentieren und die Güterzüge ausgelastet sein. Wo große Fabriken entstanden, die tausenden von Menschen Arbeit gaben, war zu gewährleisten, dass genug Getreide oder Fleisch verarbeitet werden konnte. Diese Logik führte am Ende zu einer grundlegenden Umgestaltung der natürlichen Umwelt des Umlands der rasant wachsenden Metropole.

Ein anderes Beispiel für die Wirkung von Industrialisierungsprozessen auf die natürliche Umwelt des Menschen beschreibt die 1995 erschienene Arbeit von Richard White mit dem Titel „The Organic Machine", einer Geschichte des Columbia River an der US-amerikanischen Westküste. Dieser Fluss war seit jeher für seine reichen Lachs-Bestände bekannt und die amerikanischen Ureinwohner hatten eine große Meisterschaft im Fischen und Beherrschen des unberechenbaren Wassers entwickelt. Im Laufe des 19. Jahrhunderts veränderte sich die Fischerei auf dem Columbia River jedoch grundlegend, vor allem durch neue, größere Schiffe, die zunehmend mit Dampfbetrieb arbeiteten.[30]

Die entscheidende Transformation des Columbia Rivers fand aber durch die Industrialisierung des amerikanischen Westens statt. Sie wurde durch den „New Deal", ein Wirtschaftsprogramm, mit dem die amerikanische Regierung unter Franklin D. Roosevelt ab 1933 die Große Depression zu bekämpfen versuchte, sowie die Kriegswirtschaft im Zweiten Weltkrieg vorangetrieben. Dafür war die Erzeugung von elektrischem Strom erforderlich. Seit den 1930er Jahren wurde der Fluss durch den Bau mehrerer großer Dämme aufgestaut. Dadurch veränderte sich nicht nur die Ökologie des Flusses, sondern auch die der umliegenden Landschaften drastisch. Die Lachsbestände gingen zurück, an den Flussufern wuchsen die Städte.

Das Besondere an Whites Buch besteht jedoch darin, dass es ihm weniger darum geht, destruktive Eingriffe des Menschen in die Natur nachzuzeichnen. Ihn interessiert vielmehr vorrangig die Frage, wie sich die menschliche Arbeit an und mit dem Fluss seit dem 19. Jahrhundert verändert hat. Das Resultat ist eine Interaktionsgeschichte zwischen Mensch und natürlicher Umwelt, die immer schon gegenseitig aufeinander einwirkten. Zugleich wurden durch menschliche Arbeit aber auch kollektive Erinnerungen geschaffen, die dazu geführt haben, dass der Lachs für die heutigen Anrainer des Columbia River immer noch wichtig ist: Das zeigt sich an Flaggenmotiven und anderen Symbolen, aber schließlich auch an den Versuchen, die Lebensbedingungen für den Fisch wieder zu verbessern.

---

30 Richard White, The Organic Machine. The Remaking of the Columbia River, New York 1996.

Die Arbeiten von Cronon und White sind deshalb Beispiele für eine gelungene Verbindung von Umwelt- und Wirtschaftsgeschichte, weil sie „den" Kapitalismus gerade nicht als anonym-handelndes System beschreiben. Indem sie die umwelttransformierende Wirkung ökonomischer Prozesse präzise und differenziert herausarbeiten, lassen sie sowohl Akteure wie Systemdynamiken zu ihrem Recht kommen. Insofern gibt es in der Umweltgeschichte bereits anspruchsvolle Vorbilder dafür, wie eine Verbindung mit wirtschaftshistorischen Fragestellungen gelingen kann. Es fehlt jedoch noch daran, diese Zusammenführung auf eine empirisch und methodisch breitere Basis zu stellen.

Verschmutzung

Weiter oben wurde bereits das Problem der externen Effekte angesprochen. Gemeint ist damit, dass die industrielle Produktion sehr häufig gravierende Auswirkungen auf die natürliche Umwelt hat, diese aber nicht in der Kostenbilanz der dafür verantwortlichen Unternehmen auftauchen. Weil die umweltschädliche Wirkung von industrieller Produktion sehr häufig keine direkten Kosten produziert, haben Firmen offensichtlich keinen Anreiz, die durch sie verursachten Umweltbelastungen zu verringern. Alternativen, wie der Einbau von Emissionsfiltern oder die umweltgerechte Entsorgung industrieller Abfälle, kosten hingegen Geld. Deswegen muss davon ausgegangen werden, dass Firmen die Möglichkeiten präferieren werden, die am wenigsten kosten, die dann oft genug mit einer substantiellen Umweltverschmutzung einhergehen. Die in vielen Ländern seit den 1960er Jahren verfolgte Umweltpolitik zielt nicht zuletzt auf eine *Internalisierung* dieser externen Effekte, indem versucht wird, durch Gesetze und Vorschriften zu gewährleisten, dass diese Wirkungen nicht entstehen, und wenn sie entstehen, zu einer entsprechenden Kostenbelastung führen. Soweit zumindest die dahinterstehende Absicht.[31]

Es erscheint einleuchtend, dass vorrangig an ihrem Eigeninteresse orientierte Akteure und Organisationen keinen Anreiz zum Schutz der Umwelt haben. Tatsächlich ist der Sachverhalt aber oftmals komplizierter. Ein Beispiel dafür ist die Luftbelastung im Ruhrgebiet, die Ulrike Gilhaus unter dem Schlagwort der „Schmerzenskinder" der Industrie gefasst hat: eine unerträgliche Belastung von Luft, Wasser und Boden durch die großen Unternehmen der Eisen- und Stahlindustrie, gegen deren ökonomische und politische Macht sozialer Protest letztendlich keine Chance hatte.[32] Aber diese Entwicklung lässt sich auch etwas anders

31 Bodo Sturm, Carla Vogt, Umweltökonomik. Eine anwendungsorientierte Einführung, Heidelberg 2018², S. 70–77.

32 Ulrike Gilhaus, „Schmerzenskinder der Industrie". Umweltverschmutzung, Umweltpolitik und sozialer Protest im Industriezeitalter in Westfalen 1845–1914, Paderborn 1995. Eine ähn-

akzentuieren. So hat Franz-Josef Brüggemeier in seiner Arbeit zur industriellen Luftverschmutzung im 19. Jahrhundert gezeigt, dass es bis in die 1860er Jahre im Ruhrgebiet eine durchaus etablierte Praxis gab, Rauchschadensopfern eine bestimmte, als angemessen betrachtete Entschädigung zu bezahlen. Von dieser Praxis wurde indes abgegangen, als sowohl die Umweltbelastung wie auch die Zahl der potentiell Anspruchsberechtigten durch die Industrialisierung des Ruhrgebietes immer stärker zunahmen. Die dadurch entstehenden Kosten erschienen schlicht nicht mehr kalkulierbar, und auch deswegen nahm die Industrie eine zunehmend verhärtete Haltung gegenüber solchen, eigentlich berechtigten Ansprüchen ein.[33]

Ein anderes Beispiel, das die Ambivalenz des Verhältnisses von Industrie und Umwelt während der Industrialisierung verdeutlicht, ist die Chemiefabrik Friedrich Bayer. Dieses Unternehmen produzierte seit den 1860er Jahren in Oberbarmen vor allem synthetische Farbstoffe, deren Herstellung die lokale Umwelt stark belastete. Das führte zu vielen Konflikten zwischen dem Unternehmen und der Bevölkerung, die schließlich ein wichtiger Grund dafür waren, dass Bayer seit den späten 1880er Jahren im nahegelegenen Dorf Leverkusen eine Fabrik auf der „grünen Wiese" errichtete. Hier konnten die Abwässer in den Rhein geleitet werden, was zumindest deren Verdünnung besser gewährleistete, als das bei dem Flüsschen Wupper der Fall war.[34]

Das stellte aus heutiger Sicht ganz sicher keinen umweltgerechten Umgang mit gefährlichen Stoffen dar. Dieser Vorgang fand jedoch in einer Zeit statt, in der das Wissen um die weitreichenden und langfristigen Folgen bestimmter chemischer Substanzen noch kaum vorhanden war. Gleichwohl war das Unternehmen nicht einfach in der Lage, die Belastung der Umwelt gegen alle Widerstände aufrechtzuerhalten. Vielmehr konnten aus solchen Belastungen resultierende Konflikte durchaus Standortentscheidungen – mit wie im Fall Leverkusens weitreichenden Folgen – beeinflussen. Darum stellt das Ruhrgebiet vielleicht sogar eher einen Sonderfall dar: Zumindest lässt sich die Formel der „ortsüblichen Belastung", die in den Debatten um die Rauchbelastung bis weit in die 1960er Jahre eine zentrale Rolle spielte, auch als Akzeptanz der Tatsache interpretieren,

---

liche Stoßrichtung für das Beispiel der Wassernutzung in Massachusetts: Theodore Steinberg, Nature Incorporated. Industrialization and the Waters of New England, Boston 1994.

33 Franz-Josef Brüggemeier, Das unendliche Meer der Lüfte. Luftverschmutzung, Industrialisierung und Risikodebatten im 19. Jahrhundert, Essen 1996, S. 220–263.

34 Ralf Henneking, Chemische Industrie und Umwelt. Konflikte um Umweltbelastungen durch die chemische Industrie am Beispiel der schwerchemischen, Farben- und Düngemittelindustrie der Rheinprovinz (ca. 1800–1914), Stuttgart 1994, S. 284–305; Plumpe, Carl Duisberg, S. 129 f.

dass angesichts der unübersehbaren Vielzahl an Verschmutzungsquellen eine fallweise Regelung von Rauchschäden ohnehin aussichtslos erschien.[35]

Dass dabei auch Organisationen einen Lernprozess durchlaufen konnten, lässt sich abschließend am Beispiel der schwedischen Bergbau-Unternehmung Boliden zeigen.[36] Die Firma, die bis heute vorrangig Kupfer produziert, geriet in den 1970er Jahren aufgrund der durch sie verursachten Umweltbelastung stark in die Kritik. Vor allem die bei der Kupferschmelze auftretenden Arsen- und Quecksilberemissionen wurden als schädlich thematisiert. Das Unternehmen stellte das vor eine schwierige Herausforderung, weil es selbst erst ein relativ schwaches Bewusstsein dafür entwickelt hatte, was es mit seiner Produktion eigentlich anrichtete. Bemerkenswert war jedoch, dass die Firma infolge dieser Debatten einen Lernprozess durchmachte, der schließlich nicht nur dazu führte, Anstrengungen zu unternehmen, um die Kupferproduktion umweltverträglicher zu gestalten. Von den 1960er Jahren bis zum Jahr 2000 gelang es Boliden, die schädlichen Emissionen soweit zu reduzieren, dass die Firma sogar dazu überging, ihre Umweltstandards offensiv in der Öffentlichkeit zu thematisieren.[37]

Solch ein Lernprozess korrespondierte mit der verstärkten gesellschaftlichen Thematisierung von Umweltrisiken. So waren die Gefahren von Quecksilber zu Beginn der 1960er Jahre noch wenig bekannt, vielmehr wurde es weltweit in der Landwirtschaft zur Behandlung von Saatgut eingesetzt. Dieser Lernprozess führte jedoch dazu, dass das Unternehmen nicht mehr lediglich auf äußeren Druck reagierte, sondern als Organisation nach und nach ein Umweltbewusstsein entwickelte. Das fiel ab einem gewissen Zeitpunkt leichter, weil die Einhaltung von Umweltstandards und damit verbundene technische Innovationen für die Firma positive ökonomische Resultate erbrachte. Der US-amerikanische Ökonom Michael Porter hat bereits vor längerer Zeit darauf hingewiesen, dass durch richtig gestaltete umweltpolitische Regulierungen Anreize für technologische Innovationsprozesse geschaffen werden, die mittel- und längerfristig positive volkswirtschaftliche Auswirkungen haben können.[38]

Was deutlich geworden sein sollte: Das Verhältnis von Unternehmen und Bevölkerung im Hinblick auf die Umweltverschmutzung erweist sich oftmals als komplex. Weder handeln Unternehmen „blind" nach ihrem Eigeninteresse noch folgen sie unbesehen einer anonymen kapitalistischen Systemlogik. Bei aller Gewinnorientierung handelt es sich bei ihnen trotzdem um soziale Organisationen

---

35 Frank Uekötter, Von der Rauchplage zur ökologischen Revolution: eine Geschichte der Luftverschmutzung in Deutschland und den USA 1880–1970, Essen 2003, S. 431–449.

36 Ann Kristin Bergquist, Dilemmas of Going Green: Environmental Strategies in the Swedish Mining Company Boliden, 1960–2000, in: Hartmut Berghoff, Adam Rome (Hg.), Green Capitalism. Business and the Environment in the Twentieth Century, Philadelphia 2017, S. 149–171.

37 Ebd.

38 Michael E. Porter, America's Green Strategy, in: Scientific American 264 (1991), S. 96.

und als solche können sie sich als durchaus lernfähig erweisen – ein Gesichtspunkt, der durch die Betonung von Machtasymmetrien zwischen Wirtschaft und Bevölkerung häufig eher verdeckt wird. Boliden durchlief einen Lernprozess, der dazu führte, dass die Firma bei der Einhaltung von Umweltstandards nicht länger nur auf äußeren Druck reagierte oder diesen antizipierte, sondern ihre Einhaltung aktiv vorantrieb. Das musste keineswegs die Ausnahme sein: Gerade bei Chemieunternehmen spielt es eine wichtige Rolle, dass Umweltverschmutzung nicht selten die Selbstvergiftung der eigenen Betriebe und Belegschaften bedeutete.

II. Theorien und Methoden

1. Theorien in der Wirtschaftsgeschichte

Die Anwendung von Theorien hat in der Wirtschaftsgeschichte eine lange Tradition. Das liegt vor allem an ihrer engen Verbindung mit der Volkswirtschaftslehre. Allerdings hat sich das Verhältnis von „Theorie" und „Geschichte" seit dem 19. Jahrhundert stark gewandelt: Während die Historische Schule ab den 1860er Jahren in der Geschichte vor allem das empirische Material erblickte, um zu theoretisch gehaltvollen Aussagen zu gelangen, werden heute spezifische Theorieangebote dazu genutzt, historische Vorgänge besser zu verstehen. Auch wenn insbesondere nach dem Zweiten Weltkrieg verstärkt Ansätze aus anderen Sozialwissenschaften aufgegriffen wurden, so sind Theorieangebote aus der Volkswirtschaftslehre für die Wirtschaftsgeschichte doch mit großem Abstand am wichtigsten geblieben.

Im ersten Teil dieser Einführung wurde bereits darauf hingewiesen, dass die Arbeit mit ökonomischen Theorien – in erster Linie aufgrund der Fokussierung der Volkswirtschaftslehre auf ökonomisches Wachstum – immer wieder scharfe Gegenstimmen herausgefordert hat. Aber auch ihr methodisches Werkzeug und ihre mutmaßlich wirklichkeitsfremden Vorannahmen, besonders die Modellierung des wirtschaftenden Menschen als „Homo Oeconomicus", wurden häufig kritisiert. Im Hinblick auf das Problem globaler Ungleichheit wurde immer wieder angemerkt, dass die aus ökonomischen Theorien abgeleiteten Maßnahmen zu einer desaströsen Wirtschaftspolitik führen würden. Hinzu kommt, dass volkswirtschaftliche Theorieangebote auf einem hohen Abstraktionsgrad operieren, der bei historischen Betrachtungen immer wieder zu methodischen Konflikten führt. Die Neoklassik, also der heute dominierende Ansatz in der Volkswirtschaftslehre, geht von universalen, im Grunde ahistorischen ökonomischen Gesetzmäßigkeiten aus. Es gehört jedoch zu den Grundvoraussetzungen jeder historischen Hermeneutik, dass geschichtliche Zeiten aus ihren eigenen Voraussetzungen heraus verstanden werden müssen.

Die daraus resultierenden Probleme und Konflikte sollen noch ausführlicher diskutiert werden. Trotzdem sind volkswirtschaftliche Theorieangebote für die Wirtschaftsgeschichte sehr nützlich. Die Kritik verkennt nämlich in vielen Fällen etwas leichtfertig den heuristischen Nutzen abstrakter ökonomischer Theoriebildung. Joseph Schumpeter hat dies bereits vor dem Ersten Weltkrieg bemerkenswert begründet. Er wies in seinem Buch „Hauptprobleme der theoretischen Nationalökonomie" von 1908 auf den Sinn der Abstraktion in der ökonomischen Theorie hin: Es geht darum, die *spezifisch ökonomischen Probleme* zu identifizieren, um diese von sozialen, politischen etc. unterscheiden zu können.[1] Was sind aber

1 Joseph A. Schumpeter, Wesen und Hauptinhalt der theoretischen Nationalökonomie, Berlin 1908, S. 22–48.

diese spezifischen ökonomischen Probleme? Dazu gehörte nach Schumpeter vor allem, dass ökonomische Akteure mit *knappen Gütern kalkulieren*. Es geht um das Abwägen von *Handlungsalternativen anhand relativer Faktorkosten*, dass also für den Erwerb, die Nutzung oder die Produktion von Gütern die Produktionsfaktoren Boden, Kapital und Arbeit in unterschiedlichem Maße verausgabt werden müssen. Dies alles ist schließlich vor dem Hintergrund der *Opportunitätskosten* zu betrachten, dass die genannten Produktionsfaktoren nämlich auch anders verwendet werden könnten. Diese Alternativen bleiben aber unrealisiert, weil eben eine spezifische Lösung mit spezifischen Kosten gewählt wurde.

Die Leistung volkswirtschaftlicher Theorieangebote besteht darin, ökonomische Problemlagen zu isolieren. Damit wird aber auch deutlich, dass sie nicht dazu dienen, historische Ereignisse vollumfänglich zu erklären, denn deren Komplexität ist tatsächlich erst einer genuin historischen Betrachtungsweise zugänglich. Es geht auch nicht darum, Theorien an eine – ohnehin immer unterschiedlichen Deutungsperspektiven unterworfene – historische Wirklichkeit anzuschmiegen. Genausowenig sollte die historische Betrachtung umgekehrt dazu dienen, bestimmte Theorien zu beweisen oder zu illustrieren. Theorien sind vielmehr Denkinstrumente oder, wie ebenfalls Schumpeter es schön formuliert hat, „Zangen", um empirische Phänomene zu greifen.[2] Sie helfen dabei, neue Zugänge zu historischen Vorgängen zu erschließen, neue Verbindungen zu entdecken, Quellen anders aufzuschlüsseln, alternative Argumente zu entwickeln. Alles, was darüber hinausgeht, überfordert Theorien, wobei gerade eine solche Bescheidung klar machen sollte, dass mit der Anwendung ökonomischer Theorien eine bestimmte Weltsicht eben nicht automatisch übernommen wird.

Bevor eine genauere Beschäftigung mit den verschiedenen Theorieangeboten erfolgt, ist es notwendig, knapp die methodischen Voraussetzungen volkswirtschaftlicher Theoriebildung zu erläutern. Dazu sollen zunächst der Methodologische Individualismus und das Handlungsmodell des Homo Oeconomicus kurz vorgestellt werden. Das ist schon deswegen hilfreich, damit später deutlich wird, an welchen Stellen alternative Ansätze davon abweichen. Anschließend werden die Begriffe „Knappheit", „Opportunitätskosten" und „Gleichgewicht" erläutert. Schließlich wird in einem weiteren Abschnitt auf das Problem der sozialen Bedingtheit ökonomischen Handels eingegangen, weil es sich dabei um eines der zentralen Probleme handelt, mit denen sich theoretische Ansätze in der Wirtschaftsgeschichte auseinandersetzen müssen.

---

2 Ders., Das Kapital im wirtschaftlichen Kreislauf und in der wirtschaftlichen Entwicklung, in: Bernhard Harms (Hg.), Kapital und Kapitalismus. Vorlesungen gehalten in der deutschen Vereinigung für staatswissenschaftliche Fortbildung, Berlin 1931, S. 187–208, 187.

Der Methodologische Individualismus und das neoklassische Verhaltensmodell

Keine andere Wissenschaft hat sich während des 20. Jahrhunderts so stark verändert wie die Volkswirtschaftslehre. Diese entwickelte sich nach dem Zweiten Weltkrieg von einer Sozial- und Geisteswissenschaft zu einer sich als Naturwissenschaft verstehenden Disziplin. Insbesondere seit den 1960er Jahren ging das mit der Adaptierung mathematischer und statistischer Methoden einher, wobei zugleich nationale Fachtraditionen mehr oder weniger verschwanden.[3] Dieser Wandel ist nicht zuletzt deshalb leicht zu übersehen, weil sich die Disziplin heute durch einen starken Mainstream auszeichnet, der durch verschiedene Mechanismen, insbesondere „gerankte" Zeitschriften und bestimmte Kriterien bei der Besetzung von Professuren, institutionell abgesichert wird.

Die Grundlagen für diesen Wandel wurden allerdings bereits im letzten Drittel des 19. Jahrhunderts mit der Ausarbeitung des neoklassischen Theorieprogramms gelegt, vor allem der Entwicklung des *Grenznutzenprinzips* durch Stanley Jevons, Carl Menger und Leon Walras.[4] Dabei ging es zunächst um eine Lösung für das sog. Wertparadox, bei dem die ökonomischen Klassiker wie Smith und Ricardo zu keiner vollständig befriedigenden Lösung gelangt waren: Warum sind Diamanten sehr viel wert, während Wasser, trotz seines offensichtlich viel höheren praktischen Nutzens, beinahe wertlos ist? Das Grenznutzenprinzip gab darauf eine elegante Antwort, indem es die persönlichen Präferenzen eines Akteurs mit der Knappheit eines Gutes kombinierte: Der Wert eines Gutes ist stets nach der gedachten, letzten zur Verfügung stehenden Einheit dieses Gutes zu bemessen; wer 30 Einheiten Wasser zur Verfügung hat, bemisst seinen Wert nach der 30. Einheit. Darum besitzt Wasser in Westeuropa so einen geringen Wert, weil es bequem aus dem Wasserhahn kommt, während man in der Wüste wahrscheinlich sein gesamtes Hab und Gut dafür hergeben würde.[5]

Der Rekurs auf die Präferenzen der ökonomischen Akteure ging mit der Durchsetzung des sog. *Methodologischen Individualismus* einher. Anders als in älteren Traditionen der Volkswirtschaftslehre werden hier also nicht das „Volk", „Klassen", „Schichten" oder „Gruppen" als Ausgangspunkt genommen, sondern einzelne

3 Fourcade, Economists and Societies. Für den deutschen Fall vgl. Jan Otmar Hesse, Wirtschaft als Wissenschaft. Die Volkswirtschaftslehre in der frühen Bundesrepublik, Frankfurt/M. 2010.

4 Pribram, Geschichte des ökonomischen Denkens, S. 521–531. Vorher wurde der Grundgedanke allerdings bereits von dem zeitgenössisch wenig beachteten Hermann Heinrich Gossen formuliert: Hermann Heinrich Gossen, Entwickelung der Gesetze des menschlichen Verkehrs, und der daraus fließenden Regeln für menschliches Handeln, Braunschweig 1854.

5 Menger, Grundsätze der Volkswirthschaftslehre, S. 77–152.

Akteure. Diese verhalten sich ihren jeweiligen Präferenzen folgend situationsabhängig rational, um ihren Nutzen zu maximieren. Sie sollen also stets auf rationale Weise danach streben, das Verhältnis von Aufwand und Ertrag für sich möglichst günstig zu gestalten, also entweder ein bestimmtes Ergebnis mit dem geringstmöglichen Aufwand oder mit einem bestimmten Aufwand ein größtmögliches Ergebnis zu erreichen.[6] Dieses Verhaltensmodell wird als *Homo Oeconomicus* bezeichnet.[7]

Zum Homo Oeconomicus sind verschiedene Anmerkungen notwendig. Zunächst ist darauf hinzuweisen, dass dieses Verhaltensmodell in der zweiten Hälfte des 18. Jahrhunderts ursprünglich unter ganz anderen Vorzeichen entstanden ist. Damals ging es um die ethische Rechtfertigung des selbstinteressierten Wirtschaftshandelns. In der Frühen Neuzeit stellte der Gemeinnutz die Zentralnorm des ökonomischen Lebens dar und Egoismus galt als sündig.[8] Das hieß keineswegs, dass sich alle Menschen daran hielten. Eigennütziges, gewinnorientiertes Handeln war zu allen Zeiten weitverbreitet, es wurde aber eben nicht normativ gerechtfertigt. Die daraus resultierenden Widersprüche thematisierte eine „schwarze Anthropologie" bereits seit dem 17. Jahrhundert, die den Anspruch erhob, den Menschen so zu beschreiben, wie er „wirklich" war. Der vielleicht bekannteste Text in diesem Zusammenhang ist die 1705 zuerst erschienene „Bienenfabel" des holländischen Arztes Bernard Mandeville. Er beschrieb in einem satirischen „Lehrgedicht" ein sündiges und korruptes Bienenvolk, dessen Wirtschaft prosperierte, während ein plötzlicher Sinneswandel und die Verbesserung von Sitte und Moral mit einem frugalen und ärmlichen Leben erkauft werden mussten. Mandeville spitzte seine Beobachtungen auf die eingängige These „Privat Vices, Public Benefits" zu, private Laster, öffentliche Vorteile.[9]

Mit dem von Mandeville formulierten Paradox war aber noch keine ethische Rechtfertigung des eigeninteressierten Wirtschaftshandelns geleistet, die angesichts einer sich zunehmend verflechtenden und prosperierenden Wirtschaft in Großbritannien jedoch nahelag. Das geschah erst in der zweiten Hälfte des 18. Jahrhunderts vor allem im Rahmen der Schottischen Aufklärung, als sich der Begriff des „Self-Interest" als Form eines legitimen eigeninteressierten Wirtschaftshandeln durchsetzte.[10] Zugleich antworte diese Entwicklung aber auf die

---

6 Schumpeter, Das Wesen und der Hauptinhalt der theoretischen Nationalökonomie.

7 Vgl Gebhard Kirchgässner, Homo Oeconomicus. Das ökonomische Modell individuellen Verhaltens und seine Anwendung in den Wirtschafts- und Sozialwissenschaften, Tübingen 2008[3], S. 12–62.

8 Peter Blickle, Das Alte Europa: vom Hochmittelalter bis zur Moderne, München 2008, S. 255–259.

9 Bernard Mandeville, The Fable of the Bees, or Private Vices, Publick Benefits, London 1990 (zuerst 1705).

10 Albert Hirschman, The Passions and the Interests. Political Arguments for Capitalism before its Triumph, Princeton 1977, S. 56–66.

Auflösung alteuropäischer Normierungen. Der Homo Oeconomicus der ökonomischen Klassik war insofern kein skrupelloser Egoist, sondern im Grunde eine neue Form der Normierung des Wirtschaftshandelns im Zuge einer sich durchsetzenden freien Wettbewerbswirtschaft. Das rationale Eigeninteresse der Akteure wurde durch das Eigeninteresse der anderen in Schach gehalten.[11]

Die seit den 1870er Jahren entwickelte neoklassische Theorie führte allerdings dazu, dass die Figur des Homo Oeconomicus ihre ethischen Implikationen weitgehend verlor. Das hing nicht zuletzt damit zusammen, dass das „Self-Interest" letztendlich eine Rechtfertigungsformel für eine „ganzheitliche" bürgerliche Lebensweise seit der zweiten Hälfte des 18. Jahrhunderts darstellte. Diese verlor indes vor dem Hintergrund der sozialen Polarisierung, zu der die Industrialisierung führte, an Plausibilität und lebensweltlicher Relevanz. Jedenfalls wurde der Homo Oeconomicus im Rahmen der Neoklassik seit den 1870er Jahren zu einer reinen Theoriefigur, die auf bestimmten Verhaltensannahmen in ökonomischen Zusammenhängen beruhte. Jetzt erst wurde im Übrigen das berühmte Motiv der „unsichtbaren Hand" tatsächlich theoretisch wichtig, dass nämlich das Gesamtwohl der Gesellschaft dadurch gefördert wird, dass die Menschen ihrem Eigeninteresse folgen. Diese Überlegung fand sich zwar in Adam Smiths „Wealth of Nations", war von ihm jedoch dort eher versteckt worden und sachlich eigentlich nicht notwendig: Solange das selbstinteressierte Wirtschaftshandeln nämlich ethisch gerechtfertigt war, brauchte es keine „unsichtbare Hand", welche die eigennützigen Handlungen dem Nutzen der Allgemeinheit dienstbar werden ließ. Mit der ethischen „Entkernung" des Homo Oeconomicus durch die Neoklassik wurde genau das jedoch wieder zum Problem.[12]

So alt wie die Theoriefigur des Homo Oeconomicus ist die Kritik an ihm. Diese Kritik formulierte schon die Historische Schule im 19. Jahrhundert, die stattdessen die moralischen Qualitäten des Menschen betonte und auch den methodologischen Individualismus ablehnte. Seitdem wurde der Homo Oeconomicus immer wieder der Verfremdung und Verzeichnung der menschlichen „Natur" bezichtigt. Dabei blieb jedoch zumeist unklar, wie und ob sich die „Natur" des Menschen überhaupt bestimmen lässt. Die Diskussionen darum sind instruktiv und ermöglichen ein tieferes Verständnis der methodologischen Grundlagen der ökonomischen Theorie. Es kam zu intensiven Debatten und einer interessanten experimentellen Forschung, die sich mit dem Standardverhalten in wirtschaftlichen Zusammenhängen beschäftigt hat.[13]

Verschiedene empirische Studien haben beispielsweise festgestellt, dass Menschen nicht immer nach dem höchsten Geldertrag streben, sondern auch Werte

---

11 Plumpe, Die Geburt des „Homo Oeconomicus".

12 Milgate, Stimson, After Adam Smith, S. 92–96.

13 Für eine Verteidigung und methodologische Rechtfertigung des Homo Oeconomicus s. Kirchgässner, Homo Oeconomicus.

wie Angemessenheit oder Fairness eine Rolle spielen. In diesem Zusammenhang wird immer wieder, obwohl es als Beispiel mittlerweile arg überstrapaziert ist, das sog. Ultimatum-Spiel angeführt. Bei diesem Spiel wird einem Spieler eine bestimmte Geldsumme, beispielsweise 100 Euro, ausgehändigt. Bedingung ist allerdings, dass er einem anderen Spieler von dieser Summe etwas abgibt und Letzterer diese Summe auch annimmt. Wenn der zweite Spieler die Geldsumme ablehnt, gehen beide leer aus. Nach der klassischen Vorstellung des Homo Oeconomicus müsste die Abgabe von einem Cent genügen, denn auch diese minimale Summe wäre für den zweiten Spieler besser, als gar nichts zu bekommen. Tatsächlich wird eine solche Minimalsumme jedoch fast immer als unfair empfunden und darum die Annahme verweigert. In den meisten Fällen pendelte sich die als „fair" empfundene Abgabesumme auf etwa 30 Prozent des Ausgangsbetrags ein. Daraus haben verschiedene Autoren den Schluss gezogen, der Mensch sei kein Homo Oeconomicus, sondern vielmehr ein „Homo Reziprokans", der als gerecht empfundenes Verhalten belohnt, als ungerecht empfundenes bestraft.[14]

Diese Interpretation des Ultimatumspiels erscheint zunächst überzeugend, es wurde aber grundsätzliche Kritik an ihm geübt. Etwa, dass hier durch die Anforderung, dass der zweite Spieler die Geldsumme annehmen muss, gerade keine anonymen Märkte simuliert werden, die in der modernen Wirtschaft jedoch typisch sind. Auch wenn die Spieler sich nicht kennen und in verschiedenen Räumen sitzen, so berührt doch die Handlung des ersten Spielers das Wohlergehen des anderen direkt, ohne dass er Leistungsargumente anbringen könnte. Spieler 1 hat das Geld ja schließlich nicht verdient, sondern er bekommt es geschenkt. Das ist eine Konstellation, die für das Wirtschaftsleben ungewöhnlich ist. Auch dürfte man mit der Überlegung nicht falsch liegen, dass je höher die Geldsummen sind, mit denen beim Ultimatum-Spiel gearbeitet wird, auch kleinere Anteile der Ausgangssumme angenommen werden. Wenn Spieler 1 Spieler 2 beispielsweise 10.000 Euro abgibt, dürfte Spieler 2 die Summe annehmen, selbst wenn Spieler 1 eine Million Euro bekommt, die abgegebene Summe also nur ein Prozent darstellt. Die Ergebnisse des Ultimatum-Spiels müssten also in ein Verhältnis zu den Budgets gesetzt werden, die den Spielern in ihrem Alltag üblicherweise zur Verfügung stehen.

Daran lässt sich das Argument anschließen, dass solche empirischen Befunde lediglich eine Kritik unterstützen, die Thorstein Veblen schon um die Wende zum 20. Jahrhundert formuliert hatte: Ihm zufolge war der Homo Oeconomicus in seiner klassischen Fassung nämlich ein Resultat armer Gesellschaften. Ökonomisch rationales Verhalten war insofern das Resultat eines Kalkulationsdrucks, der aus dem Mangel an Kapital und Ressourcen resultierte. Dieser Zwang zum Kalkulieren schwächt sich mit zunehmendem Wohlstand ab, was wachsende Spielräume

14 Oliver Schlaudt, Wirtschaft im Kontext. Eine Einführung in die Philosophie der Wirtschaftswissenschaften in Zeiten des Umbruchs, Frankfurt/M. 2016, S. 68–75.

für verschwenderisches oder „irrationales" Verhalten eröffnet.[15] Tatsächlich zeigen die Ultimatum-Spiele, dass die abgegebenen Summen stark variieren, je nachdem, wen man dieses Spiel spielen lässt. Akteure aus ärmeren bzw. ökonomisch weniger entwickelten Gesellschaften verhalten sich im Sinne der neoklassischen Theorie beispielsweise oftmals „rationaler" als viele Westeuropäer.[16]

Ob sich in diesem Sinne eine „Natur" des Menschen unabhängig von den sozialen Zusammenhängen, in denen ökonomische Transaktionen stattfinden, herausfinden lässt, erscheint ohnehin mehr als zweifelhaft. Analytisch interessanter ist das Problem, wie sich die Beobachtung, dass sich Menschen in ökonomischen Zusammenhängen ganz unterschiedlich verhalten, mit dem Handlungsmodell des Homo Oeconomicus vereinbaren lässt: Die einen handeln vorsichtig, die anderen aggressiv. Die einen setzen neue technologische Lösungen durch, die anderen halten an bewährten Produktionsweisen fest. Ist das eine Verhalten rational, das andere nicht? Handeln die einen rationaler als die anderen?

Eine mögliche Lösung für dieses Problem besteht darin, den Rationalitätsbegriff zu differenzieren. So unterschied Schumpeter zwischen zwei Typen von Wirtschaftshandeln, die beide für sich in Anspruch nehmen können, rational zu sein: Dynamisch handelnde *Unternehmer*, die neue Lösungen durchsetzen, und statische *Wirte*, die sich auf erprobte Verfahren verlassen.[17] Dieses Spiel lässt sich allerdings noch viel weiter treiben, was in der neueren ökonomischen Forschung mitunter zu einem Nebeneinander von Hayek-Menschen, Buchanan-Menschen, Schumpeter-Menschen usw. jeweils als Ausdruck für einen bestimmten Typus rationalen Verhaltens geführt hat.[18] Wichtig ist in diesem Zusammenhang auch das von Herbert Simon 1957 entwickelte Konzept der „bounded rationality". Ihm zufolge handeln Menschen zwar rational, aber nur im Rahmen der ihnen zur Verfügung stehenden Informationen und ihrer kognitiven Fähigkeiten.[19] Solche Differenzierungen, so sehr sie dem Akteursverständnis der Geschichtswissenschaft entgegenkommen, stimmen in der Zusammenschau aber eher skeptisch, ob sie tatsächlich dabei helfen, die empirischen Probleme des Homo Oeconomicus zu lösen. Am Ende passiert hier möglicherweise nicht viel mehr, als den Rationalitätsbegriff beliebig werden zu lassen.

Eine andere Lösungsmöglichkeit für das Problem, Unterschiede im menschlichen Handeln mit dem Verhaltensmodell des Homo Oeconomicus zu versöhnen,

---

15 Veblen, The Theory of the Leisure Class, S. 162 f.

16 Schlaudt, Wirtschaft im Kontext, S. 73 f.

17 Joseph A. Schumpeter, Theorie der wirtschaftlichen Entwicklung. Eine Untersuchung über Unternehmergewinn, Kapital, Kredit, Zins und den Konjunkturzyklus, Berlin 1997[9] (zuerst 1911/1927), S. 110–139.

18 Vgl Birger Priddat, De-homogenized Rationality, in: Ders. (Hg.), Institutionen, Regeln, Ordnungen: neue Einsichten für die Institutionenökonomik, Marburg 2013, S. 127–159.

19 Herbert A. Simon, Theories of decision making in economics and behavioural science, in: American Economic Review 49 (1959), S. 253–283.

besteht im Hinweis auf individuelle Präferenzen. Das heißt, dass unter dem jeweils zu maximierenden Nutzen unterschiedliche Dinge verstanden werden können. Den einen ist größtmöglicher Geldgewinn wichtig, anderen stattdessen, mehr Zeit mit der Familie zu verbringen. Hier ist man jedoch mit einer Schwierigkeit konfrontiert: Präferenzen lassen sich nicht direkt beobachten, sondern können nur von konkreten Handlungen oder Aussagen der Beteiligten abgeleitet werden. Dabei ist allerdings keine Handlung denkbar, die *nicht* als rationales Resultat bestimmter Präferenzen interpretierbar ist. Auch der Selbstmord, der in der Volkswirtschaftslehre oft als Beispiel für irrationales Verhalten herhalten muss, kann als stärkere Präferenz für den Tod als für das Leben verstanden werden. Aus diesem Grund steht das Verhaltensmodell des Homo Oeconomicus unter Tautologieverdacht, was die oft angeführte Rechtfertigung aus den Wirtschaftswissenschaften, eine empirisch erfolgreiche Wissenschaft zu sein (d. h. viele Sachverhalte erklären zu können), möglicherweise entwertet: Tautologische Erklärungsansätze tendieren schließlich dazu, empirisch erfolgreich zu sein.[20]

Allerdings ist auch dieser Einwand keineswegs neu und insbesondere die Richtung der Volkswirtschaftslehre, die ökonomische Theoreme zur Erklärung alltäglicher menschlicher Verhaltensweisen anwendet, mit dem Chicagoer Ökonomen Gary Becker als ihrem wichtigsten Protagonisten, hat darauf reagiert, indem von *stabilen* Präferenzen ausgegangen wird.[21] Gemeint ist die Annahme, dass Menschen ihre Präferenzen nicht von heute auf morgen ändern. Insofern ist in ihrem Verhalten eine bestimmte Konsistenz zu beobachten. Gravierende Abweichungen vom Normalverhalten werden entweder als Reaktion auf veränderte Umstände oder eben als irrationales Verhalten interpretiert. Insbesondere Becker hat darauf bestanden, Inkonsistenzen seien viel zu schnell diagnostiziert worden, anstatt genauer hinzusehen und im Rahmen des ökonomischen Paradigmas nach einer Lösung zu suchen.[22]

In volkswirtschaftlichen Theorien wird in der Regel die Konsistenz menschlichen Verhaltens innerhalb bestimmter zeitlicher Sequenzen vorausgesetzt. Nur wenn diese Konsistenz nicht feststellbar ist, muss von Irrationalität ausgegangen werden. Ein weiterer Gesichtspunkt ist, dass sich mutmaßlich bestimmte „natürliche“ Präferenzen identifizieren lassen, etwa solche für Geld, Sicherheit, stabile Lebensverhältnisse oder liebevolle Beziehungen. Dementsprechend mag es immer Menschen geben, bei denen das ganz anders ist, die dann aber im Zweifelsfall als Ausnahmen behandelt werden können. Vom Einzelfall ist in jedem Fall zu abstrahieren. Bei Menschen mit natürlichen Präferenzen hingegen wird voraus-

---

20 Vgl. Kirchgässner, Homo Oeconomicus, S. 301–309.

21 Grundlegend dazu Gary S. Becker, Ökonomische Erklärung menschlichen Verhaltens, Tübingen 1993², S. 167–186.

22 Gary S. Becker, Familie, Gesellschaft und Politik – die ökonomische Perspektive, Tübingen 1996, S. 41 f.

gesetzt, dass diese sinnvoll theoretisch erfasst werden können. Ob das aber wirklich stimmt, lässt sich mit guten Argumenten bestreiten. Die zugrundeliegenden Annahmen dieses Ansatzes erscheinen doch als sehr voraussetzungsreich und der Nachweis natürlicher Präferenzen kaum möglich. Mit guten Gründen lässt sich zudem argumentieren, dass Präferenzen kontextabhängig variieren, je nachdem, in welchen sozialen Zusammenhängen sich Menschen bewegen. Sie wären dann stark durch Gruppenhandlungen und -normierungen beeinflusst.[23]

Das sind alles keine neuen Argumente und im Grunde lässt sich das Verhaltensmodell des Homo Oeconomicus argumentativ relativ leicht aushebeln. Gerade die Kritik an der Neoklassik rennt dabei jedoch allzuoft offene Türen ein. Mitunter arbeitet sie sich an überzogenen Konzeptionen des Homo Oeconomicus ab, die dieses Modell absolut setzen und dogmatisch definieren. Gelegentlich macht es die Volkswirtschaftslehre einer solchen Kritik allerdings auch leicht, indem sie die Grenzen ihres eigenen Ansatzes ignoriert und dabei geradezu ideologisch argumentiert.

Dennoch sollen an dieser Stelle zwei Argumente dafür angeführt werden, warum das Verhaltensmodell des Homo Oeconomicus trotz der beschriebenen Einwände verwendet werden kann: Zum einen ist im Rahmen der modernen Wirtschaft, in denen anonyme Märkte die Regel sind, selbstinteressiertes Handeln durchaus akzeptiert und wird sogar erwartet. Das liegt nicht an der moralischen Verkommenheit der Akteure, sondern daran, dass eigeninteressiertes Markthandeln sie berechenbar macht. Es entlastet sie zudem, weil auf diese Weise moralische Überlegungen die Interaktion nicht verkomplizieren und uneindeutig machen (was nicht bedeutet, dass unmoralisches Verhalten legitim wäre). Das war im Übrigen bereits das Argument, das Adam Smith für die Legitimierung des „Self-Interest" stark gemacht hatte: Dass eigene Selbstinteresse wird durch das der anderen konditioniert. Das rationale Selbstinteresse beschreibt insofern aber keine „Natur" des Menschen, sondern eine eingeübte und bewährte Rolle legitimen Handelns in ökonomischen Zusammenhängen.

Zum anderen impliziert das Verhaltensmodell des Homo Oeconomicus, das ökonomische Akteure auf Anreize reagieren, also Preisänderungen, neue Techniken, neue Marktchancen antizipieren, wahrnehmen und ihr Verhalten daran orientieren. Gerade in der Disposition des Menschen, auf Veränderungen seiner Umwelt zu reagieren, liegt ein wichtiger Teil der Erklärungskraft der ökonomischen Theorie. Diese Anpassungsfähigkeit wird durch den Hinweis auf Regelsysteme, Gruppen- oder Klassennormierungen eher verdeckt, weil diese auf ein vergleichsweise statisches Befolgen bestimmter Regeln hinauslaufen. Mit dem Wirtschaftssoziologen Mark Granovetter gesprochen, neigen viele soziologische Ansätze dazu, eine „übersozialisierte" Vorstellung der Akteure zu vertreten, deren

23 Diesen Gesichtspunkt hat freilich gerade auch Gary Becker stark gemacht.

Handeln weitgehend durch die Gesellschaft vorgegeben wird.[24] Wirtschaftliche Veränderungsdynamik kann durch die Annahme eines situativ bedingten, eigeninteressierten Handelns aber oftmals besser erklärt werden, als mit soziologischen Ansätzen, nach denen sich strenggenommen eigentlich gar nichts verändern dürfte.

Um es noch einmal zu wiederholen: Theorien sind Zangen, um empirische Phänomene zu greifen. Sie liefern keine Beschreibung der Wirklichkeit, sondern helfen bei der Erklärung und Durchdringung komplexer empirischer Tatbestände, indem sie die spezifischen ökonomischen Probleme freilegen. Wenn man im Hinterkopf behält, wo die Grenzen ökonomischer Theorien liegen, dann erweisen sich ihre methodischen Instrumente als äußerst nützlich. Zwei dieser methodischen Instrumente sollen im Folgenden vorgestellt werden, um die Voraussetzungen ökonomischer Theoriebildung zu erläutern.

Knappheit und Gleichgewicht

Die Annahme der Rationalität menschlichen Verhaltens in wirtschaftlichen Zusammenhängen ist sehr weitreichend. Dabei geht es nicht nur darum, dass bestimmte Verhaltensweisen auf rationale menschliche Motive zurückzuführen sein müssen. Es wird auch vorausgesetzt, dass eine Auswahl zwischen verschiedenen Wahlmöglichkeiten stattfindet, die eine Abwägung von Kosten und Nutzen beinhaltet. Es reicht zur Erklärung einer Handlung nicht aus, dass bestimmte Präferenzen existieren. Vielmehr müssen diese mit einem angemessenen Aufwand an Kapital und Arbeit (und damit Zeit) verfolgt werden können. Die Volkswirtschaftslehre unterscheidet darum zwischen rationalen Zielen und rationalen Mitteln. Die Rationalität einer Handlung ist immer vor dem Hintergrund möglicher Alternativen zu betrachten, die *unterlassen* wurden, um genau diese Handlung auszuführen.

Dabei sind die Menschen mit dem fundamentalen Problem der *Knappheit* konfrontiert. Das bedeutet zunächst einmal lediglich, dass Ressourcen begrenzt sind und darum mit ihnen *gewirtschaftet* werden muss. Vor dem Hintergrund einer solchen Knappheitsdefinition ist beispielsweise auch Wasser stets knapp, nur eben (zumindest in der BRD) weniger knapp als andere Güter. Mobiltelefone sind knapp und auch scheinbar kostenlose Güter wie Youtube-Videos erzeugen Knappheiten, weil für ihren Konsum Zeit aufgewendet werden muss, die sich nicht mehr

24 Mark Granovetter, Economic Action and Social Structure: The Problem of Embeddedness, in: American Journal of Sociology 91 (1985), S. 481–510, 485–487. Etwas genereller ließe sich außerdem mit Hans-Jörg Siegenthaler darauf hinweisen, dass die Koordination von Einzelhandlungen auf Märkten gerade nicht die Herstellung von intersubjektivem Sinn voraussetzt, "Sozialisierung" also gar nicht vorausgesetzt werden muss. Vgl. Siegenthaler, Geschichte und Ökonomie nach der kulturalistischen Wende, S. 258.

anders nutzen lässt. Wie oben bereits erwähnt werden beim sog. Grenznutzen-Ansatz die persönlichen Präferenzen mit der Verfügbarkeit eines Gutes zusammengedacht. Der Wert eines Gutes bemisst sich dann nach der Wertschätzung der letzten zur Verfügung stehenden Einheit eines solchen Gutes. Knappheiten erzeugen aus Sicht der ökonomischen Theorie zudem stets ein Optimierungsproblem. Der Mensch strebt entweder danach, mit bestimmten ihm zur Verfügung stehenden Ressourcen ein möglichst optimales Ergebnis zu erzielen oder ein bestimmtes Ergebnis mit möglichst geringem Ressourceneinsatz.

Die selbstverständliche Einsicht, dass Geldsummen nur einmal ausgegeben werden können oder dass der Stein, der in einem Haus verbaut wurde, nicht gleichzeitig in einem anderen Haus verbaut werden kann, liegt dem Begriff der *Opportunitätskosten* zugrunde. Dieser erfordert ein konsequentes Denken in Alternativen: Eine Handlung wird danach bewertet, welche alternativen Handlungen durch sie ausgeschlossen wurden. Wenn eine Eisenbahn gebaut wird, reicht es nicht aus, einfach nur die schnelleren Transportzeiten und die besseren Transportmöglichkeiten anzuführen. Vielmehr muss das investierte Kapital, der verbaute Stahl etc. einberechnet werden, die auch für andere Dinge hätten verwendet werden können. Dabei sind nicht nur Ressourcen oder Geld knapp, sondern vor allem auch Zeit. Die Zeit, die zur Herstellung eines bestimten Gutes aufgewendet wurde, kann nicht mehr für etwas anderes verwendet werden.[25] Deswegen ist es vielleicht auch nicht erstaunlich, dass die Propagandisten einer kapitalistischen Wirtschaftsethik im 18. Jahrhundert (wie etwa Benjamin Franklin) vor allem auf ein rationales Zeitregiment abzielten.[26]

Für die Frage, welche Investitionen getätigt, wie knappe Ressourcen verwendet werden, spielen die *relativen Faktorkosten* eine grundlegende Rolle. Damit ist gemeint, wie sich die Kosten der *Produktionsfaktoren* (man unterscheidet üblicherweise drei solcher Produktionsfaktoren, nämlich Boden, Kapital und Arbeit) relativ zueinander verhalten. Wenn beispielsweise Arbeit billig und Kapital teuer ist, dann werden tendenziell eher arbeitsintensive Produktionsformen ausgewählt. Die relativen Faktorkosten sind in dieser Einführung bereits mehrfach vorgekommen. Robert Allens Erklärung der Industrialisierung (teure Arbeit und billige Energie als Voraussetzung für den Maschineneinsatz im Textilgewerbe) geht zum

---

25 Zum Begriff der Opportunitätskosten vgl. John Quiggin, Economics in Two Lessons. Why Markets Work So Well, and Why They Can Fail So Badly, Princeton 2019, S. 30–66.

26 Benjamin Franklin, Advice to a young tradesman, in: Leonard W. Labaree (Hg.), The Papers of Benjamin Franklin, Bd. 3, January 1, 1745, through June 30, 1750. New Haven 1961, S. 304–308; Weber, Die Protestantische Ethik, S. 31–33. Nach Meinung des US-amerikanischen Philosophen Lewis Mumford war dann die Weiterentwicklung der Uhr im 18. Jahrhundert auch wichtiger als die der Dampfmaschine. Lewis Mumford, Technics and Civilization, New York 1934, S. 14.

Beispiel davon aus, dass die relativen Faktorkosten starke Anreize für die Durchsetzung einer kapitalintensiven Produktionsweise in Großbritannien schufen.[27]

Zusätzlich ist wichtig, dass der konkrete Ressourceneinsatz später die Ressourcenausstattung einer Gesellschaft verändern kann. Mit einer bestimmten Menge Stahl lässt sich z.B. alternativ ein Stahlwerk oder ein Wohnkomplex bauen. Das hat aber einen offensichtlichen Einfluss auf die spätere Versorgung der Volkswirtschaft mit Stahl. Würden aber nur Stahlwerke gebaut, gäbe es zuwenige Wohnungen. Es geht hier offensichtlich um die Reaktion auf eine bestimmte Nachfrage, aber bei der Abwägung zwischen verschiedenen Handlungsalternativen stellt sich zugleich die Frage, wie sich diese jeweils auf zukünftige Handlungsoptionen auswirken. Dabei geht die Volkswirtschaftslehre grundsätzlich davon aus, dass ein höherer Ressourceneinsatz tendenziell zu einer produktiveren Produktionsweise führt. Je mehr investiert wird, umso produktiver lassen sich später die Güter herstellen. Aber dafür ist auch Verzicht notwendig: Eine bestimmte Investition kann nur einmal getätigt werden und für Kredite muss man Zinsen zahlen.

Das zweite wichtige methodische Instrument, das zum Verständnis ökonomischer Ansätze unerlässlich ist, ist das Konzept des *Gleichgewichts*. Ein ökonomisches Gleichgewicht lässt sich verschieden definieren, aber eine akzeptierte und elegante Formulierung ist das sog. Pareto-Optimum, benannt nach dem italienischen Soziologen Vilfredo Pareto: Ein Zustand, in dem kein Akteur seine Lage verbessern kann, ohne einen anderen dabei schlechterzustellen. Im Pareto-Optimum hat die Summe der Einzelhandlungen ein für die Wohlfahrt der Gesamtheit optimales Ergebnis erreicht. Etwas pragmatischer formuliert ließe sich als Gleichgewicht ein Zustand beschreiben, in dem der Preis Angebot und Nachfrage nach einem Gut aufeinander abstimmt und Märkte „geräumt" sind. Das verfügbare Angebot wird also vollständig abgesetzt, ohne dass noch eine unbefriedigte Nachfrage zum konkreten Marktpreis vorhanden ist. Marktpreise haben somit idealerweise den Effekt, Angebot und Nachfrage auszugleichen.

Das Gleichgewicht lässt sich theoretisch elegant definieren, aber niemand hat es (außer in der Theorie) je gesehen. Kein Wunder, dass auch hier immer wieder der Vorwurf erhoben wurde, die neoklassische Theorie würde auf der Basis wirklichkeitsfremder Annahmen operieren.[28] Doch lässt sich einwenden, dass das Konzept des Gleichgewichts keinen tatsächlich erreichbaren Zustand, sondern eine *Bewegungstendenz* des ökonomischen Prozesses als Resultat der Koordinationsleistung rationaler Akteure beschreibt. Ist der Preis einer Ware zu hoch, wird das Angebot keinen Absatz finden. Ist der Preis zu niedrig, wird die Nachfrage das Angebot übersteigen. Die Anbieter werden also versuchen, einen Preis zu finden, der für sie optimal ist, bei dem sie also ihr Angebot zu einem möglichst guten Preis vollständig absetzen können. Die ökonomische Theorie geht davon

27 Allen, The British Industrial Revolution in Global Perspective.

28 Schlaudt, Wirtschaft im Kontext, S. 34–39.

aus, dass die Koordination der Akteurshandlungen auf Märkten in Richtung von Gleichgewichten *tendiert*. Die Richtung in der Volkswirtschaftslehre, die sich vorrangig mit den Kräften beschäftigt, die sich bei gleichbleibenden äußeren Bedingungen und Daten (sog. Ceteris paribus-Bedingung) hin zum Gleichgewicht bewegen, bezeichnet man als ökonomische *Statik*.

Warum wird das Gleichgewicht aber nicht erreicht? Eine mögliche Antwort darauf lautet, dass es „zentrifugale" Kräfte gibt, die zu einer ständigen *Dynamik* des ökonomischen Prozesses beitragen. Dazu gehören beispielsweise Produktinnovationen oder technische Verbesserungen des Produktionsprozesses. Diese erzeugen eine Wettbewerbsdynamik, die die Preise für bestimmte Güter verändert; man denke etwa daran, wie sehr sich Computer in den letzten Jahrzehnten verbilligt haben. Das wiederum führt dazu, dass sich die Ausgangsdatenkonstellation, in denen die ökonomischen Kräfte zum Gleichgewicht hin tendieren, ständig verändert. Schumpeter stellte dementsprechend fest, dass die Statik zwar zu theoretisch gehaltvollen Einsichten und einer überzeugenden theoretischen Systematisierung der wirtschaftlichen Zusammenhänge führte, die Wirklichkeit aber anders aussah.[29] Diese sei vielmehr durch Ungleichgewichte und stetige Veränderung gekennzeichnet. Ihm zufolge waren es innovative Unternehmer, die neue Kombinationen von Produktionsfaktoren durchsetzten. Neue Kombinationen von Produktionsfaktoren können beispielsweise neue Produkte, neue Produktionsmittel oder neue Absatztechniken sein, die jeweils zu einer Veränderung der Ausgangsdatenkonstellation führen. Schumpeter nannte darum später in einer berühmten Formulierung die „schöpferische Zerstörung" das Wesen des kapitalistischen Prozesses: Die stetige Erneuerung, die gleichzeitig dazu führt, dass althergebrachte Produktionsweisen oder Technologien obsolet und durch neue ersetzt werden.[30]

Auch ohne den Bezug auf Schumpeters Pionierunternehmer lässt sich feststellen, dass die Quelle ökonomischer Dynamik letztlich darin liegt, dass Menschen Dinge anders machen, als sie das vorher gewohnt waren. Es werden neue Produkte und Technologien entwickelt, es ergeben sich neue Marktchancen, die die Akteure wahrnehmen und zu nutzen versuchen. Menschen entwickeln dabei Erwartungen, die ihr Handeln animieren, die aber, wie der Wirtschaftssoziologe Jens Beckert jüngst umfangreich dargestellt hat, oftmals „fiktionalen" Charakter tragen. Das bedeutet, sie beruhen auf unvollständigem Wissen, bestimmten Narrativen oder dem Austausch mit anderen Akteuren.[31] Auf diese Weise ist gerade die moderne globalisierte Wirtschaft durch ständige Veränderungen, Strukturwandel und fluktuierende Marktsignale gekennzeichnet.

29 Schumpeter, Theorie der wirtschaftlichen Entwicklung, S. 75–87.

30 Ders., Kapitalismus, Sozialismus und Demokratie, S. 113–119.

31 Jens Beckert, Imaginierte Zukunft. Fiktionale Erwartungen und die Dynamik des Kapitalismus, Frankfurt/M. 2018.

Wichtig ist jedoch, dass auf diese Weise die Kräfte, die hin zum Gleichgewicht tendieren, nicht ausgeschaltet werden. Die Reaktion der Akteure auf Preissignale, ihr Kalkulieren mit knappen Ressourcen führt dazu, dynamische Kräfte zu bändigen. Das Konzept des Gleichgewichts ist wichtig, um zu verstehen, wie trotz aller Veränderung und Unübersichtlichkeit die Akteure ihr Handeln koordinieren und Stabilisierung stattfindet. Es macht deutlich, dass trotz der Bedeutung fiktionaler Erwartungen, starker Narrative oder anderer Faktoren, die sich als die kulturelle Dimension der modernen Wirtschaft beschreiben ließen, das Handeln der Akteure an bestimmte materielle Bedingungen rückgebunden bleibt: die Verfügbarkeit von Ressourcen, Arbeitskräften, Energie oder eben Zeit.

Marktgesellschaft, Institutionen, Organisationen: Das Problem sozialer Ordnung

Knappheit und Gleichgewicht sind wesentliche Bestandteile der ökonomischen Theoriebildung. Ihr Verständnis ist unabdingbar, um mit volkswirtschaftlichen Theorieangeboten zu arbeiten und ein vertieftes Verständnis ökonomischer Zusammenhänge zu entwickeln. Ein interessanter, aber auch problematischer Aspekt solcher Theorieangebote besteht allerdings darin, dass sie eine bestimmte Vorstellung sozialer Ordnung implizieren. Auf Märkten koordinieren die Akteure ihr Verhalten aufgrund bestimmter Informationen (Preissignale) und gelangen, wenn sie ihrem rationalen Eigeninteresse folgen, zu einer effizienten Lösung. Für diese Koordinationsleistung braucht es im Grunde keinen Staat, keine Erziehung, keine Normen. Es muss nur gewährleistet sein, dass die Akteure sich an ein paar basale Regeln halten und die Ergebnisse von Marktprozessen akzeptieren.

Diese Ordnungsvorstellung besticht durch ihre Einfachheit und Eleganz. Aus Sicht der liberalen Wirtschaftstheorie führt sie zu effizienten und gerechten Ergebnissen, ohne dass die Akteure dies beabsichtigen und ohne dass ihnen die „Last" auferlegt wird, sich explizit moralisch verhalten zu müssen. Das ist die Pointe des Motivs der „Unsichtbaren Hand", dass die Moralität der Marktprozesse das Gesamtergebnis selbstinteressierter Einzelhandlungen darstellt. Diese Moralität kann zugleich durch die einzelnen Akteure nicht kontrolliert werden: Sie können sich so moralisch verhalten, wie sie wollen, das Gesamtergebnis verbessern sie dadurch nicht. Möglicherweise hat ihr Verhalten sogar den gegenteiligen Effekt, wenn explizit moralisches Handeln dazu führt, dass die Koordinationsleistung von Märkten eingeschränkt wird. Jedenfalls haben liberale Theoretiker wie Ludwig Mises oder Milton Friedman immer wieder Sozialpolitik oder Preisfestsetzungen des Staates als Ursache dafür identifiziert, dass marktwirtschaftliche Prozesse ihre positive Wirkung nicht voll entfalten können.[32]

---

32 Milton Friedman, Capitalism and Freedom, Chicago 1962.

Weil diese Ordnungsvorstellung so attraktiv ist, lag es auch nahe, sie auf andere Bereiche des Sozialen auszuweiten. Der gerade genannte Ludwig Mises meinte bereits in den 1920er Jahren, die Volkswirtschaftslehre sei lediglich der Spezialfall einer allgemeinen Sozialwissenschaft, die auf dem ökonomischen Verhaltensmodell beruhte.[33] Gary Beckers Konzept einer ökonomischen Soziologie beruhte ebenfalls auf einer solchen Ausweitung. In den USA fand das seine extremste Ausprägung in einem sog. „Anarchokapitalismus", der die Abschaffung staatlicher Institutionen forderte, um ihre Aufgaben vollständig freien Märkten zu überlassen. Eine wichtige Stichwortgeberin dafür war die Autorin Ayn Rand, deren Werk „Atlas Shrugged" von 1957 bis heute die „Bibel" für einen radikalen Kapitalismus angelsächsischer Prägung darstellt.[34]

Diese Ansichten sind – das dürfte nicht überraschen – von verschiedenen Seiten scharf attackiert worden. Ein wichtiger Einwand lautet, dass die Tatsache, dass Akteure ihre ökonomischen Handlungen auf Märkten koordinieren können, sozial äußerst voraussetzungsreich ist. Wie lässt sich beispielsweise sicherstellen, dass nicht betrogen wird und einmal getroffene Vereinbarungen auch später noch gelten? Um Rechtssicherheit herzustellen, braucht es zum Beispiel üblicherweise eine funktionierende Staatlichkeit. Die Entwicklung einer solchen Staatlichkeit lässt sich aber nicht ausreichend aus ökonomischen Anforderungen herleiten. Zudem reicht sie allein auch nicht aus. Es braucht akzeptierte, durchgesetzte Normen und Regelsysteme, welche die Voraussetzung dafür darstellen, dass die Menschen reibungslos miteinander Geschäfte machen können. Die wirtschaftliche Freiheit, deren Bedeutung liberale Theoretiker stets betont haben, die sich historisch etwa durch den Abbau von Zöllen und Privilegien sowie dem sukzessiven Bedeutungsverlust der Zünfte in Westeuropa seit dem späten 18. Jahrhundert manifestierte, war insofern höchst voraussetzungsreich und voller Risiken, die sich nur durch neue Normierungen des Wirtschaftslebens in den Griff bekommen ließen. Während die alteuropäischen Normierungen des Wirtschaftshandelns an Bedeutung verloren, traten andere an ihre Stelle.[35]

Von zentraler Bedeutung, um die sozialen Voraussetzungen und Normierungen des Markthandelns zu beschreiben, ist der Begriff der „Institution". Als Institution werden üblicherweise Regelbestände bezeichnet, die formeller oder informeller Natur sein können. Das können Gesetze oder schriftlich gefasste Vorschriften sein, aber eben auch die informellen Regeln des alltäglichen Zusammenlebens wie Vertrauen, Höflichkeit oder das man verlässlich seine Arbeit verrichtet. Was im deutschen Sprachraum als „Ethik des ehrlichen Kaufmanns" bezeichnet wird, fällt ebenfalls in diese Kategorie. Besonders die im dritten Kapitel dieses Theorieteils

33 Ludwig Mises, Grundprobleme der Nationalökonomie. Untersuchung über Verfahren, Aufgaben und Inhalt der Wirtschafts- und Gesellschaftslehre, Jena 1933, S. 29, 32 f.

34 Ayn Rand, Atlas Shrugged, New York 1957.

35 Dazu Hirschman, The Passions and the Interests.

behandelte Neue Institutionenökonomik hat die Bedeutung solch informeller Regeln hervorgehoben. Sie sieht die Existenz von guten Institutionen als Voraussetzung dafür, dass Märkte ihre positive Koordinationsfunktion erfüllen können.[36] Die zentrale Frage ist dabei jedoch, wie solche Institutionen entstehen und wie sie sich wandeln. Das soll im ensprechenden Abschnitt ausführlicher diskutiert werden.

Eine andere Kritik zielt darauf, dass viele von der liberalen Wirtschaftstheorie als universal, natürlich und ahistorisch angesehene wirtschaftliche Gesetze erst historisch entstanden sind. So hat beispielsweise Max Weber in seinem berühmten Aufsatz „Die protestantische Ethik und der ›Geist‹ des Kapitalismus" 1904 die These aufgestellt, eine Wirtschaftsethik, die gewinnorientiertes Wirtschaften im Verbund mit Fleiß und Sparsamkeit legitimierte, hätte sich erst im 16. Jahrhundert als Antwort auf das Problem der Heilsgewissheit im Calvinismus entwickelt.[37] In ähnlicher Weise betonte auch Werner Sombart, dass der Kapitalismus mit seiner Rechenhaftigkeit, anorganischen Technik und eigennützigen, gewinnorientierten Wirtschaftsethik sich erst im Verlauf der Frühen Neuzeit herausgebildet habe.[38]

Eine wirkmächtige Variante solcher Ideen formulierte der gerade in den letzten Jahren breit rezipierte Karl Polanyi, der 1944 in seinem Werk „The Great Transformation" den Übergang von einer kleinräumigen Gemeinwirtschaft, die er als „embedded economy" bezeichnete, hin zu einer „disembedded economy", einer räumlich ausgreifenden, nach autonomen Gesetzen funktionierenden Wirtschaft, historisch rekonstruierte.[39] Dieser Prozess fand nach Polanyi wesentlich in der ersten Hälfte des 19. Jahrhunderts statt, insofern wich er in der Periodisierung deutlich von Weber und Sombart ab, die die Wurzeln dieser Entwicklung bereits im 16. Jahrhundert erblickten. Doch auch hier repräsentiert die Welt der liberalen Wirtschaftstheorie keine natürliche Ordnung der Dinge, sondern eine historisch entstandene Art und Weise, den menschlichen Lebensvollzug zu organisieren. Verschiedene soziologische Ansätze haben daran angeschlossen. So argumentieren Theorien funktionaler Differenzierung, eine spezifische ökonomische Funktionslogik habe sich erst im Laufe der Frühen Neuzeit herausgebildet, wobei sich das aber nicht nur für die Wirtschaft, sondern auch für andere Bereiche wie Politik, Recht oder Wissenschaft feststellen lässt.[40]

Die Überlegung, dass die moderne Wirtschaft in der Art und Weise, wie sie durch die ökonomische Theorie beschrieben werden kann, historisch entstanden ist, hat weitreichende Konsequenzen. So entsprach bei Weber und Sombart der

---

36 Douglass C. North, Theorie des institutionellen Wandels. Eine neue Sicht der Wirtschaftsgeschichte, Tübingen 1988; Für den deutschen Fall vgl. Clemens Wischermann, Anne Nieberding, Die institutionelle Revolution. Eine Einführung in die deutsche Wirtschaftsgeschichte des 19. und frühen 20. Jahrhunderts, Stuttgart 2004.

37 Weber, Die Protestantische Ethik.

38 Sombart, Das Wirtschaftsleben im Zeitalter des Hochkapitalismus, S. 951–956.

39 Karl Polanyi, The Great Transformation.

40 Niklas Luhmann, Die Gesellschaft der Gesellschaft, Frankfurt/M. 1997, S. 707–743.

Homo Oeconomicus gerade keiner natürlichen Veranlagung des Menschen, sondern er stellte eher ein Zuchtprodukt dar. Der Kapitalismus war nicht die Ordnung der Freiheit, sondern eine Zwangsveranstaltung, die zwar eine bislang ungekannte materielle Leistungsfähigkeit garantierte, die Menschen aber zugleich an einer ganzheitlichen und erfüllten Lebensführung hinderte.[41] Theorien funktionaler Differenzierung würden mit etwas weniger kulturkritischem Verve darauf verweisen, dass Menschen im gesellschaftlichen Zusammenleben mit unterschiedlichen Handlungs- und Kommunikationsanforderungen konfrontiert sind. Das eigeninteressierte Wirtschaftshandeln repräsentiert insofern einen Handlungstypus, der zwar im Wirtschaftsleben angemessen ist, in der Kirche jedoch eher zu Irritationen führen würde.[42]

Am Ende des Theorieteils wird noch einmal genauer auf soziologische Beschreibungen der modernen Wirtschaft eingegangen. Wichtig erscheint an dieser Stelle allein der Hinweis, dass Karl Polanyi mit seiner Diagnose des Übergangs von einer *embedded economy* zu einer *disembedded economy* ignoriert hat, dass auch heute wirtschaftliches Handeln in vielfältige soziale Zusammenhänge eingebettet ist. Insofern passt es möglicherweise besser – um im Bild zu bleiben – von einer „Umbettung" als von einer „Ausbettung" der modernen Wirtschaft zu sprechen.[43] Das stellt den Wert der ökonomischen Theorie zur Erklärung wirtschaftlicher Vorgänge nicht in Frage, auf deren heuristisches Potential oben hingewiesen wurde. Zugleich sollte diese soziale Einbettung zumindest im Hinterkopf behalten und gerade bei einer längerfristigen wirtschaftshistorischen Betrachtung konkret thematisiert werden. Welche Ansätze dafür vorhanden sind, wird insbesondere in den letzten beiden Kapiteln dieses Theorie- und Methodenteils beschrieben.

---

41 Weber, Die Protestantische Ethik, S. 43–48; Werner Sombart, Der Bourgeois. Zur Geistesgeschichte des modernen Wirtschaftsmenschen, München 1913.

42 Luhmann, Die Gesellschaft der Gesellschaft, S. 771 f.

43 Werner Plumpe, Roman Köster, Artikel „Wirtschaft", in: Enzyklopädie der Neuzeit, Bd.14, Stuttgart 2001, Sp. 1122–1141.

2. Cliometrie, Anthropometrie

Wenn Studierende der Geschichtswissenschaft das erste Mal eine wirtschaftshistorische Zeitschrift wie das „Journal of Economic History" oder die „Economic History Review" aufschlagen, werden sie wahrscheinlich eine Fremdheitserfahrung machen. Denn anders als in anderen historischen Journalen finden sich in den Texten zahlreiche Formeln, Tabellen und Grafiken. Teilweise sind die Aufsätze rein äußerlich von wirtschaftswissenschaftlichen Fachartikeln nicht zu unterscheiden – und es sind ja auch genau solche, auch wenn sie sich mit historischen Themen beschäftigen. Diese Richtung bezeichnet man üblicherweise als „Cliometrie". Dabei handelt es sich um eine Wortschöpfung aus „Clio", dem Namen der griechischen Muse der Geschichtsschreibung, und „Ökonometrie", als der Bezeichnung für die mathematisch-empirisch arbeitende Richtung der modernen Volkswirtschaftslehre.

Als sich die Cliometrie in den 1960er Jahren zu etablieren begann, sorgte sie in der Geschichtsschreibung für kontroverse Debatten. Der US-Ökonom Robert Fogel, über lange Jahre die intellektuell dominierende Figur dieses Ansatzes, schrieb sogar von einem regelrechten Kulturkrieg zwischen dem cliometrischen Ansatz und der „traditionellen" Geschichtsschreibung.[1] Dabei bezog er sich vor allem auf die Diskussion über die ökonomische Rationalität der Sklaverei – die erste prominente Debatte, in der durch die cliometrische Forschung ein Perspektivwechsel notwendig wurde. Diese Konflikte haben sich heute zwar einigermaßen beruhigt, der Kulturunterschied besteht jedoch weiterhin und provoziert gerade bei Allgemeinhistorikern immer wieder Pauschalurteile der Art, Wirtschaftsgeschichte sei hauptsächlich „Rechnen mit alten Daten". Obwohl oftmals als Spitze gegen die Wirtschaftsgeschichte insgesamt gemeint, treffen solche Invektiven noch nicht einmal die cliometrische Richtung selbst, deren Forschungsprogramm deutlich komplexer ist, als es solche Äußerungen nahelegen.

Im Folgenden soll in einem Überblick zunächst knapp der methodische Werkzeugkasten der cliometrischen Forschung vorgestellt werden, um dann dessen Anwendung anhand der beiden wohl wichtigsten Debatten zu beschreiben, in der die Cliometrie einen Beitrag leistete: die bereits erwähnte Sklavereidebatte und die Debatte um die Bedeutung der Eisenbahn für die Industrialisierung in den USA. Dabei können die im letzten Kapitel umrissenen Grundannahmen der ökonomischen Theoriebildung in ihrer Anwendung auf praktische historiographische Probleme nachvollzogen werden. Schließlich wird noch auf eine ebenfalls wichtige Spielart der Cliometrie eingegangen, die sog. „Anthropometrie", um

1 Robert W. Fogel, "Scientific History" and Traditional History, in: Ders., Geoffrey R. Elton, Which road to the past? Two views of history, New Haven 1983, S. 5–69, 7.

abschließend ihre Chancen und Probleme, gerade auch im Hinblick auf die Rezeption ihrer Ergebnisse durch die historiographische Richtung der Wirtschaftsgeschichte, zu diskutieren. Dabei muss man sich der Problematik bewusst sein, dass es aufgrund der fehlenden volkswirtschaftlichen Ausbildung für die meisten Studierenden kaum möglich sein wird, die hier vorgestellten theoretischen Ansätze selbst anzuwenden. Es ist aber auch gar nicht die Absicht dieses Kapitels, das vorzuschlagen. Im Unterschied zu den folgenden Abschnitten verstehen sich die nachfolgenden Ausführungen eher als eine „interkulturelle“ Gebrauchsanweisung, wie die Ergebnisse der cliometrischen Forschung sinnvoll nachvollzogen und rezipiert werden können.

Die „New Economic History“

Um einen Eindruck davon zu bekommen, was das cliometrische Forschungsprogramm beinhaltet, sollen zunächst dessen methodische Grundlagen dargestellt werden. Das geschieht mit Bezug auf die Überlegungen Robert Fogels. Fogel hat mit seinen Beiträgen nicht nur bedeutende historiographische Debatten angestoßen, sondern sich auch ausführlich zu den methodischen Grundlagen der Cliometrie geäußert und dadurch viel zur Vermittlung beigetragen. Das heißt nicht, dass er nicht als polemischer Vertreter seiner Forschungsrichtung agieren konnte und manche seiner Bewertungen sind für die herkömmliche Geschichtsschreibung nicht gerade schmeichelhaft. Trotzdem machte er deutlich, dass sich die klassische Geschichtsschreibung und die „New Economic History“ in vielen Fällen eher ergänzen als in Konkurrenz zueinander stehen.

Fogel wandte zunächst den Ausgangspunkt der historischen Hermeneutik, dass Entwicklungen in ihrem jeweils spezifischen, individuellen Gewordensein zu untersuchen sind, gegen die – wie er es formulierte – „traditionelle“ Geschichtsschreibung: Diese könne etwa hinsichtlich der Frage, ob die Sklaven im amerikanischen Süden vor Ausbruch des Bürgerkrieges eher in harmonischen oder dysfunktionalen Familienverhältnissen lebten, lediglich anhand einzelner Quellen begründete Aussagen tätigen. Welche Quellen sind jedoch als repräsentativ anzusehen? Nach der Lektüre von Harriet Becher-Stowes Klassiker „Onkel Toms Hütte“ müsste man von liebevollen Familienzusammenhängen sprechen, während andere Zeitzeugen das genaue Gegenteil nahelegen würden. Nach Fogel sind gerade bei sozial relevanten Phänomen wie Familienverhältnissen stets eine hohe Zahl divergierender Aussagen zu erwarten.[2]

Durch die Herauspräparierung geeigneter statistischer Indikatoren besitzt die Cliometrie ihm zufolge jedoch die Möglichkeit, einen solchen Impressionismus zu vermeiden und zu systematischeren Ergebnissen zu gelangen: etwa durch die

2 Fogel, Slavery Debates, S. 24–29.

Untersuchung der Haushaltsstruktur von Sklavenfamilien, die Länge der Ehen, den Anteil zerrissener Familien oder ob sich auseinandergerissene Familien wieder vereinten, wenn sie die Möglichkeit dazu hatten. Auf diese Weise zielt die Cliometrie auf eine in einem strengeren Sinne „wissenschaftliche" Geschichtsschreibung, welche die Erkenntnisse der modernen Sozialwissenschaften und Wirtschaftsstatistik dazu nutzen will, um zu allgemeinen Erkenntnissen über bestimmte übergreifende Entwicklungszusammenhänge zu gelangen: „Traditional historians often concentrate on problems in which the influence of the stochastic terms are predominant, while ‚scientific' historians often concentrate on problems in which the systematic terms are predominant."[3]

Die Unterscheidung zwischen einer „traditionellen" und einer „wissenschaftlichen" Geschichtsschreibung klingt zunächst sehr zugespitzt, sie muss jedoch aus dem Kontext der 1960er Jahre heraus verstanden werden: In den Sozialwissenschaften kam es spätestens seit den 1930er Jahren und verstärkt nach dem Zweiten Weltkrieg zu einem Bedeutungsgewinn formaler Ansätze und empirischer Methoden, die sie – zumindest in der Selbstwahrnehmung der beteiligten Disziplinen – mehr und mehr zu objektiven und präzisen Wissenschaften werden ließen. Gerade dadurch wurden sie zu den methodischen Vorbildern für eine moderne Sozialgeschichte. Das war damals durchaus nicht aus der Luft gegriffen: Die Wirtschaftsstatistik machte große Fortschritte, die eng mit dem Aufstieg der Makroökonomik und ökonomischen Prognostik verbunden waren. Insbesondere die Große Depression hatte gezeigt, dass es umfassenderer und genauerer Daten bedurfte, damit die Politik besser auf solch einschneidende Krisen reagieren konnte.[4]

Damit wurden sukzessive aber auch die Techniken der Auswertung und Verarbeitung dieser Daten verbessert, was schließlich auch neue Möglichkeiten für eine quantitativ arbeitende Wirtschaftsgeschichte eröffnete. Ein wichtiges Referenzwerk waren dabei etwa die historischen Wachstumsberechnungen der britischen Wirtschaft von David Gayer, Walt Rostow und Anna Schwartz, die diese zu Beginn der 1950er Jahre veröffentlichten.[5] Trotz vorhandener methodischer Mängel demonstrierte die Studie die Möglichkeiten des neuen ökonometrischen Instrumentariums für die Wirtschaftsgeschichte. Sie bildete die empirische Basis für Rostows Klassiker „The Stages of Economic Growth" von 1960. Damit ergaben sich auch neue Verbindungsstellen zwischen Volkswirtschaftslehre und Wirtschaftsgeschichte, die sich im Zuge der Durchsetzung der Neoklassik in der Volkswirtschaftslehre auseinanderbewegt hatten. Wenn Fogel folglich von „wissenschaft-

3 Fogel, „Scientific" History and Traditional History, S. 43

4 Matthias Schmelzer, The Hegemony of Growth. The OECD and the Making of the Economic Growth Paradigm, Cambridge 2016, S. 85–92.

5 David A. Gayer, Walt W. Rostow, Anna J. Schwartz, The Growth and Fluctuation of the British economy 1790–1850. An historical, statistical, and theoretical study of Britain's economic development, Oxford 1953.

lich" sprach, meinte er damit in erster Linie die Anlehnung an den Methodenapparat der sozialwissenschaftlichen Forschung – und so wurde er auch verstanden.

Als Kern des cliometrischen Forschungsprogramms identifizierte Fogel zwei Aspekte: zum einen die Erstellung dichter, zeitlich weitreichender Datensätze, zum anderen die Auswertung dieser Daten mithilfe ökonomischer Modelle. Wie aber ließen sich die notwendigen statistischen Daten generieren? Das vorrangige Problem besteht darin, dass sich eine professionelle Wirtschaftsstatistik erst in der zweiten Hälfte des 19. Jahrhunderts langsam entwickelte. Erst seit den 1920er Jahren lässt sich von der Entwicklung einer systematischen internationalen Wirtschaftsstatistik sprechen. Zudem gab es auch immer wieder politische Einflussnahmen auf die Statistik, was besonders nach dem Zweiten Weltkrieg in staatssozialistischen Ländern vorkam. Andere Dinge wiederum sind schlicht kompliziert zu messen oder die Berechnungsmethoden politisch heikel. Wer sich einmal etwas intensiver mit der internationalen Arbeitsmarktstatistik im 20. Jahrhundert beschäftigt hat, weiß, wovon die Rede ist.[6]

Wie lässt sich also das Datenproblem speziell für vormoderne Zeiten lösen? Die Volkswirtschaftslehre hat über die Jahre ein ausgefeiltes und differenziertes Instrumentarium entwickelt, um zahlreiche Quellengruppen zur Erstellung umfangreicher und langfristiger Datensätze zu nutzen. So geben etwa Kirchbücher und Taufregister Aufschluss über Geburten- und Sterbedaten, Taufen und Eheschließungen. Über Grundbücher lassen sich Bodenmärkte rekonstruieren, besonders zu historischen Preisentwicklungen und Handelsgeschäften gibt es zahlreiche aufschlussreiche Quellen wie etwa Zollbücher. Eine häufig verwendete Quelle sind auch Konskriptionslisten des Militärs, weil sie neben anderen Informationen die Körpergröße der Rekruten erfassten. Die Erstellung dieser Datensätze ist sehr häufig mit einem enormen Arbeitsaufwand verbunden, stellt aber eine unverzichtbare Voraussetzung der cliometrischen Forschung dar.

Eine zentrale Frage bei der Erstellung solcher Datensätze lautet, wonach eigentlich gesucht wird. Die Fragestellung bestimmt bereits in hohem Maße die Aggregation der Daten und die Konstruktion der Indikatoren. Das ist zumal deshalb der Fall, weil diese Daten sehr häufig aus Quellen extrahiert werden, die eigentlich keinen statistischen Charakter besitzen. Häufig wird dabei auch mit Schätzungen gearbeitet, die Anlass für kontroverse Debatten geliefert haben. Ein besonders eindrückliches Beispiel dafür ist Angus Maddisons Versuch, das globale Wirtschaftswachstum seit Christi Geburt zu berechnen. Das wurde mit guten Grün-

---

6 Als Beispiel: Barry Eichengreen, Tim J. Hatton (Hg.), Interwar unemployment in international perspective, Cambridge/Mass. 1987.

den – trotz seiner unbestrittenen Verdienste um die historische Wirtschaftsstatistik – scharf kritisiert.[7]

Insofern liegt ein wesentlicher Teil der cliometrischen Arbeit in der Erstellung einer Datenbasis, um dann auf ihrer Grundlage bestimmte Annahmen, Hypothesen, Modellierungen Forschungsfragen zu testen. Bei den Verhaltensmodellierungen wiederum kommen jene methodischen Werkzeuge und Annahmen zum Tragen, die im vorangegangenen Abschnitt dargestellt wurden: Es geht vor allem um die Aufstellung von Hypothesen, die auf der Annahme eines ökonomisch rationalen Verhaltens der Akteure beruhen. Dabei werden bestimmte ökonomische Rahmenbedingungen konstruiert und unter Anwendung spezifischer Modelle die zu erwartenden Ergebnisse formuliert. Diese lassen sich dann mit dem jeweiligen Datensatz testen, also entweder bestätigen oder falsifizieren, wobei in letzterem Fall dann wiederum erklärt werden sollte, warum sich das erwartete Ergebnis nicht nachweisen ließ.

Was bis hierhin deutlich geworden sein sollte: Die cliometrische Forschung stellt andere Fragen, benutzt andere Methoden und formuliert ihre Ergebnisse anders, als die Geschichtswissenschaft das gewohnt ist. Wichtig ist dabei – und das ist in vielen Fällen ein Unterschied zur im folgenden Kapitel dargestellten Neuen Institutionenökonomik – dass die Cliometrie zumeist mit stark aggregierten Datensätzen arbeitet. Einzelfälle sind für sie kaum von Interesse und auch kurzfristige Betrachtungszeiträume eher selten. Insofern besteht eigentlich keine echte Konkurrenzsituation zu der, mit Fogel gesprochen, „traditionellen" Geschichtswissenschaft. Kein Cliometriker würde auf die Idee kommen, eine quantitativ basierte Bismarckbiographie zu schreiben, der geschichtswissenschaftlichen Forschung wird insofern nichts weggenommen. Gerade deswegen erscheint es sinnvoll, die Cliometrie nicht unbesehen als ökonomischen Imperialismus zu verdammen, sondern sich zu überlegen, wie sich ihre Ergebnisse vernünftig nutzen lassen.

Sklaverei und Industrialisierung: Cliometrische Debatten

Die Cliometrie wurde stark durch zwei, hauptsächlich US-amerikanische Debatten geprägt. Dabei handelte es sich zum einen um die Diskussion, wie profitabel die zu einem wichtigen Teil auf Sklavenarbeit basierende Wirtschaft in den amerikanischen Südstaaten in den Jahrzehnten vor dem Ausbruch des amerikani-

---

7 Maddison, Contours of the World Economy 1–2030 AD; Gregory Clark, Rezension zu: Maddison, Angus: Contours of the World Economy 1–2030 AD. Essays in Macro-Economic History. Oxford 2007, in: Connections. A Journal for Historians and Area Specialists (14.05.2010). [www.connections.clio-online.net/publicationreview/id/reb-12696. Letzter Zugriff 22.11.2019].

schen Bürgerkrieges 1861 gewesen ist. Zum anderen ging es um die Frage der Bedeutung des Eisenbahnbaus für die Industrialisierung in den Vereinigten Staaten. Beide Debatten zeichneten sich dadurch aus, dass die ökonometrisch inspirierte Geschichtsschreibung zu Ergebnissen kam, die dem zeitgenössischen geschichtswissenschaftlichen Konsens zuwiderliefen und darum für erhebliche Irritationen sorgten. Das war vor allem bei der Sklavereidebatte der Fall, die auch noch eine moralische Komponente hatte. Es wurde kontrovers diskutiert, ob Menschen als Kapitalgüter modelliert werden dürfen, wie es von cliometrischer Seite geschah.

Bis in die 1950er Jahre war es – und diese Interpretation klang einfach und überzeugend – Konsens in der Forschung, dass die Sklaverei sich wirtschaftlich vor dem amerikanischen Bürgerkrieg nicht mehr rentierte. Es habe sich um eine nicht nur moralisch verwerfliche, sondern auch ökonomisch überlebte Institution gehandelt. Die Sezession der Südstaaten hätte darum wesentlich den Zweck gehabt, den Lebensstil und die Gesellschaftsstruktur des Südens trotz wirtschaftlicher Rückständigkeit zu konservieren. Dabei wurde oftmals vorausgesetzt, dass die Sklaverei eine generell unprofitable Wirtschaftsform darstellte, was lediglich beim Vorhandensein großer zusammenhängender und fruchtbarer Landflächen nicht der Fall gewesen sei. Zudem habe die Sklaverei die ökonomische Entwicklung des amerikanischen Südens vor dem Bürgerkrieg behindert und Anreize zur Bewahrung wenig kapitalintensiver Wirtschaftsformen geschaffen.[8]

Diese Annahmen wurden – und auch das ist ein Teil der vielen Wendungen dieser Debatte – zunächst von einem Wissenschaftler in Frage gestellt, der die Sklaverei keineswegs negativ bewertete: Ulrich Bonell Phillips veröffentlichte 1918 das Werk: „American Negro Slavery. A Survey of Supply, Employment and Control of Negro Labor as Determined by the Plantation Regime", in der er zwar durchaus Defizite der Sklavenwirtschaft benannte, aber zugleich aus seinen rassistischen Vorurteilen gegenüber der afroamerikanischen Bevölkerung keinen Hehl machte. Er beschrieb die Plantagenwirtschaft als beinahe idyllisch und wollte die Sklaverei insgesamt weniger als Ausbeutungssystem denn als System gegenseitiger Abhängigkeit verstanden wissen.[9] Phillips Verdienst bestand jedoch darin, in großem Umfang Quellen aus den Südstaaten auszuwerten, wozu auch die Wirtschaftsbücher von Plantagen gehörten. Damit legte er die Basis für die spätere Forschung, die sich oftmals sehr kritisch mit seinen Interpretationen auseinandersetzte.

In diese Forschungsdebatte fiel nun 1958 die Publikation eines zunächst wenig beachteten Aufsatzes, nämlich „The Economics of Slavery in the Ante Bellum

8 Fogel, Slavery Debates, S. 6 f.
9 Ebd., S. 18 f.

South" von Alfred Conrad und John Meyer.[10] Der interessante – aber auch sehr provokante – methodische Ansatz dieses Textes bestand in der konsequenten Operationalisierung von Sklaven als Kapitalgüter. Das beinhaltete die Kosten der Reproduktion und „Aufzucht" der Sklaven, die Unterhaltskosten und schließlich ihre „Abnutzung" durch Alter, Erschöpfung und Krankheit. Conrad und Meyer rechneten aus, dass die Sklavenwirtschaft den Besitzern üblicherweise einen stabilen Profit eingebracht habe. Demzufolge war sie zu Beginn der 1860er Jahre also durchaus rentabel.

Die Überlegungen von Conrad und Meyer wurden in den 1960er Jahren von verschiedenen Autoren aufgenommen, die ihre Überlegungen verfeinerten, präzisierten, und große Anstrengungen unternahmen, die empirische Datenbasis zur Bewertung der Sklaverei zu erweitern. Hier war die 1974 erschienene Arbeit von Robert Fogel und Stanley Engermann „Time on the Cross" besonders wichtig.[11] Die Autoren versuchten, eine umfassende und gut abgesicherte Datenbasis für eine angemessene Beurteilung der entscheidenden Forschungsfragen zu schaffen. Dabei gingen die Autoren sogar noch einen Schritt weiter und stellten die These auf, die Farmen im Süden der Vereinigten Staaten seien im Durchschnitt profitabler gewesen, als die im Norden. Auch im Hinblick auf die Lebensumstände der Sklaven im amerikanischen Süden gab es kontroverse Debatten, die ihren Niederschlag sogar in der Populärkultur fanden – etwa wenn in der Fernsehserie „North and South" (dt. „Fackeln im Sturm") die Lebensumstände der Sklaven mit der nur vorgeblich freien Lohnarbeit in den Nordstaaten kontrastiert wurden.

Diese Thesen haben intensive Debatten angeregt, die selbst heute noch keineswegs beendet sind. Zwar kam es zu einer starken Differenzierung der Ergebnisse, aber zumindest hat sich (bislang) bestätigt, dass es bei der „gang labour" auf den Plantagen Skaleneffekte gab, die Organisation der Sklavenarbeit also zu Effizienzvorteilen führen konnte. Fogel war dabei, anders als viele seiner Mitstreiter, ein mit allen Wassern gewaschener „public intellectual", der sich von der moralischen Kritik, die bald auf die Ökonometriker niederprasselte, nicht beirren ließ. Er bestritt vehement, dass die cliometrische Richtung die Sklaverei gerechtfertigt habe. Vielmehr leitete er aus den gefundenen Ergebnissen gerade die Notwendigkeit ab, sie moralisch abzulehnen und diese Ablehnung zu begründen, wenn sie sich nicht einfach als ökonomisch überlebte Institution bezeichnen ließ. Dafür formulierte er vier Argumente: Die Sklaverei gab erstens einer Gruppe von Personen das Recht, über eine andere zu bestimmen. Sie verweigerte zweitens den Sklaven wirtschaftliche Entfaltungsmöglichkeiten und die Möglichkeit einer aktiven ökonomischen Betätigung. Sie verweigerte ihnen drittens Bürgerrechte und sie ver-

---

10 Alfred H. Conrad, John R. Meyer, The Economics of Slavery in the Antebellum South, in: Journal of Political Economy 66 (April 1958), S. 95–130.

11 Robert W. Fogel, Stanley Engerman, Time on the Cross. The Economics of American Negro Slavery, New York 1989 (zuerst 1974).

weigerte den Sklaven viertens die kulturelle Identifikation, d. h., sich selbst als vollwertiges und gleichberechtigtes Mitglied der Gesellschaft empfinden zu können. Fogels Argumente stammten aus dem Kanon liberaler Gerechtigkeitstheorien, welche die gleichberechtigte Teilhabe am Wirtschaftsleben als Voraussetzung persönlicher Freiheit betrachten.[12]

Die zweite Debatte, die das cliometrische Forschungsprofil definierte, war die Bedeutung des Eisenbahnbaus für die US-amerikanische Industrialisierung. Auch hier spielte Fogel eine zentrale Rolle, indem er 1964 eine methodisch wegweisende Arbeit zum Zusammenhang zwischen Industrialisierung und Eisenbahnbau in den Vereinigten Staaten während des 19. Jahrhunderts vorlegte.[13] Er begnügte sich nicht allein damit, auszurechnen, um wieviel billiger der Gütertransport durch die Eisenbahn wurde, sondern er dachte konsequent in Alternativen. Er stellte die Frage, wie sich der Handel entwickelt hätte, wären die Eisenbahnlinien nicht gebaut und stattdessen das dadurch verfügbare Kapital in andere Verkehrswege investiert worden (Straßen und Kanäle). Was wäre passiert, wenn die gewaltigen Mengen an Stahl, die für die Eisenbahnschienen in dem riesigen Land verwendet wurden, für die Herstellung von Produktionsmitteln verwendet worden wären?

Fogels überraschendes – und wiederum kontraintuitives – Ergebnis lautete, dass die Eisenbahn für die amerikanische Industrialisierung weniger wichtig gewesen sei, als bislang vermutet. Damit stellt er nicht in Abrede, dass durch Eisenbahnen die amerikanische Infrastruktur stark verbessert und die Transportzeiten viel geringer wurden. Jedoch wäre das auf andere und möglicherweise kostengünstigere Weise auch in ausreichendem Maße möglich gewesen, so dass höhere Investitionen in die Industrieproduktion hätten erfolgen können. Es ging ihm nicht zuletzt darum, zu zeigen, wie komplex und vielschichtig sich Wachstumsprozesse gestalten und das keine einzelne technische Innovation – auch nicht eine so wichtige wie die Eisenbahn – ausreicht, um das enorme Wachstum der Wirtschaft der Vereinigten Staaten während des „Gilded Age" im 19. Jahrhundert zu erklären.

Entscheidend für die Entwicklung der Cliometrie war die Arbeit von Fogel aber eigentlich weniger wegen ihres „spektakulären" Ergebnisses, sondern wegen ihrer innovativen Methodik. Fogel gab sich große Mühe, Transportkosten, Transportzeiten, jährliche Nutzungsphasen, durchschnittliche Warenverluste beim Transport und weitere Faktoren heranzuziehen, um den Eisenbahn- und den Schiffstransport miteinander zu vergleichen. Im Fall der USA spielte besonders der Transport von Agrarerzeugnissen zu den Städten der Ostküste eine zentrale Rolle. Fogel unterschied dabei zwischen dem Transport zu den Primär- und Sekundärmärkten, also von den Erzeugungsstätten zu den Märkten, wo die Bauern ihre

12 Fogel, Slavery Debates, S. 45–48.

13 Robert W. Fogel, Railroads and American Economic Growth. Essays in Econometric History, Baltimore 1964.

Waren verkauften (Primärmärkte) und von wo aus diese dann an die Ostküste weitertransportiert und verkauft wurden (Sekundärmärkte). Auf der Grundlage der so gefundenen Ergebnisse stellte er anschließend kontrafaktische Überlegungen an, indem er das Eisenbahnnetz der USA am Ende des 19. Jahrhunderts mit einem hypothetischen Kanalnetz verglich – einem Kanalnetz also, das mit zumindest einem Teil der Investitionen, die tatsächlich in den Eisenbahnbau flossen, ausgebaut worden wäre. Mithilfe dieser Vorgehensweise kam Fogel zu dem Ergebnis, dass eine leistungsfähige Infrastruktur mit deutlich geringeren Investitionen hätte geschaffen werden können, was zugleich Kapital und Arbeitskräfte für andere Projekte frei gemacht hätte.

Fogels Arbeit ist ein faszinierendes Beispiel dafür, wie die cliometrische Forschung mit einem innovativen methodischen Ansatz zu überraschenden Ergebnissen gelangen konnte. Jedoch hat sich seine Ansicht in diesem Fall nicht durchsetzen können. Zum einen hat sich gezeigt, dass bei einer vergleichsweise geringen Änderung der Modellierung und der Datenbasis die Ergebnisse plötzlich ganz anders ausfallen können.[14] Zum anderen hat Rainer Fremdling in seiner 1975 erschienenen Arbeit über den Zusammenhang von Industrialisierung und Eisenbahnbau am Beispiel der deutschen Industrialisierung überzeugend argumentiert, dass es nicht ausreicht, eine Kosten-Nutzen-Rechnung des Eisenbahnbaus lediglich im Vergleich zu anderen Verkehrsträgern und -mitteln aufzustellen. Vielmehr ist es notwendig, die Wachstumseffekte des Eisenbahnbaus, auch die technologischer Art, auf nachgelagerte Branchen wie den Maschinenbau oder die Schwerindustrie einzubeziehen.[15] Fremdling griff dabei auf Überlegungen des Ökonomen Albert Hirschman zurück, der das Konzept des „unbalanced growth“ entwickelt hat.[16] Dieses Konzept geht davon aus, dass sich in Ländern, die sich am Anfang ihrer industriellen Entwicklung befinden, zunächst ein Bereich – in diesem Fall die Eisenbahn – besonders stark entwickelt. Dieser zwingt dann jedoch andere Branchen zur Adaption und Anpassung, was sich schließlich als dynamischer Faktor für die Industrialisierung erweist. So treffend Fogels Feststellung war, dass nicht *eine* technische Innovation allein als entscheidend für das wirtschaftliche Wachstum angesehen werden kann, so konnte Fremdling doch überzeugend zeigen, dass vom Eisenbahnbau entscheidende Impulse für die gesamtwirtschaftliche Entwicklung ausgingen.

Die beiden hier knapp skizzierten Debatten waren zentral für die Entwicklung der cliometrischen Forschung: Sie zeigten ihr Innovationspotential auf und demonstrierten, dass auf der Basis der innovativen Anwendung ökonomischer Methoden und entsprechend umfangreicher Statistiken scheinbare Gewissheiten in

---

14 Ambrosius, Plumpe, Tilly, Wirtschaftsgeschichte als interdisziplinäres Fach, S. 26 f.

15 Rainer Fremdling, Eisenbahnen und deutsches Wirtschaftswachstum 1840–1879. Ein Beitrag zur Entwicklungstheorie und zur Theorie der Infrastruktur, Dortmund 1985².

16 Albert O. Hirschman, The Strategy of Economic Development, New Haven 1958.

einem anderen Licht erscheinen können. Das kann man im Übrigen für diejenigen, die über solche Ansätze arrogant die Nase rümpfen, gar nicht oft genug wiederholen! Das war die Voraussetzung dafür, dass sich die Wirtschaftsgeschichte vor allem in den Vereinigten Staaten unter dem Dach der „economics" neu etablieren konnte, nachdem sie im Zuge des in der Einleitung skizzierten disziplinären Ausdifferenzierungsprozesses weitgehend aus ihr verdrängt worden war.[17]

Anthropometrie

Neben der Cliometrie gibt es noch einen Zweig der ökonometrischen Wirtschaftsgeschichte, der versucht, biologische mit wirtschaftsgeschichtlichen Fragestellungen zu verbinden. Die Anthropometrie beschäftigt sich mit Fragen der Ernährung, Lebensbedingungen und Körpergröße, um davon ausgehend zu wirtschaftshistorischen Erkenntnissen zu gelangen. Sie versucht dabei vorrangig für Zeiten, als das Wirtschaftsleben noch nicht statistisch erfasst wurde, Aussagen über die Ernährung und den allgemeinen Lebensstandard zu treffen. Die wichtigste Kennzahl ist dabei die Körpergröße. Die Anthropometrie macht sich zunutze, dass solche Informationen, etwa durch Musterungsunterlagen des Militärs, vergleichsweise gut überliefert sind. Die Menschen werden im Durchschnitt umso größer, leben umso länger und werden umso weniger krankheitsanfällig, je besser sie sich ernähren und je besser ihre allgemeinen Lebensumstände sind.[18] Das wiederum wirkt sich potentiell auf die Arbeitsleistung aus, was eine wichtige Verbindung der Anthropometrie zur Industrialisierungsforschung darstellt. Eine ihrer wichtigsten Leistungen besteht darin, zahlreiche neue Erkenntnisse über die Beziehung zwischen der Industrialisierung und dem Bevölkerungswachstum besonders ab der zweiten Hälfte des 18. Jahrhunderts erbracht zu haben, das neben anderen Faktoren auf einem Rückgang der Säuglings- und Kindersterblichkeit beruhte.[19]

Dabei hat, wie die cliometrische Forschung generell, auch die anthropometrische Forschung zunächst das methodische Probleme einer „unreinen" Datenbasis zu lösen. Bei den Konskriptionslisten des Militärs steht man beispielsweise vor der Schwierigkeit, dass die aus ihnen gewonnenen Samples nur junge Männer umfassen und es für das Militär in der Regel eine Mindestgröße gab, also kleinere Personen darin gar nicht auftauchen. Um zu für die gesamte Bevölkerung repräsen-

---

17 John S. Lyons, Louis P. Cane, Samuel H. Williamson, Introduction, in: Diess. (Hg.), Reflections on the Cliometrics Revolution. Conversations with Economic Historians, London 2007, S. 1–42, 36–42.

18 Richard H. Steckel, Stature and the Standard of Living, in: John Komlos, Timothy Cuff (Hg.), Classics in Anthropometric History, St. Katharinen 1998, S. 63–114, 68–83.

19 Andreas Weigl, Bevölkerungsgeschichte Europas. Von den Anfängen bis in die Gegenwart, Wien 2012, S. 113–120.

tativen Ergebnissen zu gelangen, wird auf eine vorausgesetzte „Normalverteilung" von Alterskohorten und Körpergrößen in einer Bevölkerung zurückgegriffen. Ob das Sample auf diese Art und Weise repariert werden kann, ist jedoch nicht immer klar. Bei anderen Datensätzen ergeben sich ähnliche Probleme: So hat man etwa bei den Unterlagen von Schulen oder Kadettenanstalten, die die anthropometrischen Daten ihrer Schüler erhoben haben, fast immer das Problem, dass vorrangig Kinder aus höheren sozialen Schichten solche Anstalten besuchten, was ihre Repräsentativität für die Gesamtbevölkerung zumindest fraglich erscheinen lässt.[20]

Die daraus resultierenden Probleme sind äußerst komplex, das macht jedoch gerade den Reiz der anthropometrischen Forschung aus. Die Körpergröße ist keine einfache Messgröße für die Reichhaltigkeit der Ernährung, sondern hängt von zahlreichen Faktoren ab; neben der Menge etwa auch von Qualität, Vitaminen, Proteinen etc. So hat Hans Medick für den schwäbischen Weberort Laichingen nachgewiesen, dass die einseitige Ernährung mit Weizenprodukten (dem sog. schwäbischen „Mordbrei") dazu führte, dass die Bevölkerungszahl bis zur Mitte des 19. Jahrhunderts mehr oder weniger stagnierte.[21] Für die USA konnte hingegen gezeigt werden, dass die Menschen dort aufgrund der günstigen naturräumlichen Voraussetzungen bereits im 18. Jahrhundert im Durchschnitt älter und signifikant größer wurden, als in Westeuropa.[22] Weitere Faktoren, die den Wachstumsverlauf beeinflussen können, sind beispielsweise die Wohnverhältnisse und – gerade bei Kindern – die Arbeitsbelastung, was für die Erklärung der Körpergrößenentwicklung während der Industrialisierung wichtig wurde.[23]

Indem die anthropometrische Forschung Körpergröße als komplexes Phänomen auffasste, leistete sie einen wichtigen Beitrag zu einer der wichtigsten wirtschafts- und sozialgeschichtlichen Diskussionen überhaupt, nämlich der sog. „Lebensstandardsdebatte". Dabei ging es um die Entwicklung des Lebensstandards während der Industrialisierung. Ausgangspunkt war die Kritik an den Lebensbedingungen der Arbeiterschaft während der frühen Industrialisierung. Friedrich Engels Werk „Die Lage der arbeitenden Klassen in England" aus dem Jahr 1845 beschrieb beispielsweise auf drastische Weise die Lebensumstände von

20 Vgl. John Komlos, The height increments and BMI values of elite Central European children and youth in the second half of the 19th century, in: Annals of Human Biology 33 (2006), S. 309–318.

21 Hans Medick, Weben und Überleben in Laichingen 1650–1900. Lokalgeschichte als Allgemeine Geschichte, Göttingen 1996, S. 355–377.

22 A. Theodore Steegmann Jr., P. A. Haseley, Stature Variation in the British American Colonies: French and Indian War Records, in: Komlos, Cuff, Classics in Anthropometric History, S. 336–350, 344 f.; Richard H. Steckel, Heights and Health in the United States, 1710–1950, in: John Komlos (Hg.), Stature, Living Standards, and Economic Development. Essays in Anthropometric History, Chicago 1994, S. 153–170.

23 Steckel, Stature and the Standard of Living, S. 74–83.

Textilarbeiterinnen in Manchester.[24] Diese frühsozialistische Kritik, die aber in ähnlicher Form auch Teile des Wirtschaftsbürgertums äußerten,[25] wurde jedoch von vielen Seiten problematisiert. Friedrich Hayek stellte in den 1950er Jahren die einfache Frage: Wenn die Lebensbedingungen in den Industriestädten tatsächlich so prekär waren, die Arbeit hart und auszehrend, warum zogen die Menschen dann in die Städte? Offensichtlich deswegen, so Hayek, weil die Bedingungen auf dem Land noch schlimmer waren.[26] Von Seiten der cliometrischen Forschung wurde zudem auf einen relativ kontinuierlichen Anstieg der Reallöhne im Verlauf der Industrialisierung hingewiesen.[27] Im Lichte dieser Erkenntnisse lag die Schlussfolgerung nahe, Engels habe die Lebensbedingungen der Textilarbeiter in übertrieben düsteren Farben gemalt.

Die anthropometrische Forschung konnte hier zunächst zeigen, dass die Reallöhne nur ein unzureichender Indikator sind, um die tatsächlichen Lebensbedingungen der Bevölkerung zu messen. Ein zentraler Befund war dabei, dass die Körpergröße der englischen Bevölkerung zwischen den 1830er und 1860er Jahren abnahm, bevor sie wieder anzusteigen begann, was im Übrigen auch für andere europäische Länder im Industrialisierungsprozess bestätigt werden konnte. Während es also seit der zweiten Hälfte des 18. Jahrhunderts einen ziemlich kontinuierlichen Anstieg der Bevölkerungszahl gab, schwankte die Entwicklung der Körpergröße im Verlauf der Industrialisierung: Laut Komlos stieg sie bis in die 1730er Jahre, fiel in der zweiten Hälfte des 18. Jahrhunderts und stabilisierte sich im Zeitraum von der Wende zum 19. Jahrhundert bis etwa 1830. Im besagten Zeitraum zwischen ca. 1830 und 1860 sank die durchschnittliche Körpergröße und begann dann – bis heute – beinahe kontinuierlich anzusteigen.[28]

Die naheliegende Erklärung für diesen empirischen Befund lautet, die periodische Abnahme der Körpergröße als ein Resultat des Entkommens aus der „Malthusianischen Falle“ zu deuten. Zur Erinnerung: Thomas Malthus hatte Ende des 18. Jahrhunderts die These aufgestellt, dass sich die Bevölkerung schneller vermehrt als der Nahrungsmittelspielraum, weshalb es periodisch zu sog. „Checks“ durch Kriege oder Hungersnöte kommen würde, durch die sich das „richtige“ Verhältnis wieder herstellte. Aufgrund der Industrialisierung und ihrer Begleitphänomene sei es gelungen, diesen Zusammenhang zu durchbrechen und eine

---

24 Friedrich Engels, Die Lage der arbeitenden Klasse in England. Nach eigener Anschauung und authentischen Quellen, München 1973 (zuerst 1845).

25 Vgl. Boch, Grenzenloses Wachstum?, S. 54–60.

26 Friedrich A. Hayek, History and Politics, in: Ders. (Hg.), Capitalism and the Historians, Chicago 1954, S. 3–29, 26–29.

27 Mit dem Begriff der Reallöhne wird die Höhe der Nominallöhne in ein Verhältnis zum jeweiligen Preisniveau gesetzt.

28 John Komlos, Ernährung und wirtschaftliche Entwicklung unter Maria Theresia und Joseph II. Eine anthropometrische Geschichte der Industriellen Revolution in der Habsburgermonarchie, St. Katharinen 1994.

stark steigende Bevölkerung am Leben zu erhalten. Mit anderen Worten: Die Menschen wurden zwar kleiner, aber in früheren Zeiten wäre ein großer Teil von ihnen einfach gestorben.[29]

Das Problem ist allerdings, dass diese Erklärung nur für die zweite Hälfte des 18. Jahrhunderts überzeugen kann. Für den Zeitraum zwischen 1830 und 1860 lassen sich gerade für den britischen Fall steigende Reallöhne nachweisen, was nicht recht dazu zu passen scheint. Die anthropometrische Forschung hat jedoch darauf hingewiesen, dass die Verfügbarkeit von Lebensmitteln auch für die breiten Bevölkerungsschichten in England und anderswo in normalen Zeiten nur einen Faktor unter mehreren Determinanten der Körpergröße darstellte. Sie brachte die sozialen Begleiterscheinungen der Industrialisierung wieder ins Spiel, besonders die extrem langen Arbeitszeiten sowie die beengten und hygienisch katastrophalen Verhältnisse in den Industriestädten. Die Klagen über die Lebensbedingungen während der Frühphase der Industrialisierung, wie sie Engels beschrieben hatte, waren insofern keineswegs aus der Luft gegriffen.[30]

Insgesamt ließ sich auf diese Weise feststellen, dass bis zum Ende des 19. Jahrhunderts die Lebensbedingungen in den Städten generell schlechter und ungesünder waren als auf dem Land. Auch die Art der Ernährung war auf dem Land in der Regel besser. Die Frage des Lebensstandards muss darum komplexer gefasst werden. Die anthropometrische Forschung konnte darüber hinaus zeigen, dass das Wirtschaftswachstum eher eine notwendige „Hintergrundentwicklung“ denn die konkrete Ursache des Bevölkerungsanstiegs seit dem 18. Jahrhundert darstellte, der primär auf Verbesserungen der Geburtshilfe und hygienischen Verhältnisse sowie die Abnahme an Pestepidemien zurückgeführt werden kann.[31]

Gelegentlich geht die Anthropometrie allerdings über solche Befunde deutlich hinaus. So hat John Komlos eine explizit anthropometrische Industrialisierungsthese formuliert: Am Beispiel der Habsburgermonarchie entwickelte er das Argument, die aufgrund des Bevölkerungsanstiegs drohenden Hungerkrisen in der zweiten Hälfte des 18. Jahrhunderts hätten zu institutionellen Reformen geführt, die günstige Bedingungen für die Entfaltung einer gewerblichen Dynamik und schließlich der Industrialisierung schufen. Noch einen Schritt weiter gehend entwickelte er die These, durch eine verbesserte Ernährung im 18. Jahrhundert seien besonders die englischen Arbeiter in der Lage gewesen, länger und härter zu arbeiten.[32] Tatsächlich rühmten englische Schriftsteller im 18. Jahrhundert

29 Ders., Shrinking in a Growing Economy? The Mystery of Physical Stature during the Industrial Revolution, in: Journal of Economic History 58 (1998), S. 779–802.

30 Joel Mokyr, Cormac Ó Gráda, Height and Health in the United Kingdom 1815–1860: Evidence from the East Indian Company Army, in: Komlos, Cuff, Classics in Anthropometric History, S. 253–284, 275–279.

31 Weigl, Bevölkerungsgeschichte Europas, S. 113–120.

32 Komlos, Ernährung und wirtschaftliche Entwicklung unter Maria Theresia und Joseph II.

gerne die körperliche Robustheit ihrer Landsleute[33] und im Anschluss an Jan de Vries These der „Industrious Revolution" im 18. Jahrhundert hat Craig Muldrew die Bedeutung einer verbesserten Ernährung für die Steigerung der agrarischen Produktivität betont.[34]

Allerdings reicht dieser Aspekt zur Erklärung der Industrialisierung nicht aus. Neben der körperlichen Arbeitsleistung war es, wie weiter oben dargestellt, vor allem das „Nützliche Wissen", das für die Entstehung der industriellen Dynamik die Hauptverantwortung trug. Das heißt nicht, dass physische Faktoren gar keine Rolle spielten. Ein Zusammenhang zwischen Ernährung, Körpergröße und Intelligenz ist jedoch bislang – glücklicherweise – nicht nachgewiesen worden, womit zugleich die Grenzen anthropometrischer Industrialisierungsthesen deutlich werden sollten.

Chancen und Probleme der cliometrischen Forschung

Ein cliometrischer Artikel von Nico Voigtländer und Hans-Joachim Voth hat in den letzten Jahren für viel Furore gesorgt, denn seine Ergebnisse sind zunächst kaum zu glauben. Die Autoren bemaßen anhand der Häufigkeit und des Ausmaßes von Pogromen den Antisemitismus in badischen Dörfern und Kleinstädten während des 14. Jahrhunderts. Anschließend verglichen sie ihn mit dem Antisemitismus in den 1930er Jahren, den sie aufgrund von Parametern wie Anschlägen auf jüdische Geschäfte, Anzahl der Zuschriften an das nationalsozialistische Kampfblatt „Stürmer" und dem Zeitpunkt der Deportation zu berechnen versuchten. Das Ergebnis war eine statistisch deutlich erkennbare Persistenz antisemitischer Einstellungen, mit langfristig nachweisbaren Unterschieden sogar bei benachbarten Dörfern. Man fragt sich unwillkürlich, wie das sein kann, und vermutet eine sog. *Scheinkorrelation*, dass sich also statistische Indikatoren in die gleiche Richtung bewegen, obwohl sie kausal gar nicht zusammenhängen – wie etwa der regional und zeitlich gelegentlich feststellbare Zusammenhang zwischen Geburtenrate und Storchenpopulation.[35] Eine solche Scheinkorrelation konnten die Autoren jedoch überzeugend ausschließen und sie argumentieren stattdessen mit einer geringen Mobilität, also dem geringen Weg- und Zuzug in den betreffenden Dörfern, welche die Dauerhaftigkeit antisemitischer Einstellungen erklären soll.[36]

---

33 Daniel Defoe, The Complete English Tradesman, Glocester 1987 (zuerst 1739).

34 Muldrew, Food, Energy, and the Creation of Industriousness.

35 Vgl. Tyler Vigen, Spurrious Correlations. Correlation does not equal Causation, New York 2015.

36 Nico Voigtländer, Joachim Voth, Persecution Perpetuated. The Medieval Origins of Anti-Semitic Violence in Nazi Germany. NBER Working papers Series 17113. [http://www.nber.org/papers/w17113].

Interessant an dem Artikel sind gleich mehrere Aspekte. Zunächst handelt es sich um einen klassischen Fall, wo die „traditionelle" Geschichtsschreibung kaum das Instrumentarium besessen hätte, eine solche Fragestellung empirisch zu überprüfen. Vor allem aber hätte sie wahrscheinlich die Frage gar nicht erst gestellt, weil die Rekonstruktion des historischen Wandels zu ihren zentralen Erkenntnisinteressen zählt und dementsprechend davon ausgegangen wird, dass nach gut 600 Jahren kein Stein auf dem anderen geblieben ist. Hinzu kommt, dass die Geschichtswissenschaft mit sehr langfristigen Erklärungsansätzen keine besonders guten Erfahrungen gemacht hat. Das gilt etwa für die bekannten Sonderwegsthese – also einer spätestens seit dem 19. Jahrhundert beobachtbaren Abweichung Deutschlands von der westeuropäischen Normalentwicklung – oder Daniel Goldhagens Behauptung eines spezifisch deutschen, bis auf die Reformation zurückgehenden Antisemitismus.

Wenn man die Ergebnisse von Voigtländer und Voth ernst nimmt, liegt es nahe, dass das nicht in jedem Fall so sein muss. Eine solche Aussage ist umgekehrt aber nur möglich, weil die Autoren eine drastische Komplexitätsreduktion vornehmen, um ein so schwieriges Problem wie die Dauerhaftigkeit antisemitischer Einstellungen analytisch in den Griff zu bekommen. Bei der Bewertung der cliometrischen Forschung hängt aber offensichtlich viel davon ab, wie diese Komplexitätsreduktion vorgenommen wird. Dass sich historiographische Probleme nicht immer in quantitativ erfassbare Parameter übersetzen lassen, ist selbstverständlich auch der cliometrischen Forschung bewusst – dementsprechend erfolgt auch die Auswahl ihrer Forschungsthemen.

Es gibt jedoch Grenzfälle: So ist etwa die Frage des Einflusses agrarischer Eliten auf verzögerte Demokratisierungsprozesse, insbesondere im Anschluss an wichtige Arbeiten des US-amerikanischen Sozialhistorikers Barrington Moore aus den 1960er Jahren, von der „traditionellen" Sozialgeschichte lange diskutiert worden.[37] Will man diese Frage mit cliometrischem Instrumentarium testen, dann muss man das Vorhandensein agrarischer Eliten in das Modell integrieren.[38] Das geschieht üblicherweise mit den Markern 0 (nicht vorhanden) oder 1 (vorhanden). Aber auch wenn man diesen Faktor sicherlich komplexer modellieren kann, geht es hier doch ganz offensichtlich um Einflussfaktoren, die sich einer Quantifizierung entziehen. Es sind eben längst nicht alle Themen geeignet, mit quantitativen Methoden analysiert zu werden. Die Frage ist jedoch, ob der Cliometrie das im Einzelfall immer bewusst ist.

---

37 Barrington Moore, Social Origins of Dictatorship and Democracy: Lord and Peasant in the Making of the Modern World, Boston 1966.

38 Vgl. Alan de Bromhead, Barry Eichengreen, Kevin O'Rourke, Political Extremism in the 1920s and 1930s: Do German Lessons Generalize?, in: The Journal of Economic History 73 (2013), S. 371–406.

Ein anderer Gesichtspunkt ist, dass sich die Qualitätskriterien der cliometrischen Forschung von denen der Geschichtswissenschaft unterscheiden. So spielen beispielsweise die Erstellung des Datensatzes und dessen mathematische Verarbeitung für die interne Reputation innerhalb der cliometrischen Forschung eine große Rolle. Die klassische historische Kontextualisierung tritt jedoch dahinter zurück. Das führt teilweise dazu, wie das bei der Eisenbahndebatte der Fall war, dass vergleichsweise geringe Datenänderungen zu stark abweichenden Resultaten führen können. Auch wundert man sich darüber, wenn gelegentlich zentrale Referenztexte zu bestimmten Themen nicht rezipiert werden, weil diese gegenüber den jeweiligen Datensätzen nur eine untergeordnete Rolle spielen. Das hat möglicherweise auch etwas mit einer anderen Lesekultur und kürzeren Forschungsrhythmen in der Volkswirtschaftslehre zu tun: Ökonomen rezipieren und veröffentlichen in der Regel kürzere Aufsätze bzw. „Paper", deren Aktualitätswert wichtig ist. Bücher hingegen, für die Geschichtswissenschaft als Publikationsmittel unverzichtbar, werden in der Volkswirtschaftslehre seltener geschrieben und oft werden die Ergebnisse der historischen Forschung zu bestimmten Themen einfach nicht zur Kenntnis genommen.

Das sind insgesamt aber eher Probleme, die sich aus den praktischen Anforderungen des Wissenschaftsbetriebes ergeben. Davon abgesehen gibt es jedoch keinen Grund, warum „traditionelle" Historiker die Ergebnisse der cliometrischen Forschung nicht nutzen sollten. In vielen Fällen sind diese unspektakulär – was gelegentlich zu dem Vorwurf geführt hat, die Cliometrie würde mit hohem Aufwand nachweisen, was der Forschung ohnehin bereits bekannt sei.[39] Immer wieder jedoch gibt es bedenkenswerte, überraschende oder sogar, wie im Fall des erwähnten Artikels von Voigtländer und Voth, spektakuläre Überlegungen und Ergebnisse. Diese können die Geschichtswissenschaft zum Nachdenken oder sogar zur Neujustierung ihrer Fragestellungen zwingen, und das ist nicht gerade wenig.

39 Robert Fogel, Die neue Wirtschaftsgeschichte. Forschungsergebnisse und Methoden, Köln 1970.

3. Neue Instititutionenökonomik

Der in der Wirtschaftsgeschichte seit vielen Jahren am häufigsten verwendete theoretische Ansatz ist die Neue Institutionenökonomik (allgemein abgekürzt als NIÖ). Als „neu“ wird sie bezeichnet, um sie von der älteren US-amerikanischen Institutionenökonomik zu unterscheiden, die auf Ökonomen wie Thorstein Veblen oder John R. Commons zurückgeht.[1] Letztere beschäftigte sich besonders in den 1920er Jahren mit der Entwicklung von Wirtschaftsinstitutionen. Dabei bestanden unübersehbare Ähnlichkeiten zur deutschen Historischen Schule der Nationalökonomie, die aber auch als wichtige Vorläuferin der NIÖ gilt. Die ältere Institutionenökonomik ging dabei nicht von feststehenden ökonomischen „Gesetzen“ aus, sondern versuchte, die statistische Erfassung des Wirtschaftslebens mit einer experimentellen Methodologie zu kombinieren.[2]

Während sich diese Richtung als Alternative zur neoklassischen Theorie verstand, ist die Neue Institutionenökonomik durchaus fest in der Neoklassik verwurzelt: So basiert sie ebenfalls auf dem Methodologischen Individualismus, sie benutzt das Gleichgewichtskonzept und argumentiert mit der Anreizwirkung von Märkten. Wodurch sie sich vom neoklassischen Mainstream unterscheidet, sind im Wesentlichen folgende zwei Punkte: Sie bestreitet, dass Marktteilnehmer perfekt informiert sind und sie bestreitet, dass die Nutzung von Märkten kostenlos ist und ohne Zeitverlust erfolgt. Das hat weitreichende theoretische Konsequenzen, die dazu geführt haben, dass sich ausgehend von den oben genannten Annahmen die NIÖ zu einer eigenständigen theoretischen Richtung entwickelt hat.

Die NIÖ geht auf einen bahnbrechenden Aufsatz von Ronald Coase aus dem Jahr 1937 zurück, in dem dieser sich mit der Frage beschäftigte, warum es überhaupt Unternehmen gibt.[3] Der Grund liegt kurz gesagt darin, dass die Nutzung von Märkten Kosten verursacht. Von dieser Beobachtung ausgehend entwickelte sich zunächst ein Zweig der Organisationstheorie und tatsächlich ist die NIÖ bis heute ein wichtiger mikroökonomischer Ansatz, der insbesondere in der Unternehmensgeschichte viel verwendet wird.[4] Es war dann aber vor allem der US-amerikanische Ökonom Douglass North, der das institutionenökonomische Instrumentarium benutzte, um den institutionellen Wandel über längere Zeiträume

1 Geoffrey M. Hodgson, The Evolution of Institutional Economics. Agency, Structure, and Darwinism in American Institutionalism, London 2004.

2 Vgl. Ders., How Economics forgot History. The Problem of Historical Specificity in Social Science, London 2002.

3 Ronald H. Coase, The Nature of the Firm, in: Economica (1937), S. 386–405.

4 Grundlegend dafür ist: Oliver Williamson, The Nature of the Firm, New York 1991; Vgl auch Clemens Wischermann, Katja Patzel-Mattern (Hg.), Arbeitsbuch institutionelle Wirtschafts- und Unternehmensgeschichte, Stuttgart 2015.

in der Wirtschaftsgeschichte zu erklären. Dafür erhielt er 1993 zusammen mit Robert Fogel den Preis der Schwedischen Reichsbank für Wirtschaftswissenschaften, die damit das erste Mal zwei Wirtschaftshistoriker mit dem Nobelpreis auszeichnete.

Im Folgenden werden zunächst einige Grundannahmen und Schlüsselbegriffe der Neuen Institutionenökonomik etwas detaillierter vorgestellt. Dem Begriff der Transaktionskosten wird dabei besondere Aufmerksamkeit gewidmet, weil in ihm der Schlüssel zum Theorieprogramm der NIÖ liegt. Anschließend wird auf die Versuche eingegangen, den Prozess der Institutionenbildung zur Erklärung wirtschaftshistorischer Entwicklungen anzuwenden. Dabei steht Douglass Norths Konzept des institutionellen Wandels im Vordergrund. Abschließend werden Vorzüge und Grenzen des Ansatzes diskutiert. Dabei soll das Argument entwickelt werden, dass die NIÖ ihre Nützlichkeit für die Wirtschaftsgeschichte nur dann entfalten kann, wenn ihre analytische Reichweite vorsichtig eingeschätzt wird.

Grundlagen der Neuen Institutionenökonomik

Bei der Beschäftigung mit der Neuen Institutionenökonomik fallen immer wieder bestimmte Schlüsselbegriffe ins Auge: Verfügungsrechte („property rights"), Prinzipal-Agent-Problem, Regelvertrauen oder Opportunismus. Kein anderer Begriff ist jedoch für das institutionenökonomische Forschungsprogramm so zentral wie der Begriff der *Transaktionskosten*. Was sind Transaktionskosten? Dieser Begriff ist auf verschiedene Weise definiert worden. Bei Ronald Coase handelt es sich um die Kosten der Nutzung von Märkten. Eine etwas präzisere Bestimmung fasst sie als die Kosten der Anbahnung, Durchführung und Aufrechterhaltung von Verträgen, wobei der Begriff des Vertrages sehr weit verstanden wird, nämlich als jede formelle oder informelle Vereinbarung mit bindendem Charakter.[5] Was das genau bedeutet, wird weiter unten noch etwas ausführlicher erklärt.

Solche Definitionen hören sich abstrakt an, lassen sich aber gut anhand des Textes veranschaulichen, der am Ausgangspunkt der NIÖ stand, nämlich Coases Artikel „The Nature of the Firm" aus dem Jahr 1937.[6] Coases Überlegung war, dass es nach einer streng aufgefassten neoklassischen Markttheorie eigentlich keinen Grund dafür gibt, warum Unternehmen existieren. Diese geht nämlich von der Annahme aus, dass die Marktteilnehmer vollständig informiert sind, die Nutzung von Märkten kostenlos ist und ohne Zeitverlust erfolgt. Wenn das aber so ist, warum wird dann beispielsweise eine Buchhalterin überhaupt fest angestellt? Wäre es nicht sinnvoller, jeden Morgen aus dem verfügbaren Angebot auf

5 Vgl. dazu Elisabeth Göbel, Neue Institutionenökonomik. Konzeption und betriebswirtschaftliche Anwendungen, Stuttgart 2002, S. 129–133.

6 Coase, The Nature of the Firm.

dem Markt die bestqualifizierteste Arbeitskraft zum günstigsten Preis auszuwählen? Die Antwort auf diese Frage liegt auf der Hand: Tatsächlich braucht es Zeit, jemanden Geeignetes auszuwählen. Der Lebenslauf sagt nicht alles, sonst bräuchte es ja auch kein Vorstellungsgespräch. Wer kann im Vorhinein abschätzen, ob die neuen Mitarbeiter gut mit dem Team zurechtkommen? Dann braucht es Zeit, sich in die neue Tätigkeit einzuarbeiten, Kunden müssen kontaktiert werden usw.

Eigentlich ist das „common sense". Coases Leistung bestand jedoch nicht allein darin, die absurden Konsequenzen einer streng angewendeten neoklassischen Markttheorie zu zeigen. Vor allem entwickelte er die Ansätze eines theoretischen Instrumentariums, um die Kosten der Marktnutzung zu erfassen. Um beim Beispiel der Buchhalterin zu bleiben: Es fallen Suchkosten an, etwa die Zeit, die man braucht, um die Stellenanzeigen zu sondieren, die Bewerber zu kontaktieren, das Vorstellungsgespräch zu führen. Dann muss der Vertrag aufgesetzt werden, es gibt eine Einarbeitungszeit usw. Von zentraler Bedeutung sind hier wiederum die *Opportunitätskosten*: In diesem Fall brauchen Such- und Auswahlprozesse Zeit, und diese Zeit könnte man sinnvoll für andere Tätigkeiten verwenden, Kunden treffen, neue Geschäfte anbahnen oder mit den Kindern spielen. Die Bedeutung der Transaktionskosten wurde möglicherweise deswegen lange Zeit übersehen, weil sie zumeist in aufgewendeter Zeit bestehen und sich nicht direkt quantitativ in der Unternehmensbilanz niederschlagen.

Vor dem Hintergrund dieser Überlegungen gab Coase auf die Frage, warum es Unternehmen gibt, folgende Antwort: Sie verringern die Kosten der Marktnutzung durch vergleichsweise stabile, hierarchische Organisationsformen. Ob das gelingt, ist jedoch keineswegs klar, denn auch hierarchische Organisationsformen produzieren Kosten bzw. sie erzeugen neue Kostenfaktoren, die auf Märkten nicht anfallen. Gleichwohl hatte Coase damit einen zentralen Faktor im Wirtschaftsleben benannt: Nach John Wallis und Douglass North machten Transaktionskosten bereits um 1970 mehr als 50 Prozent des Brutoinlandsprodukts in den USA aus, wobei der Bedeutungsgewinn von Dienstleistungen ihren Anteil langfristig deutlich erhöht hat.[7]

Transaktionskosten fallen jedoch wie gesagt – deswegen die beiden konkurrierenden Definitionen am Beginn dieses Abschnittes – nicht nur bei der Nutzung von Märkten an, sondern auch im Rahmen hierarchischer Organisationsformen. Diese sind in Form von Arbeitsplatzbeschreibungen, Arbeitsaufträgen, Routinen etc. mit einer Vielzahl bestehender oder neu abzuschließender Verträge verbunden, deren Einhaltung aber keineswegs gesichert ist. Wie bereits erwähnt operiert die NIÖ mit einem sehr allgemeinen Vertragsbegriff, der alle möglichen Formen von mündlichen und schriftlichen, formellen und informellen Vereinbarungen

---

7 John J. Wallis, Douglass C. North, Measuring the Transaction Sector in the American Economy, 1870–1970, in: Stanley Engerman, Robert Gallman (Hg.), Long-term Factors in American Economic Growth, London 1986, S. 95–148.

umfasst. Wenn die Chefin ihrem Mitarbeiter einen Arbeitsauftrag gibt und dieser einwilligt, besteht zwischen ihnen folglich ein Vertrag. Wenn das Kaffeekochen zur Routine einer studentischen Hilfskraft gehört, liegt dem ebenfalls ein informeller Vertrag zugrunde.

Das Problem besteht jedoch darin, dass mit der Existenz solcher Verträge noch keineswegs gesichert ist, dass sie auch eingehalten werden. Es kann zu *opportunistischem Verhalten* kommen, womit die verschiedenen Formen der Nichteinhaltung von Verträgen bezeichnet werden. Ein Marktteilnehmer kann eine Leistung in Anspruch nehmen, für die er keine Gegenleistung erbracht hat. Das wird als sog. *Schwarzfahrer-Problem* bezeichnet, dessen Formulierung vor allem auf die „Theorie kollektiven Verhaltens" des US-amerikanischen Ökonomen Mancur Olson zurückgeht: Olson zufolge lässt sich damit beispielsweise erklären, dass die Zahl der Gewerkschaftsmitglieder in den USA vergleichsweise niedrig ist. Der Grund besteht ihm zufolge darin, dass Arbeitnehmer von den von den Gewerkschaften ausgehandelten Lohnsteigerungen auch dann profitieren, wenn sie nicht Mitglied der Gewerkschaft sind. Zugleich kann man sich in diesem Fall den Mitgliedsbeitrag sparen. Deswegen ist es nach Olson extrem schwierig, große Gruppen zu organisieren und schlagkräftig auszugestalten, ohne dass Möglichkeiten und Anreize geschaffen werden, auch ohne konkretes Engagement in den Genuss einer Leistung zu gelangen.[8]

Die NIÖ hat das Grundproblem opportunistischen Verhaltens systematisch als sog. *Prinzipal-Agent-Problem* zu fassen versucht: Dabei gibt der Prinzipal dem Agenten einen Auftrag, den dieser ausführen soll. Beispielsweise zahlt der Arbeitgeber (Prinzipal) dem Arbeitnehmer (Agent) in einem großen Unternehmen einen Lohn. Wie aber kann er sichergehen, dass Letzterer seine Arbeit ordentlich macht? Entscheidend ist dabei vor allem die Informationsasymmetrie zwischen Prinzipal und Agent: Der Prinzipal ist in der Konstellation zwar zumeist der „mächtigere" Akteur (weil er zahlt, weil er in der betrieblichen Hierarchie höher steht), der Agent weiß jedoch über die Details des Auftrags naturgemäß sehr viel besser Bescheid, ist also z. B. darüber informiert, ob die Arbeit korrekt erledigt wurde oder nicht.

Solche Prinzipal-Agent-Konstellationen treten im Wirtschaftsleben überall auf, weshalb systematisch Anreize für opportunistisches Verhalten vorhanden sind. Hier wird dann auch die Bedeutung der oben gegebenen Definition der Transaktionskosten deutlich, nämlich als Kosten der Anbahnung, Durchführung und Aufrechterhaltung von Verträgen. Von zentraler Bedeutung sind dabei insbesondere Informations- und Kontrollkosten: Man muss sich über den Vertragspartner informieren und sicherstellen, dass dieser den Vertrag auch einhält, um auf diese

8 Mancur Olson, Die Logik des kollektiven Handelns. Kollektivgüter und die Theorie der Gruppen, Tübingen 2004[5].

Weise die Informationsasymmetrie zwischen Prinzipal und Agent zu verkleinern. Das kostet aber Zeit und Mühe, die nach Möglichkeit minimiert werden sollten.

Was kann der Prinzipal tun? Eine naheliegende Antwort auf diese Frage lautet, den Agenten zu kontrollieren, um die Informationsasymmetrie zu verringern. Das kostet jedoch wiederum Zeit und Anstrengung bis zu dem Punkt, an dem der Prinzipal die Tätigkeit auch gleich selbst ausführen könnte. Es macht wenig Sinn, dass die Chefin ihrem Angestellten auf eine Dienstreise nachreist, um sicherzugehen, dass dieser das Spesenkonto nicht ungebührlich belastet. Eine Alternative wäre, andere Menschen mit der Kontrolle zu beauftragen oder zusätzliche vertragliche Anreize zu schaffen, dass der Agent die Arbeit gut verrichtet. Um den so aber in jedem Fall entstehenden Aufwand zu vermeiden, wäre es viel besser, wenn der Prinzipal dem Agenten *vertrauen* würde, die Tätigkeit so auszuführen, wie es zwischen ihnen vereinbart wurde, und dass sich dieses Vertrauen auch als gerechtfertigt erweist. Hier stößt man langsam zum Kern des institutionenökonomischen Ansatzes vor: Vertrauen ist offensichtlich von zentraler Bedeutung für das Wirtschaftsleben wie für unseren Alltag generell, aber es stellt sich nicht ohne Weiteres ein. Warum sollten wir beispielsweise jemandem vertrauen, den wir nicht oder kaum kennen? Es ist deswegen auch wenig verwunderlich, dass in früheren Zeiten für die Abwicklung von Handelsgeschäften sehr häufig Familienangehörige in Anspruch genommen wurden. Nur kann man heutzutage eine Firma längerfristig kaum allein mit seinen Freunden und Verwandten führen.

Hier kommt der zentrale Begriff der *Institution* ins Spiel, der diesem Forschungszweig seinen Namen gegeben hat. Wichtig ist dabei, dass die NIÖ einen Institutionenbegriff verwendet, der deutlich vom Alltagsgebrauch abweicht. So würden wir z. B. üblicherweise die Kirchen oder das Verfassungsgericht als Institutionen bezeichnen. Im Vokabular der NIÖ sind das jedoch zunächst einmal *Organisationen*, die sich durch ihre soziale Abgrenzbarkeit auszeichnen.[9] Institutionen sind hingegen *Regeln* des gesellschaftlichen Zusammenlebens. Diese Regeln können formeller (z. B. Gesetze, schriftliche Regeln) oder informeller (z. B. gesellschaftliche Normen, Konventionen) Natur sein. Zum anderen wird in der Neuen Institutionenökonomik auch zwischen externen Regeln, die durch den Staat gesetzt werden, und internen Regeln, die auf gesellschaftlichen Vereinbarungen beruhen, unterschieden.

9 Vgl. Douglass C. North, Institutions, Institutional Change, and Economic Performance, Cambridge 1990, S. 4 f.

Tab. 2: Typen interner und externer Institutionen:[10]

Regel	Art der Überwachung	Institutionenkategorie	Beispiel
1. Konvention	Selbstüberwachung	Intern	Grammatikalische Regeln der Sprache
2. Ethische Regel	Imperative Selbstbindung	Intern	Dekalog. Kategorischer Imperativ
3. Sitte	Spontane Überwachung durch andere Akteure	Intern	Gesellschaftliche Umgangsformen
4. Formelle private Regel	Geplante Überwachung durch andere Akteure	Intern	Selbstgeschaffenes Recht der Wirtschaft
5. Regel des positiven Rechts	Organisierte staatliche Überwachung	Extern	Privat- und Strafrecht

In welchen sozialen Zusammenhängen gelten diese Regeln? Das unterscheidet sich sehr stark. Viele Konventionen, wie grammatikalische Regeln, gelten in nahezu allen gesellschaftlichen Zusammenhängen. Die Neue Institutionenökonomik interessiert sich aber vor allem für partikulare Regelsysteme, also solche, die für bestimmte soziale Zusammenhänge relevant sind. Das können die Straßenverkehrsregeln sein, aber etwa auch die Konventionen, wie man sich im Straßenverkehr konkret verhält. Diese können bekanntermaßen von Region zu Region sehr unterschiedlich sein. Dabei gibt es Institutionen, die besonders die Wirtschaft betreffen, wie die Regelung der Verfügungsrechte oder bestimmte Regeln der „Wirtschaftsethik", etwa seine Geschäftspartner nicht bewusst anzulügen. Manche Unternehmen bilden eigene Regeln der Kommunikation oder der Entscheidungsfindung aus, was dann als „Unternehmenskultur" bezeichnet werden kann.

Bei dem prinzipiell sehr allgemeinen Institutionenbegriff, den die NIÖ verwendet, ist folglich eine Fülle von Regelbeständen denkbar, die wirtschaftliche Zusammenhänge betreffen. Sie schaffen überhaupt erst die Voraussetzung dafür, dass Menschen miteinander ins Geschäft kommen. Um das zu demonstrieren verwendete Douglass North das Beispiel eines Obsthändlers – und spielte damit auf eine der berühmtesten Formulierungen in der Geschichte der Volkswirtschaftslehre überhaupt an, nämlich auf Adam Smiths Diktum, es sei nicht vom Wohlwollen des Bäckers abhängig, ob wir gute Brötchen bekommen, sondern von seinem Eigeninteresse; weil wir sonst nicht mehr bei ihm kaufen würden und sein Ruf

10 Stefan Voigt, Institutionenökonomik, München 2002, S. 39.

Schaden erlitte.[11] North meinte jedoch lapidar, sein Händler würde sehr wahrscheinlich auch ohne ein konkretes Eigeninteresse gute Orangen verkaufen. Das liegt daran, dass die Marktteilnehmer eine bestimmte „Ideologie“ teilen – später sprach er von „shared mental models“: Sie haben bestimmte Regeln verinnerlicht, was ein vernünftiges und angemessenes Verhalten im Wirtschaftsleben ausmacht. Das bedeutet nicht unbedingt Wohlwollen von Seiten des Obsthändlers, aber von seinem konkreten situativen Eigeninteresse sind gute Früchte eben auch nicht abhängig.[12]

Die Orientierung an existierenden Regeln tritt aus Sicht der NIÖ so im Wirtschaftsleben in vielen Fällen an die Stelle des Eigeninteresses. Institutionelle Akteure ersetzen die rationalen Akteure der neoklassischen Theorie. Statt eines idealtypisch verstandenen Homo Oeconomicus, der jeweils situationsabhängig anhand seines Eigeninteresses entscheidet, nimmt die NIÖ Menschen an, die ein bestimmtes, oftmals intuitives Wissen um geltende Regeln haben, nach ihnen handeln und zugleich darauf vertrauen, dass die anderen diese Regeln ebenfalls befolgen. Auf Regelwissen und *Regelvertrauen* schließlich – um einen weiteren Schlüsselbegriff der NIÖ zu nennen – gründet das Verhaltenskonzept der „bounded rationality“. Dieser Begriff wurde von dem US-amerikanischen Ökonomen Herbert Simon entwickelt und sagt aus, dass Menschen zwar rational handeln, aber immer nur gemäß ihres Wissens und der ihnen zur Verfügung stehenden Informationen, die stets begrenzt sind.

Regelbestände und damit verbundenen Ideologien sind im Wirtschaftsleben allgegenwärtig. Wichtig ist zudem, dass die Akteure mit der Einhaltung dieser Regeln rechnen und dabei nicht enttäuscht werden. Das Regelvertrauen der Menschen spielt eine zentrale Rolle dafür, dass Institutionen ihre Wirkung entfalten können, zumal sie – wie gesehen – in vielen Fällen informeller Natur und nicht schriftlich oder gar gesetzlich festgelegt sind. Wenn also gerade *nicht* damit gerechnet wird, dass diese Regeln von den anderen befolgt werden, dann ist die Folge nicht nur ein verminderter Anreiz, sich selbst an diese Regeln zu halten. Vielmehr liegt dann der Schluss nahe, dass die Regelbefolgung sogar nachteilig wird. In einer korrupten Behörde haben ehrliche Mitarbeiter üblicherweise einen schweren Stand und das erklärt bereits zu einem guten Teil, warum Korruption so schwer zu bekämpfen ist: Es braucht nämlich lediglich einen bestimmten Anteil korrupter Mitarbeiter in einer Organisation, damit sich ehrliches Verhalten für die anderen nicht mehr lohnt.

Festhalten lässt sich bis zu dieser Stelle, dass Institutionen einen Bestand von Regeln bezeichnen, die in ökonomischen Zusammenhängen dazu beitragen können – aber keinesfalls müssen! –, Transaktionskosten zu senken, also die Kosten der Anbahnung, Durchführung und Aufrechterhaltung von Verträgen zu redu-

11 Smith, Wealth of Nations.

12 North, Theorie des institutionellen Wandels, S. 38.

zieren. Die NIÖ geht davon aus, dass sich im Zeitablauf in den westlichen Industrieländern Institutionen durchgesetzt haben, die eine systematische Reduzierung der Transaktionskosten leisten. Diese reagieren dabei auf das Problem, dass die Benutzung von Märkten nicht kostenlos ist, insbesondere weil – anders als die Neoklassik behauptet – Akteure nicht vollständig informiert sind. Vielmehr treten bei wirtschaftlichen Handlungen Informationsasymmetrien auf, die Anreize zu opportunistischem Verhalten liefern. Durch die Etablierung von Institutionen soll gewährleistet werden, dass die Menschen diesen Anreizen nicht nachgeben, sondern sich an bestimmte Regeln halten, auch ohne dass sie einen konkreten situativen Vorteil davon haben.

Die Etablierung solcher Institutionen ist allerdings höchst voraussetzungsreich. Nicht allein müssen sich Regelsysteme etablieren, sondern sich, wie gesehen, auch ein Großteil der Akteure an ihnen orientieren. Zugleich bewegen sich die Akteure jeweils in ganz unterschiedlichen institutionellen Zusammenhängen und befolgen dementsprechend situations- und kontextabhängig ganz unterschiedliche Regeln. Das macht deutlich, dass die Bildung funktionierender Institutionen keineswegs selbstverständlich ist. Vielmehr ist sie, mit dem Soziologen Niklas Luhmann gesprochen, unwahrscheinlich.[13] Nicht zuletzt das macht die Frage nach der Entstehung und dem Wandel von Institutionen so wichtig, weil dies eben ein so voraussetzungsreicher Vorgang ist. Genauso wie die NIÖ ein zentraler theoretischer Ansatz für die Wirtschaftsgeschichte ist, wird hier die Wirtschaftsgeschichte für die theoretische Fundierung der NIÖ von entscheidender Bedeutung.

Institutioneller Wandel

Bei Coase oder auch Oliver Williamson, einem anderen prominenten Vertreter der NIÖ, wurde der institutionenökonomische Ansatz auf das Problem angewandt, warum sich in bestimmten Bereichen Unternehmen entwickeln. Leitend war dabei die Frage, warum sich hierarchische Organisationsformen gegenüber dem Markt als überlegen erweisen, und unter welchen Voraussetzungen Organisationen gut funktionieren. Die Anwendungsfelder der NIÖ waren also lange Zeit hauptsächlich *mikroökonomischer* Natur. An dieser Stelle ging der US-amerikanische Ökonom Douglass North einen entscheidenden Schritt weiter, indem er das institutionenökonomische Instrumentarium auf die wirtschaftliche Entwicklung generell anwandte. Er entwickelte eine umfassende Theorie der wirtschaftlichen Entwicklung, die er vor allem durch den institutionellen Wandel gekennzeichnet sah.[14]

---

13 Luhmann, Die Gesellschaft der Gesellschaft, S. 455.
14 North, Theorie des Institutionellen Wandels.

Der Institutionenbegriff, wie er gerade vorgestellt wurde, ist wie gesagt sehr allgemein und er umfasst Regelbestände verschiedenster Art. Nicht zuletzt deswegen wurde er von North spezifiziert und auf die Frage der Ausgestaltung der Verfügungsrechte (property rights) zugespitzt. North zufolge wird die Leistung einer Wirtschaft wesentlich durch ihre Institutionen bestimmt und in ökonomischen Zusammenhängen ist dabei die Ausgestaltung der Verfügungsrechte für die Performanz der Wirtschaft entscheidend. Mit Verfügungsrechten sind die Rechte der Nutzung an materiellen oder immateriellen Gütern gemeint. Diese umfassen vor allem, was sich im weitesten Sinne als Eigentum bezeichnen lässt. Wer aber z. B. eine Wohnung mietet, erwirbt ebenfalls ein – begrenztes – Verfügungsrecht, nämlich die Wohnung für eine gewisse Zeit nutzen zu dürfen. Insgesamt lassen sich vier Arten von Verfügungsrechten unterscheiden: das Recht, ein Gut zu gebrauchen (1), das Recht, Einkommen mit diesem Gut zu erzielen (2), das Recht, das Gut an andere zu übertragen, es zu verändern, loszuwerden oder zu vernichten (3), schließlich das Recht, seine Verfügungsrechte an einem Gut rechtlich durchzusetzen (4).[15]

Diese Verfügungsrechte sind historisch in einer großen Vielzahl aufgetreten. Für den Feudalismus war etwa das geteilte Eigentumsrecht an Land charakteristisch, also die Unterscheidung zwischen dem Obereigentum des Grundherren (dominium directum) und dem Nutzungsrecht (dominium utile), welches den das Land bewirtschaftenden Bauern zustand.[16] Ungeteilte Verfügungsrechte setzten sich erst im Verlauf der Neuzeit durch: in England bereits seit dem 16. Jahrhundert im Zuge der sog. „Enclosures"-Bewegung, in den meisten europäischen Staaten hingegen erst mit dem Zusammenbruch des Ancien Regime seit dem späten 18. Jahrhundert.[17] Für North ist entscheidend, dass sich aus der jeweiligen Ausgestaltung von Verfügungsrechten unterschiedliche Anreize ergeben, mit Gütern zu wirtschaften. Ein Bauer beispielsweise, der den größten Anteil seiner Ernteüberschüsse an den Grundherren abgeben musste, war kaum motiviert, möglichst viel zu erwirtschaften. Für jemanden, der in der Furcht lebte, dass ihm sein Eigentum jederzeit vom Staat weggenommen werden konnte, oder der nicht in der Lage war, seinen Verfügungsrechten rechtlich Geltung zu verschaffen, galt dasselbe. Das zeigt im Übrigen, dass dem Staat bei North eine entscheidende Rolle zukommt, weil dieser die entscheidende Instanz ist, um Verfügungsrechte zu regeln und ihre Durchsetzung zu garantieren. Ob er das tatsächlich tut, ist allerdings eine ganz andere Frage und hängt von zahlreichen Faktoren ab.

---

15 Dazu Göbel, Neue Institutionenökonomik, S. 66 f.

16 Damian Hecker, Eigentum als Sachherrschaft. Zur Genese und Kritik eines besonderen Herrschaftsanspruchs, Paderborn 1990, S. 32–36.

17 Elisabeth Botsch, Eigentum in der Französischen Revolution. Gesellschaftliche Konflikte und der Wandel des sozialen Bewusstseins, München 1992, S. 43–63.

North entwickelte in seinem Klassiker „Structure and Change in Economic History" (auf deutsch: „Theorie des institutionellen Wandels") von 1981 ein historisches Schema, um die Entstehung der modernen Wirtschaftsordnung zu erklären. Den Anfang machten dabei zunächst die urzeitlichen Jäger- und Sammlergesellschaften, die sich dadurch auszeichneten, dass es hier kaum identifizierbare Verfügungsrechte gab. Was man sich aneignete, wurde in der Regel sofort verkonsumiert. Im Laufe der Sesshaftwerdung der Menschheit und dem Übergang zu Ackerbau und Viehzucht, die etwa vor 10.000 Jahren begannen, wurde dieser Zustand durch ein abgegrenztes Gemeinschaftseigentum ersetzt. Bestimmte Güter gehörten einem Stamm oder einer Horde, die sie gegen konkurrierende Gruppen verteidigen mussten. North interpretiert diese ursprüngliche Etablierung von Eigentumsrechten als Reaktion auf einen steigenden Bevölkerungsdruck, der dazu führte, die eigentlich ideale Jäger- und Sammlerexistenz aufzugeben und durch ein neues Modell zu ersetzen.

Die sesshafte Menschheit entwickelte nach und nach neue Herrschaftsformen und es kam zur Entwicklung erster Großreiche (wie dem Perserreich und später dem Römischen Reich), die in ihrer Hochphase bereits durchaus modern erscheinende Verfügungsrechte etablierten. Diese Reiche scheiterten jedoch laut North vor allem an imperialer Überdehnung, was dazu führte, dass sie die Verfügungsrechte nicht mehr garantieren konnten. Im Mittelalter bildeten sich dann Konstellationen heraus, in denen privilegierte Gruppen immer wieder eine Ausgestaltung von Verfügungsrechten durchsetzen konnten, die ihnen selbst zum Vorteil gereichte, aber gesellschaftlich betrachtet kaum Anreize zur Verbesserung der wirtschaftlichen Situation schufen. Das war besonders dann der Fall, wenn bestimmte Gruppen ihre politische und wirtschaftliche Stellung bedroht sahen, etwa aufgrund einer durch Bevölkerungswachstum verstärkten Konkurrenz um Arbeitsstellen und Land. Die Entstehung der Zünfte seit dem 12. Jahrhundert interpretiert North dann auch als Abschließung gegen Konkurrenz und Sicherung von Monopolrenten angesichts eines verstärkten Wettbewerbs.

Eine wichtige Rolle für die Ausprägung moderner Eigentumsrechte spielte für North die Staatsbildung während der Frühen Neuzeit: Die Entstehung von Territorialstaaten ging mit der Einrichtung stehender Heere einher, die den Finanzbedarf der Obrigkeit stark erhöhten. Aus diesem Grund mussten die Untertanen besteuert werden, was oftmals nur durch die Privilegierung bestimmter Personengruppen, die die Steuer einbrachten, möglich war. Nach North war das die Ursache für die Etablierung ineffizienter Verfügungsrechte speziell in Spanien und Frankreich, wo der Ämterkauf zu den wichtigsten Einnahmequellen der Krone gehörte und jeweils kleine Gruppen von zumeist Adligen bestimmte Privilegien zuerkannt bekamen. Diese behinderten anschließend die Durchsetzung ungeteilter Eigentumsrechte oder minderten durch ihr Bemühen, die Ausbeute aus ihren Steuerprivilegien zu maximieren, die Anreize, sich ökonomisch zu betätigen. In den Niederlanden und England war das jedoch anders. Während in den Niederlanden eine Reihe von Landesherrschaften ungeteilte Eigentumsrechte befürwortete, wurde in Großbritannien der monarchisch-absolutistischen Privilegienpolitik im 17. Jahrhundert durch die Stände Einhalt geboten. Die „Glorious Revolution" von 1688/89 wird aus institutionenökonomischer Sicht immer wieder als zentrales Moment der Durchsetzung einer modernen, inklusiven Wirtschaftsordnung betrachtet.[18]

Die Industrialisierung versteht North nach der Neolithischen Revolution als zweite wirtschaftliche Revolution der Weltgeschichte. Ihre Ursache hatte sie zunächst in der Durchsetzung des Fabriksystems Hand in Hand mit der Fabrikdisziplin. Diese seien die Voraussetzung für den technischen Wandel gewesen und nicht umgekehrt. Zugleich wurde die Industrialisierung in Großbritannien aber ideologisch von einer öffentlich proklamierten Wirtschaftsethik unterstützt, die Fleiß und Sparsamkeit zu ihren obersten Maximen erhob. Auf diese Weise wurde der technische Wandel gewissermaßen institutionalisiert. Zugleich gelang es den Industrieländern aber auch, die sozial desintegrativen Effekte der Steuerung über Märkte durch soziale Sicherungsmaßnahmen abzufedern.

North verfasste eine Geschichte des Aufstiegs des Westens, den er im Wesentlichen durch die Etablierung guter, dem Wirtschaftsleben förderlicher Institutionen verursacht sah. Aufs Ganze gesehen erfolgte der institutionelle Wandel bei North nicht einfach ungerichtet, sondern besaß – trotz mannigfacher Rückschläge – einen teleologischen, also zielgerichteten Charakter. Langfristig lässt sich seit dem Mittelalter ein Übergang von einer Ausgestaltung von Verfügungsrechten, die kleine privilegierte Gruppen auf Kosten der Mehrheit bevorteilt, hin zu ungeteilten Verfügungsrechten konstatieren, die es dem Einzelnen ermöglichten, Fleiß und gute Ideen in konkrete materielle Vorteile zu verwandeln. In dieser Entwicklungsvorstellung setzen sich langfristig die effizienteren institutionellen Arrangements durch. Diese reagierten auf die Koordinationsprobleme kollektiven Verhaltens, dabei auftretende Transaktionskosten und durch unterschiedliche Verfügungsrechte geschaffene Anreizstrukturen. Weil sich das als erfolgreich erwies und eine Vorbildfunktion entwickelte, setzten sich aus dieser Perspektive auf längere Sicht die Institutionen durch, die genau das leisteten.

Von diesem Effizienzkriterium ist die NIÖ allerdings in den letzten Jahren zunehmend abgekommen. Vielmehr wird nun stärker betont, dass kulturelle Faktoren eine zentrale Rolle für die Ausgestaltung von Institutionen spielen. Anders formuliert: Es ist ein zentrales Bewährungskriterium von Institutionen, dass sie Märkte effizienter machen. Das bedeutet nicht zwingend, dass sie selber effizient

---

18 Barry R. Weingast, The Political Foundations of Limited Gouvernment: Parliament and Sovereign Debt in 17th and 18th-Century England, in: John N. Drobak, John V. C. Nye (Hg.), The Frontiers of the New Institutional Economics, San Diego 1997, S. 213– 246, 221 f.; zur Kritik an dieser Bewertung vgl. u. a. Max Everest-Phillips, The myth of „secure property rights": Good economics as bad history and its impact on international development. SPIRU Working Paper 23 (Mai 2008), S. 12–15.

sein müssen oder zu diesem Zweck geschaffen wurden. Das wurde beispielsweise mit Blick auf die Bedeutung der Reformation für die Entwicklung der modernen Wirtschaft diskutiert: Die calvinistischen und lutheranischen Verhaltensregeln beförderten möglicherweise die Entwicklung kapitalistischer Wirtschaftspraktiken, obwohl sie eigentlich etwas ganz anderes im Sinn hatten.[19] Die Debatte um die „Varieties of Capitalism" legt wiederum nahe, dass sich in unterschiedlichen Ländern und Erdteilen mitunter ganz unterschiedliche Institutionen ausbilden, die trotzdem eine jeweils spezifische Leistungsfähigkeit aufweisen.[20]

Eine wichtige Wendung innerhalb der institutionenökonomischen Debatte wurde schließlich in den letzten 20 Jahren im Hinblick darauf vollzogen, welche Arten von Institutionen für die wirtschaftliche und politische Entwicklung eines Landes vorteilhaft sind, und welche eher zu Ausbeutung und Korruption führen. Dabei haben Douglass North, John Wallis und Barry Weingast in ihrem Werk „Violence and Social Orders" von 2009 wesentlich zwischen „Open Access Orders" und „Limited Access Orders" unterschieden. Dabei geht es hauptsächlich darum, wie Gesellschaften mit dem Problem der Gewalt umgehen und es einhegen. Während „Limited Access"-Ordnungen den Schutz vor Gewalt vergleichsweise kleinen Gruppen übertrugen, die daraus spezifische Privilegien ableiteten, bildeten sich ab dem 19. Jahrhundert „Open Access"-Ordnungen heraus, welche den Zugang zu staatlichen Institutionen einem breiteren Personenkreis öffneten und zugleich das Gewaltmonopol speziellen Organisationen (wie der Polizei) übertrugen. Wesentlich ist, dass sich diese „Open Access"-Ordnungen insgesamt auch als wirtschaftlich leistungsfähiger erwiesen. Auch hier taucht wieder Norths altes Thema auf, der ökonomische Erfolg des Westens sei hauptsächlich guten Institutionen zu verdanken.[21]

In eine ähnliche Richtung zielt auch eine der meistdiskutierten wirtschaftshistorischen Arbeiten der letzten Jahre, nämlich das Buch „Why Nations fail?" (dt.: Warum Nationen scheitern) von Daron Acemoglu und James Robinson.[22] Die Autoren operierten mit der grundlegenden Unterscheidung zwischen inklusiven und extraktiven Institutionen: Inklusive Institutionen sind solche, die vergleichsweise offen für neue Mitglieder sind und Leistungskriterien als zentral erachten. Extraktive Institutionen sind sozial geschlossen und nützen nur einer kleinen Gruppe von Menschen, die aber sehr häufig über die notwendigen Machtmittel zur Durchsetzung ihrer Interessen verfügt. Als Generalschlüssel zur Erklärung der wirtschaftlichen Entwicklung ist diese Unterscheidung zwar sicherlich zu

19 Z. B. Philip S. Gorski, The Disciplinary Revolution. Calvinism and the Rise of the State in Early Modern Europe, Chicago 2003.

20 Peter A. Hall, David Soskice, Varieties of Capitalism. The Institutional Foundations of Comparative Advantage, Oxford 2001.

21 Douglass C. North, John J. Wallis, Barry R. Weingast, Violence and Social Orders. A Conceptual Framework for Interpreting Recorded Human History, Cambridge 2009.

22 Acemoglu, Robinson, Warum Nationen scheitern.

grob und in vielen Fällen können die Interpretationen der beiden Ökonomen nicht wirklich überzeugen. Die relativen Faktorkosten, die von Robert Allen und anderen zur Erklärung ungleicher Entwicklungsverläufe starkgemacht wurde, lassen sie etwa weitgehend außen vor.[23] Unklar bleibt auch, wie sich kriegerische Auseinandersetzungen in ihr Schema integrieren lassen: Die Holländer beispielsweise bildeten in ihrem Goldenen Zeitalter äußerst modern anmutende Institutionen aus, wurden aber von den Engländern in mehrere Seekriege verwickelt, die ihre ökonomische und politische Stellung stark beeinträchtigten. Bereits ein missgünstiger Konkurrent konnte also die Wirkung guter Institutionen zunichtemachen. Gleichwohl wurde mit den Überlegungen von North et al. sowie Acemoglu und Robinson wichtige Impulse gegeben, um die Frage globaler wirtschaftlicher Ungleichheit mit der Frage der Ausgestaltung politischer Institutionen zu verbinden.

Chancen und Grenzen der Neuen Institutionenökonomik

Die Neue Institutionenökonomik hat in den letzten Jahrzehnten eine eigenartige Entwicklung durchlaufen: Angetreten war sie mit dem Anspruch, auf bestimmte theoretische Schwierigkeiten der neoklassischen Markttheorie eine Antwort zu geben. Sie wurde dann aber mehr und mehr zum Teil des wirtschaftswissenschaftlichen Mainstreams und schließlich sogar zu einer Art „Festlandsdegen" der Volkswirtschaftslehre, um mit ihren Ansätzen und Methoden in die Bereiche anderer Sozialwissenschaften auszugreifen. So wurde etwa die moderne Staatsbildung insgesamt als langfristige Reaktion auf die Entstehung von Märkten für Sicherheit mit institutionenökonomischen Ansätzen zu erklären versucht. Die soeben knapp skizzierte „Gewalttheorie" von North und seinen Mitstreitern versteht sich explizit als Beschreibung politischer Institutionen. Mitunter äußerte sich das in dem selbstbewussten Anspruch ihrer Vertreter, einen theoretischen Generalschlüssel zur Erklärung sozialer und historischer Entwicklungen in Händen zu halten. Der alte Traum, das methodische Instrumentarium einer allgemeinen Sozialwissenschaft zu entwickeln, erschien in greifbare Nähe gerückt.[24]

Solche Ansprüche konnten nicht unwidersprochen bleiben, zumal sich gerade die Soziologie durch einen ausgeprägten Theoriepluralismus auszeichnet, was den Universalitätsanspruch *eines* Ansatzes ohnehin zweifelhaft erscheinen lässt. Die Wirtschaftswissenschaften behaupten zwar gelegentlich, der starke Main-

---

23 Peer Vries, Does wealth entirely depend on inclusive institutions and pluralist politics? A review of Daron Acemoglu and James A. Robinson, Why nations fail. The origins of power, prosperity and poverty. ResearchGate, September 2015.

24 Vgl Oliver Volckart, Wettbewerb und Wettbewerbsbeschränkung im vormodernen Deutschland 1000–1800, Tübingen 2002.

stream im Fach sei ein Zeichen akademischer Reife. Das ist jedoch nicht völlig überzeugend: Diese Einheitlichkeit resultiert zum einen daraus, dass Wirtschaft und Wirtschaftspolitik jene für ihre Selbstbeobachtung benötigen, um in diesen Feldern begründete und begründbare Entscheidungen zu treffen, wobei die Korrektheit solcher Beobachtungen nicht entscheidend sein muss.[25] Theoriepluralismus und Ambivalenzen erzeugen folglich Unsicherheit, was nicht unbedingt für die Stärke eines theoretischen Ansatzes spricht. Andere Sozialwissenschaften hingegen, die ohne eine solche Leistungsverflechtung auskommen, können mit Theoriepluralismus deutlich entspannter umgehen.[26] Zudem hat ein starker Mainstream den Nachteil, dass die Wissenschaft nur unflexibel auf empirische und methodische Herausforderungen reagieren kann, denn zuviel auf einmal müsste geändert werden.[27] Gerade das hat immer wieder zu scharfer Kritik an den Wirtschaftswissenschaften geführt.

Daneben gibt es aber auch ganz konkrete Einwände gegen die Neue Institutionenökonomik, die den Anspruch, sie sei die Grundlage einer allgemeinen Sozialwissenschaft oder überhaupt nur der Generalschlüssel zum Verständnis von Institutionen, zweifelhaft erscheinen lassen. Damit soll der Wert des institutionenökonomischen Instrumentariums nicht in Frage gestellt werden: Die NIÖ hat ohne Zweifel auf die Bedeutung institutioneller Regelungen im Wirtschaftsleben aufmerksam gemacht, auch wenn sie damit keineswegs die ersten waren. Sie hat ein genauso nützliches wie verständliches theoretisches Instrumentarium entwickelt, um die Kontroll-, Informations- und Durchsetzungsprobleme von Entscheidungen zu beschreiben. Zugleich gibt es jedoch einige Kritikpunkte, die auf die Grenzen dieses Ansatzes hinweisen.

Ein erster Kritikpunkt zielt darauf, wie Institutionen entstehen: Nach Aussage der NIÖ stellen sie, wie gesehen, Reaktionen auf bestimmte Umweltanforderungen, zu hohe Transaktionskosten oder Probleme kollektiven Handelns dar. Zugleich modelliert die NIÖ Institutionen als das Produkt rational handelnder Akteure, die Regelsysteme und Arrangements gestalten, um mit diesen Umweltanforderungen zurechtzukommen. Das Problem ist allerdings, dass in sehr vielen Fällen dieses rationale Kalkül an den Quellen nicht gezeigt werden kann. In vielen Fällen weisen die Äußerungen der beteiligten Akteure sogar auf ganz andere Motive hin. So argumentieren die Beteiligten an der Bildung von Zünften beispielsweise kaum damit, dass hier angesichts eines steigenden Bevölkerungsdrucks Monopolrenten gesichert werden sollen, sondern dass es beispielsweise um die Sicherung der Nahrung gehe sowie die Erhaltung einer von Gott geoffenbarten Ordnung.

Aus diesem Grund sind Ansätze, die den institutionellen Wandel erklären wollen, in vielen Fällen dazu gezwungen, quellenfern zu argumentieren. Bei dem,

---

25 Beckert, Imaginierte Zukunft, S. 103–153.

26 Vgl. Köster, Die Wissenschaft der Außenseiter, S. 316 f.

27 Niklas Luhmann, Die Wissenschaft der Gesellschaft, Frankfurt/M. 1990, S. 412 f.

was einleitend über die Abstraktionsgewinne ökonomischer Theoriebildung gesagt wurde, muss das noch kein Ausschlusskriterium sein. Gleichwohl steht der Verdacht im Raum, dass der Versuch, von der Funktionalität einer Institution auf die Gründe für ihre Entstehung zu schließen, problematisch ist. Vertreter der Neuen Institutionenökonomik konstatieren selbst, dass „soziale Regelmäßigkeiten aus den Handlungen der Individuen hervorgehen und dass [...] soziale Regelmäßigkeiten nur mit Bezug auf das sinnhafte und deshalb verstehbare Handeln der Einzelnen erklärt werden können, das zudem als soziales Handeln an Erwartungen über das Tun der anderen orientiert ist."[28] Wie aber lässt sich dann eine bestimmte Institution als das Ergebnis der rationalen Handlungen verschiedener Akteure deuten, die sich offensichtlich selbst über den eigentlichen Sinn ihres Handelns nicht im Klaren sind? Vor allem: Wie ist unter diesen Bedingungen die notwendige Koordination ihrer Handlungen möglich?

Evolutorische Ansätze (auf die im übernächsten Kapitel ausführlicher eingegangen wird) würden hier einen weiteren grundsätzlichen Aspekt formulieren, dass sich nämlich die Funktionalität einer Institution erst dann zeigt, wenn sie bereits existiert.[29] Es kann deswegen nicht davon ausgegangen werden, dass Akteure sich über ihre Ziele voll im Klaren sind und diese dann auch so umsetzen und umsetzen können, wie sie das beabsichtigen, und die Institution dann genau den beabsichtigten Zweck erfüllt. Das heißt aber im Umkehrschluss, dass hinter der Entstehung von Institutionen möglicherweise kein rationales Kalkül, sondern eher ein Trial-and-error-Verfahren steht. Das bezieht explizit die Möglichkeit ein, dass sich Institutionen bewähren, die möglicherweise unter ganz anderen Umständen und aus ganz anderen Gründen entstanden sind.

Das hat in mehrfacher Hinsicht Konsequenzen. Zunächst stellt es den Anspruch der NIÖ, Grundlage einer allgemeinen Sozialwissenschaft zu sein, in Frage. Möglicherweise eignet sich dieser theoretische Ansatz in vielen Fällen besser dazu, das Funktionieren und das Überleben von Institutionen theoretisch zu beschreiben, als ihre Entstehung zu erklären. Darüber hinaus ergeben sich auf diese Weise begründete Zweifel am Effizienzkriterium der NIÖ, d.h., dass sich langfristig die effizienteren Institutionen durchsetzen, was eigentlich (im Sinne einer institutionellen Isomorphie) zu einer Angleichung institutioneller Arrangements führen müsste. Das ist aber nur sehr bedingt der Fall. Wie Michael Kopsidis prägnant formuliert hat: „Eine Sichtweise, die glaubt, dass es auf marktinduzierte Veränderungen nur eine institutionelle Antwort geben kann, ist überholt.

---

28 Andrea Maurer, Die Institutionen der Wirtschaft, in: Beckert, Deutschmann, Wirtschaftssoziologie, S. 208–218, 211.

29 Dieser Gesichtspunkt wurde im Übrigen auch im Hinblick auf individuelle Handlungen formuliert, dass nämlich „[...] in general terms the end of any action cannot reasonably be known until the action is concluded." Jack Barbalet, Action theoretic foundations of economic sociology, in: Beckert, Deutschmann, Wirtschaftssoziologie, S. 143–157, 149.

Vielmehr gilt, dass bei differierenden kulturellen, sozialen und juristischen Normen institutionelle Arrangements als Reaktion auf die gleichen Modernisierungsanforderungen höchst unterschiedlich ausfallen können und müssen."[30] Tatsächlich ist es in der Neuen Institutionenökonomik mittlerweile anerkannt, dass es äußerst vielfältige institutionelle Arrangements gibt und dabei kulturelle Faktoren wichtig sind.[31]

Das hat aber bei genauerem Hinsehen für das Theorieprogramm (und den Generalanspruch) der Neuen Institutionenökonomik große Auswirkungen. So bleibt ihr normativer Anspruch weitgehend auf der Strecke und zugleich kehrt hier das Tautologieproblem zurück, das bereits einleitend mit Blick auf den Homo Oeconomicus thematisiert wurde: Wenn sich nämlich eine Vielzahl an institutionellen Arrangements als Resultat rationalen Handels beschreiben lässt, wird die Kategorie des rationalen Handelns irgendwann beliebig. So lautet auch ein Vorwurf gegen das Konzept der „bounded rationality", hier würde größere Erklärungskraft am Ende allein durch größere Unschärfe erreicht.[32]

Ein weiterer Kritikpunkt zielt auf die Konzeptionalisierung des institutionellen Wandels. Die NIÖ geht wie gesagt davon aus, dass Institutionen Reaktionen auf Umweltanforderungen, Transaktionskosten oder Probleme kollektiven Handels darstellen. Hier gibt es offensichtlich eine Entwicklung hin zu der jeweils effizienteren Lösung, die, einmal erreicht, im Grunde dazu führen würde, dass nichts mehr geändert werden müsste. Warum aber wandeln sich dann bestehende Institutionen? Doch vor allem deshalb, weil sich die äußeren Rahmenbedingungen ändern. Die Bevölkerung wächst, es bilden sich Territorialstaaten, die Militärtechnik verändert sich oder die Pest bricht aus. Die NIÖ hat ein Problem, ein dynamisches Konzept von Institutionen zu entwerfen, das die inhärente Veränderungsdynamik konzeptionell erfassen kann. Gerade bei North reagiert der institutionelle Wandel auf externe Impulse, die aber selbst kein Teil der theoretischen Erklärung sind. Das erscheint vor allem deshalb ein Problem zu sein, weil die NIÖ einen viel umfassenderen Erklärungsanspruch hat, als die neoklassische Theorie, die sich in der Regel auf rein ökonomische Sachverhalte beschränkt. Gerade deswegen kann die Institutionenökonomik aber eigentlich viel weniger Dinge als „extern" betrachten, als das bei der Neoklassik der Fall ist.

Diese Kritikpunkte hören sich grundlegend an, das müssen sie aber nicht unbedingt sein. Sie dienen vor allem dazu, überzogene Erklärungsansprüche zurückzuweisen, die einige Vertreter der NIÖ in Überschätzung der Möglichkeiten des von ihnen verwendeten theoretischen Instrumentariums geäußert haben. Das

---

30 Kopsidis, Agrarentwicklung, S. 184.

31 Grundlegend dazu: Avner Greif, Institutions and the Path to the Modern Economy, Cambridge 2006.

32 Richard B. McKenzie, Predictably Rational? In Search of Defenses for Rational Behavior in Economics, Heidelberg 2010, S. 227–234.

bedeutet aber zugleich, einen Teil des normativen Ballasts abzuwerfen, mit dem manche Ansätze beschwert wurden: Als gäbe es beispielsweise institutionelle Patentrezepte, die sich aus dem wirtschaftlichen Erfolg des Westens seit dem 18. Jahrhundert ableiten lassen. Hier ist man mittlerweile doch sehr viel vorsichtiger geworden. Um die Frage zu beantworten, wie Institutionen entstehen und warum sie sich wandeln, reichen die klassischen Ansätze der NIÖ nicht aus. Je stärker neuere Entwicklungen der NIÖ den Einfluss kultureller Faktoren für den institutionellen Wandel betonen, umso stärker spielen sie den Ball an die Wirtschaftsgeschichte zurück.

4. Netzwerktheorien

Die Netzwerkforschung ist bereits seit Längerem ein wichtiger Ansatz und dass nicht nur in der Wirtschaftssoziologie. Als Netzwerkbeziehungen lassen sich beispielsweise Freundschaften, Arbeitsbeziehungen, aber auch flüchtige Beziehungen fassen, die sich bei Bedarf aktualisieren und bei denen sich bestimmte Regelmäßigkeiten beobachten lassen. Darüber hinaus muss ein Netzwerk mindestens drei Personen umfassen. Ziel der Netzwerkforschung ist es, die Beziehungen zwischen Menschen zu erfassen, ihre Beziehungen zu qualifizieren und daraus Rückschlüsse auf die Bedeutung und Funktionsweise ihrer Netzwerke zu gewinnen. Insgesamt ist sie hilfreich, um das Zustandekommen und Funktionieren von Geschäften, Handelsbeziehungen oder Organisationen besser zu verstehen.

Ein wichtiger Stichwortgeber für die Netzwerkforschung war der US-amerikanische Wirtschaftssoziologe Mark Granovetter, der in den 1970er Jahren auf die Bedeutung „schwacher" Beziehungen („the strength of weak ties") hingewiesen hat. Granovetters Argument war, dass bei engen menschlichen Beziehungen (etwa innerhalb der Familie) die meisten Menschen über dieselben Informationen verfügen, sodass sich nur wenig neue Informationen und kommunikative Anschlussmöglichkeiten ergeben. Das sieht mit den „weak ties", also den „schwachen" menschlichen Beziehungen (Bekanntschaft mit Arbeitskollegen, im Sportverein etc.) jedoch oftmals anders aus. Die Menschen, die man dort trifft, bewegen sich zumeist in einem anderen Umfeld und haben dadurch Zugang zu anderen Informationen. Die Intensität der persönlichen Verbindung ist für die Funktionalität und den Informationsfluss innerhalb eines Netzwerkes also nur ein Faktor unter mehreren und kann den Zugang zu relevanten Informationen sogar einschränken. Granovetter wies darauf hin, dass eine möglicherweise zentrale Bezugsgröße menschlicher Interaktion lange Zeit übersehen worden ist, die – obgleich zumeist informeller Natur – trotzdem eine wichtige Rolle für das menschliche Zusammenleben spielt.[1]

Ob das tatsächlich der Fall ist, soll weiter unten noch etwas ausführlicher diskutiert werden. Interessant ist jedenfalls, dass innerhalb der Geschichtswissenschaft Ansätze der Netzwerkforschung besonders stark von der Wirtschaftsgeschichte angewendet worden sind. Das geschah etwa zur Analyse von Fernhandelsbeziehungen und zur Entschlüsselung der sozialen Stabilitätsbedingungen von Han-

1 Mark Granovetter, The Strength of Weak Ties: A Network Theory Revisited, in: Sociological Theory 1 (1983), S. 201–233; Ders., Economic Action and Social Structure.

delshäusern, Kontoren usw.[2] Die Anwendung der Netzwerkforschung macht für die Face-to-face-Gesellschaften des Mittelalters und der Frühen Neuzeit auch am meisten Sinn: Hier kam vergleichsweise wenig Preiskonkurrenz auf anonymen Märkten ins Spiel, die in Konflikt mit den persönlichen Beziehungen der Beteiligten geraten konnte. Für die neuere Zeit gerät die Netzwerkforschung gelegentlich in die Verlegenheit, zwar gewissermaßen die „Infrastruktur“ des Handels rekonstruieren zu können, aber nicht unbedingt den Verkehr, der darauf stattfindet. Daraus ergibt sich bei der historischen Betrachtung zumindest die Forderung, die Rekonstruktion von Netzwerkbeziehungen durch eine quellengestützte qualitative Analyse zu ergänzen.[3]

Im Folgenden werden zunächst einige Grundannahmen der Netzwerkanalyse vorgestellt. Anschließend geht es darum, was sich mit diesen Ansätzen qualitativ anfangen lässt, also welche Funktionen Netzwerke im Wirtschaftsleben übernehmen – vom einfachen Informationsaustausch, über soziale Kontrolle bis hin zur konspirativen Verschwörung. Anschließend werden Möglichkeiten und Grenzen der historischen Netzwerkanalyse anhand von Anwendungsbeispielen diskutiert.

Die Erforschung und Analyse von Netzwerken

Ein Netzwerk bezeichnet zunächst die Beziehung zwischen Personen, die über eine flüchtige Bekanntschaft insofern hinausgeht, als sie bei Bedarf reaktiviert werden kann. Man sollte sich also nicht jeweils wieder neu vorstellen müssen, sondern es sollten bestimmte Muster und Regelmäßigkeiten zu beobachten sein.[4] Zugleich besteht ein Netzwerk aus mindestens drei Personen, weil erst dann Informationen im Netzwerk verfügbar sind, die jeweils an andere Personen weitergegeben werden können. Ein wesentlicher Vordenker der Netzwerkforschung war dabei Georg Simmel, der um 1900 die soziologischen Eigenschaften solcher Dreierkonstellationen analysiert hat. Seit der Zwischenkriegszeit haben sich jedoch verschiedene vor allem US-amerikanische Forscher wie Jacob Levy Moreno, Harrison White oder Elisabeth Bott mit der Analyse von Netzwerken beschäftigt, wobei diese aus Feldern kamen, die von der Psychotherapie bis hin zu physikalisch inspirierten, quantitativen Analysetechniken reichten.[5]

---

2 Christian Marx, Forschungsüberblick zur Historischen Netzwerkforschung. Zwischen Analysekategorie und Metapher, in: Marten Düring et al. (Hg.), Handbuch historische Netzwerkforschung. Grundlagen und Anwendungen, Berlin 2016, S. 63–84.

3 Robert Gramsch, Zerstörte oder verblasste Muster? Anwendungsfelder mediävistischer Netzwerkforschung und das Quellenproblem, in: Düring et al., Handbuch historische Netzwerkforschung, S. 85–99, 98.

4 Vgl. Jan Arendt Fuhse, Soziale Netzwerke. Konzepte und Forschungsmethoden, Konstanz, München 2016, S. 16.

5 Als Überblick s. Ebd.

Hinsichtlich der Art der Netzwerkbeziehungen lassen sich verschiedene Typen unterscheiden: Von familiären Beziehungen, Beziehungen freundschaftlicher Natur bis hin zu Beziehungen, wo es vorrangig um Ratschlag und Informationsaustausch geht. Die Intensität der menschlichen Beziehung ist mit der Beziehung in einem Netzwerk nicht notwendigerweise kongruent: Der- oder diejenige, mit dem/der ich befreundet bin, muss innerhalb einer Firma nicht notwendigerweise auch der/diejenige sein, mit dem/der ich mich fachlich austausche. Es kann sein, dass man die IT-Administratorin der Firma nicht ausstehen kann, aber wenn das Intranet nicht funktioniert, ist sie trotzdem die erste Ansprechpartnerin. Gleichwohl lässt sich tendenziell davon ausgehen, dass ein Informationsaustausch zumindest mit einer gewissen menschlichen Verträglichkeit einhergeht. Hier wird in der Regel von *Homophilie* ausgegangen. Das bedeutet, dass sich Menschen üblicherweise eher mit Angehörigen des eigenen Geschlechts anfreunden und austauschen. Deshalb gibt es eine signifikante Tendenz zu Frauen- und Männernetzwerken, was im öffentlichen Diskurs auch immer wieder im Zusammenhang mit struktureller Benachteiligung thematisiert wird.

Zwei grundsätzliche Typen von Netzwerken lassen sich unterscheiden, nämlich *Ego-Netzwerke* und *Gesamtnetzwerke*. Bei Ego-Netzwerken untersucht man die Gesamtheit der Beziehungen einer bestimmten Person, während bei Gesamtnetzwerken die Gesamtheit der Beziehungen innerhalb eines bestimmten sozialen Zusammenhangs rekonstruiert werden, z. B. einer Firma, einer Behörde oder einer Widerstandsgruppe. Dabei lassen sich sowohl die Art der Beziehung – Kaffeetrinken oder fachlicher Austausch – qualifizieren, wie auch die Intensität der Beziehungen: Wie häufig findet ein Austausch statt, kennt man sich nur flüchtig oder geht man jede Woche zusammen ein Bier trinken? Die Netzwerkforschung hat verschiedene Methoden der „Zentralitätsanalyse“ entwickelt, um Verdichtungen sozialer Interaktion zu identifizieren, sowie die Bedeutung und Positionierung einzelner Akteure innerhalb eines Netzwerkes zu ermitteln.[6] Es lassen sich zudem partikuläre Gruppierungen – etwa „Cliquen“ – ausmachen, was eine weitere Differenzierung der Netzwerkanalyse ermöglicht.

Für die Darstellung und Analyse solcher Netzwerke gibt es im mittlerweile einige sehr anspruchsvolle Computerprogramme, die für die Verarbeitung größerer Datenmengen und die Visualisierung von Netzwerkbeziehungen hervorragende Dienste leisten. Diese können hier nicht vorgestellt werden, aber die entsprechenden Darstellungen geben einen guten Überblick.[7] Die Dicke der „Kanten“, also die Verbindung der als „Knoten“ repräsentierten Akteure, zeigt die Häufigkeit der Interaktionen an.

---

6 Vgl. Mark Trappmann, Hans J. Hummel, Wolfgang Sodeur, Strukturanalyse sozialer Netzwerke. Konzepte, Modelle, Methoden, Wiesbaden 2011².

7 Fuhse, Soziale Netzwerke, S. 47 f.

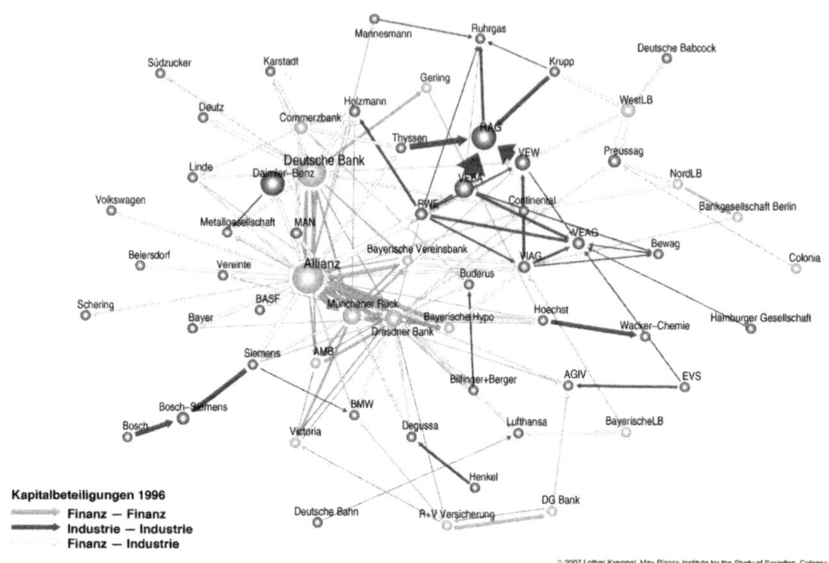

Abb. 10: Beispiel für ein Netzwerk: Die Kapitalverflechtung der 100 größten deutschen Unternehmen 1996[8]

Was in Netzwerken stattfindet, ist zunächst einmal in einem sehr allgemeinen Sinn der Austausch von Informationen – über Aufgaben, Projekte, mögliche Problemlösungen oder was immer auch denkbar ist. Private Kommunikation kann möglicherweise persönliche Beziehungen verstärken, was aber – wie oben bereits erwähnt – nicht heißen muss, dass man sich bei seinen Freunden auch Rat holt. Mit der Rekonstruktion von Netzwerken lässt sich beispielsweise die Frage beantworten, wer in einer Firma in der Lage ist, relevante Informationen zu liefern und dadurch im Netzwerk eine wichtige Rolle spielt – eine Stellung, die sich keineswegs in der formellen Hierarchie widerspiegeln muss. Durch die Rekonstruktion der Richtung und Frequenz sozialer Beziehungen bekommt man ein anderes und in vielerlei Hinsicht präziseres Bild einer Organisation. Vorgesetzte müssen beispielsweise nicht zwingend am meisten wissen und über die meisten Informationen verfügen, gleichwohl treffen sie die Entscheidungen. Die Herausarbeitung solcher Asymmetrien macht die Netzwerkforschung auch für die Organisationssoziologie relevant.[9]

Woher kommen die Informationen, die in einem Netzwerk zirkulieren? Um die Verfügbarkeit neuer und relevanter Informationen zu gewährleisten, müssen

8 Lothar Krengel, Max Planck Institut für Gesellschaftsforschung 2007.

9 Peter Preisendörfer, Organisationssoziologie. Grundlagen, Theorien und Problemstellungen, Wiesbaden 2011, S. 131–153.

bestimmte Akteure nicht nur über bestimmte technische Fähigkeiten verfügen oder andere Problemlösungskompetenzen besitzen. Vielmehr muss ein Netzwerk auf relevante Informationen aus anderen Netzwerken von außerhalb zugreifen können. Die Netzwerkforschung verwendet den Begriff der „Strukturellen Löcher", um auszudrücken, dass unterschiedliche Netzwerke nebeneinander existieren, deren Angehörige für die Angehörigen des jeweils anderen Netzwerkes wichtige Informationen besitzen. Diese haben jedoch zunächst – eben weil sie unterschiedlichen Netzwerken angehören – keinen Kontakt miteinander. Hier werden die sog. „Broker" wichtig, also Personen, die Kontakt zu Angehörigen aus beiden Netzwerken besitzen und dadurch die Reichweite des Informationsflusses erhöhen können. Die Netzwerkforschung geht davon aus, dass diese Personen innerhalb des Netzwerkes eine besonders wichtige Rolle spielen und über ein hohes Sozialprestige verfügen.[10]

Die Anforderungen, Netzwerkbeziehungen zu erforschen und darzustellen, sind ziemlich kompliziert: In der empirischen Sozialforschung geschieht das üblicherweise über Interviews oder – wenn möglich – standardisierte Fragebögen. Das sind Methoden, die der Geschichtswissenschaft selbstverständlich nicht zur Verfügung stehen. Eine Alternative besteht in der Analyse von Korrespondenzen. Gut erhaltene Kaufmannskorrespondenzen oder auch Kaufmannsbücher, in die Geschäfte und Geldzahlungen eingetragen wurden, sind darum ein zentrales Hilfsmittel für die historische Netzwerkanalyse. Aber auch anhand von Gerichtsakten lassen sich mitunter Netzwerkbeziehungen rekonstruieren. Trotzdem ist klar, dass bei der Analyse aktueller Netzwerke in der Regel eine sehr viel bessere Datenbasis geschaffen werden kann, als das bei der historischen Forschung der Fall ist. Nicht zuletzt kann hier leichter ausgeschlossen werden, dass etwas Wesentliches übersehen wurde, was beim Fehlen schriftlicher Quellen hingegen sehr leicht passieren kann. Das Datenproblem, das oben für die Ökonometrie diskutiert wurde, spielt auch für die historische Netzwerkforschung eine wichtige Rolle.[11]

Gerade aufgrund der Quellenlage haben historischen Darstellungen bessere Chancen zu aussagefähigen Ergebnissen zu kommen, wenn man sich auf die Rekonstruktion von Ego-Netzwerken beschränkt. Bei der Analyse von Korrespondenzen beispielsweise ist die Gefahr, entscheidende Verbindungen zu übersehen, im Falle von Ego-Netzwerken deutlich geringer als bei Gesamtnetzwerken.[12] Zum

---

10 Fuhse, Soziale Netzwerke, S. 66 f.

11 Obwohl der Netzwerkbegriff insgesamt für kulturalistische Fragestellungen gut anschlussfähig erscheint, hat sich im Übrigen auch die historische Netzwerkforschung mit der Kritik an formalen Ansätzen in der Geschichtswissenschaft auseinanderzusetzen. Vgl. Marten Düring, Florian Kerschbaumer, Quantifizierung und Visualisierung. Anknüpfungspunkte in den Geschichtswissenschaften, in: Düring et al., Handbuch historische Netzwerkforschung, S. 31–43, 35–39.

12 Als Beispiel für ein Ego-Netzwerk s. Christian Marx, Die Mischung macht's. Zur Bedeutung von kulturellem, ökonomischem und sozialem Kapital bei Paul Reusch während des Konzernaufbaus der Gutehoffnungshütte, in: Markus Gamper, Linda Reschke (Hg.), Knoten

anderen erscheint es sinnvoll, die quantitative Analyse (die bei der sozialwissenschaftlichen Netzwerkforschung heute noch im Vordergrund steht) durch eine qualitative Analyse zu ergänzen, um so auch bei kleineren Samples zu aussagekräftigen Ergebnissen zu gelangen. Die Methoden der formalen Netzwerkanalyse sind also durch eine adäquate Quellenanalyse und -kritik zu ergänzen. Das bedeutet am Ende – möglicherweise stärker als das bei der sozialwissenschaftlichen Netzwerkforschung der Fall ist – dann aber auch die Frage nach der Funktionalität zu stellen: Wie funktionieren Netzwerke, wie sind sie strukturiert, welche Vorteile bieten sie ihren Mitgliedern, welche Anforderungen stellen sie? Und schließlich: Inwiefern werden Netzwerkbeziehungen handlungsrelevant?

Die soziologische Analyse von Netzwerken

Was leistet die Netzwerkanalyse konkret? Zunächst besitzt sie als Methode unverkennbar einen hohen Wert für sich. Sie kann beispielsweise die regionalen Ausmaße der Handelsbeziehungen von Kaufleuten erfassen und damit zu ihrem besseren Verständnis beitragen. Auf diese Weise kann etwa ein Überblick über die Intensität und regionale Reichweite eines Lübecker Handelshauses im Mittelalter gegeben werden, der deutlich macht, wie weitreichend die Beziehungen der Hansekaufleute bereits im Spätmittelalter waren.[13] Die Netzwerkanalyse kann dabei helfen, die Intensität und Regelmäßigkeit sozialer Beziehungen zu erfassen, was Rückschlüsse auf die jeweiligen Interaktionsmuster zulässt. Vor allem aber kann sie durch die Visualisierung in Netzwerkgraphen ein anschaulicheres Bild der sozialen Beziehungen vermitteln, als das einer rein verbalen Analyse möglich ist.

Diese darstellende Funktion der Netzwerkanalyse ist wichtig und besitzt einen hohen analytischen Wert. Gleichwohl bleiben damit wichtige Fragen noch ungeklärt. Vor allem geht es darum, wie ein Netzwerk genau funktioniert und inwiefern Netzwerkbeziehungen handlungsrelevant werden, in welchem Maße sie also die Handlungen der involvierten Akteure bestimmen. Um das zu klären, sollte man zunächst erläutern, was Netzwerke aus soziologischer Sicht eigentlich darstellen. Für Granovetter besteht der Wert der Netzwerkanalyse besonders darin, dass sie sich gewissermaßen zwischen einer streng „ökonomischen“ und einer streng „soziologischen“ Analyse positioniert. Das neoklassische Verhaltensmodell, das in abgewandelter Form auch für zahlreiche „rational choice“-Ansätze grundlegend ist, ist für Granovetter deshalb problematisch, weil es von der An-

und Kanten. Soziale Netzwerkanalyse in Wirtschafts- und Migrationsforschung, Bielefeld 2011, S.159–193.

13 Carsten Jahnke, Geld, Geschäfte und Informationen. Der Aufbau hansischer Handelsgesellschaften und ihrer Verdienstmöglichkeiten, Lübeck 2007.

nahme ausgeht, Menschen würden jeweils nur situativ entscheiden, welche Handlung sie vollziehen. So als gäbe es keine gewachsenen sozialen Bindungen, man könnte auch sagen: als hätten sie keine Geschichte. Der Homo Oeconomicus ist nach Granovetter darum in einem fundamentalen Sinne „untersozialisiert". Seine sozialen Beziehungen könnten in ihrer Bedeutung für menschliche Handlungen kaum zum Thema gemacht werden. Eine „soziologische" Betrachtungsweise, die vor allem auf Normen und Regeln abzielt, betrachte den Menschen hingegen als „übersozialisiert": Wo der Homo Oeconomicus innengeleitet agiert, d.h. allein seinem Eigeninteresse folgt, ist der „Homo Sociologicus" außengeleitet und orientiert sich vorrangig an Werten und Normen, die die Gesellschaft ihm vorgibt.[14]

Die Netzwerkanalyse ist hier nach Granovetter deutlich flexibler. Sie geht davon aus, dass sich Menschen in einem Netz sozialer Beziehungen bewegen, das aber ihr Handeln nicht vollständig determiniert, so dass Präferenzen und situative Faktoren ebenfalls in die Entscheidungsfindung miteinfließen können. Es handelt sich bei Netzwerken in den meisten Fällen nicht um formale Organisationen mit einer eindeutigen Hierarchie, sondern um eine bestimmte Form sozialer Strukturbildung. Birger Priddat hat dies prägnant (und ziemlich abstrakt) dahingehend zusammengefasst, dass Netzwerke „weder nutzen- noch reziprozitätsgeleitet [operieren]. Netzwerke koordinieren Adressen und Ansprechbarkeiten und produzieren Kommunikationen und Vermittlung."[15] Das bedeutet, Netzwerke steuern und kanalisieren zunächst einmal, wer mit wem redet, und wer dementsprechend eher in der Lage ist, an bestimmte Informationen zu gelangen. Nicht mehr, aber auch nicht weniger.

Die Informationen, zu denen man über Netzwerkbeziehungen Zugang hat, werden jedoch potentiell handlungsrelevant. Das bedeutet, es werden Entscheidungen auf der Grundlage bestimmter Informationen getroffen, an die man über seine Netzwerke gelangt ist. Zugleich liegt es nahe, dass die Art der persönlichen Beziehung zu denjenigen, von denen man relevante Informationen erhält, in die Entscheidungsfindung miteinfließt. Das gilt insbesondere für Entscheidungen, von denen der Informationsgeber direkt betroffen sein kann. Was zunächst abstrakt klingt, ist die Grundlage einer Vielzahl von Annahmen (und Vorurteilen) über die Funktion von Netzwerken im Wirtschaftsleben. Das gilt etwa für diejenigen, die die Wirtschaft für eine konspirative Veranstaltung halten und davon überzeugt sind, dass wer sich kennt, sich auch abspricht. Eine Information stellt dann einen Gefallen dar, der erwidert werden sollte. Der US-amerikanische Soziologe Charles Wright Mills behauptete bereits 1956, die wesentlichen Entschei-

---

14 Granovetter, Economic Action and Social Structure, S. 485–487.

15 Birger Priddat, Institutionendiversität. Institutional economics als ökonomische Theorie der Kultur, in: Ders. (Hg.), Diversität, Steuerung, Netzwerke. Institutionenökonomische Ausweitungen, Marburg 2012, S. 9–35, 23.

dungen in der US-Wirtschaft würden von einer lediglich etwa 400 Personen umfassenden, eng miteinander vernetzten „Power Elite" getroffen.[16]

Die Ergebnisse der Netzwerkanalyse machen aber eigentlich deutlich, dass solche „Verschwörungstheorien" (die durchaus elaboriert sein können) keine tragfähige soziologische Grundlage haben. Granovetter erblickt ihren soziologischen Reiz ja gerade darin, dass Netzwerke Handlungen nicht vollständig determinieren. Menschen sind mit vielen anderen Personen vernetzt und besitzen dadurch zahlreiche alternative Entscheidungs- und Informationsmöglichkeiten. Sie bewegen sich zudem nicht nur in einem, sondern in einer Vielzahl von Netzwerken. Gerade die Bandbreite an möglichen kommunikativen Anschlüssen erschwert jedoch Absprachen, allein schon, weil man bei seinen Entscheidungen nicht alle Interessen unter einen Hut bekommt: Wer ein bestimmtes Geschäft machen möchte und Auswahl zwischen verschiedenen Geschäftspartnern hat, mit denen er gleichermaßen vernetzt ist, muss sich entscheiden. Das wäre nur dann nicht der Fall, wenn man mit allen Geschäfte machen würde, was jedoch im Zweifelsfall extrem teuer wird. Der Informationsaustausch an sich sagt also noch nichts darüber aus, inwiefern diese Informationen handlungsrelevant bzw. Entscheidungen auf der Basis bestimmter Informationen getroffen werden.[17]

Netzwerke, wie sie Granovetter mit seinem Begriff der „weak ties" zu fassen versucht, sind insofern offene, fluide, wenig hierarchische soziale Formationen. Es ist jedoch die Frage, inwiefern sich das verallgemeinern lässt. Offensichtlich gibt es ganz unterschiedliche Typen von Netzwerken und eben beispielsweise auch solche, in denen die Teilnehmer besonders intensive Beziehungen pflegen oder in denen das Vertrauen untereinander eine besonders große Rolle spielt. Das ist etwa bei Widerstandsnetzwerken der Fall, wie sie Linda von Keyserlingk-Rehbein jüngst für die „Verschwörer" des 20. Juli 1944 minutiös rekonstruiert hat.[18] Die Besonderheit besteht hier darin, dass von diesem Netzwerk niemand außerhalb des Netzwerkes etwas wissen sollte. Ähnliches gilt, auch wenn der Hintergrund selbstverständlich ein ganz anderer ist, für die Mafia. Die Funktionalität eines Netzwerkes besteht hier gerade darin, dass für die Geheimhaltung ein hohes Maß an Diskretion und Vertrauen notwendig ist, weshalb hier sowohl Familienangehörige als auch entsprechende Semantiken (wenn sich etwa eine kriminelle

16 Charles Wright Mills, The Power Elite, Oxford 1956.

17 An dieser Stelle kann auch die Bemerkung des Frühneuzeithistorikers Leonhard Horowski angeführt werden, dass an den frühneuzeitlichen Königs- und Fürstenhöfen aufgrund der viel geringeren Anzahl an beteiligten Personen Verschwörungen noch viel besser möglich gewesen seien – und schon damals hätten sie nicht funktioniert. Vgl. Leonhard Horowski, Das Europa der Könige. Macht und Spiel an den Höfen des 17. und 18. Jahrhunderts, Hamburg 2017, S. 12.

18 Linda von Keyserlingk-Rehbein, Nur eine „ganz kleine Clique"? Die NS-Ermittlungen über das Netzwerk vom 20. Juli 1944, Berlin 2018.

Organisation als „Familie" bezeichnet) wichtig sind.[19] Stark exklusive Netzwerke ähneln bereits formalen Organisationen und bilden Hierarchien aus, was dann auch die Handlungen ihrer Mitglieder beeinflusst.

Solche Formen von Netzwerken sind im sozialen Zusammenleben jedoch eher ungewöhnlich und lassen sich vor allem bei unterschiedlichen Formen von „Illegalität" beobachten. Trotzdem lässt sich aus solchen Beispielen ableiten, dass je enger die persönlichen Beziehungen zwischen den Angehörigen eines Netzwerkes sind, die Kommunikation und die Informationen innerhalb eines Netzwerkes die Handlungsoptionen seiner Teilnehmer umso stärker bestimmen. Auf der anderen Seite ist der Informationsfluss in solchen Netzwerken nach Granovetter dann aber begrenzt: Sie weisen ein hohes Maß an Redundanz und einen Mangel an neuen, überraschenden, relevanten Informationen auf. Darum lässt sich erwarten, dass in sozial abgeschotteten Netzwerken die „Broker", die strukturelle Löcher überbrücken und Zugang zu neuen, relevanten Informationen haben, besonders wichtig sind. Bei kriminellen Organisationen besteht beispielsweise eine hohe Nachfrage nach Informanten bei der Polizei.

Verschiedene Ansätze betonen gegenüber dem vergleichsweise offenen Verständnis von Netzwerken, wie es Granovetter vertritt, dass gerade in der besonderen Qualität der Beziehung der Teilnehmer untereinander ihr eigentlicher Sinn besteht. Demzufolge lassen sich Netzwerke, im Gegensatz zu der oben angeführten Bestimmung von Priddat, also sehr wohl über eine bestimmte Funktionalität bestimmen. So gab es beispielsweise den Versuch, die Netzwerkanalyse mit Überlegungen der Neuen Institutionenökonomik zu verbinden. In diesem Zusammenhang dienten etwa im frühneuzeitlichen Fernhandel Netzwerke dazu, besonders gravierende Kontrollprobleme zu lösen: Weil es einem Prinzipal im Fernhandel kaum möglich war, den von ihm beauftragten Agenten direkt zu kontrollieren, konnten mithilfe von Netzwerken letztere vor Ort (beispielsweise in einem Handelskontor) überwacht werden. Da der Agent das zudem wusste, hatte er einen starken Anreiz, den mit dem Prinzipal vereinbarten Vertrag zu erfüllen. Der Aufbau von Netzwerken wird hier also als eine Möglichkeit interpretiert, Informationsasymmetrien zu verringern.[20]

Aus Sicht der Neuen Institutionenökonomik übernehmen Netzwerke aber auch die positive Funktion, die Beziehungen zwischen Personen zu vertiefen, um auf diese Weise Vertrauen und neue Informationen zu generieren. Das manifestierte sich beispielsweise in den verschiedenen Formen der Einführung von Personen in ein Netzwerk, das auf diese Art und Weise auch symbolisch gestärkt wurde:

---

19 Vgl. Diego Gambetta, La mafia siciliana. Un'industria della protezione private, Turin 1992.

20 Ulf Christian Ewert, Stephan Selzer, Perspectives of Research into Hanseatic Trade – the Impact of the Model of Network Organisation, in: Diess. (Hg.), Institutions of Hanseatic Trade. Studies on the Political Economy of a Medieval Network Organisation, Frankfurt/M. 2016, S. 147–157.

Wenn beispielsweise zum Eintritt in ein Handelskontor der Hanse für den Kandidaten gebürgt werden musste und ausführliche, teilweise sogar gefährliche Initiationsriten durchgeführt wurden.[21] Verschiedene Formen der Geselligkeit in den Kontoren dienten einem ganz ähnlichen Zweck. Netzwerke haben aus dieser Perspektive tatsächlich eine doppelte Funktion, nämlich Vertrauen zu generieren und zugleich das Verhalten der Beteiligten zu kontrollieren.

Noch einen Schritt weiter geht der Versuch, das theoretische Instrumentarium Pierre Bourdieus für die Netzwerkanalyse fruchtbar zu machen. Bourdieu unterscheidet im Wesentlichen zwischen drei Kapitalsorten, über die gesellschaftliche Akteure in unterschiedlichem Maße verfügen: ökonomisches Kapital, soziales Kapital und kulturelles Kapital. Während das ökonomische Kapital den materiellen Besitz meint, werden mit dem sozialen Kapital die sozialen Verbindungen eines Menschen bezeichnet: Wen kennt man, mit wem geht man Mittagessen, wer sind die Eltern, wer sind die Freunde der Eltern usw. Das kulturelle Kapital schließlich bezeichnet die Bildung, die Ausdrucksweise, den „Geschmack" eines Menschen. Die Pointe dieser Unterscheidung ist nach Bourdieu, dass sich diese Kapitalsorten in bestimmten sozialen Feldern transformieren lassen. Das kulturelle Kapital eines Oberschichtenzöglings ermöglicht es ihm, einen guten Job zu bekommen, was ihm wiederum den Erwerb von zusätzlichem ökonomischem und sozialem Kapital ermöglicht. Allerdings sind die Kapitalsorten nicht wirklich frei konvertierbar. Insbesondere ökonomisches und soziales Kapital lassen sich nicht einfach in kulturelles Kapital umwandeln, weil dieses in den Leib eines Menschen eingeschrieben ist (wofür Bourdieu seinen wohl bekanntesten Theoriebegriff „Habitus" entwickelt hat). Aus diesem Grund rümpft das „alte Geld" die Nase über die Neureichen, denen es an Umgangsformen mangelt oder denen man ansieht, dass sie sich diese mühsam antrainiert haben.[22]

Der Mangel an Kapital schließt Menschen nach Bourdieu effektiv vom gesellschaftlichen Aufstieg aus, während Kapitalressourcen den Zugang zu besseren sozialen Positionen erschließen. Dabei haben die Menschen mit hohem sozialem Kapital, die also mit den richtigen Leuten Umgang haben (die wiederum selbst über viel soziales Kapital verfügen), bessere Chancen, gute Positionen zu besetzen. Auf diese Weise bietet Bourdieus Ansatz sowohl eine Erklärung dafür an, wie sich Netzwerke bilden, als auch dafür, wie die Existenz sozialer Netzwerke am Ende zur Reproduktion der Strukturen gesellschaftlicher Ungleichheit beiträgt.[23] Diese Überlegungen haben eine breite empirische Forschung angeregt, die allerdings kontrovers diskutiert wird. Umstritten ist dabei insbesondere, inwiefern der Fokus auf die Reproduktion sozialer Ungleichheit nicht zu einer Vernachlässi-

21 Arnved Nedkvitne, The German Hansa and Bergen 1100–1600, Köln 2014, S. 333–380.

22 Pierre Bourdieu, Sozialer Sinn. Kritik der theoretischen Vernunft, Frankfurt/M. 1987, S. 97–121.

23 Ders., Praktische Vernunft. Zur Theorie des Handelns, Frankfurt/M. 1998.

gung anderer Faktoren führt, die bei der Besetzung von Führungspositionen oder generell auf dem Arbeitsmarkt eine Rolle spielen.[24]

Eine andere Weise, die Netzwerkanalyse gesellschaftstheoretisch fruchtbar zu machen, besteht darin, Netzwerke als Nukleus sozialer Ordnung und gesellschaftlicher Strukturen zu behandeln. Für Granovetter beispielsweise stellt das vergleichsweise offene, wenig hierarchische Netzwerk den Phänotypus sozialer Selbstorganisation dar und wurde bei ihm damit zum Ausgangspunkt einer handlungstheoretischen Gesellschaftstheorie.[25] Solche Ansätze sehen in menschlichen Vernetzungen die Keimzelle von Vergesellschaftung, sie gehen also gewissermaßen von einer „Mikrofundierung" sozialer Ordnung aus. Hier bewegen sich Menschen in ganz unterschiedlichen Netzwerken, deren Grenzen darum oftmals nur schwer zu bestimmen sind. Sicher lassen sich Netzwerke analytisch auf bestimmte Organisationen (etwa eine Behörde oder ein Unternehmen) eingrenzen. Trotzdem haben die Menschen, die in solchen Organisationen arbeiten, zusätzlich noch viele weitere Kontakte, sind zusätzlich noch in andere Netzwerke eingebunden, so dass davon ausgegangen werden muss, dass über verschiedene Stationen alle Netzwerke dieser Erde irgendwie miteinander verbunden sind.

Die gesellschaftstheoretisch entscheidende Frage ist allerdings, inwiefern Netzwerke allein ausreichen, um die Entstehung von sozialer Ordnung und Vergesellschaftung zu erklären. Diese Frage ist dezidiert handlungstheoretischer Natur: Sie wendet sich gegen systemtheoretische Ansätze, welche die bestimmenden Handlungs- oder Kommunikationsmuster auf der Ebene gesellschaftlicher Funktionssysteme (beispielsweise Wirtschaft, Recht oder Politik) verorten. Die Regeln der sozialen Interaktion werden im Rahmen des Netzwerks aber nicht reproduziert, sondern konstituiert. Wie Granovetter in seinem letzten Buch noch einmal bekräftigt hat, ist gesellschaftliches Handeln stets als Handlungschance zu begreifen. Es ist also durch soziale Strukturen und gesellschaftliche Normen nicht vollständig determiniert. Wie ist dann aber zu erklären, dass sich in kleinräumigen

24 Für den deutschen Fall gilt das insbesondere für die Arbeiten von Michael Hartmann, der ein hohes Maß an sozialer Selbstrekrutierung in Leitungspositionen der Wirtschaft herausgefunden zu haben meint und daraus den Schluss zieht, dass persönliche Leistung mehr oder weniger nebensächlich sei. Seine Methoden und empirische Basis sind allerdings immer wieder kritisiert worden, etwa wegen der Vernachlässigung mehrgenerationeller Mobilitätsprozesse und wegen der Fixierung auf den Beruf des Vaters der befragten Personen. Auch bei anderen Arbeiten ist festgestellt worden, dass die empirische Basis unsolide ist oder auf sozialen Grenzziehungen beruht, die problemlos auch anders gezogen werden könnten. Michael Hartmann, Der Mythos von den Leistungseliten. Spitzenkarrieren und soziale Herkunft in Wirtschaft, Politik, Justiz und Wissenschaft, Frankfurt/M. 2002; Bourdieu, Die feinen Unterschiede. Vgl. Christian Reuber, Der lange Weg an die Spitze: Karrieren von Führungskräften deutscher Großunternehmen im 20. Jahrhundert, Frankfurt/M. 2012.

25 Mark Granovetter, Society and Economy. Framework and Principles, Cambridge/Mass. 2017.

sozialen Ordnungen, die Netzwerke zumeist darstellen, kompatible Ordnungsmuster entwickeln, die nicht unmittelbar miteinander in Konflikt geraten?[26]

Es führt jedenfalls kein Weg um die Feststellung herum, dass Netzwerke dauernd auf Ressourcen zurückgreifen müssen, die sich nicht selbst im Netzwerk entwickelt haben: Das fängt bei der Sprache an und geht weiter über Tauschmedien, technische Hilfsmittel etc. Wie lässt sich überdies die Entstehung übergreifender Systemlogiken erklären, wie sie für die moderne globalisierte Wirtschaft kennzeichnend sind, so dass Chinesen problemlos mit Argentiniern Geschäfte machen können? Daraus ergeben sich empirische Anfragen, die es attraktiv erscheinen lassen, die Netzwerkanalyse an gesellschaftstheoretische Ansätze wie etwa die Systemtheorie oder auch „rational choice"-Ansätze anzubinden. Was dann am Ende allerdings von spezifisch netzwerktheoretischen Überlegungen noch übrig bleibt, muss vorerst offenbleiben.

Anwendungen und Grenzen der Netzwerkanalyse in der Wirtschaftsgeschichte

In der Geschichtswissenschaft sind netzwerktheoretische Ansätze insbesondere für das Mittelalter und die Frühe Neuzeit angewendet worden. Den Anfang machte dabei Wolfgang Reinhardt in den 1970er Jahren mit seiner „Verflechtungsanalyse" der italienischen Oligarchie um 1600.[27] Seit den 1990er Jahren wurde die Netzwerkanalyse jedoch insbesondere von der Wirtschaftsgeschichte zur Beschreibung von Handelsbeziehungen angewendet. Auf diese Weise ließen sich teilweise erstaunliche Erkenntnisse über die Reichweite, Intensität und Warenvielfalt des Handels bereits im Mittelalter gewinnen.

Einen wichtigen Beitrag, die Netzwerkanalyse für die mittelalterliche Handelsgeschichte auch theoretisch fruchtbar zu machen, haben Stephan Selzer und Ulf Christian Ewert in verschiedenen Aufsätzen am Beispiel der Hanse unternommen.[28] Die Hanse, ein Handelsverbund vor allem niederdeutscher Städte, dessen Existenz sich grob vom 12. bis zum 17. Jahrhundert datieren lässt, ist in ihrer Funktionsweise schwierig zu greifen, weil sie kaum Merkmale einer formalen Organisation ausbildete. Es gab zwar den „Hansetag" als Beschlussgremium, der aber nur sehr unregelmäßig zusammentrat und an dem stets nur ein geringer Teil der

---

26 Ebd.

27 Wolfgang Reinhard, Freunde und Kreaturen. „Verflechtung" als Konzept zur Erforschung historischer Führungsgruppen. Römische Oligarchie um 1600, München 1979.

28 Stephan Selzer, Ulf Christian Ewert, Verhandeln und Verkaufen, Vernetzen und Vertrauen: Über die Netzwerkstruktur des Hansischen Handels, in: Hansische Geschichtsblätter 119 (2001), S. 135–161; Margrit Schulte Beerbühl, Das Netzwerk der Hanse. Europäische Geschichte Online (21. Juli 2011).

Hansestädte teilnahm. Wie konnten Handlungen trotzdem koordiniert werden, so dass die Hanse sogar immer wieder in der Lage war, militärische Konflikte erfolgreich zu führen? Nach Selzer und Ewert kann die Verbindung von NIÖ und Netzwerkanalyse dabei helfen, die Funktionsweise der Hanse besser zu verstehen.

Ausgangspunkt ihrer Überlegungen ist zunächst, dass bei Fernhandelsbeziehungen die Unsicherheit extrem groß war, weil der Prinzipal den Agenten kaum effektiv kontrollieren konnte. Wenn der Agent sich mit Geld und Ware davonmachte, Einnahmen unterschlug oder Rechnungen fälschte, war es nur schwer möglich, ihn dafür zur Rechenschaft zu ziehen. Eine sinnvolle Strategie, die Anreize für opportunistisches Verhalten zu verringern, war der Rückgriff auf Familienmitglieder. Heiratsbeziehungen konnten, neben materiellen Vorteilen, strategisch der Ausweitung des Netzwerkes und zur Überbrückung struktureller Löcher dienen. Das reichte aber nicht aus und auch bei Familienmitgliedern war nicht garantiert, dass diese sich immer korrekt verhielten. Netzwerke hatten hier einen doppelten Sinn, nämlich einerseits Kontrolle zu ermöglichen und andererseits Vertrauen zu schaffen.

Dafür waren verschiedene soziale Mechanismen vorhanden: In der „Präsenzkultur“ (Stollberg-Rilinger) des Mittelalters und der Frühen Neuzeit war das beispielsweise die Einführung eines Neulings in das Kontor durch einen aufwändigen Initiationsritus. Aber auch die Formen und Orte der Geselligkeit dienten der Überbrückung struktureller Löcher sowie der sozialen Kontrolle. Es wurde sichergestellt, dass Fehlverhalten bekannt und sozial geächtet wurde. Solche Koordinationsmechanismen, die grundlegend für die Abwicklung von Handelsgeschäften waren, spielten auch für die Entscheidungsfindung auf Ebene der Gesamthanse eine wichtige Rolle. So ließ sich beispielsweise gewährleisten, dass eine Koordination von Handlungen stattfand, selbst wenn längst nicht alle Hansestädte Vertreter zu den Hansetagen entsandten. Indem die Hanse im Prinzip als ein großes Netzwerk beschrieben wird, lässt sich erklären, wie sie trotz des Mangels an formalen Organisationsmerkmalen handlungs- und entscheidungsfähig blieb.[29]

Ein anderes Anwendungsfeld der Netzwerkanalyse für die neuere Zeit ist die Erforschung von Unternehmensverflechtungen. So haben Jürgen Beyer und Paul Windolf erforscht, wie sich die Kapital- und Personalverflechtungen deutscher Firmen im Laufe des 20. Jahrhunderts entwickelt haben.[30] Die intensive Kapitalverflechtung westdeutscher Unternehmen nach dem Zweiten Weltkrieg, die sich in den 1990er Jahren sukzessive auflöste, wird als „Deutschland AG“ bezeichnet

29 Selzer, Ewert, Verhandeln und Verkaufen.

30 Paul Windolf, Coordination and Control in Corporate Networks. United States and Germany in Comparison, 1896–1938, in: European Sociological Review 25 (2009), S. 443–457; Ders., The Corporate Network in Germany (1896–2010), in: Gerarda Westerhuis, Thomas David (Hg.), The Power of Corporate Networks. A Comparative and Historical Perspective, London 2014, S. 66–85.

und gilt als Merkmal eines koordinierten Kapitalismus, der für die „alte" Bundesrepublik kennzeichnend gewesen sein soll.

Gerade an diesem Fall werden aber auch Grenzen und Ambivalenzen der Netzwerkforschung erkennbar: So hat man im Anschluss an Überlegungen des sozialistischen Theoretikers Rudolf Hilferding, die dieser 1910 in seinem Werk „Das Finanzkapital" formuliert hatte, empirisch untersucht, inwiefern die Kapitalbeteiligungen deutscher Banken an Industrieunternehmen im späten Kaiserreich zu einem „organisierten Kapitalismus" geführt hätten, der vermittelt über die Aufsichtsräte die Koordination über den Markt durch Absprachen und Planungen ersetzte.[31] Es ließ sich allerdings kein stabiler Zusammenhang zwischen Kapitalbeteiligung und Einfluss auf die Unternehmenspolitik nachweisen. Die Verflechtung allein erwies sich also als nicht ausreichend, um strategische Entscheidungen von Unternehmen zu erklären.[32] Vergleichbare Analysen stehen für die Deutschland AG zwar noch aus, jedoch ist auch hier zu vermuten, dass man den Zusammenhang zwischen Kapital- und personeller Verflechtung sowie der Unternehmenspolitik nicht überschätzen sollte. Das ist schon deshalb der Fall, weil in den meisten Fällen keine preisgünstigen Lösungen existierten, die alle Beteiligten zufrieden stellten.

Insgesamt sprechen verschiedene Argumente dafür, dass sich das Zustandekommen von Geschäften nicht allein über die Vernetzung der beteiligten Akteure erklären lässt. Zunächst gibt es Faktoren, die persönliche Bekanntschaft übertrumpfen können. Das sind vor allem der Preis und die Qualität der angebotenen Waren. Institutionenökonomisch betrachtet gibt es zwar starke Anreize, bestehende Netzwerke trotz schlechterer Angebote aufrechtzuerhalten, etwa das Vertrauenskapital oder die Möglichkeit, zukünftige Geschäfte zu tätigen. Das sind aber Faktoren, die für das Mittelalter und die Frühe Neuzeit besonders relevant waren, weil es damals viel weniger „anonyme" Märkte gab und die Zahl der Geschäftspartner, denen man begründet vertrauen konnte, viel geringer war. Das änderte sich jedoch im Verlauf der Industrialisierung, die mit dem Bedeutungsgewinn anonymer Märkte einherging und die Wettbewerbsintensität erhöhte. Zugleich ist damit zu rechnen, dass gerade in Krisenzeiten die Toleranz gegenüber ungünstigeren Angeboten geringer wird und die „Rechenhaftigkeit" kapitalistischer Wirtschaftsformen stärker hervortritt. Insofern ist es von einer theoretischen Warte aus wahrscheinlich, dass sich stabile Netzwerkbeziehungen vor allem in Zeiten guter Konjunktur und stabiler Marktlagen ausbilden, während Krisenzeiten eher zur Auflösung und Umbildung von Netzwerken führen. Die „Deutschland AG" wäre dafür ein gutes Beispiel.

---

31 Rudolf Hilferding, Das Finanzkapital, Wien 1910.

32 Volker Wellhöner, Großbanken und Großindustrie im Kaiserreich, Göttingen 1989; Harald Wixforth, Banken und Schwerindustrie in der Weimarer Republik, Köln 1995.

Auch zwei andere Argumente sprechen dafür, dass Netzwerke unter bestimmten Umständen Akteure daran hindern, sich vorteilsmaximierend zu verhalten. Daraus resultieren aus ökonomischer Sicht dann Anreize, bei der Anbahnung von Geschäftsbeziehungen nicht auf Netzwerke zu vertrauen oder diese sogar bewusst außerhalb existierender Netzwerke anzustreben. So können intensive persönliche Beziehungen in Netzwerken Handlungsoptionen einschränken, was wirtschaftlich von Nachteil sein kann. David Schick hat für das späte Zarenreich die Wechselwirkungen von Vertrauen, Religion und Ethnizität am Beispiel jüdischer Unternehmen und ihrer Netzwerke nachgezeichnet. Dabei konnte er zwar nachweisen, dass Religion und Ethnizität wichtige Vertrauensressourcen darstellten. Genau das aber konnte zu Problemen führen, wenn die ökonomischen Anforderungen, eine Firma zu führen, mit diesem Vertrauen in Konflikt gerieten. So gab es 1895 einen Streik in der Tabakfabrik Edelstein in Wilna, die jüdische Besitzer hatte und die hauptsächlich jüdische Arbeiter beschäftigte. Gerade aufgrund dieser ethnischen Konstellation wurden Entlassungen aber als Verrat empfunden, was den Arbeitskampf noch verschärfte. Ein Jahr später ging die Firma in die Insolvenz.[33]

Schließlich hat Phillip Bonacich die Überlegung vorgetragen, dass gut vernetzte Akteure nicht notwendigerweise ein Interesse daran haben, mit Akteuren aus ihren eigenen Netzwerken ins Geschäft zu kommen. Das liegt daran, dass man möglicherweise einen Vorteil davon hat, wenn die Geschäftspartner gerade nicht gut vernetzt sind. Aus institutionenökonomischer Sicht dienen Netzwerke nämlich dem Abbau von Informationsasymmetrien, die aber von einer Partei als vorteilhaft wahrgenommen werden können: Die Geschäftspartner haben dann weniger Informationen über angemessene Preise oder alternative Angebote und besitzen aus diesem Grund geringere Verhandlungsmacht.[34]

Um es zusammenzufassen: Die Netzwerkanalyse leistet speziell für die Zeit des Mittelalters und der Frühen Neuzeit gute Dienste, um die räumlichen Ausmaße und die Intensität von Handelsbeziehungen zu rekonstruieren. Sie macht auf die Bedeutung des Austauschs von Informationen im Wirtschaftsleben aufmerksam und zeigt die Wichtigkeit sozialer Inklusion und Exklusion für die Kontrolle, aber auch die Generierung von Vertrauen bei Handelsbeziehungen. Wichtig ist dabei besonders, dass in Netzwerken Informationen zirkulieren, dass sie Handlungsoptionen erweitern, aber auch einschränken können. In diesem Kapitel wurde argumentiert, dass unter den Bedingungen der modernen Wirtschaft immer wieder Anreize existieren, sich bei Entscheidungen nicht ausschließlich an Netzwerkbeziehungen zu orientieren und sich Geschäftspartner außerhalb des Netzwerkes zu suchen. Daraus, so die Hypothese, resultiert eine

33 David Schick, Vertrauen, Religion, Ethnizität. Die Wirtschaftsnetzwerke jüdischer Unternehmer im späten Zarenreich, Göttingen 2017.

34 Phillip Bonacich, Power and Centrality. A Family of Measures, in: American Journal of Sociology 92 (1987), S. 1170–1182.

Dynamik, die zu einer ständigen Veränderung und strukturellen Instabilität von Netzwerken im Wirtschaftsleben beiträgt.

Die historische Rekonstruktion von Netzwerken leistet per se keine vollständige Erklärung wirtschaftlicher Vorgänge. Darum ist es notwendig, durch quellenkritische Analyse die Qualität der menschlichen Beziehungen und die Funktionsweise von Netzwerken zu entschlüsseln. Unter welchen historischen Bedingungen können Netzwerke Stabilität erreichen, wann erweisen sie sich als funktional und wann werden sie sie durch Markt- und andere Dynamiken destabilisiert? Auf diese Weise kann die historische Analyse dazu beitragen, Netzwerke als Sozialformen zwischen Hierarchie und Markt auch theoretisch genauer zu konturieren.

5. Evolutorische Ökonomik

Eine der wichtigsten Aufgaben von Theorien in der Wirtschaftsgeschichte besteht darin, Ansätze für die Erklärung des ökonomischen Wandels zu entwickeln. Damit sind einerseits Veränderungen der ökonomischen Leistungsfähigkeit gemeint. Andererseits geht es um die Veränderung von Institutionen und Praktiken sowie der Sprache, in der ökonomische Sachverhalte verhandelt werden. Wie im dritten Kapitel ausgeführt wurde, betrachtet die Neue Institutionenökonomik konkrete Institutionen als entscheidend für eine erfolgreiche wirtschaftliche Entwicklung. Zugleich interpretiert sie den Wandel dieser Institutionen in erster Linie als Reaktion auf äußere Herausforderungen. Ansätze aus dem breiten Feld der evolutorischen Ökonomik gehen hier einen etwas anderen Weg, indem sie nach *endogenen* Erklärungen des Wandels suchen. Es geht also um die theoretische Erfassung der Veränderungsdynamik der Ökonomie selbst.[1]

Die evolutorische Ökonomik ist ein dynamisches Feld der Volkswirtschaftslehre, es lässt sich aber kaum seriös auf einen einheitlichen Nenner bringen. Geoffrey Hodgson, einer ihrer wichtigsten Vertreter, meinte kürzlich allerdings einen Grundkonsens identifizieren zu können, der in der prinzipiellen Einigkeit in fünf Punkten bestände: Konsens besteht ihm zufolge zunächst in der Annahme, dass die stetige Veränderung ein wesentliches Element der wirtschaftlichen Entwicklung darstellt, und dass diese Veränderung nicht nur quantitativer, sondern auch qualitativer, organisatorischer und struktureller Natur ist. Zweitens wird davon ausgegangen, dass technische oder organisatorische Neuerungen für den strukturellen ökonomischen Wandel besonders wichtig sind. Drittens wird betont, dass ökonomische Systeme komplex sind, relativ geringe Veränderungen große Wirkung entfalten können und auch „chaotische" Faktoren Entwicklungen beeinflussen können. Dementsprechend lässt sich die Entwicklung ökonomischer Systeme nur bedingt vorhersagen. Viertens wird vorausgesetzt, dass die kognitiven Kapazitäten der Menschen begrenzt sind und ihre Problemlösungskompetenz nicht unbedingt besser wird, je größer die zur Verfügung stehende Datengrundlage ist. Schließlich spielen nach Hodgson, fünftens, kleinteilige, spontane Formen der Selbstorganisation für die Entwicklung ökonomischer Systeme eine zentrale Rolle.[2]

---

1 Gerade ihre Herkunft aus der älteren Tradition der Institutionenökonomik zeigt im Übrigen, dass evolutorische Ansätze und Ansätze der Neuen Institutionenökonomie durchaus Schnittmengen aufweisen. Umso mehr ist der Gegensatz zwischen der makroökonomischen Perspektive auf den institutionellen Wandel, und der „Mikrofundierung" solcher Wandlungsprozesse, welche evolutorische Ansätze verfolgen, wichtig.

2 Geoffrey M. Hodgson, Evolutionary Economics. Its Nature and Future, Cambridge 2019, S. 24 f.

Diese Punkte sind sehr allgemein und sie lassen sich nicht ohne Weiteres in empirisch überprüfbare Aussagen übertragen. Das ist allerdings häufig der Fall, wenn man der Komplexität empirischer Entwicklungen theoretisch gerecht zu werden versucht. Ein Feld, auf dem sich das evolutionsökonomische Theorieprogramm jedoch vergleichsweise gut konkretisieren lässt, ist die Frage des technischen Wandels. Ein zweites Feld, bei dem das gelingt, lässt sich in Überlegungen zum organisatorischen und institutionellen Wandel ausmachen. Schließlich wird abschließend gefragt, welche neuen Perspektiven auf wirtschaftliche Veränderung evolutorische Ansätze ermöglichen.

Technischer Wandel

Verschiedentlich ist in dieser Einführung bereits darauf hingewiesen worden, dass die Frage des technischen Wandels genauso relevant wie komplex ist. Die Überlegungen Joel Mokyrs zur Unterscheidung zwischen Grundlagenwissen und Nützlichem Wissen haben etwa gezeigt, dass die konkrete Anwendung und Implementierung von Technik häufig wichtiger ist, als die Erfindung an sich. Jedenfalls legen es diese Überlegungen nahe, den Begriff der technologischen Neuerung deutlich breiter zu fassen und davon auszugehen, dass eher „Sets" miteinander verkoppelter Technologien als einzelne Neuerungen implementiert werden. Mit dem Begriff „Sets" soll dabei ausgedrückt werden, dass Technologien nicht unabhängig voneinander, sondern mit anderen Technologien sachlich oder sozial verkoppelt sind. Das macht nochmals deutlich, dass sie nicht autonom operieren, sondern immer als Teil eines bestimmten sozialen Verhältnisses betrachtet werden müssen.[3]

Die Frage des Zusammenhangs von technischen Neuerungen und wirtschaftlicher Entwicklung wurde in der Volkswirtschaftslehre besonders von Joseph Schumpeter behandelt, der neben Thorstein Veblen zu den wichtigsten Vätern der Evolutionsökonomik gehört. Nach Schumpeter sind es „Pionierunternehmer", die Innovationen einführen und durchsetzen. Diese Pionierunternehmer treten jedoch nicht isoliert auf, sondern ziehen „Schwärme" von Nachahmern hinter sich her, die somit zur Durchsetzung von Innovationen beitragen. Zugleich werden zur Produktion neuer Güter verstärkt Kredite aufgenommen, welche insgesamt die gesellschaftliche Kaufkraft erhöhen und zu einer größeren gesamtgesellschaftlichen Nachfrage beitragen. Auf diese Weise geht die Durchsetzung von Innovationen mit einer Aufschwungperiode einher. Die Potentiale der Innovation sind jedoch irgendwann erschöpft. Aufgrund der hohen Kreditnachfrage steigen die Zinsen, die aufgenommenen Kredite müssen zurückbezahlt werden. Die

3 Gesa Lindemann, Die Verkörperung des Sozialen. Theoriekonstruktion und empirische Forschungsperspektiven, in: Markus Schroer (Hg.), Soziologie des Körpers, Frankfurt/M. 2005, S. 114–137, 132–134.

Unternehmen, die kompetitive Nachteile besitzen, werden aus dem Wirtschaftsprozess ausgeschieden, die Übrigen in ihn eingegliedert. Aus diesem Grund führt eine Depressionsperiode zu einer „Normalisierung", die dann die Grundlage für eine neue Aufschwungperiode basierend auf neuen Innovationen schafft.[4]

Das Motiv des dynamischen Pionierunternehmers und seiner volkswirtschaftlichen Funktion ist deshalb für evolutionsökonomische Ansätze besonders wichtig geworden, weil Schumpeter hier eine endogene Theorie ökonomischen Wandels vorstellte. In dieser Theorie werden technische Innovationen letztlich als Folge der zyklischen Struktur des volkswirtschaftlichen Prozesses und der Abfolge von Aufschwungs- und Depressionsphasen betrachtet. Das bedeutete eine Akzentverschiebung gegenüber der neoklassischen Tradition, die technische Innovationen in der Regel als exogen betrachtete. Sie stellen also keine notwendige Folge wirtschaftlicher Entwicklungen dar. Das hieß allerdings nicht, dass Schumpeters Theorie allgemein akzeptiert worden wäre. Gerade der Aspekt, dass er technologische Innovationen aus der Zyklizität des volkswirtschaftlichen Prozesses ableitete, wurde harsch kritisiert. So wurde gefragt, warum die Schwärme an Pionierunternehmern immer am Beginn des Aufschwungs aufträten und nicht in Krisenzeiten. Tatsächlich haben sich Innovationen immer wieder als Möglichkeit für einzelne Unternehmen erwiesen, Krisen zu überwinden.[5]

Lässt man jedoch die für Schumpeters Denken grundlegende zyklische Struktur des wirtschaftlichen Prozesses einmal beiseite, dann besteht eine wesentliche Aussage seiner Theorie darin, dass bestimmte Akteure neue Lösungen durchsetzen, die sich als erfolgreich erweisen und dann von anderen adaptiert und nachgeahmt werden. Die Implementierung neuer technischer Lösungen beruht also darauf, dass sich Akteure unter der Bedingung von Unsicherheit gegenseitig beobachten und voneinander lernen. Sie reagieren nicht alle gleich auf bestimmte Anreize, sondern bestimmte Akteure fangen an, neue Lösungen umzusetzen, die dann von einigen adaptiert werden, von anderen nicht. Auf diese Weise kommt es zu Veränderungen der wirtschaftlichen Struktur, die schließlich dadurch stabilisiert werden, dass sich manche Lösungen als erfolgreich erweisen, während andere das nicht tun. Das ist eine wesentliche Konsequenz der Unsicherheit: Ob sich neue technische Lösungen durchsetzen können, weiß vorher niemand mit Sicherheit. Es muss ausprobiert werden.

Solche Überlegungen sind grundlegend für evolutorische Ansätze, den technischen Wandel zu erklären. Es wird wie gesagt davon ausgegangen, dass es keine einheitliche Reaktion auf die Verfügbarkeit technischer Neuerungen gibt, sondern sich die Implementierung neuer Lösungen nur aus dem komplexen Zusammenspiel und der gegenseitigen Beobachtung der Akteure in einem bestimmten Feld erklären lassen. Resultat ist eine Tendenz der Evolutionsökonomie zu „mikrofun-

---

4 Schumpeter, Theorie der wirtschaftlichen Entwicklung.

5 Vgl. Kurt Singer, Von den Prinzipien der Konjunkturtheorie, Tokyo 1932.

dierten“ Erklärungen. Diese erblicken die Ursache für Wandel in Verhaltensänderungen einzelner Firmen und Akteure, die sich schließlich auf der Makroebene zu beobachten sind. Gerade dass dabei unterschiedliche technologische Lösungen umgesetzt werden, stellt eine wichtige Bedingung der Entwicklung von Innovationen dar.[6] Solche Überlegungen liegen im Übrigen, und hier wird das Schumpetersche Erbe deutlich, auch einem Zweig der Konjunkturtheorie zugrunde. Die „Mikrofundierer“ betrachten in den Verhaltensänderungen einzelner Firmen die Ursache für Wendepunkte in der konjunkturellen Entwicklung.[7]

Evolutionstheoretische Überlegungen können zu einer subtileren theoretischen Erklärung des technischen Wandels beitragen. Dazu ist aber möglicherweise eine Veränderung der Perspektive notwendig: Schumpeter war der Ansicht, es gäbe Pionierunternehmer, denen dann weitere nachfolgen. Die daraus resultierende Wettbewerbslage ist letzten Endes eine Folge der ursprünglichen technischen Innovation. Das kann man jedoch auch umgekehrt betrachten. So lässt sich von einer bestimmte Wettbewerbskonstellation ausgehen, in der verschiedene Firmen (evolutionsökonomisch ausgedrückt: eine „Population“) um Innovationen in einem bereits vorhandenen Markt konkurrieren, beispielsweise für Autos oder Mobiltelefone. Hier stellt sich nun die Frage, welche technischen Innovationen gemacht und welche ausgewählt werden, welche sich durchsetzen und welche Auswirkungen diese Durchsetzung auf die Struktur des Marktes sowie die organisatorische Verfassung der Marktteilnehmer haben.

Hier wird ein klassisches evolutionäres Schema erkennbar, nämlich Entwicklungsdynamiken mithilfe der Begriffe Variation, Selektion und Stabilisierung zu analysieren.[8] Die Anwendung dieser auf Charles Darwin zurückgehenden analytischen Trias wird in der Evolutionsökonomik allerdings kontrovers verhandelt. Wichtig ist jedoch, dass es sich vorrangig um eine Analogie handelt und nicht um eine vollständige Übernahme. So würden die meisten evolutorischen Ansätze in der Ökonomie beispielsweise „lamarckistisch“ argumentieren, also die Weitergabe und Tradierung erworbener Eigenschaften behaupten. Das ist in der biologischen Evolutionstheorie bestenfalls stark umstritten.

Die Variation hat insofern keinen zufälligen Charakter, weil die wiederholte Innovationsfähigkeit sich in den letzten 200 Jahren als eine notwendige Eigenschaft von Unternehmen besonders auf hart umkämpften Märkten erwiesen hat. Die hier aktiven Firmen leisten sich darum in der Regel Entwicklungsabteilungen. Ob bahnbrechende Erfindungen gemacht werden, lässt sich insofern nicht sicher vorhersa-

6 Joel Mokyr, Science, Technology, and Knowledge, What Economic Historians Can Learn from an Evolutionary Approach, in: Ulrich Witt, Andreas Chai (Hg.), Understanding Economic Change. Advances in Evolutionary Economics, Cambridge 2018, S. 81–119, 82.

7 Frank Schohl, Die markttheoretische Erklärung der Konjunktur, Tübingen 1999.

8 Vgl. dazu J. Stanley Metcalfe, Evolutionary Economics and Technology Policy, in: The Economic Journal 104 (1994), S. 931–944, 933.

gen, aber die Wahrscheinlichkeit wird durch die Institutionalisierung der Innovationsfähigkeit erhöht. Beruht die Variation auf der Beobachtung von Märkten zusammen mit einer institutionalisierten Industrieforschung, so wird die Frage der Selektion bereits stärker durch die Beobachtung der konkreten Nachfrage beeinflusst. Das bestimmt zum einen, welche Entwicklungen überhaupt produziert werden. Zum anderen wurde darauf hingewiesen, dass weniger einzelne Innovationen eingeführt werden, als Sets zusammenhängender Technologien. Das kann von bestimmten, miteinander zusammenhängenden Technologien – etwa Mobiltelefone, Ladekabel, Anwendungen etc. – bis hin zu der Etablierung von „Large Technological Systems" reichen. Mit diesem Begriff hat der Technikhistoriker Thomas P. Hughes Stromnetze oder medizinische Infrastrukturen bezeichnet. Diese zeichnen sich, wie der Name schon sagt, durch Größe und Systemhaftigkeit aus. Zugleich handelt es sich aber simultan um technische und soziale Systeme, die genauso durch technische Artefakte wie durch Menschen konstituiert werden.[9]

Bei der Variation und Selektion technologischer Sets ist die Frage der technischen Leistungsfähigkeit nur ein Faktor, genauso wie die Produktionskosten der beteiligten Unternehmen nicht allein entscheidend sind. Die technologischen Sets erzeugen nämlich „Lock-In"-Effekte, d.h., einmal etablierte Technologien schaffen Pfadabhängigkeiten, die es für abweichende Sets schwer machen, sich durchzusetzen, selbst wenn sie Vorteile haben. Ein bekanntes Beispiel für einen solchen Lock-In-Effekt sind die Betamax-Videokassetten aus den 1980er Jahren, die trotz besserer Bildqualität vom VHS-System verdrängt wurden.[10] Auf diese Weise führen Selektionen zur Stabilisierung bestimmter technologischer Lösungen, die schließlich die folgenden Variationen beeinflusst. Der technische Wandel wird also keineswegs allein durch „objektive" Funktionalität vorangetrieben, sondern er besitzt eine starke soziale Komponente. Er wird durch diejenigen, die die Technik am Ende anwenden, in hohem Maße mitbestimmt.[11]

Neuerungen schließen insofern immer an das an, was schon da ist. Für evolutorische Ansätze ist der Gedanke der Pfadabhängigkeit von besonderer Bedeutung. Damit wird bezeichnet, dass einmal gefundene Lösungen den Spielraum für die folgenden Variationen bestimmen.[12] Dabei sind die Variationsmöglichkeiten bei der Etablierung eines neuen Pfades am größten, wobei auch zufällige und

---

9 Thomas P. Hughes, The Evolution of Large Technological Systems, in: Wiebe E. Bijker (Hg.), The Social Construction of Technological Systems, Cambridge/Mass. 1987, S. 51–82; Joachim Radkau, Zum ewigen Wachstum verdammt? Jugend und Alter großer technischer Systeme, in: Ingo Braun, Bernward Joerges (Hg.), Technik ohne Grenzen, Frankfurt/M. 1994, S. 50–106.

10 Martina Heßler, Kulturgeschichte der Technik, Frankfurt/M. 2012; Nye, In der Technikwelt leben, S. 48.

11 Klassisch dazu Bruno Latour, Das Parlament der Dinge. Für eine politische Ökologie, Frankfurt/M. 2010.

12 Jörg Sydow, Path Constitution Analysis. A Methodology for Understanding Path Dependency and Path Creation, in: Business Research 5 (2012), S. 155–176.

„chaotische" Konstellationen eine wichtige Rolle spielen können. An dieser Stelle lässt sich im Übrigen der Schumpetersche Pionierunternehmer gut einfügen, weil er solche neuen Technologiepfade begründet. Im weiteren Verlauf der technischen Entwicklung werden die Variationsmöglichkeiten dann aber oftmals geringer, was sich in der Etablierung und Ausreifung bestimmter Technologien manifestiert. Daraus lässt sich zumindest eine Tendenz zur „Erstarrung" ableiten, was aber zugleich Potentiale für neue Lösungen schafft. So können Variationen bewusst geplant oder neue Pfade etabliert werden. Nicht zuletzt aufgrund der beschriebenen sozialen Dimension der Technikimplementierung ist das allerdings keineswegs trivial.

Der Wandel von Organisationen und Institutionen

Der technische Wandel verändert nicht nur die relativen Preise auf Märkten, sondern er beeinflusst auch wirtschaftliche Strukturen. Ein Beispiel dafür ist die Etablierung der Massenproduktion in der zweiten Hälfte des 19. Jahrhunderts, die etwa in der Eisen- und Stahlindustrie die Schaffung immer größerer Betriebseinheiten erzwang. Von der Unternehmensgeschichte ist das in zahlreichen Einzelstudien thematisiert worden,[13] aber auch die technikhistorische Forschung hat sich über die sozialen Auswirkungen der Technikimplementierung Gedanken gemacht. Für evolutorische Ansätze ist hier zunächst wichtig, dass sich Pfadabhängigkeiten nicht nur bei Technologien der Produktion oder des Konsums ausmachen lassen, sondern auch bei Organisationen und Institutionen: Einmal gefundene Lösungen determinieren danach die weitere Entwicklung. Wie es Richard Nelson und Sidney Winter, zwei Pioniere dieses Ansatzes, ausgedrückt haben: Routinen sind die „Gene" der Evolutionsökonomik.[14] Die Stabilisierung bzw. „Vererbung" bestimmter Praktiken schlagen sich, in Analogie zu biologischen Evolutionstheorien, in etablierten Handlungsroutinen nieder. Sie werden gewissermaßen in das „genetische" Programm von Organisationen aufgenommen.

Routinen werden in der Regel nicht schriftlich fixiert und in den allermeisten Fällen auch nicht explizit kommuniziert. Vielmehr stellen sie eine eingeübte soziale Praxis dar und charakterisieren auf diese Weise Organisationen in ihrer besonderen Eigenart.[15] Wie Carsten Herrmann-Pillath gemeint hat, ist die Praxis einer Organisation wichtiger als ihre Idee. Routinen werden aber zu einem Be-

---

13 Das geschah insbesondere im Anschluss an die Arbeiten des US-amerikanischen Unternehmenshistorikers Alfred D. Chandler. Vgl. Alfred D. Chandler, The Visible Hand. The Managerial Revolution in American Business, Cambridge/Mass. 1977; Ders., Scale and Scope. The Dynamics of Industrial Capitalism, Cambridge/Mass. 1990.

14 Richard R. Nelson, Sidney G. Winter, An Evolutionary Theory of Economic Change, Cambridge/Mass. 1982, S. 134–136.

15 Ebd., S. 96–136.

standteil menschlichen Wissens, wobei der Wissensbegriff der Evolutionsökonomik üblicherweise sehr breit gefasst wird.[16] Er schließt auch inkorporierte Wissensformen ein, die sich mit dem Begriff des „tacit knowledge“ beschreiben lassen: Den meisten Menschen ist nicht umfassend bewusst, welchen Handlungsroutinen sie folgen, welche Regeln sie internalisiert haben und mit welchen kognitiven Schemata sie die Welt erfassen und ordnen. Es ist gerade eine grundlegende Bedingung der Stabilisierung von Handlungsroutinen, dass sie nicht explizit sind und damit auch nicht zur Debatte stehen. Der „stillschweigende“ Charakter von Organisationswissen und Regelvertrauen erweist sich als entscheidend für die Stabilisierung von Handlungsroutinen.

Das gilt für Organisationen, es lässt sich aber auch auf Institutionen übertragen, die im Sinne der Neuen Institutionenökonomik, wie im dritten Kapitel ausgeführt, als Regelbestände des sozialen Zusammenlebens verstanden werden. Was die Neue Institutionenökonomik als Institutionen beschreibt, besteht aus der Perspektive evolutorischer Ansätze zu einem nicht geringen Teil aus Handlungsroutinen, gerade wenn es um die Regeln der alltäglichen Interaktion geht. Aus diesem Grund erscheint es sinnvoll, auf die Bedeutung menschlichen Wissens bei der Etablierung wirtschaftlicher Institutionen hinzuweisen. Dieses Wissen steht den Menschen jedoch nicht einfach so zur Verfügung, sondern es wird von ihnen erworben, also gelernt. Das verdeutlicht im Übrigen noch einmal die zu Beginn des dritten Kapitels erläuterte Relevanz von Transaktionskosten: Neue Mitarbeiter brauchen Zeit, die Handlungsroutinen in der neuen Firma kennenzulernen. Auch aus diesem Grund ist es sinnvoll, sie fest zu beschäftigen und nicht jeweils kurzfristig aus dem am Markt verfügbaren Angebot auszuwählen.

Die Etablierung solcher Handlungsroutinen ist ein komplexer Prozess. Menschen sind mit bestimmten sozialen Zusammenhängen konfrontiert, in die sie sich einfinden und an die sie sich gewöhnen müssen. Sie orientieren sich an sozialen Strukturen, fangen aber bald damit an, diese selbst zu reproduzieren. Auch hier ist das Schema Variation, Selektion und Stabilisierung analytisch hilfreich: Handlungen werden variiert, wiederholt, sie bewähren sich oder auch nicht. Erfolgreiche Handlungen führen zu Stabilisierungen und der Verfestigung zumeist nicht mehr explizit kommunizierter Handlungsroutinen. Diese bilden wiederum den Hintergrund, vor dem neue Variationen erfolgen können.

Die Begriffe „Wissen“ und „Lernen“ sind zugleich hilfreich, um ein Problem zu bearbeiten, mit dem die Kategorie der Pfadabhängigkeit konfrontiert ist: Wie oben bereits erwähnt, impliziert dieser Begriff, dass bei der Etablierung neuer Pfade die Variationsmöglichkeiten am größten sind, während sie später tendenziell abnehmen. Veränderungen scheinen aus einer solchen Perspektive eher gradueller und langsamer Natur zu sein. Wie lässt sich das aber mit der historisch immer wieder zu beobachtenden, vergleichsweise abrupten Veränderungen von Institutionen

16 Carsten Herrmann-Pillath, Grundriss der Evolutionsökonomik, München 2002, S. 80–103.

oder Wissensbeständen vereinbaren? Wann und unter welchen Umständen werden in sozialen Zusammenhängen neue Pfade etabliert? Die Bedeutung dieser Frage kann das Beispiel der Weltwirtschaftskrise verdeutlichen: Zu Beginn der 1930er Jahre veränderte sich innerhalb kurzer Zeit die Wahrnehmung der Wirtschaft und die Ansichten über eine richtige Wirtschaftspolitik. Bis dahin wurde es als sinnvoll betrachtet, eine Krise sich „ausbrennen" und sie eine strukturelle Reinigung der Wirtschaft vornehmen zu lassen. Seit Beginn der 1930er Jahre galt das in vielen Industrieländern jedoch nicht länger als legitime Strategie. Vielmehr war der Staat gefordert, Krisen aktiv zu bekämpfen.[17] Ein anderes Beispiel wäre die plötzlich weltweit zu beobachtende Aufmerksamkeit für den Umweltschutz am Ende der 1960er Jahre, die kaum auf eine plötzliche Zunahme der Belastung zurückzuführen ist.[18]

Der Schweizer Wirtschaftshistoriker Hans-Jörg Siegenthaler hat mit dem Konzept des „Fundamentalen Lernens" einen Weg aufgezeigt, die Implikationen evolutionärer Entwicklung mit relativ kurzfristigen Veränderungen zu vereinbaren.[19] Ihm zufolge bilden Menschen im Laufe ihres Lebens grundlegende kognitive Schemata aus, mittels derer sie die Welt wahrnehmen und interpretieren. Daraus resultiert ein spezifisches Regelvertrauen, dass die Welt tatsächlich so funktioniert, wie es angenommen wird. Diese kognitiven Schemata besitzen dabei zumeist eine große Beharrungskraft und Emotionalität. Deshalb werden sie in der Regel durch einzelne Erfahrungen nicht in Frage gestellt. Als Resultat fortgesetzter Enttäuschungen des Regelvertrauens kann das aber sehr wohl der Fall sein. Verstärkt durch bestimmte Aktivierungsereignisse, wie Wirtschaftskrisen oder Katastrophen wie die Reaktorunglücke von Tschernobyl und Fukushima, können Prozesse fundamentalen Lernens in Gang gesetzt werden, in denen Menschen ihre hergebrachten kognitiven Schemata durch neue ersetzen. Dabei kann es, wie gesagt, zu vergleichsweise raschen Veränderungen kommen, die aber eigentlich das Ergebnis kumulierter Erfahrungen sind.

Es ist allerdings auch denkbar, dass organisatorischer und institutioneller Wandel aufgrund bewusster Interventionen erfolgt. Das wäre etwa bei Versuchen der Fall, Handlungsroutinen in Unternehmen abzuschaffen oder gesellschaftliche Regelbestände durch neue Gesetze oder Einsatz bestimmter Ideologien zu verändern. So waren beispielsweise in den 1970er Jahren viele Unternehmensmanager der Meinung, ein Übermaß an Identifikation der Mitarbeiter mit ihrem Unternehmen würde zu Inflexibilität führen. Folge sei die fehlende Kompetenz, auf

---

17 Hesse, Köster, Plumpe, Die große Depression, S. 182–184.

18 Patrick Kupper, die „1970er Diagnose". Grundsätzliche Überlegungen zu einem Wendepunkt der Umweltgeschichte, in: Archiv für Sozialgeschichte 43 (2003), S. 325–348.

19 Hansjörg Siegenthaler, Regelvertrauen, Prosperität und Krisen. Die Ungleichmäßigkeit wirtschaftlicher und sozialer Entwicklung als Ergebnis individuellen Handelns und sozialen Lernens, Tübingen 1993.

neue Entwicklungen zu reagieren. Es wurde jedoch verschiedentlich betont, dass die Veränderung von Handlungsroutinen eine sehr komplexe Aufgabe darstellt, die sich keineswegs durch Anordnung erledigen lässt: Organisationen haben ein Eigenleben und Menschen werden ihre (internalisierten) Handlungsroutinen nicht einfach deswegen ablegen, weil jemand es ihnen sagt. An der Hartnäckigkeit der Korruption zeigt sich das sehr deutlich und es gibt in der Geschichte zahllose Beispiele dafür, wie Vorgesetzte an den Handlungsroutinen und der versteckten „Agenda" von Organisationen scheitern.[20]

Im Falle von Institutionen erscheint die intentionale politische Gestaltung noch komplizierter. Acemoglu und Robinson haben zwar darauf bestanden, dass die Politik gute Institutionen schafft. Es käme also auf die politische Gestaltung an, ob Länder eine ökonomisch erfolgreiche Entwicklung nehmen oder nicht, ob viele Menschen daran partizipieren können oder nur kleine Gruppen.[21] Aber gelegentlich klingt das so, als müssten Regierungen nur entscheiden, das Beste für ihr Land zu wollen – was sich nach Acemoglu und Robinson nicht aus ihrem Nutzenkalkül ergibt, weil extraktive Institutionen einer kleinen Gruppe von Profiteuren üblicherweise mehr nutzen als inklusive. Evolutorische Ansätze sehen die konkrete Gestaltung von Institutionen jedoch als viel komplexer an, weil sich auch in diesem Fall Handlungsroutinen nicht durch Gesetze ändern lassen.

Insofern entwickeln evolutorische Ansätze eine andere Perspektive auf den institutionellen Wandel. Institutionen werden hier weniger als Voraussetzung einer erfolgreichen wirtschaftlichen Entwicklung betrachtet, sondern vielmehr als *Resultat* der Stabilisierung bewährter Handlungsroutinen. Gerade von der Entwicklungsökonomie ist verschiedentlich gezeigt worden, dass gute Institutionen, wie sie North, Acemoglu, Robertson und viele andere beschrieben haben, erst das Resultat einer günstigen wirtschaftlichen Entwicklung darstellen.[22] Dafür gibt es im Übrigen auch überzeugende sachliche Argumente: Ein Staat, der Eigentumsrechte effektiv garantieren kann, ist im Zweifelsfall ziemlich teuer. Eine günstige wirtschaftliche Entwicklung wäre dann die Voraussetzung dafür, dass ein Staat es sich leisten kann, stabile Verfügungsrechte zu garantieren und auf „extraktive" Arten der Einkommensgenerierung wie Zölle, Ämterkauf oder Privilegienpolitik zu verzichten.[23] Das gilt im Übrigen gerade für das „Limited Government", das von der Neuen Institutionenökonomik so häufig gelobt wird.

---

20 Alfred Kieser, Michael Woywode, Evolutionstheoretische Ansätze, in: Alfred Kieser, Mark Ebers (Hg.), Organisationstheorien, Stuttgart 2006[6], S. 309–352, 329–334.

21 Acemoglu, Robinson, Warum Nationen scheitern.

22 Everest-Phillips, The Myth of „Secure Property Rights", S. 17 f.

23 John Nye, War, Wine, and Taxes, S. 74.

Eine solche Sichtweise legt dann aber auch eine andere Bewertung von Institutionen im Wirtschaftsleben nahe. Bei North und anderen war die ökonomische Performanz am Ende ein Resultat bestimmter Institutionen. Bei evolutionsökonomischen Ansätzen wird zumindest der Punkt starkgemacht, dass Institutionen sowohl die Voraussetzung als auch das Resultat einer bestimmten wirtschaftlichen Dynamik sind. Das ist im Übrigen ein Gesichtspunkt, den bereits Thorstein Veblen hervorgehoben hat: Institutionen sind im Grunde immer „gestrig". Sie stellen Stabilisierungen sozialer Praktiken und Semantiken dar, die zum Zeitpunkt ihrer Stabilisierung aber schon weiter fortgeschritten sind.[24] Wie Joel Mokyr es zugespitzt hat: „Evolution is inherently conservative".[25] Konkrete Praktiken sind institutionellen Stabilisierungen immer einen Schritt voraus.

Für die Wirtschaftsgeschichte ergeben sich damit gerade im Hinblick auf die institutionellen Umbrüche zwischen dem 16. und dem 19. Jahrhundert im Vergleich zur NIÖ andere Schlussfolgerungen. Die Institutionen des vormodernen Europas waren aus einer solchen Perspektive keineswegs grundsätzlich dysfunktional und resultierten auch nicht in erster Linie daraus, dass es einer kleinen Gruppe mächtiger Personen gelang, ihre Interessen durchzusetzen. Vielmehr waren sie auf ökonomische Zustände zugeschnitten, in denen stets mit Rückschlägen und existentiellen Krisen gerechnet werden musste. Erst als sich im Laufe des 18. Jahrhunderts eine stabile wirtschaftliche Dynamik entwickelte, erwiesen sich diese Institutionen als hinderlich. Zu diesem Zeitpunkt wurden sie allerdings auch als Hindernis diskutiert und im Zuge des Zusammenbruchs des „Ancien Regimes" mittel- und längerfristig beseitigt.

Der Wandel wirtschaftlicher Strukturen

Ein wesentliches Merkmal evolutionsökonomischer Ansätze ist die Ablehnung von *Grand Designs*, also von Großtheorien, die eine bestimmte einheitliche Entwicklungsrichtung von Volkswirtschaften behaupten. Typisch dafür sind beispielsweise die in den 1960er Jahren populären Modernisierungstheorien, wie sie etwa Walt Rostow mit seinen Überlegungen zu den Stadien ökonomischen Wachstums vertreten hat.[26] Danach führen bestimmte Voraussetzungen – Kapitalaustattung, Liberalismus oder gute Institutionen – notwendigerweise zu Wachstumsprozessen. Falls solche Entwicklungen ausbleiben, ist dies auf das Fehlen der genannten Faktoren zurückzuführen. Mit der Ablehnung dieser tendenziell teleologischen Großtheorien sind evolutorische Ansätze zugleich prognoseskeptisch.

---

24 Theofanis Papageorgiou, Ioannis Katselidis, Panayotis G. Michaelides, Schumpeter, Commons, and Veblen on Institutions, in: The American Journal of Economics and Sociology 72 (2013), S. 1232–1254, 1234.

25 Mokyr, Science, Technology, and Knowledge, S. 105.

26 Rostow, The Stages of Economic Growth.

Sie gehen davon aus, dass gesellschaftliche und wirtschaftliche Entwicklungen nur begrenzt vorhersehbar sind.[27]

Mit der evolutionären Entwicklungskonzeption wird auch der Effizienzgedanke der älteren Version der Neuen Institutionenökonomik in Frage gestellt, langfristig würden sich die Institutionen durchsetzen, die Transaktionskosten am effektivsten minimieren. Das legt eine institutionelle Isomorphie nahe, dass nämlich die Länder mit den leistungsfähigsten Wirtschaftssystemen am Ende auch alle mehr oder weniger ähnliche Institutionen ausbilden. Evolutorische Ansätze haben hingegen einen anderen Ausgangspunkt: Ihnen zufolge gehen wirtschaftliche Strukturen aus kleinräumigen Interaktionen hervor, wobei Spontaneität, Zufall und Chaos eine Rolle spielen können. Veränderungen passieren nicht deswegen, weil die Akteure einheitlich auf bestimmte äußere Anreize reagieren. Vielmehr fangen einzelne Akteure an, ihr Verhalten zu ändern. Das wird von anderen beobachtet, die ihr Verhalten ebenfalls anpassen. Auf diese Weise kann es nach und nach zu einer Veränderung der Gesamtlage kommen, die dann neue Anreize für die Akteure schafft. Was die Neue Institutionenökonomik als äußere Anreize betrachtet, stellt also möglicherweise erst das Resultat der Verhaltensänderung bestimmter Akteursgruppen dar.

Das bedeutet keineswegs die Beliebigkeit der institutionellen Entwicklung. Vielmehr erweisen sich die Stabilisierungsbedingungen von Institutionen als entscheidend: Sie müssen sich bewähren. Allerdings hat „Bewährung" nicht nur mit wirtschaftlicher Performanz zu tun, sondern beispielsweise auch damit, inwiefern Institutionen zum normativen Gerüst einer Gesellschaft passen. Diese Lektion musste die Weltbank in den 1970er und 1980er Jahren schmerzlich lernen, dass sich die Institutionen westlicher Industriestaaten nicht einfach ökonomisch weniger entwickelten Ländern überstülpen lassen.[28] Auf diese Weise lässt sich zugleich plausibel machen, dass sich ganz unterschiedliche Regelbestände im Rahmen des globalen Kapitalismus vielleicht nicht als gleichermaßen funktional, aber zumindest als überlebensfähig erweisen.

Trotz der Skepsis evolutionärer Ansätze gegenüber simplifizierenden Großtheorien erlauben solche Überlegungen durchaus die Erklärung längerfristiger ökonomischer Entwicklungstendenzen. So ließe sich das langfristige Überleben des heute vorherrschenden kapitalistischen Wirtschaftssystems dadurch erklären, dass es sich zumindest in materieller Hinsicht so bewährt und als so flexibel erwiesen hat, dass sich seine Strukturen von Periode zu Periode reproduzieren.[29] Alternative Ordnungsformen (wie die nach 1945 errichteten staatssozialistischen Systeme) wurden hingegen wieder abgeschafft. Ein wesentliches Bewährungskriterium wäre dann aber gerade die Anpassungsfähigkeit kapitalistischer Praktiken an verschiedene Voraussetzungen kultureller, ethischer oder religiöser Art. Das

27 Hermann-Pillath, Grundriss der Evolutionsökonomik.
28 Joseph Stiglitz, Die Schatten der Globalisierung, München 2002, S. 70 f.
29 Neil Fligstein, Die Architektur der Märkte, Wiesbaden 2011, S. 31.

ist allerdings äußerst umstritten und kann auch ganz anders akzentuiert werden. So haben kapitalismuskritische Ansätze gerade die Flexibilität des Kapitalismus als Unterwerfung gesellschaftlicher Traditionsbestände unter den Primat der Ökonomie interpretiert.[30] Auch wurde darauf hingewiesen, dass die materielle Leistungsfähigkeit durch ungerecht verteilte Lebenschancen und die sozial desintegrative Wirkung kapitalistischer Praktiken konterkariert wird.[31]

Und schließlich wird mit Recht darauf verwiesen, dass die materielle Leistungsfähigkeit des Kapitalismus desaströse Auswirkungen auf die natürliche Umwelt des Menschen hat. Dabei gibt es dann auch Versuche, Wirtschaft und Natur als „koevolutive" Systeme zu betrachten, diese also in evolutionäre Ansätze einzubeziehen. Hier geht es darum, die gegenseitige Beeinflussung und Prägung der Wirtschaftsweise des Menschen durch seine natürliche Umwelt bzw. umgekehrt die Beanspruchung der Natur durch das menschliche Wirtschaften theoretisch zu erfassen. Die theoretischen Aussagen ähneln freilich denen, die bereits im ersten Teil zum Verhältnis von Umwelt und Wirtschaft beschrieben wurden: Ein gleichgewichtiges System wurde im Zuge der Industrialisierung sukzessive hyperthroph und führte zur rücksichtslosen Ausbeutung natürlicher Ressourcen. Zwar erscheint die Aufgabe des seit über 250 Jahren vorherrschenden Wachstumsmodells von diesem Standpunkt her plausibel, aber eben auch wenig realistisch.[32]

Insgesamt können evolutionsökonomische Ansätze dazu beitragen, den wirtschaftlichen Wandel besser zu verstehen. Sie leisten das nicht zuletzt durch die Betonung der Bedeutung des Wissens und des Lernens von Institutionen. Sie sehen darin das Ergebnis der Stabilisierung eingeübter sozialer Praxis sowie der Nicht-Determiniertheit wirtschaftlicher Entwicklungen. Die damit einhergehenden Differenzierungen sind theoretisch aber nicht kostenlos. Am Ende wird die Abgrenzung zu einer genuin historischen Betrachtungsweise zunehmend schwierig. Institutionen, Organisationen, technologische Lösungen werden in ihrer Individualität erklärlich, aber nicht mehr unbedingt darin, was ihnen gemeinsam ist.[33] Auf die Abstraktionsgewinne herkömmlicher Wirtschaftstheorien müssen evolutorische Ansätze teilweise verzichten.

---

30 Z. B. neuerdings Boltanski, Esquerre, Bereicherung.

31 Heinz Bude, Philipp Staab, Kapitalismus und Ungleichheit. Neue Antworten auf alte Fragen, in: Diess. (Hg.), Kapitalismus und Ungleichheit. Die neuen Verwerfungen, Fankfurt/M. 2016, S. 7–22.

32 Vgl. etwa John Gowdy, Coevolutionary Economics. The Economy, Society and the Environment, Norwell/Mass. 1994.

33 Deswegen sieht beispielsweise Mokyr den hauptsächlichen Wert evolutorischer Ansätze in deren „Epistemologie" und nicht in daraus ableitbaren formalisierten Modellen oder der theoretischen Erforschung der Dynamiken innerhalb von Populationen. Mokyr, Science, Technology, and Knowledge, S. 112.

6. Soziologische Ansätze

Die Geltungskraft der ökonomischen Theorie wurde bereits im ersten Kapitel des Theorie- und Methodenteils mit dem Argument eingeschränkt, dass die Möglichkeit, sich im Wirtschaftsleben eigeninteressiert und damit berechenbar zu verhalten, sozial sehr voraussetzungsreich ist. Gesellschaftliche und ökonomische Ordnung setzen sich gegenseitig voraus. Die Neue Institutionenökonomik hat diesen Sachverhalt dahingehend konkretisiert, dass es verschiedene Regelsysteme gibt, die die Effizienz von Märkten erhöhen. Wie jedoch am Ende des dritten Kapitels angemerkt wurde, ist es zweifelhaft, ob sich die Entstehung dieser Regelsysteme dadurch erklären lässt, genau diese Aufgabe zu erfüllen. Dann schließt sich aber die Frage an, welche sozialen Voraussetzungen notwendig sind, damit Regelsysteme überhaupt entstehen und wirksam werden können. Evolutionsökonomische Ansätze haben dafür differenzierte, aber eben auch sehr kleinteilige Erklärungen entwickelt. Die Frage nach einer möglichen Gesamtinterpretation der wirtschaftlichen Entwicklung bleibt somit vorerst offen.

Um zumindest einen Hinweis auf mögliche Ansätze zu geben, wie diese Frage behandelt werden kann, sollen in einem Ausblick Versuche beschrieben werden, wirtschaftliche Entwicklungen in einem umfassenderen Sinne zu erfassen und gesellschaftstheoretisch zu integrieren. Hier geht es nicht so sehr um die theoretische Erklärung konkreter wirtschaftlicher Vorgänge, als um eine Theorie des allgemeinen ökonomischen Wandels in seiner gesellschaftlichen Bedingtheit. Der Rekurs auf Theorieangebote der Soziologie steht dabei jedoch vor der Schwierigkeit, dass es sich um eine sehr pluralistische Wissenschaft handelt. Es gibt eine Vielzahl von gesellschaftstheoretischen Paradigmen, die an dieser Stelle selbstverständlich nicht alle vorgestellt werden können. Stattdessen sollen einige Ansätze daraufhin befragt werden, inwieweit sie in der Lage sind, die wirtschaftliche Entwicklung in der Moderne überzeugend zu fassen.

Den Anfang macht dabei ein knapper Überblick über Kapitalismustheorien, die in einer langfristigen Perspektive den ökonomischen Wandel diachron operationalisieren. Danach widmet sich die Darstellung Ansätzen, die – durchaus mit vielen Kapitalismustheorien kompatibel – die Moderne durch die Ausdifferenzierung bestimmter Funktionssysteme charakterisiert sehen, zu denen auch die Wirtschaft gehört. Den Abschluss bildet der Überblick über einige Ansätze, die auf sozialer Ungleichheit als strukturierendes Merkmal der modernen Wirtschaft bestehen und damit einen anderen Akzent in die Debatte hineintragen.

Kapitalismustheorien

Gerade in den letzten Jahren hat die Kapitalismusgeschichte einen beachtlichen Aufschwung erlebt. In den USA hat sich mittlerweile sogar eine Forschungsrichtung unter der Bezeichnung „New History of Capitalism“ etabliert. Zahlreiche Gesamtdarstellungen zur Wirtschaftsgeschichte werden aktuell unter der Bezeichnung „Geschichte des Kapitalismus“ beworben, ohne dass dabei jedoch unbedingt eine zufriedenstellende Bestimmung dieses genauso anregenden wie problematischen Begriffes erfolgt.[1] Anregend ist der Begriff „Kapitalismus“ vor allem deswegen, weil sein Gebrauch einen engen sachlichen Zusammenhang der wirtschaftlichen Veränderungen vom 17. bis zum 19. Jahrhundert behauptet. Das macht es erforderlich, wirtschaftshistorische Entwicklungen umfassend zu kontextualisieren und globale Perspektiven mitzudenken. Problematisch ist der Begriff zugleich, weil seine Verwendung solche Zusammenhänge oftmals eher suggeriert und noch nicht konkret historisch zeigt. Zudem enthält er analytische Implikationen, die zumindest angemessen reflektiert werden sollten: etwa, dass der Kapitalismus als System portraitiert wird, dessen wesentliches Ziel die Selbsterhaltung sei und dessen Formveränderungen stets eine Reaktion auf Widerstände gegen seinen ausbeuterischen Charakter darstellen.[2]

Der Beginn der theoretischen Befassung mit dem Kapitalismus lässt sich im Frühsozialismus verorten, wo auch der Begriff als Antonym zu „Sozialismus“ entwickelt wurde.[3] Ihr eigentlicher Vater aber ist Karl Marx. In seiner materialistischen Geschichtsphilosophie stellte der Gegensatz zwischen den Besitzern der Produktionsmittel und denjenigen, die sie nicht besaßen, das strukturierende Grundprinzip der historischen Entwicklung dar. Die „kapitalistische Produktionsweise“ – von „Kapitalismus“ sprach er nur ganz sporadisch – zeichnete sich für Marx dadurch aus, diesen Gegensatz besonders deutlich hervortreten zu lassen. Mit dem industriellen Zeitalter und der Herrschaft der Bourgeoisie war für Marx das historische Endstadium eines dialektischen Prozesses erreicht, der sich in einer proletarischen Revolution selbst aufheben würde.[4]

Marx beschrieb eine Gesellschaft, die vorrangig durch ihre ökonomische Organisation geprägt wurde. Auch wenn Marx als Sozialist lange Zeit eher ein Schreckgespenst für die „bürgerliche“ Volkswirtschaftslehre und Geschichtswissenschaft

1 Etwa Joyce O. Appleby, The Relentless Revolution. A History of Capitalism, New York 2010.

2 Als neuere Variante dieses alten Motivs s. Luc Boltanski, Eve Chiapello, Der neue Geist des Kapitalismus, Konstanz 2006.

3 Die Begriffsgeschichte von „Kapitalismus“ ist ein bislang kaum bearbeitetes Forschungsfeld. Für Ansätze s. Marks, The Information Nexus; Roman Köster, Der Kapitalismusbegriff in der US-amerikanischen Debatte 1918–1962, in: Jan-Otmar Hesse et al. (Hg.), Moderner Kapitalismus. Wirtschafts- und Unternehmenshistorische Beiträge, Tübingen 2019, S. 49–76.

4 Marx, Das Kapital.

blieb, so war es doch genau diese Prägung, die Max Weber und Werner Sombart nach 1900 ebenfalls behaupteten. Diese beiden Soziologen entwickelten – mit jeweils eigenen Akzentsetzungen – die bis heute vielleicht einflussreichsten Kapitalismustheorien überhaupt. Auch wenn mittlerweile viele neue Erklärungsansätze in die Debatte eingebracht wurden, spielen von Weber und Sombart entwickelte Motive der Kapitalismusanalyse bis heute eine große Rolle, selbst wenn das vielen Beobachtern gar nicht bewusst ist.

Ihr Ausgangspunkt war zunächst die Kritik an den Entwicklungsvorstellungen der zeitgenössischen Volkswirtschaftslehre. Die Jüngere Historische Schule vertrat zumeist Stufentheorien der wirtschaftlichen Entwicklung, die eine Abfolge von der Haus- über die Stadt- hin zur Volkswirtschaft oder von der Tausch-, über die Geld- zur Kreditwirtschaft behaupteten.[5] Typisch war es, diese Entwicklung als Fortschritt zu konzipieren, der seine Erfüllung in der Ausprägung einer „Volkswirtschaft" fand, die mit der deutschen Nationsbildung parallel ging. Im Gegensatz zu diesen evolutionären Stufentheorien postulierten Weber und Sombart einen radikalen Bruch zwischen einer alteuropäischen Wirtschaftsform und dem modernen Kapitalismus. Sie führten den eigentlich sozialistischen Begriff Kapitalismus in den „bürgerlichen" Wissenschaftsdiskurs ein, um deutlich zu machen, dass sie die wirtschaftliche Entwicklung nicht länger als einen Fortschrittsprozess verstehen wollten. Und sie wollten kritisch thematisieren, dass die ökonomische Organisation der Gesellschaft kulturelle Folgewirkungen hatte, die eine „Allseitigkeit" des menschlichen Lebensvollzugs unmöglich machte.[6]

Die alteuropäische Wirtschaftsform zeichnete sich für Sombart dadurch aus, dass hier nicht primär gewinnorientiert gewirtschaftet wurde, sondern dass „Prinzip der Nahrung" vorherrschte: Die Sicherung der Existenz der Hofeinheit und damit einer auskömmlichen Lebensweise hatte Priorität. War dieses Ziel erreicht, wurden weitergehende Gewinnmöglichkeiten oftmals nicht genutzt.[7] Nach Max Weber war der alteuropäische Mensch zufrieden, wenn er sein Auskommen gefunden hatte. Die Erzielung des Gewinns um des Gewinns willen war seiner Existenz und seinem Denken fundamental fremd.[8] Das wurde im Übrigen durch Forschungen des russischen Agrarökonomen Alexander Čajanov untermauert, der in den 1920er Jahren die Wirtschaftsweise russischer Dorfgemeinschaften untersuchte. Er kam zu dem Ergebnis, dass bis zum Punkt der Subsistenzsicherung die Arbeitskurve stark anstieg, was Čajanov als „Selbstausbeutung" der Bau-

5 Karl Bücher, Die Entstehung der Volkswirtschaft, Tübingen 1893; Bruno Hildebrand, Naturalwirthschaft, Geldwirthschaft und Creditwirthschaft, in: Jahrbücher für Nationalökonomie und Statistik 2 (1864), S. 1–24.

6 Max Weber, Zwischenbetrachtung zur Wirtschaftsethik der Weltreligionen, in: Ders. Gesammelte Aufsätze zur Religionssoziologie I, S. 536–573, 554–573.

7 Werner Sombart, Der Moderne Kapitalismus. Bd. 2: Das europäische Wirtschaftsleben im Zeitalter des Frühkapitalismus, Berlin 1918, S. 29–50.

8 Weber, Protestantische Ethik, S. 44 f.

ern bezeichnete. War die Subsistenz jedoch gesichert, fiel die Arbeitskurve stark ab, es wurden also keine weiteren Gewinne akkumuliert.[9] Dieses selbstgenügsame, auf Sicherung der „Nahrung“ abzielende Wirtschaften veränderte sich jedoch ab einem bestimmten Zeitpunkt, den Weber und Sombart für Teile Westeuropas bereits im 16. Jahrhundert ansetzten. Hier setzte sich eine neue Wirtschaftsethik durch, die das Erzielen von Gewinnen als Selbstzweck legitimierte. Wie es Joseph Schumpeter einmal umschrieben hat: Der Kapitalist backt Kuchen, um sie nicht zu essen![10]

Die Debatte über die Ursachen dieses neuen kapitalistischen „Geistes“ ist lang und intensiv geführt worden. Das berühmte, von Max Weber entwickelte Argument lautete, dass sich der kapitalistische Geist als Reaktion auf die calvinistische Prädestinationslehre entwickelt habe. Die Calvinisten waren der Ansicht, Gott habe die „einen zum ewigen Leben, die anderen zu ewiger Verdammnis“ bestimmt. Der Grund dafür war der nicht weiter zu hinterfragende Willen Gottes.[11] Eine naheliegende Reaktion darauf wäre gewesen, die Zügel fahren zu lassen und sich in seinem alltäglichen Verhalten gar keinen ethischen Regeln zu unterwerfen („Laxismus“). Nach Weber war aber das Gegenteil der Fall: Materieller Erfolg und ein asketischer, gottgefälliger Lebenswandel wurden als Hinweise auf die göttliche Erwählung interpretiert. Auf diese Weise konnte die für den frühneuzeitlichen Menschen allgegenwärtige Angst vor den Höllenstrafen gemildert werden.[12]

Gegen diese Überlegungen Max Webers sind zahlreiche empirische und theologische Einwände erhoben worden.[13] Jedoch spricht es für ihre intellektuelle Kraft, dass sie bis heute diskutiert werden. Zugleich geriet dabei ein zentraler Aspekt häufig ein wenig aus dem Blick: Kapitalistische Praktiken, die nach Weber den frühneuzeitlichen Menschen eine Intensivierung des religiösen Lebensgefühls ermöglichten, entwickelten schließlich eine Eigendynamik, die jegliche religiöse Sinnsetzungen von sich abstreifte.[14] Der kapitalistische „Geist“ war insofern nicht gleichzusetzen mit dem Kapitalismus an sich. Auf diese Weise entwickelte sich eine Wirtschaftsweise von historisch beispielloser materieller Leistungsfähigkeit, die aber zugleich die menschliche Persönlichkeit verarmen ließ.

---

9 Groh, Anthropologische Dimensionen der Geschichte, S. 35–41.

10 Joseph A. Schumpeter, John Maynard Keynes, in: Ders., Dogmenhistorische und biographische Aufsätze, Tübingen 1954, S. 304–335, 312.

11 Nicola Stricker, Die Prädestinationslehre. Reformierte Transformationen, in: Verkündigung und Forschung 57 (2012), S. 56–64, 59.

12 Weber, Protestantische Ethik.

13 Z.B. Dieter Schellong, Wie steht es um die „These“ vom Zusammenhang von Calvinismus und „Geist des Kapitalismus“?, Paderborn 1995; Hans-Christoph Schröder, Max Weber und der Puritanismus, in: Geschichte und Gesellschaft 21 (1995), S. 459–478.

14 Ebd., S. 106 f.; vgl. auch Roman Köster, Werner Plumpe, Hexensabbat der Moderne. Max Weber Konzept der rationalen Wirtschaft im zeitgenössischen Kontext, in: Westend. Neue Zeitschrift für Sozialforschung 4 (2007), S. 3–21.

Am Ende standen nach Weber „Fachmenschen ohne Geist, Genussmenschen ohne Herz“.[15] Für Weber und auch Sombart erzog der Kapitalismus die Menschen nach seinen Bedürfnissen, materielle Leistungsfähigkeit wurde mit kultureller Einseitigkeit und Verflachung erkauft.[16]

Wesentlich für diese Auffassung des Kapitalismus war die Annahme eines fundamentalen Bruchs zwischen einer traditionellen Wirtschaftsweise und dem modernen Kapitalismus, der zugleich tiefgreifende gesellschaftlich-kulturelle Auswirkungen hatte. Ein wichtiger Aspekt war dabei auch, dass die moderne Volkswirtschaftslehre durch ihren rechenhaften Charakter eine für die moderne Wirtschaftsweise adäquate Form der wissenschaftlichen Beschreibung darstellte, aber für eine traditionelle Wirtschaftsweise keinen Sinn gemacht hätte. Der Homo Oeconomicus entsprach insofern nicht der „Natur“ des Menschen, sondern er erschien vielmehr als ein kapitalistisches Zuchtprodukt. Auch deshalb hat sich die Volkswirtschaftslehre mit dem Begriff „Kapitalismus“ zumeist schwergetan.

Die Unterscheidung zwischen einer traditionellen Wirtschaft und dem modernen Kapitalismus wurde in verschiedenen Variationen danach immer wieder aufgenommen. Ein bekanntes Beispiel ist das Konzept des „Ganzen Hauses“, das der Mittelalterhistoriker Otto Brunner als Ordnungsform alteuropäischen Zusammenlebens identifizierte. Das Ganze Haus wirtschaftete nicht einfach nur anders und folgte dem „Prinzip der Nahrung“, sondern die ihm zugrundeliegenden Ordnungssysteme waren gleichfalls von denen der modernen Wirtschaft grundverschieden. Für das Haus galt die grundlegende, auf Aristoteles zurückgehende Gegenüberstellung von Oikonomia und Chrematistik, also von normativ gerechtfertigter Hauswirtschaft und tendenziell abzulehnender Geldwirtschaft. Legitime Außenbeziehungen des Hauses bezogen sich auf die Güter, die im Haus selbst nicht hergestellt werden konnten. In einem solchen sozialen Zusammenhang war ein sich selbst regulierendes Wirtschaftssystem noch nicht denkbar. Diese Vorstellung sollte sich erst im Zuge der Ausprägung des Kapitalismus entwickeln, und in der modernen Volkswirtschaftslehre die ihr gemäße Sprache finden.[17]

In eine ähnliche Richtung argumentierte auch Karl Polanyi in seinem Werk „The Great Transformation“. Danach zeichnet sich die Wirtschaft der älteren Welt durch ihre Einbettung (Embeddedness) in lokale Lebenswelten aus, deren Bedingungen und Voraussetzungen immer mitzudenken waren. Das äußerte sich in der alteuropäischen Normierung des Wirtschaftslebens – etwa dem Gerechten Preis –, aber auch darin, dass sich die meisten Akteure kannten und die Regeln des Gemeinschaftslebens von denen des Wirtschaftens nicht zu trennen waren. Die scheinbare ethische „Autonomie“ der modernen Wirtschaft, die in der Formel des legitimen Selbstinteresses zum Ausdruck kam, war unter diesen Bedingungen

15 Ebd., S. 204.
16 Sombart, Moderner Kapitalismus, S. 1012–1014.
17 Brunner, Das „ganze Haus“ und die alteuropäische „Ökonomik“.

nicht denkbar. Auch bei Polanyi kam es mit der Industrialisierung jedoch zu einem fundamentalen Bruch. Resultat war die Ausbildung einer „Disembedded economy“, die nach autonomen Regeln operierte und für die lokale Bedingungen mehr oder weniger irrelevant waren.[18]

Was zeichnet den „entbetteten“, eigendynamischen Kapitalismus auf einer sachlichen Ebene aus? Wesentlich für die ältere Kapitalismustheorie war die Vorstellung einer großtechnischen Wirtschaftsweise, in der die Anforderungen der Massenproduktion immer größere Betriebseinheiten erzwangen. Schumpeter wies zwar bereits zu Beginn der 1920er Jahre darauf hin, wie unrealistisch es war, dass die kapitalistische Produktion am Ende in einer großen Fabrik konzentriert sein würde. Er bemerkte aber zugleich, dass die sich im Wettbewerbsprozess durchsetzende Produktionsform nahezu immer auch die größere sei.[19] Die zunehmende Dominanz der großindustriellen Massenproduktion war bis in die 1960er Jahre eine kaum hinterfragte Annahme der Kapitalismustheorie.[20]

Diese großtechnische Vorstellung des Kapitalismus gewann ihr analytisches Potential nach 1900 vor allem aus der Überlegung, dass sich mit der Durchsetzung der industriell-konzentrierten Massenproduktion die Funktionsweise des Kapitalismus verändern würde. An die Stelle einer kleinräumigen Wettbewerbswirtschaft trat ein tendenziell „vermachteter“ Kapitalismus, in der Koordination und Hierarchien immer mehr an die Stelle des Marktes traten. Der Sozialist Rudolf Hilferding vertrat 1910 die Ansicht, der Kapitalismus würde aus sich selbst heraus planwirtschaftliche Strukturen ausbilden, die nach einer gewonnenen demokratischen Wahl von der Arbeiterbewegung nur noch übernommen zu werden brauchten. Schumpeter hingegen diskutierte in seinem Werk „Capitalism, Socialism, and Democracy“ von 1942 die Möglichkeit, die Dominanz der geplanten Großunternehmung würde politisch eher zu einer autoritären Spielart des Sozialismus führen.

Innerhalb dieser Debatten führten die strukturellen Wandlungsprozesse der Wirtschaft seit den 1960er Jahren allerdings zu einem merklichen Einschnitt. Die Industrie verschwand aus den Städten und statt Großtechnik war es nun viel öfter „Kleintechnik“ (wie beispielsweise Computer), mit denen sich die entscheidenden Innovationen verbanden. Zugleich kam es seit den 1970er Jahren zu einem fortgesetzten Bedeutungsgewinn der (Finanz-)Dienstleistungen, der dazu beitrug, immer stärker die „unsichtbaren“, leichten, flexiblen Elemente des modernen Kapitalismus in den Vordergrund zu rücken. Das ist mittlerweile kennzeichnend

18 Polanyi, Great Transformation.

19 Joseph A. Schumpeter, Sozialistische Möglichkeiten von heute, in: Archiv für Sozialwissenschaft und Sozialpolitik 48 (1920/21), S. 305–360, 312.

20 Roman Köster, Transformationen der Kapitalismusanalyse und Kapitalismuskritik in Deutschland im 20. Jahrhundert, in: Werner Abelshauser, David Gilgen, Andreas Leutzsch (Hg.), Kulturen der Weltwirtschaft, Göttingen 2012, S. 284–303.

für viele kapitalismustheoretische Ansätze, während der bis in die frühen 1970er Jahre vorherrschende industrielle Kapitalismus heute gerne zum goldenen Zeitalter der Sozialen Marktwirtschaft verklärt wird. Das kann man sicherlich unterschiedlich bewerten, es fällt aber doch auf, dass auf diese Weise die materiellen Grundlagen der modernen globalen Wirtschaft ein Stück weit aus den Augen verloren wurden.[21]

Kapitalismustheorien haben fast immer einen ausgeprägt dynamischen Charakter. Sie erzielen Abstraktionsgewinne, in dem sie die entwicklungsbestimmenden Elemente der Ökonomie identifizieren und daraus spezifische Tendenzen ableiten, die den Kapitalismus insgesamt charakterisieren sollen. Auf diese Weise konnten diese Theorien um 1900 die zahlreichen Handwerksbetriebe, die es immer noch gab, geflissentlich ignorieren, denn das waren die Traditionsbestände der Welt von gestern.[22] Diese dynamischen Elemente waren wie gesagt bis in die 1960er Jahre die großtechnischen Formen der industriellen Massenproduktion, während seitdem stärker Finanzdienstleistungen bzw. Dienstleistungen überhaupt an ihre Stelle getreten sind.

Zugleich zeichnet sich der Kapitalismus dadurch aus, und auch dieses Motiv geht auf Weber und Sombart zurück, dass er eine besondere Fähigkeit besitzt, Menschen zu „verführen". Für Weber war es einer seiner wesentlichen Merkmale, etwas in der humanen Instinktstruktur anzusprechen, das die Menschen – trotz ihrer vielleicht sogar vorhandenen Einsicht in die negativen Seite des Kapitalismus – dazu brachte, den von ihm auferlegten Handlungsimperativen weiter zu folgen.[23] Das wurde dahingehend zugespitzt, dass der Kapitalismus in der Lage ist, flexibel auf Kritik einzugehen, sich anzupassen und auf diese Weise sein eigenes Überleben zu sichern. So haben Luc Boltanski und Eve Chiapello in ihrem vielbeachteten Werk „Der neue Geist des Kapitalismus" von 2003 argumentiert: Als Reaktion auf die überhandnehmende „Künstlerkritik" während der 1970er Jahre, die gerade auf die Kulturwirkung des Kapitalismus abzielte, sei ein semantischer Formwandel erfolgt, der suggerierte, die Verwirklichung individueller Potentiale würde in der kapitalistischen Unternehmung nicht verhindert, sondern überhaupt erst ermöglicht.[24]

Das Buch von Boltanski und Chiapello ist charakteristisch für einen wichtigen Schwenk in der Kapitalismustheorie der letzten 20 Jahre: Vermehrt wird das Motiv in den Vordergrund gerückt, eine vormals abgegrenzte Sphäre der Wirtschaft würde sich in einem Prozess funktionaler Entdifferenzierung kultureller Traditionsbestände bemächtigen.[25] Normative Bestände – etwa der Alternativkul-

21 Ebd.

22 Vgl. auch Fernand Braudel, Die Dynamik des Kapitalismus, Stuttgart 1986.

23 Köster, Plumpe, Hexensabbat der Moderne, S. 11 f.

24 Boltanski, Chiapello, Der neue Geist des Kapitalismus.

25 Z.B. Joseph Vogl, Der Souveränitätseffekt, Berlin 2015, S. 11–27.

tur –, die dem Kapitalismus entgegenstanden und der Distanzierung von seinen Zumutungen dienten, wurden dabei okkupiert. Damit aber erschien die Welt des Kapitalismus bis in die 1970er Jahre noch als wohlgeordnet. Es gab bestimmte gesellschaftliche Sphären, die jedoch im Zuge einer neoliberalen Revolution seit den 1970er Jahren zunehmend aufgebrochen und von der Wirtschaft dominiert wurden. Als Gegenbild des „finanzialisierten" Kapitalismus unserer Gegenwart wurde auf diese Weise die bürgerliche Welt des 19. Jahrhunderts in Stellung gebracht.[26]

Ohne zu tief in solche Erklärungen einsteigen zu wollen, soll doch zumindest auf zwei wichtige Aspekte hingewiesen werden: Zum einen fällt auf, dass sich in der Entwicklung der Kapitalismustheorie bestimmte Motive gleichen, die aber zeitlich unterschiedlich eingeordnet werden. Während Weber, Sombart oder Polanyi eine auch kulturell durch den Kapitalismus geprägte Gesellschaft in Abgrenzung zu kleinräumigen, alteuropäischen Wirtschaftsformen beschrieben, diagnostizieren viele neuere Ansätze die schädliche Kulturwirkung des Kapitalismus erst in seiner modernen, „neoliberalen" oder „finanzialisierten" Variante. Hingegen soll sich die Wirtschaft bis in die 1970er Jahre noch auf das ihr Eigene beschränkt haben, den Menschen nämlich ihr Auskommen zu gewährleisten. Dass genau diese freundliche Spielart des Kapitalismus zeitgenössisch als inhumaner Fordismus beschrieben wurde, verdeutlicht allerdings die Zeitgebundenheit kapitalismuskritischer Gegenwartsdiagnosen.

Zum anderen wird hier ein oftmals zu wenig reflektiertes Problem der Kapitalismustheorie sichtbar: Sie neigt dazu, den Kapitalismus als ein „System" zu portraitieren, das einer spezifischen autonomen Logik folgt. Zugleich operiert es aber nicht blind, sondern ist immer wieder in der Lage, auf Kritik und Gefährdung flexibel durch Formenwandel zu reagieren. Dann stellt sich jedoch die Frage, wie es denkbar ist, dass ein System intentional agieren, also etwas „tun" kann, als hätte es einen Sinn und ein Bewusstsein (vielleicht sogar eine Seele)? Angesichts dieser Verlegenheit ist gelegentlich der Versuch gewagt worden, von Kapitalismus zu sprechen und damit gerade kein System zu meinen.[27] Zumindest zeigt sich hier gerade für die historische Betrachtung die Notwendigkeit, nicht einfach der Suggestivkraft der Begriffe zu vertrauen, sondern sie kritisch zu hinterfragen.

---

26 Etwa Christoph Deutschmann, Kapitalistische Dynamik. Eine gesellschaftstheoretische Perspektive, Wiesbaden 2008.

27 Plumpe, Das Kalte Herz, S. 19 f.

Theorien funktionaler Differenzierung

Eigentlich sind Kapitalismustheorien, wie sie hier knapp skizziert wurden, oftmals bereits Theorien funktionaler Differenzierung. Wenn Weber von der Ausprägung spezifischer Wertsphären der modernen Welt schrieb, erscheint das impliziert. Ganz ähnlich lässt sich bei Sombart ein starkes Gefühl für die systemischen Eigendynamiken des Kapitalismus ausmachen.[28] Trotz aller Versuche, diese frühen Klassiker der deutschsprachigen Soziologie handlungstheoretisch zu vereinnahmen, gegen systemtheoretische Interpretationen „abzuschotten" und zu betonen, dass für sie gesellschaftliches Dasein immer eine Handlungschance bedeute, spielt die Eigendynamik der kapitalistischen Entwicklung doch unübersehbar eine zentrale Rolle.[29] Gerade das Pathos ihrer Kapitalismusanalysen machte deutlich, wie eng begrenzt Handlungschancen letztlich waren.

Zugleich war es die Pointe von Sombarts und Webers Überlegungen, die Dominanz der Wirtschaft gegenüber anderen gesellschaftlichen Sphären zu behaupten. Das implizierte auch die kulturelle Dominanz des Wirtschaftssystems, was sich schließlich sogar in den Persönlichkeitsstrukturen niederschlug. Webers „Fachmenschen ohne Geist" wurden gerade schon erwähnt und für Sombart brachten die Vereinigten Staaten einen kapitalistischen Persönlichkeitstypus hervor, der alles im Leben unter kommerziellen Gesichtspunkten betrachtete.[30] In den soziologischen Theorien funktionaler Differenzierung wird das zumeist anders gesehen. Hier ist die Wirtschaft ein Bereich neben anderen, die sich im Verlauf der Moderne ausdifferenziert haben, d.h. eine unterscheidbare Eigenlogik entwickelten. Dazu gehörten auch Politik, Wissenschaft, Religion oder Kunst. Diese Funktionssysteme besitzen unterschiedliche kommunikative bzw. Handlungslogiken, die auf eine bestimmte Art und Weise miteinander vermittelt werden müssen, um gesellschaftliche Ordnung zu ermöglichen.

Einer der am umfassendsten rezipierten Vertreter einer Theorie funktionaler Differenzierung ist der Soziologe Niklas Luhmann, der über viele Jahrzehnte seine Systemtheorie als eine hochkomplexe soziologische Großtheorie ausgearbeitet hat. Diese kann in ihren Einzelheiten und Subtilitäten hier nicht vorgestellt werden. Worum es hier gehen soll, ist Luhmanns dreistufiges Schema der historischen Abfolge gesellschaftlicher Differenzierungstypen, das für die Wirtschaftsgeschichte sehr lehrreich sein kann. Luhmann hat selbst einmal von sich gesagt, er würde als Soziologe primär historisch denken, und unter historischem Gesichtspunkt ist eine der zentralen Annahmen der Systemtheorie die der funktionalen Ausdiffe-

28 Weber, Zwischenbetrachtung zur Wirtschaftsethik der Weltreligionen; Sombart, Das Zeitalter des Hochkapitalismus, S. 951–956.

29 Z.B. Joachim Radkau, Max Weber. Die Leidenschaft des Denkens, München 2005, S. 171, 784.

30 Sombart, Warum gibt es in den Vereinigten Staaten keinen Sozialismus?, S. 18 f.

renzierung. Danach lassen sich drei Differenzierungstypen beobachten, nämlich segmentierte, stratifizierte und funktional differenzierte Gesellschaften.

Segmentäre Gesellschaften sind durch kleine und räumlich voneinander getrennte Gruppen wie Stämme, Clans oder Dorfgemeinschaften charakterisiert. Daraus entwickelte sich dann im Mittelalter mancherorts eine stratifizierte Gesellschaft, die vorrangig hierarchisch strukturiert war. Dabei waren aber immer noch persönliche Beziehungen, im Feudalismus vor allem die Lehensverhältnisse, entscheidend, die auch die ökonomischen Beziehungen bestimmten. Zugleich bildeten stratifizierte Gesellschaften spezifische Wissensformen aus, in denen einzelne Wissensbestände stets in der Lage sein mussten, das Ganze zu repräsentieren. Die Ausbildung wissenschaftlicher Disziplinen ist deshalb auch erst das Resultat der neuzeitlichen Ausdifferenzierung des Wissenschaftssystems und wäre so im 16. Jahrhundert noch nicht denkbar gewesen.[31]

Der Übergang von der stratifizierten zur funktional differenzierten Gesellschaft hat sich nach Luhmann im Wesentlichen zwischen dem 16. und dem 19. Jahrhundert zugetragen. Für die Wirtschaft bestand ein wichtiger Faktor zunächst darin, dass wirtschaftliche Vorgänge durch die Ausweitung von Handelsbeziehungen seit dem 16. Jahrhundert im Rahmen lokaler Ordnungssysteme nicht mehr vollständig und überzeugend beschrieben werden konnten. Im 17. Jahrhundert stellten englische Beobachter bereits fest, dass sich das Zustandekommen von Preisen nicht mehr allein aus den lokalen Verhältnissen erklären ließ.[32] Diesbezügliche Hinweise gibt auch die Etablierung von ökonomischen Verflechtungsbegriffen, wie das Wolf Hagen Krauth in einer wichtigen Studie herausgearbeitet hat. So wurde im 17. Jahrhundert im deutschen Sprachraum beispielsweise der Begriff der „Lands-Würthschafft“ gebräuchlich, um die wirtschaftliche Verbindung zwischen verschiedenen Höfen und Gebieten zu bezeichnen.[33] Der Merkantilismus schließlich operierte bereits mit einem Begriff des Wirtschaftssystems, das allerdings im Wesentlichen noch durch staatliche Maßnahmen konstituiert wurde. Im Rahmen der Schottischen Aufklärung begann sich dann in der zweiten Hälfte des 18. Jahrhunderts die Idee eines sich selbst regulierenden, über Märkte gesteuerten Systems der Wirtschaft zu etablieren.[34]

Auf diese Weise bildete sich nach Luhmann eine ökonomische Semantik aus, welche die „verborgene“ Ordnung hinter den wirtschaftlichen Vorgängen zu ergründen suchte und dabei die Herausbildung einer autonomen Funktionslogik des Wirtschaftssystems reflektierte. Das hatte dann praktische Konsequenzen, die

---

31 Niklas Luhmann, Gesellschaftliche Struktur und semantische Tradition, in: Ders., Gesellschaftsstruktur und Semantik. Studien zur Wissenssoziologie der modernen Gesellschaft, Frankfurt/M. 1980, S. 9–71, 53–58.

32 Joyce O. Appleby, Economic Thought and Ideology in Seventeenth-century England, Princeton 1978, S. 26, 48–51.

33 Krauth, Wirtschaftsstruktur und Semantik.

34 Vgl. Steuart, An Inquiry into the Principles of Political Economy.

zu weiteren Ausdifferenzierung des Wirtschaftssystems beitrugen: etwa in der sich durchsetzenden Einsicht, dass die „Gesetze" der Wirtschaft von der Obrigkeit beachtet werden mussten, wollte sie klug regieren.[35] Wirtschaftspolitische Maßnahmen wie der Freihandel, die vor dem Hintergrund liberaler Wirtschaftstheorien erlassen wurden, schufen günstige Bedingungen für eine weitere Ausdifferenzierung.[36]

Die funktionale Differenzierung zeichnet sich wie gesagt dadurch aus, dass es auf der Ebene der Gesellschaft verschiedene Teilsysteme gibt, etwa Politik, Recht, Wirtschaft, Wissenschaft, Religion oder Kunst. Diese Teilsysteme operieren jeweils anhand bestimmter kommunikativer Leitunterscheidungen: Die Wissenschaft folgt der Leitunterscheidung wahr/falsch, für das Recht gilt die Leitunterscheidung Recht/Unrecht. Für die Wirtschaft gilt die Leitunterscheidung Zahlen/Nichtzahlen – ergänzt durch die Sekundärcodierung Haben/Nichthaben. Jede erfolgte Zahlung erhöht dabei die Wahrscheinlichkeit einer weiteren Zahlung, sie generiert also kommunikative Anschlussfähigkeit innerhalb des Systems. Darum geht es am Ende in der Systemtheorie, dass die Kommunikation weitergeht und Operationen Anschlussfähigkeit herstellen. Jede Zahlung erhöht aus einer solchen Perspektive die Wahrscheinlichkeit, dass weitere Zahlungen erfolgen.[37]

In der Wirtschaftssoziologie diskutiert man allerdings darüber, ob sich die Gleichberechtigung der Wirtschaft gegenüber anderen Funktionssystemen tatsächlich durchhalten lässt, oder ob nicht doch eine wie auch immer geartete Dominanz des Wirtschaftssystems besteht. Zwar ist es sicherlich so, dass die funktionelle *Gleichartigkeit* der Funktionssysteme eine *Gleichrangigkeit* nahelegt. Zugleich gibt es einige Argumente, die auf einer pragmatischen Ebene diese Gleichrangigkeit zumindest fragwürdig erscheinen lassen. Dazu gehört zum einen, dass sich in Organisationen nach Luhmann verschiedene Funktionssysteme überschneiden können. Eine Bank ist beispielsweise Teil des Wirtschaftssystems, wenn in den Geschäftsräumen aber eine Ausstellung stattfindet, kann sie auch Teil des Kunstssystems sein. Eine Universität ist Teil des Wissenschaftssystems, aber eben auch des Wirtschaftssystems, weil sie sich finanzieren muss. Wenn im Falle von Wirtschaftskrisen das Geld knapp wird, beeinträchtigt das auch die wissenschaftliche Kommunikation. Hinzu kommt, dass die Dynamiken des Wirtschaftssystems häufig lokale Stabilisierungen nicht zulassen. Wenn eine Wissenschaft in der Krise ist, wäre es eher möglich, durch Reformen oder andere Maßnahmen etwas dagegen zu unternehmen (was aber nicht heißt, dass das dann auch funktioniert). Bei Wirtschaftskrisen fällt das oftmals sehr viel schwerer.[38]

---

35 Hirschman, The Passions and the Interests, S. 48–56; Plumpe, Homo Oeconomicus.
36 Luhmann, Die Gesellschaft der Gesellschaft, S. 723–730.
37 Niklas Luhmann, Die Wirtschaft der Gesellschaft, Frankfurt/M. 1988, S. 43–90.
38 Uwe Schimank, Gesellschaft, Bielefeld 2013, S. 50–57.

Zumindest ließe sich auf diese Weise die große kommunikative Dynamik plausibilisieren, die durch Wirtschaftskrisen ausgelöst wird. Das reicht bis hin zur Infragestellung der gegenwärtigen Wirtschaftsordnung überhaupt, weil sie die Gesellschaft vor den Auswirkungen von Krisen nicht schützen kann. Zugleich erzeugt kein anderes Funktionssystem einen solch starken politischen Handlungsdruck. Das erklärt es möglicherweise, dass sich die Wirtschaft mit Volks- und Betriebswirtschaftslehre Reflexionssysteme leistet, deren Ergebnisse sich stets ohne ein Übermaß an Ambivalenzen in Handlungsanweisungen übersetzen lassen sollten. Es ist jedenfalls bemerkenswert, dass kaum eine Wissenschaft mit Theoriepluralismus so unentspannt umgeht wie die Volkswirtschaftslehre.[39]

Von solchen, vielleicht etwas „spezialistisch“ anmutenden Fragen abgesehen, können Theorien funktionaler Differenzierung wichtige Einsichten vermitteln. Zunächst lässt sich gerade die Wirtschaftsgeschichte der Frühen Neuzeit besser verstehen, wenn Prozesse funktionaler Ausdifferenzierung in Rechnung gestellt werden. Otto Brunner hat in seinem Aufsatz über das Ganze Haus die Gliederung eines Werkes der sog. Hausväterliteratur aus dem 17. Jahrhundert beschrieben, wo gleichberechtigt neben der Haushaltsführung und der Gestaltung der Marktbeziehungen auch die Töpferkunde oder die Bienenaufzucht behandelt wurde.[40] Was aus heutiger Sicht obskur erscheint, war letztlich das Resultat einer grundverschiedenen Taxonomie vormoderner Zeiten, wo noch ganz andere Dinge zusammengedacht werden konnten, als uns das heute möglich ist.[41] Um solche Phänomene besser zu begreifen, erscheinen Theorien funktionaler Differenzierung hilfreich.

Zugleich bieten sie Ansatzpunkte für eine differenziertere Betrachtung der gesellschaftlichen Voraussetzungen wirtschaftlicher Ordnung. Das betrifft etwa die Frage, wie sich Märkte als Ordnungssysteme etablieren konnten, die eine Koordination von Einzelhandlungen ermöglichten und bestimmte Inklusionsformen etablierten, die anders als in stratifizierten Gesellschaften nicht mehr von vornherein durch die soziale Stellung des Einzelnen bestimmt wurden. Hilfreich ist in diesem Zusammenhang auch, dass Theorien funktionaler Differenzierung verschiedentlich den Begriff der sozialen „Rolle“ starkgemacht haben. Damit ist gemeint, dass sich Menschen in unterschiedlichen sozialen Zusammenhängen mit unterschiedlichen Verhaltens- und Kommunikationsanforderungen konfrontiert sehen. In der langen Debatte um den Begriff der Rolle ging es dann nicht zuletzt darum, welche Möglichkeiten Menschen besitzen, diese Rollen individuell zu interpretieren; ob sie diese wie Theaterschauspieler ausgestalten können oder ob es sich um einen Zustand fundamentaler Entfremdung handelt, der die Men-

---

39 Köster, Die Wissenschaft der Außenseiter.

40 Brunner, Das „ganze Haus“ und die alteuropäische „Ökonomik“, S. 104 f.

41 Vgl. Michel Foucault, Die Ordnung der Dinge. Eine Archäologie der Humanwissenschaft, Frankfurt/M. 1974, S. 17 f.

schen von ihrem anthropologisch fundierten „Sein“ entfernt.[42] Aus systemtheoretischer Sicht steht zu erwarten, dass sich systemspezifische Semantiken und Praktiken entwickeln, die zu den kommunikativen Codes der Teilsysteme passen. Der Homo Oeconomicus ließe sich dann als soziale Rolle interpretieren, die sich im Rahmen solcher Codes bewährt hat und kommunikative Anschlussmöglichkeiten ermöglicht.[43]

Soziale Ungleichheit

An den Theorien funktionaler Differenzierung ist verschiedentlich kritisiert worden, dass sie die Wirtschaft primär auf bestimmte Aspekte ihrer Funktionslogik beschränken, andere Aspekte jedoch unberücksichtigt lassen. Gerade der eher schwach ausgeprägte normative Charakter von Theorien funktionaler Differenzierung geriet dabei in die Kritik bzw. wurde als versteckte Normativität beschrieben: Demzufolge hätten diese Theorien oftmals keine kritische Distanz gegenüber der Wirtschaft entwickelt, sondern wirkten gerade durch ihren scheinbar „rein analytischen“ Charakter affirmativ und systemerhaltend. Besonders systemtheoretische Ansätzen wurden aus diesem Grund immer wieder als „konservativ“ bezeichnet, obwohl auch explizit gesellschaftskritische Ansätze immer wieder mit ihnen gearbeitet haben.

Eine andere Kritik lautet, Theorien funktionaler Differenzierung würden im Wesentlichen „horizontal“ argumentieren. Das heißt, sie würden zwar unterschiedliche Funktionsbereiche der Gesellschaft beschreiben, aber „vertikale“ Phänomene wie die Klassenstruktur der Gesellschaft und soziale Ungleichheit bestenfalls beiläufig behandeln. Jedenfalls erschienen diese nicht als Merkmale, die Gesellschaften strukturell auszeichnen: Ob die Ungleichheit groß oder klein, ob die Menschen zufrieden oder glücklich sind, spielt dementsprechend für die gesellschaftstheoretische Analyse keine Rolle. Dabei geht es nicht um die Feststellung sozialer Ungleichheit an sich – diese ist vorhanden, niemand kann sie bestreiten und sie wird in der Öffentlichkeit immer wieder als ein großes Problem thematisiert.[44] Worum es geht, ist die Frage, inwiefern soziale Ungleichheit konstitutiv für die moderne Wirtschaft an sich ist und wie sich das gesellschaftstheoretisch darstellen lässt.[45]

---

42 Vgl. Joachim Fischer, Die Rollendebatte – Der Streit um den „Homo Sociologicus“, in: Georg Kneer, Stephan Moebius (Hg.), Soziologische Kontroversen. Beiträge zu einer anderen Geschichte der Wissenschaft vom Sozialen, Frankfurt/M. 2010, S. 79–101.

43 Plumpe, Die Geburt des Homo Oeconomicus.

44 Thomas Piketty, Capital in the 21st Century, Cambridge/Mass. 2014; Branko Milanović, Haben und Nichthaben. Eine kurze Geschichte der Ungleichheit, Darmstadt 2017.

45 Luhmann, Die Gesellschaft der Gesellschaft, S. 631.

Solche Überlegungen haben ihren Ahnherrn wiederum in Karl Marx. Für ihn war der Besitz bzw. Nichtbesitz von Produktionsmitteln der entscheidende strukturierende Aspekt des Kapitalismus, der die Gesellschaft in eine Bourgeoisie und ein Proletariat unterteilte. Diese Erklärung und der sich daraus ableitende Klassenbegriff waren deshalb langfristig wirksam, weil sie es ermöglichten, soziale Ungleichheit auf Machtasymmetrien zurückzuführen. So argumentierten verschiedene „Dependenztheorien" seit den 1960er Jahren dass die Länder Lateinamerikas nicht aufgrund von Kapitalmangel oder kulturellen Faktoren keine erfolgreiche Industrialisierung erlebten, sondern es äußere Machtfaktoren waren, die langfristig ein Verhältnis ökonomischer Unterordnung der Länder der „Peripherie" festschrieben. Bereits während des Kolonialismus seien die Länder Lateinamerikas auf eine Rolle als Rohstofflieferant festgelegt worden, was ihre Entwicklungsmöglichkeiten blockierte. Diese prekären Machtasymmetrien beständen auch nach der Dekolonialisierung weiter. Die Einbindung in den Weltmarkt, die Aktivität multinationaler Unternehmen und die fortgesetzte Heranziehung als bloße Rohstoffexporteure verfestige die abhängige Position der Entwicklungsländer. Wichtig waren hier die im Kapitel über den Handel erläuterten Überlegungen von Raul Prebisch und anderen, die von sich sukzessive verschlechternden Handelsbedingungen der Agrar- und Rohstoffproduzenten ausgingen. Zugleich gab es in den betroffenen Ländern mächtige Interessensgruppen, die den Einfluss der reichen Nationen absicherten.[46]

Wirtschaftliche Ungleichheit und Ausbeutung wurden hier als Folge des globalen Wirtschaftssystems präsentiert. Besonders wirkmächtig waren in diesem Zusammenhang die Arbeiten des US-amerikanische Politologen Immanuel Wallerstein, der ab den 1960er Jahren eine Weltgeschichte seit dem Spätmittelalter unter der Prämisse eines dauerhaften Machtgefälles zwischen dem Zentrum – zunächst Europa, später auch die Vereinigten Staaten – und der Peripherie geschrieben hat. Dieser „Weltsystem-Ansatz" war in den 1970er Jahren einflussreich, hat aber heute nicht mehr besonders viele Anhänger. Als Problem erwies sich vor allem, dass Wallerstein die Etablierung dieses Weltsystems bereits für das 16. Jahrhundert behauptete. Das nötigte ihn insbesondere in seinen letzten Arbeiten dazu, die Bedeutung der Industrialisierung herunterzuspielen, was seinen Ansatz etwa im Rahmen der intensiven Debatten um die „Great Divergence" die Anschlussfähigkeit nahm.[47]

---

46 André Gunder Frank, On Capitalist Underdevelopment, Bombay 1975; Ramón Grosfoguel, Ana Margarita Cervantes-Rodríguez (Hg.), The Modern/Colonial/Capitalist World-System in the Twentieth Century. Global Processes, Antisystemic Movements, and the Geopolitics of Knowledge, Westport, London 2002.

47 Immanuel Wallerstein, The Modern World-System, Bd. 1: Capitalist Agriculture and the Origins of the European World-Economy in the Sixteenth Century, New York 1974; Ders., The Capitalist World-Economy, Cambridge 1979; Vgl. dazu Peer Vries, The California School and Beyond. How to study the Great Divergence?, in: History Compass (2010), S. 1–23.

Solche Ansätze verorteten die Ursachen globaler Ungleichheit auf der Ebene einer spezifischen wirtschaftlichen Weltordnung. Es gab aber auch verschiedene Versuche, Ungleichheit als konstitutives Prinzip von Gesellschaften überhaupt nachzuweisen. Dabei war in der jüngeren Soziologie kein ungleichheitstheoretischer Ansatz so einflussreich wie Pierre Bourdieus Kapitaltheorie, auf die bereits verschiedentlich Bezug genommen wurde. Die Positionierung auf bestimmten sozialen Feldern wird bei Bourdieu wesentlich durch das Vorhandensein von ökonomischem, sozialem und kulturellem Kapital bestimmt, worüber die Menschen in sehr unterschiedlicher Weise verfügen, wie er in seinem Hauptwerk „Die feinen Unterschiede" dargelegt hat. Wären diese Ressourcen nicht unterschiedlich verteilt, ließe sich die Strukturierung sozialer Felder nicht zureichend erklären.[48]

Eine andere Spielart von Ungleichheitstheorien basiert hingegen auf Theorien funktionaler Differenzierung, erweitert diese jedoch dahingehend, dass sich die Möglichkeit, an den konkreten Funktionssystemen teilzuhaben, aufgrund der konkreten sozialen Bedingungen sehr unterschiedlich darstellt.[49] Anschließend an das Begriffspaar Inklusion/Exklusion hat sich eine ganze Forschungsrichtung entwickelt, die sich damit auseinandersetzt, inwiefern Menschen an Funktionssystemen partizipieren können. Letztere versprechen eigentlich Inklusion, weil die soziale Stellung nicht automatisch einen Vorteil bringt, solange der- oder diejenige zahlungskräftig ist. Es gibt aber gesellschaftliche Zustände, in denen von vornherein ein großer Teil der Gesellschaft exkludiert ist und aus den Funktionssystemen herausfällt. Luhmann selbst brachte als Beispiel dafür die brasilianischen Favelas, wo es am Ende nur noch die Kirchen und die Polizei sind, welche die Menschen in gesellschaftliche Funktionssysteme einbeziehen.[50]

Die Einsicht, dass das Inklusionsversprechen einer funktional differenzierten Gesellschaft seine Grenzen bei extremer sozialer Ungleichheit hat, ist für die Wirtschaftsgeschichte wichtig. Das gilt gerade auch im Hinblick auf vormoderne Gesellschaften, wobei allerdings etwa die Arbeiten von Laurence Fontaine (vgl. das Kapitel über Konsum) gezeigt haben, dass die Inklusionsstrategien sozialer Unterschichten teilweise sehr überraschend – und leicht zu übersehen – waren.[51] Damit ist aber die Frage noch nicht beantwortet, inwiefern Exklusion ein notwendiger Bestandteil kapitalistischer Wirtschaftsordnungen ist und diesen sogar nützt. Institutionenökonomische Ansätze haben jedenfalls dafür argumentiert, weitverbreitete Exklusion eher ein Merkmal schlechter Institutionen anzusehen, weil sie die Performanz der Wirtschaft insgesamt schwächt.[52] Soziale Ungleichheit entzieht den Märkten nicht nur Konsumenten, sondern schürt auch gesellschaft-

48 Bourdieu, Die feinen Unterschiede.
49 Schimank, Gesellschaft, S. 89–94.
50 Luhmann, Die Gesellschaft der Gesellschaft, S. 631–634.
51 Fontaine, Moral Economy.
52 Z. B. Acemoglu, Robinson, Warum Nationen scheitern?, S. 107 f.

liche Spannungen, die die ökonomische Leistungsfähigkeit verringern. Auch dafür bietet die Geschichte vieler lateinamerikanischer Länder während des 20. Jahrhunderts Beispiele.

Auf der anderen Seite ist es aber tatsächlich so, dass die kapitalistische Dynamik auf menschlichen Bedürfnissen und Antrieben beruht, die konstitutiv auf Ungleichheit basieren. Menschen beurteilen ihre soziale Lage im Vergleich zu der anderer Leute. Ihre handlungsleitenden „Fiktionen" und „Imaginationen" speisen sich aus alltäglichen Beobachtungen und damit verknüpften Narrativen.[53] Die sozialen Veränderungen in China in den letzten 30 Jahren beispielsweise zeigen das sehr deutlich. Vorstellungen des erreichbaren „guten Lebens" haben dort sowohl eine hohe Arbeitsmotivation als auch eine extreme Bereitschaft zur räumlichen Mobilität mit sich gebracht.[54] In diesem Sinne trägt soziale Ungleichheit aber doch vor allem zu einer spezifischen Inklusionsdynamik bei. Wer hingegen dauerhaft sozial exkludiert ist, verliert am Ende den Antrieb, am kapitalistischen Spiel teilzunehmen.[55] Das ist wahrscheinlich eine notwendige Folge der Dynamik des Kapitalismus, aber wirklich weiter hilft es ihm am Ende nicht.

***

Im Theorien- und Methodenteil wurden verschiedene Ansätze vorgestellt, sich wirtschaftshistorischen Themen theoretisch zu nähern. Diese schließen sich nicht gegenseitig aus, sondern stellen alternative analytische Zugangsweisen dar. Dabei wurde darauf Wert gelegt, die gesellschaftlichen Voraussetzungen ökonomischer Theoriebildung zu reflektieren, ohne damit das Ziel zu verfolgen, Letztere als untauglich nachzuweisen. Vielmehr wird ihre theoretische Leistungsfähigkeit gerade in ihrem hohen Abstraktionsniveau erblickt. Es ist aber sinnvoll, sich bei gegebenem Anlass bewusst zu machen, auf welchen Voraussetzungen sie beruht und in welchen Zusammenhängen sie Geltung beanspruchen kann. Um noch einmal das Bild vom Anfang aufzunehmen: Theorien sind Zangen, um empirische Phänomene zu greifen. Es gibt unterschiedliche Zangen zu unterschiedlichen Zwecken. Eine pragmatische, wenn man so will „handwerkliche" Haltung gegenüber dem Einsatz von Theorien, führt in der Wirtschaftsgeschichte in vielen Fällen zu guten Ergebnissen.

---

53 Beckert, Imaginierte Zukunft.

54 Ling He, Wanderarbeiter in Peking. Räumliche, soziale und ökonomische Aspekte eines Migrationsproblems, Potsdam 2012.

55 Marie Jahoda, Paul Lazarsfeld, Hans Zeisel, Die Arbeitslosen von Marienthal. Ein soziographischer Versuch über die Wirkungen langandauernder Arbeitslosigkeit, Frankfurt/M. 1975 (zuerst 1933).

Literaturverzeichnis

Wilhelm Abel, Agrarkrisen und Agrarkonjunktur. Eine Geschichte der Land- und Ernährungswirtschaft Mitteleuropas seit dem hohen Mittelalter, Hamburg 1978.

Daron Acemoglu, James A. Robinson, Warum Nationen scheitern. Die Ursprünge von Macht, Wohlstand und Armut, Frankfurt/M. 2013.

William E. Akin, Technocracy and the American Dream. The Technocrat Movement, 1900–1941, Berkeley 1977.

Derek Aldcroft, Die zwanziger Jahre. Von Versailles zur Wall Street 1919–1929, München 1978.

Robert C. Allen, The British Industrial Revolution in Global Perspective, Cambridge 2009.

Gerold Ambrosius, Dietmar Petzina, Werner Plumpe (Hg.), Moderne Wirtschaftsgeschichte. Eine Einführung für Historiker und Ökonomen, München 2006[2].

Gerold Ambrosius, Wirtschaftsstruktur und Strukturwandel, in: Ders., Petzina, Plumpe, Moderne Wirtschaftsgeschichte, S. 213–234.

Gerold Ambrosius, Werner Plumpe, Richard Tilly, Wirtschaftsgeschichte als interdisziplinäres Fach, in: Ambrosius, Petzina, Plumpe, Moderne Wirtschaftsgeschichte, S. 9–37.

Anne Appelbaum, Red Famine. Stalins' War on Ukraine, New York 2017.

Joyce O. Appleby, The Relentless Revolution. A History of Capitalism, New York 2010.

Joyce O. Appleby, Economic Thought and Ideology in Seventeenth-century England, Princeton 1978.

William J. Ashworth, The Impact of Transatlantic Trade on the Commercialisation of England, 1660–1700, in: Sandra Richter, Guillaume Garnier (Hg.), "Eigennutz" und "Gute Ordnung". Ökonomisierungen der Welt im 17. Jahrhundert, Wiesbaden 2016, S. 33–48.

Ralph A. Austen, Sahara. Tausend Jahre Austausch von Ideen und Waren, Berlin 2012.

Jack Barbalet, Action theoretic foundations of economic sociology, in: Beckert, Deutschmann, Wirtschaftssoziologie, S. 143–157.

Susanne Bauer, Torsten Heinemann, Thomas Lemke (Hg.), Science and Technology Studies. Klassische Positionen und aktuelle Perspektiven, Berlin 2017.

Rainer Beck, Unterfinning. Ländliche Welt vor Anbruch der Moderne, München 1993.

Frank Becker, Mit dem Fahrstuhl in die Sattelzeit? Koselleck und Wehler in Bielefeld, in: Sonja Asal, Stephan Schlak (Hg.), Was war Bielefeld? Eine ideengeschichtliche Nachfrage, Göttingen 2009, S. 89–110.

Gary S. Becker, Ökonomische Erklärung menschlichen Verhaltens, Tübingen 1993[2], S. 167–186.

Gary S. Becker, Familie, Gesellschaft und Politik – die ökonomische Perspektive, Tübingen 1996.

Jens Beckert, Imaginierte Zukunft. Fiktionale Erwartungen und die Dynamik des Kapitalismus, Frankfurt/M. 2018.

Daniel Bell, The Coming of Post-Industrial Society. A Venture in Social Forecasting, London 1974.

Maxine Berg, Luxury and Pleasure in Eighteenth-century Britain, Cambridge 2007.
Hartmut Berghoff, Moderne Unternehmensgeschichte. Eine themen- und theorieorientierte Einführung, Berlin 2016².
Ann Kristin Bergquist, Dilemmas of Going Green: Environmental Strategies in the Swedish Mining Company Boliden, 1960–2000, in: Hartmut Berghoff, Adam Rome (Hg.), Green Capitalism. Business and the Environment in the Twentieth Century, Philadelphia 2017, S. 149–171.
Jürgen Beyer, Die Strukturen der Deutschland AG. Ein Rückblick auf ein Modell der Unternehmenskontrolle, in: Ralf Ahrens, Boris Gehlen, Alfred Reckendrees (Hg.), Die „Deutschland AG". Historische Annäherungen an den bundesdeutschen Kapitalismus, Essen 2013, S. 31–56.
Harold Bierman, The Causes of the 1929 Stock Market Crash. A Speculative Orgy or a New Era?, Westport 1998.
Hans Christoph Binswanger, Wo Geldwirtschaft entsteht, verändert sich der Mensch – ein Beispiel aus Sibirien, in: Ders., Die Glaubensgemeinschaft der Ökonomen. Essays zur Kultur der Wirtschaft, München 1998, S. 107–118.
Anne Sue Bix, Inventing ourselves out of Jobs? America's Debate over Technological Unemployment, 1929–1981, Baltimore 2000.
David Blackbourn, The Conquest of Nature. Water, Landscape, and the Making of Modern Germany, London 2006.
James M. Blaut, Environmentalism and Eurocentrism, in: The Geographical Review 89 (1999), S. 391–408.
Peter Blickle, Das Alte Europa: vom Hochmittelalter bis zur Moderne, München 2008.
Rudolf Boch, Grenzenloses Wachstum? Das rheinische Wirtschaftsbürgertum und seine Industrialisierungsdebatte 1814–1857, Göttingen 1991.
Luc Boltanski, Eve Chiapello, Der neue Geist des Kapitalismus, Konstanz 2006.
Luc Boltanski, Arnaud Esquerre, Bereicherung. Eine Kritik der Ware, Frankfurt/M. 2019.
Phillip Bonacich, Power and Centrality. A Family of Measures, in: American Journal of Sociology 92 (1987), S. 1170–1182.
Aida Bosch, Konsum und Exklusion. Eine Kultursoziologie der Dinge, Bielefeld 2010.
Jürgen Bossmann, „Arrested Development"? Obsessionen im Wachstumsdenken, in: Michael Jeissmann (Hg.), Obessionen. Beherrschende Gedanken im Wissenschaftlichen Zeitalter, Frankfurt/M. 1995, S. 26–77.
Elisabeth Botsch, Eigentum in der Französischen Revolution. Gesellschaftliche Konflikte und der Wandel des sozialen Bewusstseins, München 1992.
Sean Bottomley, The British Patent System during the Industrial Revolution. From Privilege to Property, Cambridge 2014.
Pierre Bourdieu, Die feinen Unterschiede: Kritik der gesellschaftlichen Urteilskraft, Frankfurt 1982.
Pierre Bourdieu, Sozialer Sinn. Kritik der theoretischen Vernunft, Frankfurt/M. 1987.
Pierre Bourdieu, Praktische Vernunft. Zur Theorie des Handelns, Frankfurt/M. 1998.
Fernand Braudel, Die Dynamik des Kapitalismus, Stuttgart 1986.
Ingo Braun, Technik-Spiralen. Vergleichende Untersuchungen zur Technik im Alltag, Berlin 1993.

Stephen N. Broadberry, How Did the United States and Germany Overtake Britain? A Sectoral Analysis of Comparative Productivity Levels, 1870–1990, in: The Journal of Economic History 58 (1998), S. 375–407.

Frank Broeze, The Globalisation of the Oceans. Containerisation from the 1950s to the Present, St. Johns 2002.

Alan de Bromhead, Barry Eichengreen, Kevin O'Rourke, Political Extremism in the 1920s and 1930s: Do German Lessons Generalize?, in: The Journal of Economic History 73 (2013), S. 371–406.

Franz-Josef Brüggemeier, Das unendliche Meer der Lüfte. Luftverschmutzung, Industrialisierung und Risikodebatten im 19. Jahrhundert, Essen 1996.

Franz-Josef Brüggemeier, Grubengold. Das Zeitalter der Kohle von 1750 bis heute, München 2018.

Otto Brunner, Das „ganze Haus" und die alteuropäische „Ökonomik", in: Ders., Neue Wege der Verfassungs- und Sozialgeschichte, Göttingen 1968[2], S. 103–127.

Heinz Bude, Philipp Staab, Kapitalismus und Ungleichheit. Neue Antworten auf alte Fragen, in: Diess. (Hg.), Kapitalismus und Ungleichheit. Die neuen Verwerfungen, Fankfurt/M. 2016, S. 7–22.

Karl Bücher, Die Entstehung der Volkswirtschaft, Tübingen 1893.

Victor Bulmer-Thomas, The Economic History of Latin America since Independence, Cambridge 2014[3].

Carsten Burhop, Wirtschaftsgeschichte des Kaiserreichs 1871–1918, Göttingen 2011.

Oliver Burkeman, Jared Diamond: "Humans, 150,000 years ago, wouldn't figure on a list of the five most interesting species on Earth", in: The Guardian (24.10.2014).

Michael Burleigh, Germany turns Eastwards. A Study of Ostforschung in the Third Reich, Cambridge 1988.

Peter J. Cain, Antony Hopkins, British Imperialism 1688–2015, London, New York 2016.

Markus Cerman, Sheilagh C. Ogilvie (Hg.), Proto-Industrialisierung in Europa. Industrielle Produktion vor dem Fabrikzeitalter, Wien 1994.

Alfred D. Chandler, The Visible Hand. The Managerial Revolution in American Business, Cambridge/Mass. 1977.

Alfred D. Chandler, Scale and Scope. The Dynamics of Industrial Capitalism, Cambridge/Mass. 1990.

Gregory Clark, Rezension zu: Maddison, Angus: Contours of the World Economy 1–2030 AD. Essays in Macro-Economic History. Oxford 2007, in: Connections. A Journal for Historians and Area Specialists (14.05.2010). [www.connections.clio-online.net/publicationreview/id/reb-12696. Letzter Zugriff 22.11.2019].

Ronald H. Coase, The Nature of the Firm, in: Economica (1937), S. 386–405.

Donald C. Coleman, History and the Economic Past. An Account of the Rise and Decline of Economic History in Britain, Oxford 1987.

Alfred H. Conrad, John R. Meyer, The Economics of Slavery in the Antebellum South, in: Journal of Political Economy 66 (1958), S. 95–130.

Nicholas Crafts, British economic growth during the industrial revolution, Oxford 1985

Nicholas Crafts, Explaining the first Industrial Revolution: two views, in: European Review of Economic History 15 (2011), S. 153–168.

Nicolas Crafts, Charles Knickerbocker Harley, Output Growth and the British Industrial Revolution: A Restatement of the Crafts-Harley View, in: The Economic History Review. 45 (1992), S. 703–730.
William Cronon, Nature's Metropolis. Chicago and the Great West, New York 1991.
Martin J. Daunton, Progress and Poverty. An Economic and Social History of Britain 1700–1850, Oxford 1995, S. 285–317.
Victoria De Grazia, Irresistible Empire, America's Advance through Twentieth-Century Europe, Cambridge/Mass. 2005.
Phyllis Deane, W.A. Cole, British Economic Growth, 1688–1959. Trends and Structure, Cambridge 1962.
Angus Deaton, The Great Escape. Health, Wealth, and the Origins of Inequality, Princeton 2013.
Daniel Defoe, The Complete English Tradesman, Glocester 1987 (zuerst 1739).
Markus A. Denzel, Das System des bargeldlosen Zahlungsverkehrs europäischer Prägung vom Mittelalter bis 1914, Stuttgart 2008.
Christoph Deutschmann, Kapitalistische Dynamik. Eine gesellschaftstheoretische Perspektive, Wiesbaden 2008.
Jared Diamond, Guns, Germs, and Steel. The Fates of Human Societies, New York 1997.
Frank Dikötter, Mao's great famine. The history of China's most Devastating Catastrophe, 1958–1962, New York 2010.
Michael Dintenfass, The Decline of Industrial Britain, 1870–1980, London 1992.
Sabine Doering-Manteuffel, Die Eifel. Geschichte einer Landschaft, Frankfurt/M. 1995.
Philipp Dollinger, Volker Henn, Die Hanse, Stuttgart 2012[6].
Jean-Pierre Dormois, Michael Dintenfass (Hg.), The British Industrial Decline, London 2003.
Marten Düring, Florian Kerschbaumer, Quantifizierung und Visualisierung. Anknüpfungspunkte in den Geschichtswissenschaften, in: Düring et al., Handbuch historische Netzwerkforschung, S. 31–43.
Xavier Duran, The First U.S. Transcontinental Railroad: Expected Profits and Government Intervention, in: Journal of Economic History 73 (2013), S. 177–200.
Anthony Edo, Jacques Melitz, The Primary Cause of European Inflation in 1500–1700. Precious Metals or Population? The English Evidence. CREST-Papers Nr. 2019–14.
Barry Eichengreen, Golden Fetters. The Gold Standard and the Great Depression, 1919–1939, New York 1992.
Barry Eichengreen, Vom Goldstandard zum Euro. Die Geschichte des internationalen Währungssystems, Berlin 2000.
Barry Eichengreen, Hall of Mirrors. The Great Depression, the Great Recession, and the Uses-And Misuses-of History, New York 2015.
Barry Eichengreen, Tim J. Hatton (Hg.), Interwar unemployment in international perspective, Cambridge/Mass. 1987.
Barry Eichengreen, Ian W. McLean, The Supply of Gold under the Pre-1914 Gold Standard, in: The Economic History Review 47 (1994), S. 288–309.
Alexander Engel, Farben der Globalisierung: Die Entstehung moderner Märkte für Farbstoffe 1500–1900, Frankfurt/M. 2009.

Friedrich Engels, Die Lage der arbeitenden Klasse in England. Nach eigener Anschauung und authentischen Quellen, München 1973 (zuerst 1845).

Christoph Ernst, Den Wald entwickeln. Ein Politik- und Konfliktfeld in Hunsrück und Eifel im 18. Jahrhundert, München 2000.

Thomas Etzemüller, Sozialgeschichte als politische Geschichte. Werner Conze und die Neuorientierung der westdeutschen Geschichtswissenschaft nach 1945, München 2001.

Max Everest-Phillips, The myth of „secure property rights“: Good economics as bad history and its impact on international development. SPIRU Working Paper 23 (Mai 2008).

Ulf Christian Ewert, Stephan Selzer, Perspectives of Research into Hanseatic Trade – the Impact of the Model of Network Organisation, in: Diess. (Hg.), Institutions of Hanseatic Trade. Studies on the Political Economy of a Medieval Network Organisation, Frankfurt/M. 2016, S. 147–157.

Guy Fargette, Émile et Isaac Pereire. L'esprit d'entreprise au XIXème siècle, Paris 2001.

Giovanni Federico, Feeding the World. An Economic History of Agriculture, 1800–2000, Princeton 2008.

Niall Ferguson, Civilization. The West and the Rest, New York 2011.

Ronald Findlay, Kevin H. O'Rourke, Power and Plenty. Trade, War, and the World Economy in the Second Millennium, Princeton 2009.

Joachim Fischer, Die Rollendebatte – Der Streit um den „Homo Sociologicus“, in Georg Kneer, Stephan Moebius (Hg.), Soziologische Kontroversen. Beiträge zu einer anderen Geschichte der Wissenschaft vom Sozialen, Frankfurt/M. 2010, S. 79–101.

Neil Fligstein, Die Architektur der Märkte, Wiesbaden 2011.

Robert W. Fogel, Railroads and American Economic Growth. Essays in Econometric History, Baltimore 1964.

Robert Fogel, Die neue Wirtschaftsgeschichte. Forschungsergebnisse und Methoden, Köln 1970.

Robert W. Fogel, "Scientific History" and Traditional History, in: Ders., Geoffrey R. Elton, Which road to the past? Two views of history, New Haven 1983, S. 5–69.

Robert W. Fogel, The Slavery Debates 1952–1990. A Retrospective, Baton Rouge 2003.

Robert W. Fogel, Stanley Engerman, Time on the Cross. The Economics of American Negro Slavery, New York 1989 (zuerst 1974).

Lorence Fontaine, The Moral Economy. Poverty, Credit, and Trust in Early Modern Europe, New York 2014.

Michel Foucault, Die Ordnung der Dinge. Eine Archäologie der Humanwissenschaft, Frankfurt/M. 1974.

Jean Fourastié, Die große Hoffnung des 20. Jahrhunderts, Köln 1954.

Marion Fourcade, Economists and Societies. Discipline and Profession in the United States, Britain, and France, 1890s to 1990s, Princeton 2009.

André Gunder Frank, On Capitalist Underdevelopment, Bombay 1975.

Benjamin Franklin, Advice to a young tradesman, in: Leonard W. Labaree (Hg.), The Papers of Benjamin Franklin, Bd. 3, January 1, 1745, through June 30, 1750. New Haven 1961, S. 304–308.

Rainer Fremdling, Eisenbahnen und deutsches Wirtschaftswachstum 1840–1879. Ein Beitrag zur Entwicklungstheorie und zur Theorie der Infrastruktur, Dortmund 1985².

Milton Friedman, Capitalism and Freedom, Chicago 1962.

Walter A. Friedman, Fortune Tellers. The Story of America's first Economic Forecasters, Princeton 2013.

Joachim Fischer, Heiner Minssen, Neue Leistungspolitik in der Bekleidungsindustrie: Arbeitsstrukturierung und Produktionsflexibilisierung, Frankfurt/M. 1986.

Carl Benedikt Frey, The Technology Trap. Capital, Labor, and Power in the Age of Automation, Princeton 2019.

Jan Arendt Fuhse, Soziale Netzwerke. Konzepte und Forschungsmethoden, Konstanz, München 2016.

John Kenneth Galbraith, The Great Crash 1929, London 1955.

Eduardo Galeano, Die offenen Adern Lateinamerikas. Die Geschichte eines Kontinents von der Entdeckung bis zur Gegenwart, Wuppertal 2002.

Diego Gambetta, La mafia siciliana. Un'industria della protezione private, Turin 1992.

Peter M. Garber, Famous First Bubbles. The Fundamentals of Early Manias, Cambridge 2000.

David A. Gayer, Walt W. Rostow, Anna J. Schwartz, The Growth and Fluctuation of the British economy 1790–1850. An historical, statistical, and theoretical study of Britain's economic development, Oxford 1953.

Alexander Gerschenkron, Economic Backwardness in Historical Perspective, Cambridge 1966.

Ulrike Gilhaus, „Schmerzenskinder der Industrie". Umweltverschmutzung, Umweltpolitik und sozialer Protest im Industriezeitalter in Westfalen 1845–1914, Paderborn 1995.

Andrew Godley, Bridget Williams, The Chicken, the Factory Farm, and the Supermarket. The Emergence of the modern Poultry Industry, in: Roger Horowitz, Warren Belasco (Hg.), Food Chains. From Farmyard to Shopping Cart, Philadelphia 2009, S. 47–61.

Elisabeth Göbel, Neue Institutionenökonomik. Konzeption und betriebswirtschaftliche Anwendungen, Stuttgart 2002.

William N. Goetzmann, Money Changes Everything. How Finance made Civilization possible, Princeton 2016.

Anne Goldgar, Tulipmania. Money, Honor, and Knowledge in the Dutch Golden Age, Chicago 2007.

Philip S. Gorski, The Disciplinary Revolution. Calvinism and the Rise of the State in Early Modern Europe, Chicago 2003.

Hermann Heinrich Gossen, Entwickelung der Gesetze des menschlichen Verkehrs, und der daraus fließenden Regeln für menschliches Handeln, Braunschweig 1854.

John Gowdy, Coevolutionary Economics. The Economy, Society and the Environment, Norwell/Mass. 1994.

Robert Gramsch, Zerstörte oder verblasste Muster? Anwendungsfelder mediävistischer Netzwerkforschung und das Quellenproblem, in: Düring et al., Handbuch historische Netzwerkforschung, S. 85–99.

Mark Granovetter, The Strength of Weak Ties: A Network Theory Revisited, in: Sociological Theory 1 (1983), S. 201–233.
Mark Granovetter, Economic Action and Social Structure: The Problem of Embeddedness, in: American Journal of Sociology 91 (1985), S. 481–510.
Mark Granovetter, Society and Economy. Framework and Principles, Cambridge/Mass. 2017.
Avner Greif, Institutions and the Path to the Modern Economy, Cambridge 2006.
Bernd Stefan Grewe, Gold. Eine Weltgeschichte, München 2019.
Rainer Gries, Produkte als Medien. Kulturgeschichte der Produktkommunikation in der Bundesrepublik und der DDR, Leipzig 2003.
Erik Grimmer-Solem, The Rise of Historical Economics and Social Reform in Germany, 1864–1894, Oxford 2003.
Dieter Groh, Anthropologische Dimensionen der Geschichte, Frankfurt/M. 1992.
Ramón Grosfoguel, Ana Margarita Cervantes-Rodríguez (Hg.), The Modern/Colonial/Capitalist World-System in the Twentieth Century. Global Processes, Antisystemic Movements, and the Geopolitics of Knowledge, Westport, London 2002.
Aaron J. Gurjewitsch, Das Weltbild des mittelalterlichen Menschen, München 1997[5].
John Habakukk, American and British Technology in the Nineteenth Century, Cambridge 1962.
Mark Häberlein, Die Fugger. Geschichte einer Augsburger Familie (1367–1650), Stuttgart 2006.
Mark Häberlein, Artikel: Porzellan, in: Enzyklopädie der Neuzeit Bd. 10, Stuttgart 2009, Sp. 229–231.
Mark Häberlein., Aufbruch ins globale Zeitalter. Die Handelswelt der Fugger und Welser, Darmstadt 2016.
Hans-Werner Hahn, Geschichte des deutschen Zollvereins, Göttingen 1984.
Peter A. Hall, David Soskice, Varieties of Capitalism. The Institutional Foundations of Comparative Advantage, Oxford 2001.
Garrett Hardin, The Tragedy of the Commons, in: Science 162 (1968), S. 1243–1248.
Michael Hartmann, Der Mythos von den Leistungseliten. Spitzenkarrieren und soziale Herkunft in Wirtschaft, Politik, Justiz und Wissenschaft, Frankfurt/M. 2002.
Heinz-Gerhard Haupt, Konsum und Handel. Europa im 19. und 20. Jahrhundert, Göttingen 2003.
Friedrich A. Hayek, History and Politics, in: Ders. (Hg.), Capitalism and the Historians, Chicago 1954, S. 3–29.
Ling He, Wanderarbeiter in Peking. Räumliche, soziale und ökonomische Aspekte eines Migrationsproblems, Potsdam 2012.
Damian Hecker, Eigentum als Sachherrschaft. Zur Genese und Kritik eines besonderen Herrschaftsanspruchs, Paderborn 1990.
Eli F. Heckscher, Der Merkantilismus, 2 Bd., Jena 1932.
Daniel R. Hedrick, Power over Peoples. Technology, Environments, and Western Imperialism, 1400 to the Present, Princeton 2010.
William O. Henderson. The Industrial Revolution on the Continent. Germany, France, Russia 1800–1914, London 1962.

William O. Henderson, Britain and industrial Europe 1750–1870. Studies in British influence on the industrial revolution in Western Europe, Liverpool 1965².

Ralf Henneking, Chemische Industrie und Umwelt. Konflikte um Umweltbelastungen durch die chemische Industrie am Beispiel der schwerchemischen, Farben- und Düngemittelindustrie der Rheinprovinz (ca. 1800–1914), Stuttgart 1994.

Wilhelm Henrichsmeyer, Heinz Peter Witzke, Agrarpolitik. Bd 1: Agrarökonomische Grundlagen, Stuttgart 1991.

Scott Herring, Collyer Curiosa. A Brief History of Hoarding, in: Criticism 53 (2011), S. 159–188.

Carsten Herrmann-Pillath, Grundriss der Evolutionsökonomik, München 2002.

Martina Heßler, Mrs. Modern Woman. Zur Sozial- und Kulturgeschichte der Haushaltstechnisierung, Frankfurt/M. 2001.

Martina Heßler, Kulturgeschichte der Technik, Frankfurt/M. 2012.

Martina Heßler, Die Halle 54 bei Volkswagen und die Grenzen der Automatisierung. Überlegungen zum Mensch-Maschine-Verhältnis in der industriellen Produktion der 1980er-Jahre, in: Zeithistorische Forschung 11/1 (2014), S. 56–76.

Jan Otmar Hesse, Komplementarität in der Konsumgesellschaft. Zur Geschichte eines wirtschaftstheoretischen Konzeptes, in: Jahrbuch für Wirtschaftsgeschichte 30 (2007), S. 147–167.

Jan Otmar Hesse, Wirtschaft als Wissenschaft. Die Volkswirtschaftslehre in der frühen Bundesrepublik, Frankfurt/M. 2010.

Jan-Otmar Hesse, Ökonomischer Strukturwandel. Zur Wiederbelebung einer wirtschaftshistorischen Leitsemantik, in: Geschichte und Gesellschaft 39 (2013), S. 86–115.

Jan Otmar Hesse, Mark Spoerer, Inequality, Well-Being and Happiness in Historical Perspective, in: Jahrbuch für Wirtschaftsgeschichte (2013), S. 9–13.

Jan-Otmar Hesse, Roman Köster, Werner Plumpe, Die Große Depression. Die Weltwirtschaftskrise 1929–1939, München 2014.

Bruno Hildebrand, Naturalwirthschaft, Geldwirthschaft und Creditwirthschaft, in: Jahrbücher für Nationalökonomie und Statistik 2 (1864), S. 1–24.

Rudolf Hilferding, Das Finanzkapital, Wien 1910.

Albert O. Hirschman, The Strategy of Economic Development. New Haven 1958.

Albert O. Hirschman, The Passions and the Interests. Political Arguments for Capitalism before its Triumph, Princeton 1977.

Geoffrey M. Hodgson, The Evolution of Institutional Economics. Agency, Structure, and Darwinism in American Institutionalism, London 2004.

Geoffrey M. Hodgson, How Economics forgot History. The Problem of Historical Specificity in Social Science, London 2002.

Geoffrey M. Hodgson, Evolutionary Economics. Its Nature and Future, Cambridge 2019.

Jeff Horn, The Path Not Taken. French Industrialization in the Age of Revolution, 1750–1830, Cambridge/Mass. 2006.

Leonhard Horowski, Das Europa der Könige. Macht und Spiel an den Höfen des 17. und 18. Jahrhunderts, Hamburg 2017.

David A. Hounshell, From the American System to Mass Production, 1800–1932. The Development of Manufacturing Technology in the United States, Baltimore 1985.

Thomas P. Hughes, The Evolution of Large Technological Systems, in: Wiebe E. Bijker (Hg.), The Social Construction of Technological Systems, Cambridge/Mass. 1987, S. 51–82.

Robert Inglehart, The Silent Revolution. Changing Values and Political Styles among Western Publics, Princeton 1977.

Douglas A. Irwin, Trade Policy Disaster. Lessons from the 1930s, Cambridge/Mass. 2011.

Moritz Isenmann (Hg.), Merkantilismus: Wiederaufnahme einer Debatte, Stuttgart 2014.

Margaret C. Jacob, The First Knowledge Economy. Human capital and the European economy, 1750–1850, Cambridge 2014.

Dominique Jacomet, Mode, Textile et Mondialisation, Paris 2007.

Carsten Jahnke, Geld, Geschäfte und Informationen. Der Aufbau hansischer Handelsgesellschaften und ihrer Verdienstmöglichkeiten, Lübeck 2007.

Marie Jahoda, Paul Lazarsfeld, Hans Zeisel, Die Arbeitslosen von Marienthal. Ein soziographischer Versuch über die Wirkungen langandauernder Arbeitslosigkeit, Frankfurt/M. 1975 (zuerst 1933).

Harold James, International Monetary Cooperation since Bretton Woods, Washington D.C. 1996.

Eric Jones, The European Miracle. Environments, Economies, and Geopolitics in the History of Europe and Asia, Cambridge 2003[3].

Peter M. Jones, Industrial Enlightenment. Science, Technology and Culture in Birmingham and the West Midlands 1760–1820, Manchester 2009.

Clemens Juglar, Des Crises Commerciales et de leur Retour périodique en France, en Angleterre et aux Etats-Unis, New York 1969 (Repr. der 2. Auflage 1889).

Hartmut Kaelble, Was Prometheus most Unbound in Europe? The Labour Force in Europe During the late XIXth and XXth Centuries, in: Journal of European Economic History 1 (1989), S. 65–104.

George Katona, Die Macht des Verbrauchers, Düsseldorf 1962.

George Katona, The Mass Consumption Society, New York 1964.

John Maynard Keynes, Economic Consequences of the Peace, London 1919.

John Maynard Keynes, General Theory of Employment, Interest, and Money, London 1936.

Linda von Keyserlingk-Rehbein, Nur eine „ganz kleine Clique“? Die NS-Ermittlungen über das Netzwerk vom 20. Juli 1944, Berlin 2018.

Alfred Kieser, Michael Woywode, Evolutionstheoretische Ansätze, in: Alfred Kieser, Mark Ebers (Hg.), Organisationstheorien, Stuttgart 2006[6], S. 309–352.

Charles P. Kindleberger, The World in Depression, 1929–1939, Berkeley 1986.

Charles P. Kindleberger, Manias, Panics, and Crashes. A History of Financial Crises, New York 1989.

Gebhard Kirchgässner, Homo Oeconomicus. Das ökonomische Modell individuellen Verhaltens und seine Anwendung in den Wirtschafts- und Sozialwissenschaften, Tübingen 2008[3].

Helmut Klages, Die gegenwärtige Situation der Wert- und Wertewandelsforschung – Probleme und Perspektiven, in: Ders., Hans-Jürgen Hippler, Willi Herbert (Hg.),

Werte und Wandel. Ergebnisse und Methoden einer Forschungstradition, Frankfurt/M., New York 1992, S. 5–39.

Ursula Klein, Nützliches Wissen. Die Erfindung der Technikwissenschaften, Göttingen 2016.

Christian Kleinschmidt, Rationalisierung als Unternehmensstrategie. Die Eisen- und Stahlindustrie des Ruhrgebiets zwischen Jahrhundertwende und Weltwirtschaftskrise, Essen 1993.

Christian Kleinschmidt, Der produktive Blick. Wahrnehmung amerikanischer und japanischer Management- und Produktionsmethoden durch deutsche Unternehmer 1950–1985, Berlin 2002.

Georg Friedrich Knapp, Staatliche Theorie des Geldes, Leipzig 1905.

Roman Köster, Die Wissenschaft der Außenseiter. Die Krise der Nationalökonomie in der Weimarer Republik, Göttingen 2011.

Roman Köster, Transformationen der Kapitalismusanalyse und Kapitalismuskritik in Deutschland im 20. Jahrhundert, in: Werner Abelshauser, David Gilgen, Andreas Leutzsch (Hg.), Kulturen der Weltwirtschaft, Göttingen 2012, S. 284–303.

Roman Köster, Der Kapitalismusbegriff in der US-amerikanischen Debatte 1918–1962, in: Jan-Otmar Hesse et al. (Hg.), Moderner Kapitalismus. Wirtschafts- und Unternehmenshistorische Beiträge, Tübingen 2019, S. 49–76.

Roman Köster, Werner Plumpe, Hexensabbat der Moderne. Max Weber Konzept der rationalen Wirtschaft im zeitgenössischen Kontext, in: Westend. Neue Zeitschrift für Sozialforschung 4 (2007), S. 3–21.

John Komlos, The height increments and BMI values of elite Central European children and youth in the second half of the 19th century, in: Annals of Human Biology 33 (2006), S. 309–318.

John Komlos, Ernährung und wirtschaftliche Entwicklung unter Maria Theresia und Joseph II. Eine anthropometrische Geschichte der Industriellen Revolution in der Habsburgermonarchie, St. Katharinen 1994.

John Komlos, Shrinking in a Growing Economy? The Mystery of Physical Stature during the Industrial Revolution, in: Journal of Economic History 58 (1998), S. 779–802.

Andrea Komlosy, Work and Labor Relations, in: Jürgen Kocka, Marcel van der Linden (Hg.), Capitalism. The Reemergence of a Historical Concept, London 2016, S. 33–69.

Michael Kopsidis, Agrarentwicklung. Historische Agrarrevolutionen und Entwicklungsökonomie, Stuttgart 2006.

Andrey V. Korotayev, Sergey V. Tsirel, A spectral Analysis of world's GDP dynamics. Kondratieff waves, Kuznets swings, Juglar and Kitchins cycles in global economic development and the 2008–09 economic crisis, in: Structure and Dynamics 4 (2010), S. 3–57.

Reinhardt Koselleck, Begriffsgeschichte und Sozialgeschichte, in: Ders., Vergangene Zukunft. Zur Semantik geschichtlicher Zeiten, Frankfurt/M. 1979, S. 107–129.

Peter Kramper, Warum Europa? Konturen einer globalgeschichtlichen Forschungskontroverse, in: Neue Politische Literatur 54 (2009), S. 9–46.

Fridolin Krausmann, Heinz Schandl, Marina Fischer-Kowalski, From the Frying Pan into the Fire. Industrialization as a Socio-ecological Transition Process, in: John R.

McNeill, José Augusto Pádua, Mahesh Rangarjan (Hg.), Environmental History. As if Nature Existed, Oxford 2010, S. 26–47.

Wolf-Hagen Krauth, Wirtschaftsstruktur und Semantik. Wissenssoziologische Studien zum wirtschaftlichen Denken in Deutschland zwischen dem 13. und 17. Jahrhundert, Berlin 1984.

Peter Kriedte, Hans Medick, Jürgen Schlumbohm, Industrialisierung vor der Industrialisierung. Gewerbliche Warenproduktion auf dem Land in der Formationsphase des Kapitalismus, Göttingen 1978.

Hansjörg Küster, Am Anfang war das Korn. Eine andere Geschichte der Menschheit, München 2013.

Patrick Kupper, die „1970er Diagnose". Grundsätzliche Überlegungen zu einem Wendepunkt der Umweltgeschichte, in: Archiv für Sozialgeschichte 43 (2003), S. 325–348.

Heinz D. Kurz, Die deutsche theoretische Nationalökonomie zu Beginn des 20. Jahrhunderts zwischen Klassik und Neoklassik, in: Bertram Schefold (Hg.), Studien zur Entwicklung der ökonomischen Theorie VIII, Berlin 1989, S. 11–68.

David Landes, Wohlstand und Armut der Nationen. Warum die einen reich und die anderen arm sind, München 1999.

Bruno Latour, Das Parlament der Dinge. Für eine politische Ökologie, Frankfurt/M. 2010.

Jacques LeGoff, Wucherzins und Höllenqualen. Ökonomie und Religion im Mittelalter, München 2008[2].

Philipp Lepenies, Die Macht der einen Zahl. Eine politische Geschichte des Bruttoinlandsprodukts, Berlin 2013.

Gesa Lindemann, Die Verkörperung des Sozialen. Theoriekonstruktion und empirische Forschungsperspektiven, in: Markus Schroer (Hg.), Soziologie des Körpers, Frankfurt/M. 2005, S. 114–137.

Friedrich List, Das nationale System der politischen Ökonomie, Stuttgart, Tübingen 1841.

Pamela O. Long, Artisan/Practitioners and the Rise of the New Sciences, 1400–1600, Corvallis 2011.

Robert Sabatino Lopez, The Commercial Revolution of the Middle Ages, 950–1350, Cambridge 1976.

Anna Lowenhaupt Tsing, The Mushroom at the End of the World. On the possibility of life in the ruins of Capitalism, Princeton 2015.

Uwe Lübken, Undiszipliniert: Ein Forschungsbericht zur Umweltgeschichte. H-Soz-Kult, 14.07.2010 [Letzter Zugriff 5.9.2019].

Niklas Luhmann, Gesellschaftliche Struktur und semantische Tradition, in: Ders., Gesellschaftsstruktur und Semantik. Studien zur Wissenssoziologie der modernen Gesellschaft, Frankfurt/M. 1980, S. 9–71.

Niklas Luhmann, Die Wissenschaft der Gesellschaft, Frankfurt/M. 1990.

Niklas Luhmann, Die Gesellschaft der Gesellschaft, Frankfurt/M. 1997.

John S. Lyons, Louis P. Cane, Samuel H. Williamson, Introduction, in: Diess. (Hg.), Reflections on the Cliometrics Revolution. Conversations with Economic Historians, London 2007, S. 1–42.

Charles Mackay, Memoirs of Extraordinary Popular Delusions and the Madness of Crowds, London 1841.

Angus Maddison, Contours of the World Economy 1–2030 AD. Essays in Macro-Economic History. Oxford 2007.

Paolo Malanima, Europäische Wirtschaftsgeschichte 10–19. Jahrhundert, Wien 2010.

Klaus Malettke, Jean Baptiste Colbert. Aufstieg im Dienste des Königs, Göttingen 1977.

Thomas Malthus, An Essay on the Principle of Population, or, A view of its past and present Effects on Human Happiness, London 1817[5] (zuerst 1798).

Bernard Mandeville, The Fable of the Bees, or Private Vices, Publick Benefits, London 1990 (zuerst 1705).

Steven G. Marks, The Information Nexus. Global Capitalism from the Renaissance to the Present, Cambridge 2016.

Herbert Marcuse, Der eindimensionale Mensch. Studien zur Ideologie der fortgeschrittenen Industriegesellschaft, Neuwied 1967.

Christian Marx, Die Mischung macht's. Zur Bedeutung von kulturellem, ökonomischem und sozialem Kapital bei Paul Reusch während des Konzernaufbaus der Gutehoffnungshütte, in: Markus Gamper, Linda Reschke (Hg.), Knoten und Kanten. Soziale Netzwerkanalyse in Wirtschafts- und Migrationsforschung, Bielefeld 2011, S.159–193.

Christian Marx, Forschungsüberblick zur Historischen Netzwerkforschung. Zwischen Analysekategorie und Metapher, in: Marten Düring et al. (Hg.), Handbuch historische Netzwerkforschung. Grundlagen und Anwendungen, Berlin 2016, S. 63–84.

Karl Marx, Das Kapital. Kritik der politischen Ökonomie. Bd. 1: Der Produktionsprozess des Kapitals, Berlin (Ost) 1972 (1867).

Abraham Maslow, A Theory of Human Motivation, in: Psychological Review 50 (1943), S. 370–396.

Abraham Maslow, Motivation and Personality, New York 1954.

Andrea Maurer, Die Institutionen der Wirtschaft, in: Beckert, Deutschmann, Wirtschaftssoziologie, S. 208–218.

Neil McKendrick, Josiah Wedgwood and Cost Accounting in the Industrial Revolution, in: The Economic History Review 23 (1970), S. 45–67.

Richard B. McKenzie, Predictably Rational? In Search of Defenses for Rational Behavior in Economics, Heidelberg 2010.

Robert McNetting, Balancing on an Alp. Ecological Change and Continuity in a Swiss Mountain Community, Cambridge 1981.

Hans Medick, Weben und Überleben in Laichingen 1650–1900. Lokalgeschichte als Allgemeine Geschichte, Göttingen 1996.

Franklin D. Mendels, Proto-Industrialization. The First Phase of the Industrialization Process, in: Journal of Economic History 32 (1972), S. 241–261.

Carl Menger, Grundsätze der Volkswirthschaftslehre, Wien 1871.

Ulrich Menzel, Die Ordnung der Welt. Imperium oder Hegemonie in der Hierarchie der Staatenwelt, Frankfurt/M. 2015.

J. Stanley Metcalfe, Evolutionary Economics and Technology Policy, in: The Economic Journal 104 (1994), S. 931–944.

Rainer Metz, Do Kondratieff waves exist? How time series techniques can help to solve the problem, in Cliometrica 5 (2011), S. 205–238.
Branko Milanović, Haben und Nichthaben. Eine kurze Geschichte der Ungleichheit, Darmstadt 2017.
Murray Milgate, Shannon C. Stimson, After Adam Smith. A Century of Transformation in Politics and Political Economy, Princeton 2009.
Charles Wright Mills, The Power Elite, Oxford 1956.
Ludwig Mises, Theorie des Geldes und der Umlaufsmittel, München 1912.
Ludwig Mises, Kritik des Interventionismus. Untersuchungen zur Wirtschaftspolitik und Wirtschaftsideologie der Gegenwart, Jena 1929.
Ludwig Mises, Grundprobleme der Nationalökonomie. Untersuchung über Verfahren, Aufgaben und Inhalt der Wirtschafts- und Gesellschaftslehre, Jena 1933.
Joel Mokyr, Why Ireland starved. A Quantitative and Analytical History of the Irish Economy, 1800–1850, London 1983.
Joel Mokyr, The Industrial Revolution and the New Economic History, in: Ders. (Hg.), The Economics of the Industrial Revolution, London 1985, S. 1–51.
Joel Mokyr, The Gifts of Athena. Historical Origins of the Knowledge Economy, Princeton 2002, S. 1–27.
Joel Mokyr, The Enlightened Economy. An Economic History of Britain 1700–1850, Princeton 2009.
Joel Mokyr, Science, Technology, and Knowledge, What Economic Historians Can Learn from an Evolutionary Approach, in; Ulrich Witt, Andreas Chai (Hg.), Understanding Economic Change. Advances in Evolutionary Economics, Cambridge 2018, S. 81–119.
Joel Mokyr, Cormac Ó Gráda, Height and Health in the United Kingdom 1815–1860: Evidence from the East Indian Company Army, in: Komlos, Cuff, Classics in Anthropometric History, S. 253–284.
Massimo Montanari, Der Hunger und der Überfluss. Kulturgeschichte der Ernährung in Europa, München 1999.
Charles L. Montesquieu, Vom Geist der Gesetze, Tübingen 1951 (zuerst 1748).
Tine de Moor, The Dilemma of the Commoners. Understanding the Use of Common-pool Resources in Long-term Perspective, New York 2015.
Barrington Moore, Social Origins of Dictatorship and Democracy: Lord and Peasant in the Making of the Modern World, Boston 1966.
Ian Morris, Wer regiert die Welt? Warum Zivilisationen herrschen oder beherrscht werden, Frankfurt/M. 2011.
Craig Muldrew, The Economy of Obligation. The Culture of Credit and Social Relations in Early Modern England, Basingstoke 1998.
Craig Muldrew, Food, Energy, and the Creation of Industriousness. Work and Material Culture in Agrarian England 1550–1780, Cambridge 2011.
Lewis Mumford, Technics and Civilization, New York 1934.
James R. Murray, Bruges. Cradle of Capitalism, 1280-1390, Cambridge 2005.
Jürgen G. Nagel, Abenteuer Fernhandel. Die Ostindienkompanien, Darmstadt 2007.
Arnved Nedkvitne, The German Hansa and Bergen 1100–1600, Köln 2014.

Richard R. Nelson, Sidney G. Winter, An Evolutionary Theory of Economic Change, Cambridge/Mass. 1982.

Douglass C. North, Theorie des institutionellen Wandels. Eine neue Sicht der Wirtschaftsgeschichte, Tübingen 1988.

Douglass C. North, Institutions, Institutional Change, and Economic Performance, Cambridge 1990.

Douglass C. North, John J. Wallis, Barry R. Weingast, Violence and Social Orders. A Conceptual Framework for Interpreting Recorded Human History, Cambridge 2009.

Alexander Nützenadel, Stunde der Ökonomen: Wissenschaft, Politik und Expertenkultur in der Bundesrepublik 1949–1974, Göttingen 2005.

David E. Nye, In der Technikwelt leben. Vom natürlichen Werkzeug zur Alltagskultur, Heidelberg 2007.

David E. Nye, America's Assembly Line, Cambridge/Mass. 2013.

John V. Nye, War, Wine, and Taxes. The Political Economy of Anglo-French trade, 1689–1900, Princeton 2007.

Mancur Olson, Die Logik des kollektiven Handelns. Kollektivgüter und die Theorie der Gruppen, Tübingen 2004[5].

Jürgen Osterhammel, Die Verwandlung der Welt. Eine Geschichte des 19. Jahrhunderts, München 2009.

Elinor Ostrom, Governing the Commons. The Evolution of Institutions for Collective Action, Cambridge 1990.

Theofanis Papageorgiou, Ioannis Katselidis, Panayotis G. Michaelides, Schumpeter, Commons, and Veblen on Institutions, in: The American Journal of Economics and Sociology 72 (2013), S. 1232–1254.

Axel T. Paul, Theorie des Geldes zur Einführung, Hamburg 2017.

Akoš Paulinyi, Industrielle Revolution. Vom Ursprung der modernen Technik, Reinbeck bei Hamburg 1989.

Akoš Paulinyi, Revolution und Technik, in: Siegfried Buchhaupt (Hg.), Gibt es Revolutionen in der Geschichte der Technik?, Darmstadt 1999, S. 9–49.

Christian Pfister, Agrarkonjunktur und Witterungsverlauf im westlichen Schweizer Mittelland zur Zeit der Ökonomischen Patrioten 1755–1797. Ein Beitrag zur Umwelt- und Wirtschaftsgeschichte des 18. Jahrhunderts, Bern 1975.

Christian Pfister, Das „1950er Syndrom" – die umweltgeschichtliche Epochenschwelle zwischen Industriegesellschaft und Konsumgesellschaft, in: Ders. (Hg), Das „1950er Syndrom". Der Weg in die Konsumgesellschaft, Bern u. a. 1995, S. 51–95.

Ulrich Pfister, Artikel „Manufaktur", in: Enzyklopädie der Neuzeit Bd. 8, Stuttgart 2008, Sp. 1–8.

Thomas Piketty, Capital in the 21st Century, Cambridge/Mass. 2014

Michael J. Piore, Charles F. Sabel, The Second Industrial Divide. Possibilities for Prosperity, New York 1984.

Harold L. Platt, Shock Cities. The Environmental Transformation and Reform of Manchester and Chicago, Chicago 2005.

Werner Plumpe, Die Unwahrscheinlichkeit des Jubiläums. Oder: warum Unternehmen nur historisch erklärt werden können, in: Jahrbuch für Wirtschaftsgeschichte (2003), S. 143–156.

Werner Plumpe, Wirtschaftsgeschichte zwischen Ökonomie und Geschichte. Ein historischer Abriss, in: Ders. (Hg.), Basistexte Wirtschaftsgeschichte, Stuttgart 2008, S. 7–39.

Werner Plumpe, Die Geburt des „Homo oeconomicus". Historische Überlegungen zur Entstehung und Bedeutung des Handlungsmodells der modernen Wirtschaft, in: Wolfgang Reinhard, Justin Stagl (Hg.), Märkte und Menschen. Studien zur historischen Wirtschaftsanthropologie, Wien 2007, S.319–352.

Werner Plumpe, Wirtschaftskrisen. Geschichte und Gegenwart, München 2010.

Werner Plumpe, Konsum, in: Merkur. Deutsche Zeitschrift für europäisches Denken, 67. Jahrgang (Juli 2013), Heft 770, S. 619–627.

Werner Plumpe, Carl Duisberg 1861–1935. Anatomie eines Industriellen, München 2016.

Werner Plumpe, Unternehmensgeschichte im 19. und 20. Jahrhundert, München 2018.

Werner Plumpe, Das kalte Herz. Kapitalismus: Die Geschichte einer andauernden Revolution, Hamburg 2019.

Werner Plumpe, Roman Köster, Artikel „Wirtschaft", in: Enzyklopädie der Neuzeit, Bd.14, Stuttgart 2001, Sp. 1122–1141.

Kenneth Pomeranz, The Great Divergence. Europe, China, and the Making of the Modern World Economy, Princeton 2000.

Michael E. Porter, America's Green Strategy, in: Scientific American 264 (1991), S. 168.

Raul Prebisch, El desarrollo económico de la América Latina y algunos de sus principales problemas, Buenos Aires 1949.

Peter Preisendörfer, Organisationssoziologie. Grundlagen, Theorien und Problemstellungen, Wiesbaden 2011.

Karl Pribram, Geschichte des ökonomischen Denkens, 2 Bd., Frankfurt/M. 1998.

Birger Priddat, Institutionendiversität. Institutional economics als ökonomische Theorie der Kultur, in: Ders. (Hg.), Diversität, Steuerung, Netzwerke. Institutionenökonomische Ausweitungen, Marburg 2012, S. 9–35.

Birger Priddat, De-homogenized Rationality, in: Ders. (Hg.), Institutionen, Regeln, Ordnungen: Neue Einsichten für die Institutionenökonomik, Marburg 2013, S. 127–159.

Manfred Prisching, Trash Economy. Abfallproduktion als Wirtschaftsprinzip, in: Anselm Wagner (Hg.), Abfallmoderne. Zu den Schmutzrändern der Kultur, Berlin 2012[2], S. 31–43.

John Quiggin, Economics in Two Lessons. Why Markets Work So Well, and Why They Can Fail So Badly, Princeton 2019.

Joachim Radkau, Zur angeblichen Energiekrise des 18. Jahrhunderts. Revisionistische Betrachtungen zur „Holznot". In: Vierteljahrschrift für Sozial- und Wirtschaftsgeschichte 73 (1986), S. 1–37.

Joachim Radkau, Zum ewigen Wachstum verdammt? Jugend und Alter großer technischer Systeme, in: Ingo Braun, Bernward Joerges (Hg.), Technik ohne Grenzen, Frankfurt/M. 1994, S. 50–106.
Joachim Radkau, Max Weber. Die Leidenschaft des Denkens, München 2005.
Joachim Radkau, Holz. Wie ein Naturstoff Geschichte schreibt, München 2007.
Joachim Radkau, Die Ära der Ökologie. Eine Weltgeschichte, München 2011.
Ayn Rand, Atlas Shrugged, New York 1957.
Alfred Reckendrees, Konsummuster im Wandel. Haushaltsbudgets und Privater Verbrauch in der Bundesrepublik 1952–1998, in: Jahrbuch für Wirtschaftsgeschichte 30 (2007), S. 29–61.
Anne Kathrin Reich, Kleidung als Spiegelbild sozialer Differenzierung: städtische Kleiderordnungen vom 14. bis zum 17. Jahrhundert am Beispiel der Altstadt Hannover, Hannover 2014.
Wolfgang Reinhard, Freunde und Kreaturen. „Verflechtung“ als Konzept zur Erforschung historischer Führungsgruppen. Römische Oligarchie um 1600, München 1979.
Wolfgang Reinhard, Lebensformen Europas. Eine historische Kulturanthropologie, München 2004.
Wolfgang Reinhard, Die Unterwerfung der Welt. Globalgeschichte der europäischen Expansion, München 2016.
Reinhold Reith (Hg.), Das alte Handwerk. Von Bader bis Zinngießer, München 2008.
Pieter de Reu, 1801: Lieven Bauwens op de drempel van handelskapitalisme naar industrieel kapitalisme. Vlaams textiel kleurt de hele wereld, in: Wereldgeschiedenis van Vlaanderen, Kalmthout 2018, S. 276–282.
Christian Reuber, Der lange Weg an die Spitze: Karrieren von Führungskräften deutscher Großunternehmen im 20. Jahrhundert, Frankfurt/M. 2012.
David Ricardo, Grundsätze der politischen Ökonomie und der Besteuerung, Frankfurt/M. 1980 (zuerst 1817).
Susan Richter, Pflug und Steuerruder. Zur Verflechtung von Herrschaft und Landwirtschaft in der Aufklärung, Köln 2015.
Henning Ritter, Notizhefte, Berlin 2010.
Lionell Robbins, A History of Economic Thought. The LSE Lectures, Princeton 1998.
Jörg Rössel, Simone Pape, Lebensstile und Konsum, in: Jens Beckert, Christoph Deutschmann (Hg.) Wirtschaftssoziologie, Wiesbaden 2010, S. 344–365.
Günter Ropohl, Technologische Aufklärung. Beiträge zur Technikphilosophie, Frankfurt/M. 1991.
Hans Rosenberg, Große Depression und Bismarckzeit: Wirtschaftsablauf, Gesellschaft und Politik in Mitteleuropa, Berlin 1967.
Hans Rosenberg, Die Weltwirtschaftskrise 1857–1859. Mit einem Vorbericht, Göttingen 1974.
Walt W. Rostow, The Stages of Economic Growth. A Non-Communist Manifesto, Cambridge 1960.
Ulinka Rublack, Art. „Mode“, in: Enzyklopädie der Neuzeit Bd. 8, S. 644–646.
Philipp Sarasin, Geschichtswissenschaft und Diskursanalyse, Frankfurt/M. 2003.

Jean-Baptiste Say, Traité d'économie politique. Ou simple exposition de la manière dont se forment, se distribuent et se consomment les richesses, Paris 1841[6] (zuerst 1803).
Hans Schachtschabel (Hg,), Wirtschaftsstufen und Wirtschaftsordnungen, Darmstadt 1971.
Anette Schäfer, Die Kraft der schöpferischen Zerstörung. Joseph A. Schumpeter. Die Biografie, Frankfurt/M. 2008.
Dieter Schellong, Wie steht es um die „These" vom Zusammenhang von Calvinismus und „Geist des Kapitalismus"?, Paderborn 1995.
David Schick, Vertrauen, Religion, Ethnizität. Die Wirtschaftsnetzwerke jüdischer Unternehmer im späten Zarenreich, Göttingen 2017.
Wolfgang Schivelbusch, Three New Deals. Reflections on Roosevelt's America, Mussolini's Italy, Hitler's Germany, 1933–1939, New York 2006.
Oliver Schlaudt, Wirtschaft im Kontext. Eine Einführung in die Philosophie der Wirtschaftswissenschaften in Zeiten des Umbruchs, Frankfurt/M. 2016.
Udo Schlicht, Textilbleichen in Deutschland. Die Internationalisierung einer unterschätzten Branche, Bielefeld 2010.
Matthias Schmelzer, The Hegemony of Growth. The OECD and the Making of the Economic Growth Paradigm, Cambridge 2016.
Georg Schmidt, Die Reiter der Apokalypse. Geschichte des Dreißigjährigen Krieges, München 2018.
Gustav Schmoller, Die Gerechtigkeit in der Volkswirtschaft, in: Ders., Historisch-ethische Nationalökonomie als Kulturwissenschaft. Ausgewählte methodologische Schriften, Marburg 1998, S. 115–151.
Michael C. Schneider, Wissensproduktion im Staat. Das königlich preußische statistische Bureau 1860–1914, Frankfurt am Main 2013.
Frank Schohl, Die markttheoretische Erklärung der Konjunktur, Tübingen 1999.
Hans-Christoph Schröder, Max Weber und der Puritanismus, in: Geschichte und Gesellschaft 21 (1995), S. 459–478.
Thomas Schuetz, Die Leinenwarenherstellung im Königreich Württemberg: Technologietransfer und technisches Expertenwissen im 19. Jahrhundert, Oberhausen 2018.
Moritz Schularick, Finanzielle Globalisierung in historischer Perspektive. Kapitalflüsse von Reich nach Arm, Investitionsrisiken und globale öffentliche Güter, Tübingen 2006.
Margrit Schulte Beerbühl, Das Netzwerk der Hanse. Europäische Geschichte Online (21. Juli 2011).
Joseph A. Schumpeter, Wesen und Hauptinhalt der theoretischen Nationalökonomie, Berlin 1908.
Joseph A. Schumpeter, Theorie der wirtschaftlichen Entwicklung. Eine Untersuchung über Unternehmergewinn, Kapital, Kredit, Zins und den Konjunkturzyklus, Berlin 1997[9] (zuerst 1911/1927), S. 110–139.
Joseph A. Schumpeter, Sozialistische Möglichkeiten von heute, in: Archiv für Sozialwissenschaft und Sozialpolitik 48 (1920/21), S. 305–360.
Joseph A. Schumpeter, Business cycles. A Theoretical, Historical, and Statistical Analysis of the Capitalist Process, New York 1939.

Joseph A. Schumpeter, Das Kapital im wirtschaftlichen Kreislauf und in der wirtschaftlichen Entwicklung, in: Bernhard Harms (Hg.), Kapital und Kapitalismus. Vorlesungen gehalten in der deutschen Vereinigung für staatswissenschaftliche Fortbildung, Berlin 1931, S. 187–208.

Joseph A. Schumpeter, Kapitalismus, Sozialismus und Demokratie, Tübingen 2018[9] (zuerst 1942).

Joseph A. Schumpeter, John Maynard Keynes, in: Ders., Dogmenhistorische und biographische Aufsätze, Tübingen 1954, S. 304–335.

Henri E. See, Évolution et Revolutions, Paris 1929.

Stephan Selzer, Ulf Christian Ewert, Verhandeln und Verkaufen, Vernetzen und Vertrauen: Über die Netzwerkstruktur des Hansischen Handels, in: Hansische Geschichtsblätter 119 (2001), S. 135–161.

Rolf Peter Sieferle, Der unterirdische Wald. Energiekrise und Industrielle Revolution, München 1982.

Hansjörg Siegenthaler, Regelvertrauen, Prosperität und Krisen. Die Ungleichmäßigkeit wirtschaftlicher und sozialer Entwicklung als Ergebnis individuellen Handelns und sozialen Lernens, Tübingen 1993.

Hans Jörg Siegenthaler, Geschichte und Ökonomie nach der kulturalistischen Wende, in: Werner Plumpe (Hg.), Basistexte Wirtschaftsgeschichte, Stuttgart 2008, S. 243–266.

Georg Simmel, Philosophie des Geldes, Frankfurt/M. 1989 (zuerst 1900).

Herbert A. Simon, Theories of decision making in economics and behavioural science, in: American Economic Review 49 (1959), S. 253–283.

Kurt Singer, Von den Prinzipien der Konjunkturtheorie, Tokyo 1932.

John Singleton, Lancashire on the Scrapheap. The Cotton Industry, 1945–1970, Oxford 1991.

Don Slater, Consumer Culture and Modernity, Cambridge 1997.

Adam Smith, An Inquiry into the Nature and Causes of the Wealth of Nations, London 1776; David Hume, Politische und ökonomische Essays, Hamburg 1988 (zuerst 1758).

Werner Sombart, Warum gibt es in den Vereinigten Staaten keinen Sozialismus?, Tübingen 1906.

Werner Sombart, Technik und Kultur, in: Archiv für Sozialwissenschaft und Sozialpolitik 33 (1911), S. 305–347.

Werner Sombart, Der Moderne Kapitalismus. Bd. 2: Das europäische Wirtschaftsleben im Zeitalter des Frühkapitalismus, Berlin 1918.

Werner Sombart, Liebe, Luxus und Kapitalismus. Über die Entstehung der modernen Welt aus dem Geist der Verschwendung, Berlin 1986 (zuerst 1913).

Werner Sombart, Der Bourgeois. Zur Geistesgeschichte des modernen Wirtschaftsmenschen, München 1913.

Werner Sombart, Der Moderne Kapitalismus. Bd. 3: Das Wirtschaftsleben im Zeitalter des Hochkapitalismus, Berlin 1927.

Peter Spufford, Handel. Macht und Reichtum. Kaufleute im Mittelalter, Darmstadt 2004.

Peter N. Stearns, The Industrial Revolution in World History, Cambridge/Mass. 2007[3].

Richard H. Steckel, Stature and the Standard of Living, in: John Komlos, Timothy Cuff (Hg.), Classics in Anthropometric History, St. Katharinen 1998, S. 63–114.

Richard H. Steckel, Heights and Health in the United States, 1710–1950, in: John Komlos (Hg.), Stature, Living Standards, and Economic Development. Essays in Anthropometric History, Chicago 1994, S. 153–170.

Theodore Steegmann Jr., P. A. Haseley, Stature Variation in the British American Colonies: French and Indian War Records, in: Komlos, Cuff, Classics in Anthropometric History, S. 336–350.

Nico Stehr, Wissen und Wirtschaften. Die gesellschaftlichen Grundlagen der modernen Ökonomie, Frankfurt/M. 2001.

Theodore Steinberg, Nature Incorporated. Industrialization and the Waters of New England, Boston 1994.

Andre Steiner, Von der Eigenfertigung zum Markterwerb der Kleidung. Ein Beitrag zur Kommerzialisierung des Wirtschaftens privater Haushalte in Deutschland im langen 19. Jahrhundert, in: Michael Prinz (Hg.), Der lange Weg in den Überfluss. Anfänge und Entwicklung einer Konsumgesellschaft seit der Vormoderne, Paderborn 2003, S. 255–271.

André Steiner, Abschied von der Industrie? Wirtschaftlicher Strukturwandel in West- und Ostdeutschland seit den 1960er Jahren, in: Werner Plumpe/Ders. (Hg.), Der Mythos von der postindustriellen Welt. Wirtschaftlicher Strukturwandel in Deutschland 1960 bis 1990, Göttingen 2016, S. 15–54.

James Steuart, An Inquiry into the Principles of Political Economy, London 1767.

Joseph Stiglitz, Die Schatten der Globalisierung, München 2002.

Georg Stöger, Reinhold Reith, Western European Recycling in a long-term Perspective. Reconsidering Caesuras and Continuities, in: Jahrbuch für Wirtschaftsgeschichte (2015), S. 267–290.

Susan Strasser, Satisfaction guaranteed. The Making of the American Mass Market, New York 1989.

Susan Strasser, Waste and Want. A Social History of Trash, New York 2000.

Nicola Stricker, Die Prädestinationslehre. Reformierte Transformationen, in: Verkündigung und Forschung 57 (2012), S. 56–64.

Bodo Sturm, Carla Vogt, Umweltökonomik. Eine anwendungsorientierte Einführung, Heidelberg 2018[2].

Jörg Sydow, Path Constitution Analysis. A Methodology for Understanding Path Dependency and Path Creation, in: Business Research 5 (2012), S. 155–176.

Richard H. Tawney, Religion and the Rise of Capitalism. A Historical Study, Harmondsworth 1938.

Mark Zachory Taylor, The Politics of Innovation. Why some Countries are better than others at Science and Technology, Oxford 2016.

Volker Then, Eisenbahnen und Eisenbahnunternehmer in der industriellen Revolution. Ein preußisch/deutsch-englischer Vergleich, Göttingen 1997.

Frank Trentmann, Empire of Things. How we Became a World of Consumers, from the Fifteenth Century to the Twenty-first, London 2016.

Adam Tooze, Crashed. How a Decade of Financial Crisis changed the World, London 2018.

Steven Topik, The Political Economy of the Brazilian State, 1889–1930, Austin 1987.

Claudius Torp, Konsum und Politik in der Weimarer Republik, Göttingen 2011.

Cornelius Torp, Die Herausforderung der Globalisierung. Wirtschaft und Politik in Deutschland 1860–1914, Göttingen 2005.

Alain Touraine, La Sociéte Postindustrielle, Paris 1969.

Mark Trappmann, Hans J. Hummel, Wolfgang Sodeur, Strukturanalyse sozialer Netzwerke. Konzepte, Modelle, Methoden, Wiesbaden 2011[2].

Keith Tribe, Natürliche Ordnung und Ökonomie, in: Aufklärung. Interdisziplinäres Jahrbuch zur Erforschung des 18. Jahrhunderts und seiner Wirkungsgeschichte 13 (2001), S. 283–300.

Martin Uebele, Die Identifikation internationaler Konjunkturzyklen in disaggregierten Daten: Deutschland, Frankreich und Großbritannien, 1862–1913, in: Jahrbuch für Wirtschaftsgeschichte (2011), S. 19–44.

Frank Uekötter, Von der Rauchplage zur ökologischen Revolution: eine Geschichte der Luftverschmutzung in Deutschland und den USA 1880–1970, Essen 2003.

Frank Uekötter, Die Wahrheit ist auf dem Feld. Eine Wissensgeschichte der deutschen Landwirtschaft, Göttingen 2012.

Thorstein Veblen, The Theory of the Leisure Class. An Economic Study of Institutions, New York 1953 (zuerst 1899).

Tyler Vigen, Spurrious Correlations. Correlation does not equal Causation, New York 2015.

Jörg Vögele, Getreidemärkte am Bodensee im 19. Jahrhundert. Strukturen und Entwicklungen, St. Katharinen 1989.

Joseph Vogl, Der Souveränitätseffekt, Berlin 2015.

Stefan Voigt, Institutionenökonomik, München 2002.

Nico Voigtländer, Joachim Voth, Persecution Perpetuated. The Medieval Origins of Anti-Semitic Violence in Nazi Germany. NBER Working papers Series 17113. [http://www.nber.org/papers/w17113].

Oliver Volckart, Wettbewerb und Wettbewerbsbeschränkung im vormodernen Deutschland 1000–1800, Tübingen 2002.

Jan de Vries, Measuring the Impact of Climate on History: The Search for Appropriate Methodologies, in: Robert I. Rotberg, Theodore K. Rabb (Hg.), Climate and History. Studies in Interdisciplinary History, Princeton 1981, S. 19–50.

Jan de Vries, Adrianus M. van der Woude, The first modern economy. Success, Failure, and Perseverance of the Dutch Economy, 1500–1815, Cambridge 1997.

Jan de Vries, The Industrious Revolution. Consumer Behavior and the Household Economy, 1650 to the Present, Cambridge 2008.

Peer Vries, Zur politischen Ökonomie des Tees. Was uns Tee über die englische und chinesische Wirtschaft der Frühen Neuzeit sagen kann, Wien 2009.

Peer Vries, The California School and Beyond. How to study the Great Divergence?, in: History Compass (2010), S. 1–23.

Peer Vries, Escaping Poverty. The Origins of Modern Economic Growth, Göttingen 2013.

Peer Vries, Does wealth entirely depend on inclusive institutions and pluralist politics? A review of Daron Acemoglu and James A. Robinson, Why nations fail. The origins of power, prosperity and poverty. ResearchGate, September 2015.

Immanuel Wallerstein, The Modern World-System, Bd. 1: Capitalist Agriculture and the Origins of the European World-Economy in the Sixteenth Century, New York 1974.

Immanuel Wallerstein, The Capitalist World-Economy, Cambridge 1979.

John J. Wallis, Douglass C. North, Measuring the Transaction Sector in the American Economy, 1870–1970, in: Stanley Engerman, Robert Gallman (Hg.), Long-term Factors in American Economic Growth, London 1986, S. 95–148.

Paul Warde, The Invention of Sustainability. Nature and Destiny, c. 1500–1870, Cambridge 2018.

Paul Warde, Ecology, Economy and State Formation in Early Modern Germany, Cambridge 2006.

Max Weber, Vorbemerkung, in: Ders., Gesammelte Aufsätze zur Religionssoziologie I, Tübingen 1988[7], S. 1–16.

Max Weber, Zwischenbetrachtung zur Wirtschaftsethik der Weltreligionen, in: Ders. Gesammelte Aufsätze zur Religionssoziologie I, S. 536–573.

Max Weber, Die protestantische Ethik und der „Geist" des Kapitalismus, in: Gesammelte Aufsätze zur Religionssoziologie I, S. 17–206.

Hans-Ulrich Wehler, Deutsche Gesellschaftsgeschichte. Bd. 1: Vom Feudalismus des Alten Reiches bis zur Defensiven Modernisierung der Reformära 1700–1815, München 1987.

Hans-Ulrich Wehler, Deutsche Gesellschaftsgeschichte, Bd. 3: Von der „Deutschen Doppelrevolution" bis zum Beginn des Ersten Weltkrieges 1849–1914, München 1996.

Andreas Weigl, Bevölkerungsgeschichte Europas. Von den Anfängen bis in die Gegenwart, Wien 2012.

Barry R. Weingast, The Political Foundations of Limited Gouvernment: Parliament and Sovereign Debt in 17th and 18th-Century England, in: John N. Drobak, John V. C. Nye (Hg.), The Frontiers of the New Institutional Economics, San Diego 1997, S. 213–246.

Manfred Weissenbacher, Sources of Power. How Energy Forges Human History, München 2009.

Volker Wellhöner, Großbanken und Großindustrie im Kaiserreich, Göttingen 1989.

Thomas Welskopp, Die Sozialgeschichte der Väter. Grenzen und Perspektiven der Historischen Sozialwissenschaft, in: Geschichte und Gesellschaft 24 (1998), S. 173–198.

Thomas Welskopp, Einleitung und begriffliche Klärungen: Vom Kapitalismus reden, über den Kapitalismus forschen, in: Ders., Unternehmen Praxisgeschichte, 1–23.

Thomas Welskopp, Sprache und Kommunikation in praxistheoretischen Geschichtsansätzen, in: Ders., Unternehmen Praxisgeschichte, S. 105–131.

Thomas Welskopp, Unternehmen Praxisgeschichte. Historische Perspektiven auf Kapitalismus, Arbeit und Klassengesellschaft. Tübingen 2014.

Ulrich Wengenroth, Unternehmensstrategien und technischer Fortschritt. Die deutsche und die britische Stahlindustrie 1865–1895, Göttingen 1986.

Ulrich Wengenroth, Igel und Füchse. Zu neueren Verständigungsprobleme über die Industrielle Revolution, in: Wolfgang Benad-Wagenhoff (Hg.), Industrialisierung.

Begriffe und Prozesse. Festschrift für Ákos Paulinyi zum 65. Geburtstag, Stuttgart 1994, S. 9–21.

Ulrich Wengenroth, Technik der Moderne – Ein Vorschlag zu ihrem Verständnis. Version 1.0. München, 06.11.2015 [https://www.fggt.edu.tum.de/personen/ulrich-wengenroth/forschung/technik-der-moderne, Letzter Zugriff 5.9.2019].

Richard White, The Organic Machine. The Remaking of the Columbia River, New York 1996.

Richard White, Railroaded. The Transcontinentals and the Making of Modern America, New York 2010.

S. Jonathan Wiesen, Creating the Nazi marketplace. Commerce and Consumption in the Third Reich, Cambridge 2011.

Lambert Wiesing, Luxus, Berlin 2015.

Eric Williams, Capitalism & Slavery, Chapell Hill 1944.

Oliver Williamson, The Nature of the Firm, New York 1991.

George W. Wilson, The Economics of Just Price, in: History of Political Economy 7 (1975), S. 56–74.

Paul Windolf, Coordination and Control in Corporate Networks. United States and Germany in Comparison, 1896–1938, in: European Sociological Review 25 (2009), S. 443–457.

Paul Windolf, The Corporate Network in Germany (1896–2010), in: Gerarda Westerhuis, Thomas David (Hg.), The Power of Corporate Networks. A Comparative and Historical Perspective, London 2014, S. 66–85.

Clemens Wischermann, Anne Nieberding, Die institutionelle Revolution. Eine Einführung in die deutsche Wirtschaftsgeschichte des 19. und frühen 20. Jahrhunderts, Stuttgart 2004.

Clemens Wischermann, Katja Patzel-Mattern (Hg.), Arbeitsbuch institutionelle Wirtschafts- und Unternehmensgeschichte, Stuttgart 2015.

Karl August Wittfogel, Oriental Despotism. A Comparative Study of Total Power, New Haven 1957.

Harald Wixforth, Banken und Schwerindustrie in der Weimarer Republik, Köln 1995.

Nathaniel Wolloch, Nature in the History of Economic Thought. How Natural Resources became an Economic Concept, Milton Park, New York 2017.

Donald Worster, Nature's Economy. A History of Ecological Ideas, Cambridge 1994².

Clemens Wurm, Industrielle Interessenpolitik und Staat. Internationale Kartelle in der Britischen Außen- und Wirtschaftspolitik in der Zwischenkriegszeit, Berlin 1988.

Jutta Zander-Seidel, Kleidergesetzgebung und städtische Ordnung. Inhalte, Überwachung und Akzeptanz frühneuzeitlicher Kleiderordnungen, in: Anzeiger des Germanischen Nationalmuseums 1993, S. 176–188.

Sachregister